"十四五"国家重点出版物出版规划项目

国家社科基金抗日战争研究专项工程项目"满铁资料整理与研究"（项目编号：17KZD001）成果

王玉芹 刘毅 著

满铁抚顺煤矿研究

满铁研究丛书

主 编 邵汉明
副主编 武向平

中国社会科学出版社

图书在版编目（CIP）数据

满铁抚顺煤矿研究 / 王玉芹，刘毅著. -- 北京：
中国社会科学出版社，2025. 8. -- （满铁研究丛书）.
ISBN 978-7-5227-5270-9

Ⅰ. K265.610.6；K264.07

中国国家版本馆 CIP 数据核字第 2025HB6910 号

出 版 人	季为民
责任编辑	李嘉荣
责任校对	冯英爽
责任印制	李寡寡

出　　版	中国社会科学出版社
社　　址	北京鼓楼西大街甲 158 号
邮　　编	100720
网　　址	http://www.csspw.cn
发 行 部	010-84083685
门 市 部	010-84029450
经　　销	新华书店及其他书店

印刷装订	北京君升印刷有限公司
版　　次	2025 年 8 月第 1 版
印　　次	2025 年 8 月第 1 次印刷

开　　本	710×1000　1/16
印　　张	22
字　　数	342 千字
定　　价	118.00 元

总　　序

　　南满洲铁道株式会社，简称"满铁"，一个名称上看似专营铁路业务的民营企业，在日本侵华史上是一个特殊的存在，它实际上是一个集殖民统治、经济掠夺、情报搜集等活动于一体的巨无霸企业，不仅在日本史上独一无二，在世界史上也是罕见的。

　　满铁在近代中日关系史上占有重要地位。它成立于日俄战争后的1906年，是根据日本特殊立法而设立的"国策会社"，首任总裁是曾经担任中国台湾民政长官的有着"殖民地经营家"之称的后藤新平。他主张"举王道之旗行霸道之术"，提出"文装的武备"的殖民主义统治政策。九一八事变前，满铁是近代日本推行大陆扩张政策的中枢机构；九一八事变后，满铁更是凭借其雄厚的实力以及在中国东北特殊的地位，积极地配合关东军侵略东北。可以说，九一八事变是关东军与满铁共同作用的结果。

　　此后，伴随着日本侵略范围的扩大，满铁经营的范围也迅速向中国华北、华东、华南地区扩张，几乎控制了中国东北、华北的主要经济命脉，广泛涉及铁路、水运、煤炭、钢铁、森林、农牧、金融、学校、医院、旅馆等各个领域。满铁垄断了中国东北铁路网，掠夺了中国东北及华北大量的国防能源和经济资源，将中国东北变成了日本工业原料供应地，是日本对华经济掠夺和经济侵略的中心组织。

　　满铁在中国东北盘踞40年，发展规模达40亿日元，从业人员近50万人，其直接统治的满铁附属地近500平方公里。从九一八事变到1945年日本战败投降，满铁几乎参与了日本全部侵华活动。它是日本对中国进行全面侵略的重要工具，是在华时间最长、侵害最大的侵略会社。

情报搜集是满铁的一项重要职能，满铁调查部直属专业调查人员有2500余人。数十年间，满铁对中国的地质、矿产、土地、森林、港湾、农业、海运等展开了全面调查，并形成了庞大的调查报告书，广泛涉及当时中国的政治、经济、军事、法律、历史、文化、教育、民族、宗教、地理、自然科学等各个领域。1945年日本战败投降后，满铁档案资料除了部分被焚烧以外，绝大部分留在了中国东北。这些满铁资料包括文书档案、往复电报、调查报告、指令、命令等，涉及日本侵华的各种机密文件。这些资料分散于十几家档案馆、图书馆及研究机构中，其中，吉林省社会科学院所藏满铁资料最为丰富。这些当年服务于日本侵华的资料，成为今日确证日本侵略行为的罪证，成为历史研究的珍贵的第一手资料。

吉林省社会科学院长期以来致力于满铁资料的整理与研究。20世纪50年代末，满铁研究作为经济学重大课题被纳入国家科学发展规划。其后历经曲折，直到改革开放后的1987年，八卷本1000万字的《满铁史资料》终于面世。20世纪90年代，吉林省社会科学院正式建立满铁资料馆，该馆收藏满铁资料总计3万余册，大幅图表近3000幅。2016年，在吉林省社会科学院和中国社会科学院近代史研究所的共同主导下，满铁研究中心成立了，这是国内首个满铁研究实体机构。此后，满铁研究中心在满铁资料抢救、整理、研究方面发挥了重要的推动作用。为便利学界研究，满铁研究中心出版了大量馆藏的满铁对华"调查"资料，其中，由时任院长邵汉明发起并亲任主编的《近代日本对华调查档案资料丛刊》迄今已陆续有六辑出版面世，多达490册。

吉林省社会科学院不仅是国内的满铁资料中心，也是满铁研究重镇。前辈解学诗是中国满铁研究的重要奠基人，他先后出版了《满铁与中国劳工》《评满铁调查部》《满铁与华北经济》，并主编了《满铁内密文书》（30卷）、《满洲交通史稿》（20卷）。在他的带领下，满铁研究的后起之秀纷纷崛起。近年来，武向平著《满铁与国联调查团研究》、李娜著《满铁对中国东北的文化侵略》、王玉芹著《日本对中国东北医疗卫生殖民统制研究》等陆续面世，进一步丰富了满铁研究。

此次，吉林省社会科学院集结了满铁研究的精兵强将，以本院研究骨干为主体，吸纳东北相关高校和研究机构的研究者参与，组成了强有力的项目团队。该丛书对满铁展开了系统研究，涵盖满铁活动的众多面相，内容包括满铁对附属地的统治、满铁与日本关东军、满铁与"满洲"扩张论，满铁对东北矿产资源林业资源的调查与掠夺、满铁对铁路煤矿的垄断经营，以及对满铁重要人物、战后满铁会的研究等。通过这些研究，丛书比较完整地描绘出满铁的基本面貌，揭示了满铁在日本向中国东北扩张中的急先锋作用，与日本军方的紧密关系及其在日本对华各类资源掠夺中的重要作用。

依托吉林省社会科学院得天独厚的满铁资料收藏，这些研究建立在丰富而扎实的史料基础上。大量的第一手史料的发掘与使用，使得这些著作体现出浓郁的原创性。这一系统性的研究，将满铁研究又推向了一个新的阶段，在满铁研究的学术史上必将留下浓重的一笔。

祝贺丛书的出版，期待有更多的优秀成果面世，将满铁研究推向新的高峰，将日本侵华史研究推向新的高峰。

王建朗

2025 年 6 月 6 日

前　　言

　　抚顺煤矿被发现和利用的历史相当悠久，汉代即被用于取暖和烧饭，1901 年抚顺煤田正式被开采。抚顺煤质极佳，且蕴藏量极其丰富。抚顺素有煤都之称，抚顺煤矿成为侵略者觊觎的目标。1868 年日本明治维新后，迅速走上发展资本主义的道路。为满足工业不断发展的需求，在大规模开采本国煤炭资源的同时，开始积极谋求海外煤炭资源的"开拓"。

　　1905 年日俄战争后，日本侵略者进驻东北并霸占了抚顺煤矿。与此同时，日本在东京设立了南满洲铁道株式会社（以下简称满铁），1907 年 4 月本部迁至中国大连。在日本大藏省、外务省指示下，满铁从野战铁道提理部手中接管了抚顺煤矿。当时抚顺煤矿作为满铁的一个部门，只有杨柏堡、千金寨和老虎台三处煤田。此后，由于满铁持续投入，抚顺煤矿矿区规模迅速扩大。日本侵略抚顺煤矿期间，在抚顺地区建成大山采炭所、东乡采炭所、老虎台采炭所、万达屋采炭所、大斜坑采炭所、新屯采炭所、龙凤采炭所、搭连采炭所等，同时在其他地区设立了直属抚顺煤矿的采炭所，包括烟台采炭所、蛟河采炭所、老头沟采炭所、瓦房店采炭所、富锦矿业所、光义煤矿等。满铁不仅垄断了抚顺煤矿全部煤炭资源，而且经营着一大批几乎无所不包的附属产业，包括制油工厂、煤炭液化工厂、火药工厂、满洲轻金属制造所、抚顺炭矿研究所、机械制作所、化学工业所、运输事务所、工事事务所、护士养成所和"矿技"养成所等。1945 年日本战败前，抚顺煤矿面积达 6016 万平方米。

　　日本侵略时期满铁抚顺煤矿的产煤能力是不断变化的。1936 年，抚顺煤矿已成为从最初日产 300 吨扩展到日产超过 20000 吨的大型煤矿，1937 年抚顺煤矿的出煤量达到顶峰。此后，由于器材老化、劳动力不足等诸多因素影响，抚顺煤矿产量逐年下降。至 1945 年，日本在抚顺共掠夺煤炭 2 亿多吨。日本掠夺抚顺煤炭资源，除供满铁自用外，还在东北各地贩卖，同时大量掠往日本阪神、京滨和八幡等主要港市。日本在大量输入抚顺优质煤的同时，将日本国内质量较低的煤炭大批销往亚洲各国。掠往日本的抚顺煤主要供日本陆、海军使用，日本国内生产的军舰、战炮等所用钢板，必须用抚顺块煤冶炼。日本军工和钢铁企业使用抚顺煤，制造大量侵华战争杀人武器。石油是战争中不可缺少的重要能源，在军事上的重要性甚至超过煤炭。石油资源匮乏的日本组织人力四处勘查，发现在抚顺极其丰富的煤层上面覆盖着厚厚一层能燃烧的石头，这种能燃烧的石头含有石油，称油页岩。日本政府希望以油页岩为原料，扩大制油事业。1926 年 10 月，满铁不顾中国政府和舆论的强烈反对，开始对抚顺可以提炼石油的油页岩进行大规模开采和提炼。1928 年满铁投入 1000 万日元设立制油工厂，由抚顺炭矿研究所和满铁"中央试验所"共同进行石油提炼研究。1930 年 7 月 1 日，满铁开始生产页岩油，主要提炼煤炭中的油页岩，之后液化成石油。1939 年以开采油页岩为目的"开发"了东露天煤矿，同时设立了东制油工厂，计划每年采掘 1650 万立方米，每年生产 50 万吨粗油。至 1943 年，满铁共产油1956000 吨，其中粗油生产量达 255000 吨，页岩工业位居世界之首。日本从抚顺掠夺的石油资源大部分被运回日本，交给海军燃料厂提炼，作为潜水艇用油。可见日本侵华时期，抚顺煤炭资源对维持日本军工企业运转和日本国内社会需求起着至关重要的作用。

日本侵略者对抚顺煤炭资源和石油资源的掠夺是建立在对中国劳动力资源掠夺基础之上的。1945 年日本战败前夕，抚顺煤矿有职工近 10 万人，其中佣员 7 万多人。为有效统制矿工，最大限度地掠夺财富，日本殖民当局实行把头制度和指纹管理制度，在煤矿总务局内设有劳务课等管理机构，对"特殊工人"实施更为严格的管理。同时对矿工进行野蛮的奴役和残酷的经济剥削。矿工们在极其恶劣的环境下，每天进行十多个小时的超强度作业，致使大批矿工因事故、疾病、劳累等失去了生命。哪里有压迫，哪里就有反抗。饱受奴役压迫之苦的矿工们对日本帝国主义的野蛮侵略行径展开了不屈不挠的斗争，尤其是具有强烈抗日意识的特殊工人，经常采取暴动、逃跑、罢工等形式抵抗日本侵略。矿工的反抗斗争，给日本殖民当局以有力打击，充分体现了中国人民伟大的民族精神。

日本在掠夺抚顺煤炭资源的同时，在日本人聚居区修建了"日人街"，在中国人聚居区修建了"新市街"，同时修建了公园，开办了学校、医院，设立了邮局等现代城市设施。随着人口的增加，千金寨逐渐成为抚顺政治、经济和文化中心。日本"开发"抚顺煤矿产生了极其深远的影响和严重危害，不仅给抚顺人民带来深重灾难，给抚顺生态环境造成了严重破坏，同时遏制了中国民族工业的发展。抚顺煤矿是日本在东北实行殖民扩张"国策"的基础和工具。日本"开发"抚顺煤矿具有双重目的，"日本对东北煤矿的投资，既有经济层面掠夺资源和利益之目的，更有通过经济扩张加强对东北控制之战略考虑"。可见，日本对抚顺煤矿的投资从一开始便不是一种单纯的经济行为，而是有其更深远的政治考量。正如毛泽东同志所言："帝国主义侵入中国的目的，决不是把封建的中国，变成资本主义的中国……它们是要把中国变成它们的半殖民地和殖民地。"[①] 事实证明，满铁在中国东北建立的所有近代化铁路、矿山等企业，绝不是为了实现东北的近代化，而是为了最大限度地榨取东北的人力和物力资源，是为日本的殖民侵略和殖民统治服务的。

需要说明的是，"南满""满铁""满蒙"等历史词汇本身就具有一定的殖民色彩，学界在使用时一般直接改写为"东北南部"或加引号等。本书因涉及特定的语境且数量庞大，文中并未逐一加以改写，此系历史范畴的特定用语，不代表编撰者立场，请读者在阅读或引用时特别加以注意。

---

① 毛泽东：《中国革命与中国共产党》，《毛泽东选集》第二卷，人民出版社 1991 年版，第 628 页。

目　　录

第一章

日本对抚顺煤矿的侵占

抚顺煤矿位于辽宁省抚顺市，煤矿以浑河为界，分为河南、河北两部分，河南部分又以杨柏堡河（浑河支流）为界，分为河东、河西两部分，矿区面积东西长约 16 千米，南北宽约 1.7 千米。抚顺煤矿的煤炭埋藏量为 10 亿吨左右，且矿脉厚重，以其优质的品质得到了工业部门的青睐，甚至作为比较煤炭品质的标准煤。[①] 此外，抚顺煤灰分熔融度高，是工业用煤的最佳选择，像当时日本的八幡制铁、关西共同火力发电厂都趋向使用抚顺煤炭。尤其是煤层上面的油页岩储量丰厚，厚度达120—130 米，含油率平均为 5.5%，油页岩蕴藏量达到 55 亿吨，可以开发 3 亿吨。当时抚顺煤产量占东北煤产量的四分之三左右，乃东三省煤矿之翘楚，被誉为"东亚第一大煤矿"。

据考古资料记载，沈阳新乐遗址出土了距今七千年左右的煤雕，经科学鉴定，取材于抚顺西部煤田。金代，抚顺煤矿进入挖掘黄金期，尤其是女真统一东北后，瓷窑业很快恢复。瓷窑业的发展主要是凭借抚顺煤炭作为后盾，当时煤作为烧窑的燃料已经被广泛使用，大官屯窑址的南沿就是西露天矿大坑。从大官屯遗址出土的情况看，在金代这里出现过密集的瓷窑群，并形成过繁荣的制陶街。[②] 由于煤炭业和瓷窑业相辅相成，抚顺采煤业和瓷窑业在金代规模可观。元、明两代，抚顺煤矿已不复当年的盛况，逐渐衰败、废弛。到了清代，由于抚顺是清朝皇帝的

---

① 据称在 1924 年前后日本海军规定，日本海军舰船必须使用抚顺煤。
② 傅波：《中日抚顺煤矿案交涉始末》，黑龙江人民出版社 1987 年版，第 4 页。

"龙兴之地"，因此不允许开采煤矿，直至1901年才允许大规模开采。

第一节　日俄战争前的抚顺煤矿

清军入关后，由于抚顺处于福陵与永陵之间，清统治者害怕挖煤惊动龙脉，破坏风水，一直禁止开采。乾隆时期曾规定：在奉省除白西湖（本溪）"供应陵寝煤觔"① 外，其余各地"虽有煤觔，永行严禁"②。道光时期也重申了这一原则，咸丰以前均采取谨慎政策。

清政府在甲午战争中的失败，使得辽东半岛按照《马关条约》割让给日本，但是这打破了沙俄独占东北的野心，于是沙俄召集法、德两国，迫使日本放弃了在辽东半岛的权益，史称"三国干涉还辽"。沙俄凭借在三国干涉还辽中的"功勋"，先后在东北取得了特权，不仅得到了中东铁路的修筑权，还在铁路沿线获得了相应特权。沙俄挫败了日本独占中国领土的野心后，开始与其他帝国主义国家从经济上瓜分中国，成为中国东北实际上的主人。修建中东铁路是沙俄在东北的重要利益诉求，但攫取铁路特权只是沙俄野心的一小部分，它希望凭借铁路特权攫取东北丰富的资源，抚顺煤矿作为东亚最大煤矿自然难逃被侵占的命运。

一　抚顺煤矿开采权的获得

伴随沙俄对东北的侵略愈演愈烈，1901年，清政府被迫与沙俄先后签署了《吉林煤矿条约》《黑龙江煤矿条约》，两省的部分煤矿被沙俄侵占。对于抚顺煤矿，沙俄也曾觊觎，还曾利用中国人阎宝善，强行挖掘抚顺煤矿，只是由于抚顺煤矿并不在铁路沿线，而且该地又是清廷的"龙兴之地"，不便硬来，这出闹剧才草草收场。沙俄的野心，清政府心知肚明，也希望采取措施对付沙俄的侵略。加之割地赔款和镇压义和团

---

① 梁志忠点校摘编：《清实录东北史料全辑》4，吉林文史出版社1998年版，第40页。
② 梁志忠点校摘编：《清实录东北史料全辑》4，吉林文史出版社1998年版，第40页。

运动使得清政府财务紧张，民族企业家们也纷纷要求兴办企业以挽救民族于危亡。清政府在内外夹击中开始了清末新政，一些民族资本开始跃跃欲试投资近代工业。

1901年6月，候选府经历王承尧与荣伦、英凯等人来到抚顺千金寨煤矿考察。经实地考察，他们认为千金寨煤矿蕴藏量丰富，决定投资开矿。同月，在筹集资本四万两，报效银一万两后，王承尧等向奉天将军增祺呈交了《千金寨煤矿开采申请书》。申请书指出："奉天省煤矿良好，储蓄丰富，其中抚顺煤矿界内虎台山（老虎台）、千山台（千金寨）、杨柏堡、万达屋煤炭尤佳，且地处高原，夏无水患，若予开采，必事半功倍。"① 此时，候选知县翁寿也看出开采煤矿有利可图，于是集资两万三千两，在王递交申请书后不久，也向奉天将军提出开矿申请书，并承诺提交报效银一万两。报效银很有诱惑力，而且增祺也想自己趁此捞取好处，② 最后增祺决定两家分界开采。为此，1901年7月，增祺派遣同知刘朝钧、知县祥德为委员到千金寨进行实地考察。根据两位委员提交的报告，决定以杨柏堡河为界，河西归王承尧开采，河东归翁寿开采。亦即李二石寨、大瓢屯、小瓢屯、古城子、千金寨等煤井归王承尧所有；杨柏堡、老虎台、万达屋属于翁寿所有。

为了证明抚顺煤炭有开采价值，以便向上汇报，奉天将军增祺在1901年9月19日下达了"试采许可书"，并派遣刘朝均等人随王、翁二人一同前往抚顺煤矿，以便查看试掘实情。为防止开采过程中因界线不明产生争端，试采许可书中明确规定："该矿既已据实划分界线，应严守各自开采地区，不可相互侵占，以启争端。"③ 虽然试采许可书已经明确规定了王、翁二人应固守自己的开采界线，不能越界，但是日后王、翁二人仍产生了纠纷。

试采结果表明，抚顺煤矿储量巨大、煤苗显露、煤质亦佳。1901年10月8日就开采千金寨煤矿事宜，增祺向皇太后和皇上上奏，从奏书的

---

① 蜷川新『帝国の満洲における権利』、清水書店、昭和12年（1937）、第115—116頁。
② 在开矿后不久，增祺就在两家各入股五千两。
③ 蜷川新『帝国の満洲における権利』、清水書店、昭和12年（1937）、第117頁。

内容可以看出开采千金寨煤矿的原因有以下五点。

第一，开采矿山，有利可图。当时正值义和团运动刚刚被剿灭，处理善后急需银两。兴办矿山，除了可以有报效银外，还需缴纳矿税，这对清政府来说是一笔不小的收入，可以补充经费之不足。

第二，王、翁二人开矿不违反国家相关政令。

第三，此二人有办矿实力。

第四，没有利权外溢的忧虑，管理权在清政府手中。当时，沙俄已经对抚顺煤矿有所企图，如果清政府不早做打算，很有可能沙俄就会捷足先登。

第五，对龙脉没有损害。在奏疏中，增祺特别指出："臣等伏查千台山煤矿，系昔日之封禁地，按地面该处离福陵二十余公里，且中隔一河。又按东省铁路条约，凡铁路所在地在陵寝三十里以外；该商等呈请开采之煤矿，比铁路条约规定尤远。"[1]

1901年12月4日，清廷批准了奏书；12月9日，增祺下发了开采批准书，至此，王、翁二人正式获得了煤矿的开采权。

在得到开矿批准后，王承尧经政府许可，自筹资金成立了"华兴利公司"。总公司设在抚顺的千金寨，分公司设在沈阳城内。王承尧自任总办，下设执事（经理），执事由张宝瀛担任，把头由刘宝隆、隋广恭担任。[2] 总公司有职员五六十名，分公司职员有十多名，矿工多的时候六百余人，少的时候二百多人。与此同时，翁寿和候选直隶州州判颜之乐为发起人，商人纪凤台、朱化东、赵子秀等共八人，筹得股款两万三千两，成立了"抚顺煤矿公司"。王翁二人已经为开发抚顺煤矿做好了充足的准备。

二　王承尧、翁寿的纠葛始末与沙俄的介入

两家公司成立后，按照规定应该各自固守当初规定的区域开采，但由于王承尧的河西地区煤井条件更好，在试掘阶段，翁寿就开始垂涎王

---

① 蜷川新『帝国の満洲における権利』、清水書店、昭和12年（1937）、第120頁。

② "把头"始于宋代，表示"手入/主持"，元代起成为剥削性行业头目的代称。

承尧的煤井。1901 年 9 月末，翁寿将王承尧所有的芦、沼二坑占领并进行开采，王要求翁归还被霸占的两坑，翁非但无归还之意，反而寻求沙俄做靠山，企图将王的煤井据为己有。

实际上，翁寿的公司在人、财、物各方面都不及王承尧，但他借用了沙俄的外力，企图扭转局面。沙俄本就对抚顺煤矿觊觎已久，这实在是插手的好时机，于是沙俄找到专门替帝国主义包买土地的李聘三作为说客出面，让俄国人入股翁寿公司，翁寿被说服。1901 年 12 月 11 日，抚顺煤矿公司重新订立合同，合同新增俄国退伍中校雅可夫·鲁宾诺夫和公济堂两个股东，鲁宾诺夫出资一万七千两，公济堂出股款五千两，加上抚顺煤矿公司初创时的资本金两万三千两，翁寿公司资本额增加到四万五千两，每股一千两，共计 45 股。合同中给出增加股东的冠冕堂皇的理由是："现因矿脉大有希望，故拟扩充事业，增缴税款，以为国家开辟一新财政来源。"[1] 事实却是翁寿和沙俄企望各取所需，合力将整个抚顺煤矿归为己有。有了俄国人做靠山，翁寿更是有恃无恐，不顾王承尧的阻挠，仍然开采芦、沼二坑，并无归还之意。

王承尧看无力对抗翁寿的蛮横，于是一纸诉状将翁寿告到了奉天将军增祺处。此时，抚顺煤矿公司的股东纪凤台辩护称该矿应该归属翁寿。纪凤台乃俄籍华人，与俄国人关系非常密切，他通过借助沙俄势力承包了东省铁路工程等，迅速暴富。本来王、翁之争是非曲直已很明显，但是增祺慑于俄国人的淫威，不敢盲目断案，遂采取推诿手段，将案件提交奉天交涉局。交涉局的徐总办对增祺的手段心知肚明，也不愿蹚这个浑水，遂劝告王承尧退一步海阔天空，舍弃芦、沼二坑。但王承尧寸步不让，据理力争，徐总办只好以调解无效为由，将案件重新送呈增祺。1902 年 1 月，增祺又派官员增韫进行实地勘察以便结案，由于增韫为人耿直，根据实际勘察情况，证明了芦、沼二坑确实在杨柏堡河以西，实属王承尧的开采范围。1902 年 1 月 29 日此案彻底解决，王承尧第一次控告大获全胜。

经过此次事件，王承尧深刻认识到，仅凭一己之力实在不是俄国人

---

[1]　外务省编『日本外交文书』第 41 卷第 1 册、日本国际协会、1960 年、第 583 页。

的对手，如不采取措施，以后此类事件还会上演。为了抵制抚顺煤矿公司继续骚扰，经徐总办和华俄道胜银行买办吴介臣的劝说，① 1902 年 4 月，王承尧决定让华俄道胜银行入股华兴利公司。王承尧将此意上报增祺，经许可后，再次为华兴利公司制定章程。此时，华兴利公司的中国人股金的认股和缴纳款额已经达到十万两，至 1903 年 4 月 12 日，中国人的股金完全缴清。华俄道胜银行申报的股金款项为六万两，但实际上只缴纳了三万七千五百两。"华兴利公司"希望借助俄国人的股份而不再受到沙俄的欺凌。

王承尧对沙俄的侵略行径认识得非常深刻，虽然借助华俄道胜公司入股可以增加自己的筹码，但为防止俄国人借助股东身份染指和操纵华兴利公司，双方明文规定：华兴利公司并不是中俄合办，华俄道胜银行只入股分红，不得过问公司业务和参与公司管理，从而使公司的主权始终掌握在中国人手中。在签订的合同中本来约定华兴利公司的资金都储存在道胜银行，但是王承尧恐生事端，除了俄国人出资的三万七千五百两之外，其余钱款均没有存到俄国人银行。日后虽然日本政府介入抚顺煤矿，但由于俄国人确实没有参与华兴利公司的经营，钱款也没有存在道胜银行，为日本人攫取抚顺煤矿的开采权设置了障碍，不得不说王承尧有先见之明。

三　沙俄势力彻底侵入抚顺煤矿

在俄国人的策划下，沙俄用改选抚顺煤矿公司董事会的方式将公司占为己有。1902 年秋，抚顺煤矿公司开始改选董事会，鲁宾诺夫当选董事长，纪凤台当选副董事长，发起人翁寿则被排除在外。事到如今翁寿才如梦初醒，转而求救于增祺，希望借助政府的力量保住煤矿。虽然增祺派人调查核实后，判定"将纪凤台等合同批销作废，翁寿所分之地尽归于王承尧"②，也就是河东煤井都划归王承尧的华兴利公司所有。但是

---

① 华俄道胜银行成立于 1895 年，实际上是沙俄争霸远东的金融工具。当时沙俄财政大臣维特力主以经济渗入的方式实施俄国的远东政策，为此借清政府向俄、法借款之机，他召集俄、法九家银行在俄国首都彼得堡成立了这一银行。

② 傅波：《中日抚顺煤矿案交涉始末》，黑龙江人民出版社 1987 年版，第 14 页。

俄国人根本没把增祺的裁决放在眼里，拒不执行，政府对王承尧的许可如同一纸空文，翁寿的煤矿顺理成章地转移到了俄国人手中。

入股抚顺煤矿公司只是沙俄侵入抚顺煤炭的第一步，就在俄国人控制抚顺煤矿公司不久，其所属关系再次发生变化，俄国的远东森林公司接手该公司①。正如《朝日新闻》载文所称，沙俄"初则附股继用术策，终胁势，据为己有"。② 1903 年初，沙俄的权臣艾母贝、卓布拉佐夫视察远东时，特意到抚顺煤矿来调查，在了解了抚顺煤炭公司情况后，他提议由俄国的远东森林公司接管抚顺煤炭公司业务。虽然中国股东均反对如此行事，但鲁宾诺夫和纪凤台等人决定作价将公司及其所属煤田和一切财产卖给远东森林公司的负责人马道留多夫中校，双方在1903 年 3 月 1 日签订了契约书。根据契约书，抚顺煤矿公司以五万卢布的价格转让给马道留多夫，同时"赋予原抚顺煤矿公司股东以参与该事业之权，限额是对在上述地区采掘煤炭和其他各矿的设备、经营、与该事业有关的购买、建筑物以及至其他煤矿的铁路支线等所投入资本的五分之一；但此项五分之一资本的实缴，待原抚顺煤矿公司股东领到纯益时进行之"。③ 至此，抚顺煤炭公司彻底沦为俄国人公司。清政府在这件事情上的态度是显而易见的，没有一个清廷官员对于俄国人的侵占表示过认可和同意，沙俄对抚顺煤矿公司的占领毫无法律依据，但是在沙俄巧取豪夺的背后有其军事实力作为后盾，清政府对此也是无能为力，被迫屈服于现实。

沙俄侵占抚顺煤矿公司后并未善罢甘休，反而将侵略的触角伸向了王承尧的矿井。1904 年 2 月 8 日，日俄战争爆发后，俄国对资源型产品需求量加大，远东森林公司开始向军队和铁路供应煤炭，公司加大了对所属煤矿的开采规模，并开始觊觎王承尧的矿井。1904 年 2 月 28 日，

----

① 远东森林公司是由俄国沙皇武官侍从组织的合资公司，主要业务是在中国东北、朝鲜一带从事各种森林借款、矿山贷款的商业银行性质公司，实际进行的是国际经济掠夺，负责人是俄国陆军中校马道留多夫。

② 《时报》一九〇五年三月十六日译载大阪《朝日新闻》，转引自傅波《1901—1911 抚顺煤矿的前十年（一）》，中国人民政治协商会议抚顺市委员会文史委员会编《抚顺文史资料选辑》第六辑，中国人民政治协商会议抚顺市委员会文史委员会 1985 年版，第 233 页。

③ 解学诗主编：《满铁史资料·煤铁篇》（第一分册），中华书局 1987 年版，第21 页。

在未与华兴利公司有任何商谈的情况下，嘎礼特拉司多夫带领四百余名俄国人来到王承尧的矿井试行采掘，另有三百余名俄国人将煤炭用火车运走。在没被俄国人占领的煤坑，华兴利公司已经采出的煤炭也不允许出售。华兴利公司被逼无奈，王承尧于是上书增祺将军，希望得到帮助，他写道"此事经调查属实，然奈于时局，阻止无力，实甚为难。尚乞予以协助，为祷"①。然而，王承尧希望得到帮助的请求并没有实现，俄国人的侵扰却变本加厉。1904年5月，嘎礼特拉司多夫故伎重演，在未与华兴利公司商议的情况下，擅自在华兴利公司所属地界铺设铁路（即"南满洲"铁路抚顺支线）外运煤炭。王承尧在得到报告后，火速从奉天返回千金寨查看实情。当时已有四十多名士兵在千金寨驻扎，虽然此时还没有外运千金寨的煤炭，但其武力争夺华兴利公司的用心已昭然若揭。王承尧再次上书增祺将军，提出暂停开采千金寨煤炭，不给俄国人留下更多的煤炭。增祺批准了王承尧的呈请。同年12月，王承尧上书增祺，指出"至秋季若不开工，冬季省城商民，必感缺乏燃料"②，意欲重新开采煤矿。在呈请中，王承尧对沙俄在其所辖矿井内铺设铁路、建设洋房给予坚决的批判，并指出沙俄是势欲占领，希望增祺协助查办。

俄国人对抚顺煤矿的掠夺充分说明在帝国主义侵蚀下，民族资本家已经无路可退，王承尧对于沙俄的侵犯屡次三番寻求官府的协助和支持，而风雨飘摇的清政府已无力保护本国企业和人民，因此只能进行象征性反抗。

第二节　日本对抚顺煤矿开采权的攫取

甲午战争后，虽然日本战胜，但沙俄利用"三国干涉还辽"将日本到手的"肥肉"抢走，正如列宁在1901年所写："日本已开始变成工业国，并曾试图在中国的万里长城上打开缺口，而当它发现这块肥肉的时

---

① 蜷川新『帝国の満洲における権利』、清水書店、昭和12年（1937）、第122頁。
② 蜷川新『帝国の満洲における権利』、清水書店、昭和12年（1937）、第121—122頁。

候，一下子就被英、德、法、俄以及意大利的资本家抢走了。"① 日本岂能善罢甘休，当时日本作家把甲午战争比作普鲁士对奥地利的战争，日本枢密院议长近卫笃麿对此种比喻深信不疑，并对日本作家所说的以后再联合反对欧洲的观点表示了赞许。日本对于沙俄抢夺"胜利"果实的行为怀恨在心，在经济、军事、外交上开始做充足的准备。《马关条约》的签订使日本获得巨额赔款，刨除发动战争所用的军费，所剩甚巨，成为日本"战后规划"的基础款项，这为日本经济的发展输入了大量资本。其中一个表现就是 1893—1897 年日本银行存款从 59148000 日元上升到 285363000 日元。② 甲午战争后日本资本主义发展异常迅猛，甲午战争后到日俄战争的十年，日本就完成了资本的原始积累。有了经济做后盾，继续掌权的军部仍推行侵略性的外交政策，将军事力量上的垄断权发挥到极致。1904 年 2 月 8 日，日本率先发起进攻，日本和俄国在中国土地上进行了日俄战争。日俄战争中日本获胜，双方签订了《朴茨茅斯条约》，沙俄将在东北的利益全权让与日本。

一　日本对抚顺煤矿的武力侵占

1905 年 3 月 10 日，沙俄在奉天会战中失利，日俄战争的陆地战争结束，当日日军便占领了抚顺，抚顺煤矿落入日军手中。当时，日军在杨柏堡占领俄国人建造的木屋 4 栋，瓦房 12 栋，共 2140 平方米；在老虎台有瓦房 8 栋，785 平方米，及少许锅炉之类的东西。③ 为了开发抚顺煤矿，日军从烟台采煤所派来大八木乔朵技师等到抚顺煤矿进行所谓的煤价整顿，并在千金寨成立了"抚顺采煤所"。

王承尧见状，恐日后滋生事端，于 1905 年 3 月 11 日立即向增祺将军报告，指出"二月五日，日军来奉，六日发布晓谕，意在抚恤难民。然本公司为华商所创立，后虽加入道胜银行名义，矿权实为中国人所

---

① 《列宁全集》第 5 卷，人民出版社 1956 年版，第 72 页。
② ［苏］鲍·亚·罗曼诺夫：《日俄战争外交史纲 1895—1907》（上册），上海人民出版社编译室译，上海人民出版社 1976 年版，第 33 页。
③ 满铁『南满洲铁道株式会社十年史』、大正八年（1919），第 467 页。

有。故希召会日军，勿疑该矿为俄人企业。是为盼祷"①。可见，王承尧知道煤矿不会因为俄国人的退出而轻易归还，于是寻求清政府的帮助，向日本人声明华兴利公司的矿权，不得不说他对帝国主义侵略本质认识深刻。接到王承尧的呈请后，增祺也立即采取了两个步骤：一是向日本人声明华兴利公司的权利；二是将华兴利公司的情况转批奉天交涉局存档。即使如此，王承尧仍不放心，3月23日又亲自到位于奉天的日本军政署，对华兴利公司的所属关系和财产情况做了详解，日本官员对此进行了记录。

俄国人在从杨柏堡河以东的矿井撤退的时候，对矿井实施了充水行为，使得矿井遭到严重破坏，为此日本人在利用旧坑出煤的同时开凿新坑。日军在老虎台进行排水作业的同时也在开凿新坑，经过几个月的修复开凿，每天即可出煤300吨。

虽然日军对杨柏堡河以东地区的煤井进行了修复和挖掘，但这并不能满足日本人的胃口，可以大规模出煤的王承尧煤矿成为他们吞并的目标。1905年4月初，日本先告知王承尧必须在日军监督下才可以继续采煤，继而"由三月初七日起，不准华兴利公司工作，日人小山田淑助、加藤喜助卫门、大巴木等先后占据矿厂。又招集游氓，任其包做，致将煤铜燃烧数处。屡次分析，不容理论"②。至此，王承尧煤矿被日军霸占。

长期霸占抚顺煤矿是日本的最终目的，这与沙俄政府并没有本质的区别，甚至是有过之而无不及。正如中日在谈判"南满"权益交涉过程中中国代表所言："大同小异，举例说来，就像以俄国人拿走了两支香烟为由，日本就拿走了一整盒。"③ 1905年5月1日，日本在千金寨成立"抚顺采炭所"，实行独资经营。在野战铁道提理部监督下，1905年9月11日抚顺采炭所第一采煤班成立，开凿了杨柏堡新坑，出煤量达到每天

---

① 蜷川新『帝国の満洲における権利』、清水書店、昭和12年（1937）、第123頁。

② 《总办千金寨煤矿事宜王承尧禀稿》，傅波《中日抚顺煤矿案交涉始末》，黑龙江人民出版社1987年版，第189页。

③ ［日］井上清：《日本帝国主义的形成》，宿久高、林少华、刘小冷译，孙连璧校，人民出版社1984年版，第239页。

1400 吨。从第一采煤班成立到 1907 年 3 月 31 日野战铁道提理部解散为止，千金寨坑共出煤 118625 吨；杨柏堡坑 15996 吨；老虎台坑 95326 吨；共计 229947 吨。平均日产 405 多吨。①

　　王承尧的经历只是一个缩影，针对战后赔偿问题，清政府也曾争取权利，清政府指出，日俄战争系在中国境内进行，中国人民损失惨重，要求两国赔偿。日本政府一口回绝，给出的解释是日、俄两国在"南满洲"交战，清政府没有提出抗议就等于承认了那里可以作为交战地点，不能给予赔偿。但是，日俄战争在中国境内开战，最后谈判阶段都没有让清政府参加，一国政府况且面对如此尴尬局面，何况一个区区的民族资本家。

　　二　《中日会议东三省事宜正约》的签订及中日关于抚顺煤矿交涉伊始

　　在日俄战争结束前，日本就与俄国举行了十七次会议，商讨如何瓜分俄国在中国东北的利益。《朴茨茅斯条约》在没有清政府参与的情况下签订，条约无视中国的主权将俄国在东北权益转交给日本政府，尤其第六条的规定更为中日交涉抚顺煤矿问题埋下了伏笔。

　　《朴茨茅斯条约》第六条规定：俄国政府允将由长春（宽城子）至旅顺口之铁路及一切支路，并在该地方铁道内所附属之一切权利财产，以及在该处铁道内附属之一切煤矿，或为铁道利益起见所经营之一切煤矿，不受补偿，且以清国政府允许者，均移让于日本政府。但是在第五条和第六条最后均有"两缔约国互约，前条所定者，须商请中国政府允诺"的字样。

　　战后，为了"合理"获得自己的权益，日本与中国开始商议其在东北权益如何获得。从 1905 年 11 月 2 日至 12 月 22 日，庆亲王奕劻、外务部尚书瞿鸿禨及直隶总督袁世凯与日本外务大臣小村寿太郎在北京进行了一个多月的会谈，12 月 22 日签订了《中日会议东三省事宜正约》。

　　《中日会议东三省事宜正约》第一条开宗明义规定了中日谈判的基

----

　　①　満鉄『南満洲鉄道株式会社十年史』、大正八年（1919），第 469 頁。

调："中国政府将俄国按照日俄和约第五款及第六款允让日本国之一切概行允诺。"① 即《朴茨茅斯条约》中关乎中国东北权益的转让没有异议，这就承认了日本接续俄国权益的"合法性"。

《中日会议东三省事宜正约》没有单独针对《朴茨茅斯条约》第六条进行详细说明和解释，附约第四条指出："日本国政府允许因军务所需，曾经在满洲地方占领或占用之中国公私各产业，在撤兵时悉还中国官民接受。其属无须备用者，即在撤兵以前，亦可交还。"② 这是清政府在《中日会议东三省事宜正约》中争取到的仅有的一些权力。根据这一条，华兴利公司所属煤井在日俄战争中确系为军事用途，应还给王承尧。

日本人强占抚顺煤矿后，王承尧屡次三番申诉交涉，均无结果。中国地方官吏自身难保，根本无力关注此事，日本驻奉官员更是漠不关心。在碰壁数次后，王承尧迫不得已于 1905 年 12 月 27 日上书商部，对矿权的归属问题进行了条分缕析的阐释，归纳起来主要有以下三点。

第一，华兴利公司虽有俄国人股份，实为不得已而为之。王承尧指出让俄国人入股主要是为了抵制抚顺煤矿公司的缠讼，非自己与众股商所愿。

第二，与华俄道胜银行并非合办。禀文指出，华兴利公司初创时都是华商承办、华商主政，华俄道胜银行仅附其股，并非合办。华俄道胜银行入股与华商并无差别，而不像其他招洋股的公司是华洋合办，其权利归于洋人。华兴利公司对洋股要求甚严，如果违反公司章程，立即退股，这与合办有本质区别。

第三，按照惯例，两国交战，商民之产不能归战胜方所有。禀文指出，查泰西各国彼此相战，彼胜于此之官产应归于彼，商民之产则不能归，即使官产在双方协商情况下尚可退还。

虽然王承尧的呈文将俄股加入的前因后果及发挥的作用阐述得淋漓

---

① 海关总署史料编辑委员会：《海关中外条约》第 2 卷，中国海关出版社 2004 年版，第 636—641 页。

② 海关总署史料编辑委员会：《海关中外条约》第 2 卷，中国海关出版社 2004 年版，第 636—641 页。

尽致，但日本根本不肯就此丢弃抚顺煤矿。煤炭归属涉及清政府主权，因此清政府也开始积极交涉，中、日两国就日俄战后华兴利公司所属煤井的归属问题进行了多轮交涉，形成了抚顺煤矿交涉案。

在王承尧禀文上报后五十天，商部对禀文作了两点指示，一方面根据实情让与外务部商量处理办法；另一方面，让盛京将军赵尔巽酌核办理。赵尔巽接到批示后，于 1906 年 2 月 26 日批文给奉天交涉总局，让其具体办理此事。至此，清政府才算真正过问此事，中、日政府就抚顺煤矿交涉问题步入正式轨道。

三 中日两国政府对抚顺煤矿所有权争论的焦点

中、日两国针对抚顺煤矿问题反复交涉，随着交涉的逐步深入和局势的变化，交涉的一些细节问题随之而出，综合双方的交涉情况，主要围绕以下四方面进行。

（一）抚顺煤矿归王承尧个人所有还是俄国人所有，中日两国论战激烈

抚顺煤矿的归属问题本就无可非议，加之当时全国掀起了收回路权和矿权的斗争，清政府也希望在抚顺煤矿问题上能有所作为。在接到王承尧第二次禀文后立刻做出反应，开始积极交涉。

王承尧第一次上书清政府五十多天后才收到回复，而第二次上书后十天左右，即 1906 年 4 月 23 日，庆亲王就给日本公使发去照会。照会中指出："职商所领华兴利煤矿公司，系在河西千山台等处，与河东之抚顺公司有俄人经理者，毫不相涉。……自系中国人民产业，日军入境本不应强为占据。兹准前因，相应照会贵大臣转饬该处日人迅将此项煤矿交还该公司接收，以昭公道。"①

接到庆亲王照会后，日本驻清公使内田康哉不知如何回复，五天后给日本外务大臣西园寺发去信函，信函指出："清商王承尧经营之华兴利煤矿公司从事千山台煤矿的采掘，与俄人经营之抚顺公司无任何关系，只是华俄银行有持股，1905 年 2 月日军进入时，已通过奉天将军向

———————

① 外务省编『日本外交文书』第 39 卷第 1 册、日本国际协会、1959 年、第 606 页。

日军声明其旨，但无任何回答。同年 3 月 7 日起，该公司被禁止作业，日人小山田淑助将矿山先后占领，恣意开采。因此，清外务部根据公司请求，已提出另纸照会，要求日人从速将矿山交还公司。请与有关当局交涉后，示复，为祷。"① 信函中内田所阐述的情况基本属实，可见日本对现实情况有基本认知，即承认华兴利公司为中国人所有，与俄国人没有关系。对于庆亲王的这份照会，在没有得到日本政府的统一回复口径之前，内田一直都没有回复庆亲王。

收到赵尔巽批文要求对此案进行调查后，经过近三个月的调查和交涉，1906 年 5 月，奉天交涉局和矿政局在给赵尔巽有关此事的呈文中指出："经职交涉局员往晤日本军政官小山秋作，据理论辩，往复多日，奈日军政官始以空言敷衍，继则以非其权限所及设词推却，议久不决。职道大大与之好语泛论，始据云：即使归还，亦非撤兵期内应议之事。未几小山归国，新任军政官未至……有可执之理，而无可语之人。"② 由此可见，虽然地方官员多次与日本军政官就抚顺煤矿事宜进行交涉，但日本根本就不打算交还煤矿，但是中国地方官员据理力争，日本政府也自知理亏，因此先是空言敷衍，受到中国政府步步紧逼后，就设词推却，最后日本政府干脆将小山秋作调回国内，但是新任官员却迟迟不派来。虽然如此，中国官员并没有放弃，继续与日本驻奉官员交涉此事，然而"其间不无日官往来会晤，与之婉商，则婉为好语，怠一落实际，则即设故推延。奉文日久迄不能得要领者以此"③。由于日本对此事的态度，奉天交涉总局处理此事的官员也无能为力，建议"俯准咨明商部转咨外务部查照约章，酌核办结，庶足慰商情，而明国际"④，赵尔巽把交涉总局与日本驻奉军政官交涉进展情况禀告了商部和外务部，恳请清政府继续与日本政府交涉。

日本政府对于千山台煤矿究竟属于王承尧还是俄国人开始并没有形成统一的口径，随着清政府与日本政府双方交涉日甚，日本政府逐渐达

---

① 外务省编『日本外交文書』第 39 卷第 1 册、日本国际协会、1959 年、第 606 页。
② 解学诗主编：《满铁史资料·煤铁篇》（第一分册），中华书局 1987 年版，第 28 页。
③ 解学诗主编：《满铁史资料·煤铁篇》（第一分册），中华书局 1987 年版，第 28 页。
④ 解学诗主编：《满铁史资料·煤铁篇》（第一分册），中华书局 1987 年版，第 28 页。

成了基本共识。1906 年 6 月 16 日，庆亲王给日本公使阿部发了照会，照会中指出："现中日协约第四条，载有占用中国公私各产业，在撤兵时，悉还中国官民接受等语。叩恳体恤商艰，照约商会日本军官将抚顺千山台华兴利煤矿迅速交还等情。"[①] 收到庆亲王照会后，公使阿部于 6 月 22 日致电日本外务大臣，请示如何回复清外务部和奉天将军与日本就抚顺煤矿交涉一事。日本外务大臣随后向陆军大臣寺内正毅请示，8 月 23 日，在寺内给外务大臣的公函中就抚顺煤矿一事日本应采取的措施进行了说明。归结起来理由如下："第一，经过详细调查，自 1901 年王承尧与翁寿发生诉讼以来，华兴利公司与抚顺煤矿公司实权已经被俄国人掌握；第二，千山台煤矿俄国人作为军用一直开采到日俄战争撤退之时，总之，从俄国人经营两年的事实认定王承尧已经放弃了权利；第三，既然煤矿归俄国人经营和使用，日军作为战胜者当然可以收为己有；第四，千山台煤矿为抚顺煤矿中之最好，对于日本帝国将来经营满洲至为重要，因此今日绝对不能交还。"[②] 至此，日本对王承尧煤矿问题达成统一口径，日本外务大臣林权助遂于 8 月 25 日致电日本驻清公使，在公函中按照陆军大臣的意思阐述了千山台煤矿实质上已经归俄国人经营，因此已经归日本所有。

清政府各级部门就此事与日本相关人士交涉数次，但日本政府或托词或搪塞。正如 1906 年 12 月 20 日清外务部致日公使照会中所言："迭经本部照会内田大臣、阿部大臣，并于本年八月十四日照会贵大臣转达贵国政府，迅饬速将此项矿产交还各在案，迄今又两月余，未准见复。"实际上，1906 年 8 月日本政府内部已经按照寺内正毅的指示达成共识，即抚顺煤矿绝不能归还。

从强占抚顺煤矿到与中国政府周旋，到最后寺内正毅将此问题定调，日本对抚顺煤矿的野心暴露无遗。但是日本也自知占领抚顺煤矿理由并不充分，在 1906 年 8 月 23 日陆军大臣寺内致电外务大臣公函的批注中有"此理由未免薄弱"的字样。日本外务大臣给驻清公使的信函上

　　① 外務省编『日本外交文書』第 39 卷第 1 冊、日本国际协会、1959 年、第 611 頁。
　　② 外務省编『日本外交文書』第 39 卷第 1 冊、日本国际协会、1959 年、第 625 頁。

也指出："唯终究还不能完全无视该煤矿的清国人权利，但因尚难预料，故届时须另订办法以满足其要求"①，可见日本自知其理由难以服众，否则也不会说不能完全无视清国人权利的话语。

1906 年 10 月 1 日，庆亲王给日本公使发了照会，让日本速将王承尧矿产照约交回。奉天交涉局也与日本总领事获原进行了交涉，10 月 25 日发出照会，将抚顺煤矿地理情况、权利归属的前因后果对日本驻奉天总领事进行了说明。并指出，虽然华兴利公司有华俄道胜银行的股份，但是华股所占比重为多，况且华俄道胜银行的股份并没有经过外务部核准，不能承认，因此王承尧煤矿的中俄合办与有合同合办的性质不同，要求日本在抚顺煤矿暂行停工。

针对奉天交涉局的照会，第二天日本总领事获原致电外务大臣林董，将中国的诉求告知，为避免对中国照会一一详细辩驳引起麻烦，获原简单阐述了自己反驳的理由。1906 年 11 月 16 日，林董给获原总领事回函，告知应对之法。综合外务大臣林董的回复，跟陆军大臣寺内正毅的处理原则基本一致。12 月 15 日，总领事获原将日本商量的结果告知奉天将军赵尔巽。12 月 18 日，赵尔巽立即照会获原，针对日本政府认为王承尧煤矿事实上归俄国经营一事进行了驳斥，"今贵国政府因不知为何人许可，遂误认为事实上已归俄国经营，不知何所根据"。日本外务大臣在 1907 年 3 月 15 日致总领事获原的密函中对赵尔巽所说"不知何人许可"之语进行了反驳，"帝国政府所主张者，是不论该矿最初系许可何人开采，但至后来，显然事实上已归俄国掌握，且为东清铁路的利益而经营。因此希望贵官能反复说明：该矿根据日清、日俄两条约，已归属日本，此点毫无讨论之余地"②。

针对日本的咄咄逼人，清政府负责此事各部门丝毫不敢怠慢。1907 年 5 月，奉天交涉局在给赵尔巽的呈文中，就抚顺煤矿归属权指出，王承尧煤矿之所以被俄国人抢占，"嗣因各控俄人不守合同"；同时奉天交涉局就华俄道胜银行的六万两股份也咨询了奉天前宪台增祺，增祺对当

---

① 外务省编『日本外交文书』第 39 卷第 1 册、日本国际协会、1959 年、第 628 页。

② 外务省编『日本外交文书』第 40 卷第 2 册、日本国际协会、1960 年、第 224 页。

时的情形进行了说明，由于当时增祺不想仓促应允俄国出资问题，就此问题并未立案，现在"须先专案奏明，嗣因未及奏请，而日军已至该处占采，以至今日"。对于俄股因并无"允准之案可凭，即有华俄银行入股证据，亦系以私人所办公司自招外股，不得因有俄股在内即认为俄人所有之矿"①。6月24日，庆亲王照会日代理公使阿部，指出王承尧的煤矿并非与俄国人合办性质，应为华俄道胜银行股本并未收齐，且俄国人"仅有股东之利益，实无管理之权限"②。

抚顺煤矿究竟归王承尧还是俄国人所有，中、日两国唇枪舌剑，互不相让，但实际上，对此问题日本心知肚明。1907年2月4日，驻奉总领事荻原给日本外务大臣的密函中就指出，他通过私函让赵尔巽将军提供王承尧对煤矿所有权的证据、经营资金及俄国占领前工作进度等证明文件，通过对这些文件的审读，荻原认为："关于俄人对抚顺煤矿之权利，尚未获得确切证据，但俄人似乎视该矿为属于东清铁路公司当然之让出，未曾加以公然讨论，或在结局援引这一理论亦未可知。但彼等在被迫陷入这一争论之前，将一味在表面上利用清国人权利为依据从事实际开采，即间接干涉王承尧、翁寿诉讼，使败诉者翁寿同纪凤台约定供应资金，然后依据纪凤台之权利着手开采。……但深信俄国东清铁路公司在哈尔滨以南并未通过正式手续取得当然煤矿特权，亦从未公然主张其权利。"③ 从这段表述来看，日本对抚顺煤矿归中国私人所有的情况非常清楚，只是为了将煤矿据为己有，才想出若干对策与清政府周旋。

（二）关于《朴茨茅斯条约》第六条和《中日会议东三省事宜正约》第四条附约的争论

根据《朴茨茅斯条约》第六条，只要日本证明抚顺煤矿为东清铁路的附属煤矿就可以划归日本；而根据《中日会议东三省事宜正约》第四条附约，只要清政府证明抚顺煤矿是军务上所必需，日本在撤兵时就应该还给中国。在这两个问题上，中日双方相持不下。

---

① 中国社会科学院经济研究所存，日文档案，转引自解学诗主编《满铁史资料·煤铁篇》（第一分册），中华书局1987年版，第59页。

② 外务省编『日本外交文书』第40卷第2册、日本国际协会、1961年、第235页。

③ 外务省编『日本外交文书』第40卷第2册、日本国际协会、1961年、第221页。

1906 年 8 月 25 日，日本外务大臣林权助在致日本驻清公使的公函中就指出，俄国人经营抚顺煤矿后，煤矿已经专为东省铁路利益而开采，符合《朴茨茅斯条约》第六条的规定，应该归日本所有。

日本驻清公使林权助 1907 年 5 月 11 日在给庆亲王的照会中，更是给出了明确的回复，"俄国曾将苏家屯王东的铁路支线延长到该矿区界内，以便供应东省铁路用煤，由此可见，该矿区乃是日俄和约第六条所指的'为铁路利益而经营的煤矿'之一，理应移归日本所有……总之，俄国历来为东省铁路的利益而开采煤矿，不论其名义如何，均应根据朴茨茅斯条约和'满洲条约'① 归属日本"②。6 月 24 日，庆亲王给日代理公使阿部的照会中指出日本认为抚顺煤矿是"南满洲"铁路附属事业范围之内"实属非礼"，因为"根据东清铁路原约，所有铁路沿线矿产，均须中俄两国详商办法，中国方能准予开采"。1908 年 7 月，庆亲王再次给阿部发了照会，仍坚持抚顺煤矿不能认为是"南满洲"铁路的附属事业。

1906 年 4 月 13 日，王承尧第二次上书清廷，指出日本现已撤兵，因此应根据《中日会议东三省事宜正约》第四条所载，将抚顺煤矿还给中国职商，恳请政府设法收回利权。1906 年 10 月 25 日，奉天交涉局给日本驻奉总领事获原发出照会，认为根据中日合约的规定，所有军事占用的中国公私财产，均一律在退兵期内交还，现在退兵期已到，日本仍然占领与合约内容不符。由于日本在此问题上明显处于下风，在日本各级官员给中国的照会中，均未就此问题与清政府进行辩解，说明日本已然意识到自己在这个问题上属于违约行为，因此避重就轻。

在这两个问题上，中、日均未能说服对方，日本更是以 1907 年 5 月 11 日林权助给庆亲王的照会为最终意思表示为由，拒绝清政府的一切合理要求，甚至说出了"国际间的权益除明文的允诺而外，在很多情况下是根据当事者的行为即默认的形式规定的"③ 言论。在两国寸步不让的

---

① 指近代外国列强与中国签订的《瑷珲条约》等与东北相关的不平等条约的统称。

② 外務省编『日本外交文書』第 40 卷第 2 册、日本国際協会、1960 年、第 227—229 頁。

③ 外務省编『日本外交文書』第 40 卷第 2 册、日本国際協会、1960 年、第 228 頁。

矿权问题交涉上，日本说出如此没有法理依据的话语，可见其已在耍无赖，实难具有说服力。

（三）铁路附近30里以外，日本是否可以当作铁路附属财产进行开矿活动

1906年12月18日，奉天将军赵尔巽在致总领事荻原的照会中，首次提到了30里原则。"复查日俄合约第六款有属于为其利益所经营之一切，且有我国政府之承诺移转让渡于日本之文，是明明指属于东清铁道附近三十里内，且曾有我国承认俄国所经营之矿产确有证据者而言；如将华商禀办之矿混入我国所承认的俄国独立经营矿产之内，断难认可。又据中日会议节录第十节，奉省附属铁路之矿产，无论已开未开，均应妥订详细章程。是附近铁路三十里内之矿产，尚不得任意采掘，况该矿确在东清铁路干线附近三十里之外，更不得以计东清铁路便利为理由，从事采掘。"① 12月20日，清外务部给日本公使的照会中也提及30里原则，"若认为南满洲铁道附属之业，该矿实在铁道附近三十里之外，即日本一时误认该矿在三十里线之内，亦不能侵夺原办华商开采之利权"②。清政府的态度很明确，抚顺煤矿在东清铁路30里以外，不应属于东清铁路附属财产范畴，日本人不应强占。

对于中国的这一要求，日本驻清公使在给外务大臣的密函中就此问题进行了辩驳。他认为没有迹象表明中、俄通过任何协议确定30里主义，而且即使瞿鸿機给小村男爵的文书中有这样的约定，由于这一文书是清政府的片面声明，日本也没有承认的必要；而且在宽城子会议上成为问题的煤矿均在离铁路线25公里之地；关于日本在铁道附近采矿权利，是来自中俄铁道续约第四条，只在必要时，可根据满洲协约第十二条，均沾山东铁道的利益。他希望日本政府可以以此为见解，对付清政府的30里主义。同时，驻奉总领事荻原给日本外务大臣密函中，就30里主义问题提交了吉林将军和黑龙江将军上奏给皇上的两份文件，根据这两份文件，荻原认为这些文件虽然提到铁道附近30里问题，但并不

---

① 外務省編『日本外交文書』第40卷第2册、日本国際協会、1960年、第210頁。
② 中国社会科学院经济研究所存，日文档案，转引自解学诗主编《满铁史资料·煤铁篇》（第一分册），中华书局1987年版，第45页。

能作为约束他方的有效证据。随后，日本外务大臣在给驻清公使的电文中对 30 里主义进行了总结性概括："所谓 30 里主义，我方并未承认。可以言辞拒绝清国政府的要求。"① 1907 年 5 月 11 日，日本驻清公使林权助在给庆亲王的照会中也谈到了 30 里主义，他给出了自己的理由：第一，中俄协约中并无明文规定，"中俄原约并未明文规定铁路的附带权利—采煤—应限制在 30 华里以内"②。第二，东省铁路公司曾经开采的大部分煤矿都在 30 里限定范围以外，尤其最近曾在"北满"地方铁路沿线 30 里以外，准许东省铁路公司开采煤炭。第三，清政府并没有就 30 里主义给日本政府建议，所以日本政府对此不能表示同意。总之，"至于所谓 30 华里的限制一层，既无条约明文，又不符合实际惯例。因此，帝国政府不能不遗憾地拒绝清国政府的要求"③。日本给出的拒绝原因听起来有理，实则荒谬。按照日本的逻辑发展下去，如果没有 30 里限制，恐怕要把整个东北的矿业都作为满洲铁路附属事业来经营。

针对日本这些为自己辩白的言辞，庆亲王在 1907 年 6 月 24 日给代理公使阿部的照会中指出，"至贵国政府认该矿为南满洲铁路附属事业，该矿实在铁路附近三十里之外，迭经声明有案，不得谓无限制"④。

对于抚顺煤矿所有权，中、日双方各执一词，实难有统一结论。对此，日本驻清公使主张采取断然措施，拒绝中国的任何合理请求，"总之，今日之问题，并不在于对清国要求给以何种程度之考虑，而在于用何种理由拒绝对方要求，以及在拒绝后采取何种措施确保煤矿进行完满经营"⑤。日本外务大臣对于驻清公使的观点表示了赞同，"我认为大致按贵官意见处理较为适宜"⑥。驻奉总领事获原也强词夺理道："本官认为有必要告赵将军以我方最后定见，晓以抗议之无益"⑦，从这些措辞中

---

① 外务省编『日本外交文書』第 40 卷第 2 冊、日本国際協会、1960 年、第 222 頁。
② 外务省编『日本外交文書』第 40 卷第 2 冊、日本国際協会、1960 年、第 228 頁。
③ 外务省编『日本外交文書』第 40 卷第 2 冊、日本国際協会、1960 年、第 229 頁。
④ 外务省编『日本外交文書』第 40 卷第 2 冊、日本国際協会、1960 年、第 236 頁。
⑤ 外务省编『日本外交文書』第 40 卷第 2 冊、日本国際協会、1960 年、第 214 頁。
⑥ 外务省编『日本外交文書』第 40 卷第 2 冊、日本国際協会、1960 年、第 221—222 頁。
⑦ 外务省编『日本外交文書』第 40 卷第 2 冊、日本国際協会、1960 年、第 221 頁。

可见日本政府的强盗逻辑。

（四）两国官员对于中日合办抚顺煤矿意见不一

中、日两国因抚顺煤矿所有权问题进行交涉伊始，对于如何说服清政府在抚顺煤矿问题上让步，日本军政官员献计献策。最早提出中日合办想法的是日驻清公使林权助，1906 年 8 月 23 日在给外相林董的电报中提到"如根据条约与事实，终难认定是否属于让与范围内之矿山，其即已由我方着手开采，则只有力求使清政府承诺按照相当办法，在一定的规章下准许日人经营或作日清合办事业，别无他策"①。

从中国方面看，随着满铁的建立，抚顺煤矿已归满铁管理，在这种情况下，中国实际上已经被迫丧失了对抚顺煤矿的所有权，为了在此情况下拿回一些权利，徐世昌、唐绍仪等均主张中日合办。1907 年 9 月，在与日本驻奉总领事讨论抚顺煤矿问题时，赵尔巽指出抚顺煤矿原系华人与俄人合办，现在日本也应与中国商人合办为妥，"应传集原有之华商，另定详细合办及妥善章程"②。1908 年 7 月，东三省总督徐世昌在致外务部的电文中也认为，抚顺煤矿乃日本人在所必争之地，既然不能全还，还不如合办。他认为中国应以矿产作为资本，其他一切机器和布置费用，由日本人筹出作为资本，双方合办。如果日本不同意这一方案，可将抚顺煤矿进行估价，然后将估价分为若干成与日本合办。

但是满铁总裁后藤极力反对中日合办，认为中日合办"有利于彼而无益于我"。抚顺煤矿已成为"既定权利"，若一旦改为合办，则使中国获利颇丰而日本损失巨大，再则，如以后不能发现更巨大的矿山，日本利益将无法恢复。继而，他认为徐世昌等提出的合办要求，"不外是力求保持悬案，刺探我方的一种狡猾手段"。日本外务大臣林董就赵尔巽等提出的合办要求也予以坚决拒绝，他与后藤新平看法一致，认为抚顺煤矿日本已经根据协约接管过来，并无合办之意，希望获原将日本政府的这一看法转达给徐世昌。

---

① 外务省编『日本外交文書』第 39 卷第 1 册、日本国際协会、1959 年、第 626 頁。
② 外务省编『日本外交文書』第 40 卷第 2 册、日本国際协会、1960 年、第 243 頁。

在抚顺煤矿合办问题上，日本政府部分官员虽有合办之意，但日本的本意是将抚顺煤矿完全据为己有，尽管合办属中国政府的让步，但日本政府怎肯将到嘴的肥肉拱手让出哪怕一部分？因此关于抚顺煤矿中日合办之事由于双方存在根本分歧，最后不了了之。

四　日本政府主张给予王承尧补偿以便了结此案

中日双方在抚顺煤矿所有权问题上争执不下，1906 年 6 月、7 月，奕劻和赵尔巽分别照会日使阿部和驻奉总领事荻原，对日本的强占提出抗议，日本军政官员认为长此争论于自己无益，"窃思本案反复议论，对我实有不利，过细相争，与我更非得策"①，想尽快了结此案。日本政府也看出端倪，在这件事情上，王承尧是关键点，只要安抚住王承尧使他不再继续上书追究，此案便可了结。

于是荻原于 7 月 28 日给林董发去一封密函，按照林董的指示提出了让步的措施。他建议："上述三处②及其他实际上属于中国人权利的煤矿，与其无偿占领从而引起他们的不满，莫如斟酌其资本数量和实际经营设备，定出相当价格，对其给予铁道会社或煤矿会社的股票，在名义上保持业已收买该矿的形式，同时，使这些与地方有关者，直接同本事业永久保持利害关系，这比吝惜很少金钱，强行占领，以致深招地方人民怨恨，在经营事业上反而是上策。另外，我认为对于抚顺煤矿等，最有利的办法也是尽可能采取这种办法。"③ 对于荻原的这一建议，日本政府也进行了考虑，但是在具体赔付方法等方面还没有最终答案。1906 年 11 月 16 日，日本外务大臣林董给荻原总领事回函中就提到要对中国商人进行补偿："盖该煤矿中有关清国人的权利，很难预料，最终不能完全无视，亦可能日后需要设法满足其要求"④，只是告知先不要声张，待日后再议。荻原在回复外务大臣的密函中，也赞同这一举措，"本案结局必将给予王承尧等权利者以相当赔偿，本官亦深信为最适当措

---

① 外務省編『日本外交文書』第 40 巻第 2 冊、日本国際協会、1960 年、第 234 頁。
② 系指烟台煤矿中的三井。
③ 外務省編『日本外交文書』第 39 巻第 2 冊、日本国際協会、1959 年、第 222 頁。
④ "林外务大臣复荻原总领事函"，吉林省社会科学院存，满铁东京支社抄件。

施，……给王承尧等有关人员以若干报偿，杜绝今后之纠缠"①。1907
年3月15日，日本外务大臣给驻清公使函件中就补偿问题谈了自己的观
点，"但我认为对与本煤矿有利害关系的清国人，需要给与相当钱款，
以清除其不平不满。因此，我早已向南满洲铁道会社发下这一主旨的密
令"②，因为此事已经成为两国政府间发生纠纷的交涉案件。③

　　1907年4月，清政府驻日公使杨枢接到清政府密函，让他探查日本
政府对此案的原委是否清楚及其用意到底如何。很快，杨枢与林董就抚
顺煤矿问题进行了会谈，在会谈中林董就赔偿问题也表达了基本观点，
虽然抚顺煤矿权利已被日本侵占，但如果王承尧已有投资，"则可酌情
由'满铁'本救恤之意，给一些欠款"。7月，日本驻清临时代办在给
外务大臣的信函中也指出，"本官深信，今后南满洲铁道会社如能基于
帝国征服先前之内命，给予对该矿有利害关系之中国人以相当报偿，解
除其抱怨，则个人切身利害既告单独解决，清国政府方面交涉之锋芒自
必因以锐减，或终至忍气吞声归于沉默"④。日本政府正是抓住了清政府
的弱点，想以补偿个人的方式将煤矿据为己有，日本用少量的钱换来的
却是最优质的煤矿，何乐而不为？

　　如此，对于给王承尧所属煤矿补偿一事，日本政府上下已经基本达
成共识，但具体赔偿数额和方式也有一个渐进的研究、分析和估算的过
程。首先，对于王承尧和华俄道胜银行投资额应如何补偿的问题，驻奉
总领事获原在1907年6月24日给外务大臣的函件中进行阐述。他认为
华俄道胜银行的出资额不应算在赔偿范围内，"王承尧陈述中的投资额
问题，即使假定其所述是事实，华俄银行出资的六万两，至少对王不具
有赔偿性质；而对王再多估计也不出十万两"⑤。其次，给予王承尧的赔
偿金额与日本所得的利益相比，并不吃亏，"对比最后之数额，我方可

　　①　外務省編『日本外交文書』第40巻第2冊、日本国際協会、1960年、第220—
221頁。
　　②　外務省編『日本外交文書』第40巻第2冊、日本国際協会、1960年、第222頁。
　　③　外務省編『日本外交文書』第40巻第2冊、日本国際協会、1960年、第222頁。
　　④　外務省編『日本外交文書』第40巻第2冊、日本国際協会、1960年、第235頁。
　　⑤　外務省編『日本外交文書』第40巻第2冊、日本国際協会、1960年、第234頁。

取得地照和契约证等，因而并非必定是无益的赔偿"①。最后，对于赔付方式，荻原的想法有个逐渐变化的过程。如上所述，1906 年 7 月 28 日，荻原在给外务大臣林董的密函中建议对煤矿进行估价后，给予铁道会社或煤矿会社的股票作为赔偿。但是，在 1907 年 6 月 24 日给林董的函件中，荻原推翻了以前的想法，认为给王承尧的最后赔付应该一次付现，不用南满会社的股票充当。究其态度变化之原因，乃是日本已认识到问题的严重性，想要一次性解决王承尧赔付问题，不留后患。1907 年 9 月 1 日，荻原再次给外务大臣去电，就赔偿款项究竟几何表示"目前正在商讨中"。

由于王承尧与满铁总裁后藤新平始终没能面见，对于给王承尧赔偿问题也没有结果，但日本政府仍希望尽快促成赔偿问题的解决。外务大臣林董 1907 年 10 月 22 日电告驻奉总领事荻原，认为可以采取迂回战略，只要王承尧想谈补偿事宜，副总裁可随时接见约谈。"如王某并不希望要求返还，只为求得补偿而要求面见，则即或总裁不在，旅顺中村副总裁亦可随时接见。因此希望王某逗留贵地之时，彻底探明其希望，然后予以适当处理。"②

综上，日本希望尽快促成对王承尧赔偿问题的解决，安抚住王承尧，清政府态度也会逐渐缓和，日本占据煤矿就会渐成事实，无力挽回。但由于王承尧态度坚决，直至《抚顺烟台煤矿合同细则》签订，对王承尧的赔偿金额才最终确定。

五　日本在抚顺煤矿攫取更大侵略权益

中日关于抚顺煤矿问题的交涉一直在进行，但是清王朝此时已处于风雨飘摇之中，日本人见状更是肆无忌惮，妄图扩大在抚顺煤矿的权益。日本一方面向清政府提出削减抚顺煤炭出井税和出口税等无理要求，另一方面则通过抢占民田、侵占属于中国人的煤矿以便向东扩展抚顺煤矿的地界。

---

① 外務省編『日本外交文書』第 40 卷第 2 冊、日本国際協会、1960 年、第 234 頁。
② 外務省編『日本外交文書』第 40 卷第 2 冊、日本国際協会、1960 年、第 246 頁。

（一）日本要求减免抚顺煤矿出井税和出口税

出井税是清政府针对煤矿开采出台的一个税种，即每出一吨煤要按章缴纳一定数量的税费，税费标准是值百抽五（指中国近代海关对进出口货物按价值的百分之五征收关税）。王承尧开矿以后，一直按照清政府的要求缴纳出井税，但是日本强占煤矿后，却始终没有缴纳此税款。1906 年 10 月，奉天交涉局在给日驻清总领事荻原的照会中对此提出抗议，"且该商王承尧等开矿之时，虽有俄并冲突，亦仍照章纳税，而自日人占据一年有余，所出煤觔为数甚巨，税款毫无"[1]。为此，交涉局认为应让日本人照章纳税，以免未来成为日本的口实，使中日交涉难上加难。然而由于日本更关注的是夺得抚顺煤矿的矿权，对于交不交出井税根本不予理睬，在日驻奉天总领事荻原回复交涉局的信件和外务大臣林董给荻原的信函中，对于中国所说缴纳出井税的问题均未提及。后中、日以煤矿所有权问题交涉为主，致使出井税问题渐被忽视。

日本不仅不缴纳出井税，之后更是要求清政府降低抚顺煤矿出口税。[2] 日本占领抚顺煤矿后，出产的煤炭除供应满铁所需企业外，还将其中的一部分出口到日本本土或朝鲜等地，这就涉及煤炭出口税的问题。原本日本对抚顺煤矿就是武力霸占，实属违章，按理说都不应允许其出口，但清政府当时的处境已无力干涉，便默认了抚顺煤炭的出口，但没想到即便如此让步仍满足不了日本的胃口。按照清政府的要求，当时煤炭的出口税多为每吨三钱，但湖北、安徽、广西及开平的煤炭清政府特批为每吨一钱。面对煤矿出口税的差别对待，日本也希望能够援引每吨一钱的税率。1908 年 4 月 8 日，驻清公使林权助给外务大臣林董的信函中提到他在北京与唐绍仪进行商谈中谈到了抚顺煤矿问题，1908 年 4 月 29 日，日本驻牛庄代理领事高桥给日本驻清公使林权助发去密函，希望林"争取使抚顺煤也能与开平煤等同样按每吨一钱的税率纳税"[3]。

---

[1] 解学诗主编：《满铁史资料·煤铁篇》（第一分册），中华书局 1987 年版，第41 页。

[2] 煤炭出口税是煤炭运往国外时向清政府缴纳的税款。

[3] 外务省编『日本外交文书』第 41 卷第 1 册、日本国际协会、1960 年、第 594 页。

关于降低抚顺煤矿税率，日本外务大臣与驻俄大使也进行了沟通。林董给日本驻俄大使本野发去的电函中提出："我方应缴纳之金额，不能超过他人在该地区采掘煤炭所缴纳的款额。因此，已电训总领事加藤进行调查。兹据答称：清国目前对烟台、本溪湖、牛心台的煤炭，按矿区售价百分之一课税，又本溪湖煤的售价商定为实际售价的五分之三左右，牛心台亦同样。总之，关于此事，同意以上述税额为标准缴纳相当税款，并速与清国确定抚顺、烟台问题是得策的。"① 本野的回电中虽然指出抚顺煤矿与本溪湖性质不同，不能按照矿区售价五分之三与清政府达成协议，但是对于出口税问题希望能争取免除，如果不能免除出口税，他也希望"效仿外国人输出煤炭之前例，确定课以最少额输出税。……值此确定矿区售价及输出税时，望能充分贯彻开发煤矿和奖励输出之精神，并均沾英清两国关于煤炭输出等条约利益，以签订协定"。由于加藤给林董的电文中关于清政府征收百分之一煤炭输出税的表述有误，后林董虽然让本野暂停与清政府的交涉，但从二人的往来电文中可以看到日本的态度。

1908 年 5 月 13 日，日本驻清临时代办阿部就抚顺煤矿减税一事面见代理总税务司布列顿，布列顿义正词严答复，"因开平等处于特殊地位，其他煤矿不得援例"②。5 月 26 日，阿部给外务部发去公函，从公函内容可知日本希望降低税率的原因，一是抚顺煤矿与开平煤矿的处境和销路并无不同，"故望抚顺煤也能按每吨一钱的税率课税"；二是据闻凡青岛出口的煤炭，均按每吨一钱的税率课税，因此他希望"对自大连、营口等地出口的煤炭也给予同样的待遇"③，随后又去函质问外务部青岛出口煤炭享受优惠的理由，希望对满洲煤炭也迅速列为专案，办理减税手续。

针对日本的强词夺理，庆亲王于 1908 年 7 月 16 日和 7 月 30 日两次发照会给日本驻清代办阿部，综合两次照会内容，外务部认为抚顺煤矿出口税不能降低的原因在于：首先，抚顺煤矿原本是中国产业，日本属

---

① 外務省編『日本外交文書』第 41 卷第 1 册、日本国際協会、1960 年、第 591 頁。
② 外務省編『日本外交文書』第 41 卷第 1 册、日本国際協会、1960 年、第 594 頁。
③ 外務省編『日本外交文書』第 41 卷第 1 册、日本国際協会、1960 年、第 594 頁。

于非法占用，早应该交还给中国，如今"不特交还无期，并迭请援例减税，不知中国人民之产业，应退还中国自办"①，因此，"断难援引开平、青岛等矿奏准减税之特典相与比例"②。其次，凡是减税的矿产，均有特定原因，"并非无故而然"。抚顺煤矿纠葛至今，尚无眉目，"系属两国纠葛未清之事，岂不能援减之理，最易解晓"③。虽然日本驻清代办阿部后又照会外务部，指出抚顺煤矿交还问题与出口税没有关联，"二者不可相提并论"。但外务部的两份照会言之凿凿，日本也明白想要在此事上说服清政府几无可能，因此 1908 年 8 月 1 日阿部在给寺内外务大臣的函件中，建议"暂时停止本案交涉"④。

此事虽暂告一段落，但日本并没有停止对减少出口税的争取，直到《抚顺、烟台煤矿细则》签署后，这一问题随着中日交涉的结束才告终结。

（二）抢购民地若干并意欲向东扩展矿界

中、日关于抚顺煤矿的交涉在 1907 年末暂时停止，但是日本人的经营却紧锣密鼓，正如西园寺内阁总理大臣所言："毫无理由可以满足于姑息式的经营，以致坐使此巨大的富源委于荒野，故应迅速开发该矿，以大力谋求增殖国富。"⑤ 日本除扩大开采规模外，还大肆抢购民田。1908 年 1 月 13 日《北京日报》刊载了满铁奉天公所长佐藤少佐在千金寨到古城子地区"购买"几千万坪⑥土地的消息，抚顺煤矿所有权问题尚无定论，日本却抓紧"购买"矿区土地，这引起了国人的愤慨，纷纷谴责日本的行径。王承尧在听到此消息十天后，上书清廷，指出佐藤所买其他土地暂且不论，但是千金寨区域是王承尧华兴利公司矿产，目前关于抚顺煤矿归属权正在交涉，"明明系中国人民产业，恃强延宕，

---

① 解学诗主编：《满铁史资料·煤铁篇》（第一分册），中华书局 1987 年版，第 76 页。

② 解学诗主编：《满铁史资料·煤铁篇》（第一分册），中华书局 1987 年版，第 76 页。

③ 解学诗主编：《满铁史资料·煤铁篇》（第一分册），中华书局 1987 年版，第 77 页。

④ 外务省编『日本外交文書』第 41 卷第 1 册、日本国际协会、1960 年、第 595 页。

⑤ 外务省编『日本外交文書』第 41 卷第 1 册、日本国际协会、1960 年、第 566 页。

⑥ "坪"是面积单位。1000 万坪 ≈ 33 平方千米。

不能开设，何又据垂得陇望蜀之涎?"① 他认为，日本人"购买"民地的行为，意在酿造意外之交涉，更是想"备抵开议索矿地步，暗运机关，诡秘莫测，视为外交之惯伎"②。禀文最后，王承尧建议清政府对日本人占据的土地应该"暂行发价"，并且将矿产所有权讲明"以慰民望"。王承尧的禀文对日本人的意图分析得鞭辟入里，其给出的建议对保护矿权很有价值。在徐世昌对此禀文的批复中，基本采纳了王承尧的建议，"是以派员丈勘，向日人索价按亩分给，实为救恤小民起见，且声明此项地亩，转为经营矿事铁道所用，只能行使地面，与地中矿质不相关涉，将来煤矿交还，此地亦应一并交还"③。清政府与日本人就抚顺矿产问题正在交涉，而佐藤强占民地的意图十分明显，他想用这种方法为争得抚顺煤矿所有权做准备，对于日本人强占民地，清政府本应严词拒绝才是，如今这种做法实在是过于忍让。

日本人不仅抢购民田，还在新屯、龙凤坎及搭连咀子三处中国商人经营的煤矿"遍立号桩"，上书"南满洲铁道株式会社抚顺炭矿"字样以便向东扩展矿界。1908 年 3 月初，日本一个姓徐的翻译官带着两名日本军人和若干力夫，在搭连咀子附近竖起了数十个"南满洲铁道株式会社抚顺炭矿"的标牌，并对搭连煤矿矿主佟恩陞说："此处一带属于千金寨矿界，以后华商不得在此处盖房和挖煤。"为此，佟恩陞上书陈述矿权，奉天交涉司派人到搭连详查，发现搭连咀子等地确有日本人竖立标牌之事，奉天交涉使陶大钧立即发照会给驻奉总领事加藤，指出搭连咀子与龙凤坎"均在杨柏堡河以东，系隶兴京界内，且各有商人领照承办，各该处距杨柏堡河尚远，与职商王承尧领办之千金寨煤矿在抚顺县内杨柏堡河以西者迥不相同，何得蒙混一气，擅立标桩等情，请为照禁前来"④。陶大钧对日本的行径给予严厉反击，称佐藤的行为为"非礼之

---

① 中国社会科学院经济研究所存，日文档案，转引自解学诗主编《满铁史资料·煤铁篇》（第一分册），中华书局 1987 年版，第 68 页。
② 中国社会科学院经济研究所存，日文档案，转引自解学诗主编《满铁史资料·煤铁篇》（第一分册），中华书局 1987 年版，第 69 页。
③ 中国社会科学院经济研究所存，日文档案，转引自解学诗主编《满铁史资料·煤铁篇》（第一分册），中华书局 1987 年版，第 70 页。
④ 外務省編『日本外交文書』第 41 卷第 1 冊、日本国際協会、1960 年、第 599 頁。

举动",日本人见状自知理亏,只得撤回所占地盘,等待机会再肆意妄为。

1908 年 11 月 2 日,日本人又在中国商人周从龙经营的新屯煤矿境内挖井采煤,致使双方再次陷入争端。日本驻奉代理总领事冈部在给外务大臣电文中,详细叙述了日本在新屯采煤的原因,"近来清国人开始在打莺咀子试采①,虽经制止亦不听从。因此,该矿认为,这种举动乃系清国政府已将老虎台以东各矿视为争议地区,而采取先发制人的手段。满铁为对抗此种行动亦突然于 11 月 2 日起在新屯开始试采"②。在奉天交涉使陶大钧提出让日本停工的情况下,冈部给陶大钧的答复是"可将新屯、龙凤坎与打莺咀子定为争议地区,直到日后此问题获至解决为止,日清两国均不在此地开凿矿井",但陶大钧只同意双方在新屯停止开凿,搭连咀子不在其列。同时,抚顺县知县朱孝威于 11 月 30 日派巡警到新屯,称如果日本不停工,将阻止该矿在抚顺地界雇用中国工人。抚顺煤矿矿长松田闻讯,马上调集矿警来到新屯,双方僵持不下。冈部得到报告后,恐事态扩大,指示松田停止在新屯开采,但是中、日双方就此事的交涉继续进行。

日驻奉代理总领事冈部在给驻清公使伊集院的信函中详述了他与陶大钧的交涉内容。清政府主张翁寿开采的矿区在新屯西面水流为界,而东面并没有人报领,最近有人呈请开采并获准。但满铁认为该矿的开采属于王承尧及翁寿的权利,并与俄国有若干关系,妄图划入自己的矿区范围;同时满铁认为属于翁寿权利的老虎台矿区"应以矿脉连续为限划界",冈本在信函中认为"'矿区无限说'既无确证可查,则可谓满铁旨在将广义的抚顺煤矿概括与自己权利之下"③。冈本对本案进行详查后发现所有证据均对日本不利,满铁的目的也不过是"借此牵制清国人开采,保留他日将获得之权利"④,因此日本无须尽快解决问题,可以将三矿区作为争议地区,日清相商暂不开采。冈本在 12 月 4 日会见东三省总

---

① "打莺咀子"系搭连咀子。
② 外务省编『日本外交文書』第 41 卷第 1 冊、日本国际协会、1960 年、第 596 页。
③ 外务省编『日本外交文書』第 41 卷第 1 冊、日本国际协会、1960 年、第 598 页。
④ 外务省编『日本外交文書』第 41 卷第 1 冊、日本国际协会、1960 年、第 598 页。

督徐世昌时，也"大致看出有同意本官建议之倾向"①。

最终，新屯煤矿被划为争议地区，龙凤坎、搭连咀子两矿仍由中国商人经营。然而，新屯煤矿与龙凤坎和搭连咀子两矿并无二致，都是中国商人经政府许可合法经营的煤矿，何以变为争议地区？清政府在与日本人交涉过程中再次处于下风。

六　《东三省交涉五案条款》的签订与抚顺煤矿经营权的彻底丧失

日本强占抚顺煤矿后本就无意归还，这源于日本政府对抚顺煤矿经济价值的认识，内阁总理大臣西园寺在致外务大臣的函件中充分表达了这一想法："抚顺煤矿系因日俄战争结果而获得的满洲宝藏，所蓄财富，可亿万计。"② 日本对于中国要求归还煤矿的照会采取迁延战略，并商量对策以便强取豪夺。在与清政府交涉中了解到这样争论下去并无结果后，便企图用弥补王承尧个人损失的办法换取抚顺煤矿所有权，在王承尧拒绝后又采取将抚顺煤矿与其他五案合并处理的办法，形成了东三省六案交涉，并以所谓在间岛问题上的让步，换得了抚顺煤矿的明文让与。

东三省六案交涉系日俄战后，日本在继承俄国在"南满"权益过程中，向清政府提出的路矿权益。所谓的六案是指新法铁路问题、大石桥支路问题、抚顺烟台煤矿问题、安奉铁路沿线矿务问题、京奉铁路与"南满洲"铁路合并问题、间岛问题。这些问题的交涉最初都是个别进行的，1908 年 9 月，日本政府决定把这六个案件综合起来向清政府提出总的交涉。1909 年 2 月 6 日，日驻清公使伊集院正式向清外务部提起东三省六案交涉。后因间岛问题单独进行交涉，变成了东三省五案交涉。

关于抚顺及烟台煤矿，日本确定的解决方针是"承认中国主权，采取分与中国以煤矿利益之方法……现在我方如对中国约定分与一定之利

---

① 外務省編『日本外交文書』第 41 卷第 1 冊、日本国際協会、1960 年、第 598 頁。
② 外務省編『日本外交文書』第 41 卷第 1 冊、日本国際協会、1960 年、第 566 頁。

益，则一方面可以谋求经营之便，一方面可使清国间接确认我方的利益，认为是必要的，乃以此宗旨同中国政府进行协商"①。在抚顺煤矿问题上，清政府态度明朗。1908 年 12 月 28 日中、日关于六案交涉的第一次会议上，中国代表坚持抚顺煤矿乃王承尧个人经营的煤矿，而日本认为虽然抚顺煤矿多少与中国个人有关，但最低限度是抚顺煤矿为铁路利益而经营。1909 年 1 月 11 日的第二次会议上，中国代表新任外务部尚书梁敦彦寸步不让，坚称抚顺煤矿与王承尧的关系，与此同时，在京的奉天交涉使陶大钧私下以个人名义对日本驻清公使伊集院提出了中日合办抚顺、烟台煤矿的建议，遭到伊集院的拒绝，声称"直到如今清国仍企图动摇我方之权利，是绝对办不到的"②，日方给出的"妥协"办法是尽可能使王承尧得到比出资额多的抚恤金，或付与相当于出资额的"南满洲"铁路股票，但希望中国撤回异议。由于事关重大，梁敦彦对此未做回应。清政府见日本寸步不让，3 月准备将六案交涉提交海牙会议仲裁。为此清政府先将此事透露给报界，各报纷纷刊登此消息，日本政府于 4 月 5 日正式向清政府表达了不赞成提交海牙会议公断的态度。第二天，日本即增设间岛事务官 9 人；4 月 14 日伊集院在给外务部的照会中更是否认了中国对间岛地区的主权，"间岛即豆满江北一带地方，究系清国领土，或系韩国领土，目下仍系未决之问题。来文谓本使已认该地为清国领土，实系误会"③。日本想通过在清政府甚为重视的间岛问题上滋生事端，逼迫清政府撤回将六案提交海牙会议的决定，在交涉中获取更多权益。

由上，六案交涉得并不顺利，从 1908 年末至 1909 年中，两国代表经多轮谈判均没有达成任何协议。清政府经过认真商讨，认为六案中延吉主权为重中之重，抚顺煤矿虽也重要，但经营权已归"南满洲"铁路，势难收回矿权。为此，清政府的基调是以其他五案之让步

---

① 解学诗主编：《满铁史资料·煤铁篇》（第一分册），中华书局 1987 年版，第 89 页。

② 解学诗主编：《满铁史资料·煤铁篇》（第一分册），中华书局 1987 年版，第 90 页。

③ 王芸生编著：《六十年来中国与日本》第 5 卷，生活·读书·新知三联书店 1980 年版，第 199 页。

换来延吉领土主权的完整，正如 8 月 7 日外务部致日公使伊集院的节略书中对于日本主张的韩人领事裁判权问题进行交涉时所言，"竭力主张韩人裁判权须操于日人，无所退让，以致其余各案终难解决。……至贵大臣所询他案中国有何让步一节，本部兹可声明，如贵国政府允将延吉一案按本部上次节略所开各节全行照允，满足中国政府之意，则其他各案本国政府所视为一律重要理由满足者，亦当于无可退让之中竭力酌量退让"①。看来只要日本在延吉问题上让步，其他各案均可商量，尤其竭力酌量退让之语更是近乎恳求，可见抚顺煤矿的最终命运已经注定。

8 月 13 日，伊集院在给外务部答复的节略书中，对抚顺烟台煤矿问题给出了最终答案，"对于抚顺烟台两矿之采炭，愿纳一定之金额与贵国政府。唯其金额不能超过地方之税率，且应与贵国政府在其他地方对于同样事业或从会社或从个人所征收者两相比较，在不得逾多之范围内，两国另行协定之。再此等采炭之输出，贵国政府对此课税，其税率不能比开平炭及青岛输出炭之税率更高，应一体给以优遇"②。8 月 26 日，中、日双方基本按照此节略书精神将《东三省交涉五案条款》中有关抚顺烟台煤矿问题确定下来。

1909 年 9 月 4 日，《东三省交涉五案条款》最终签订，关于抚顺烟台两处煤矿，条约第三款规定：

> 甲、中国政府认日本国政府开采上开两处煤矿之权；
>
> 乙、日本政府尊重中国一切主权，并承允上开两处煤矿开采煤觔向中国政府应纳各项，惟该税率，应按中国他处煤税最惠之例，另行协定；
>
> 丙、中国政府承允上开两处煤矿开采煤觔出口外运时，其税率应按他处煤觔最惠之例征收；

---

① 王芸生编著：《六十年来中国与日本》第 5 卷，生活·读书·新知三联书店 1980 年版，第 201—202 页。

② 王芸生编著：《六十年来中国与日本》第 5 卷，生活·读书·新知三联书店 1980 年版，第 205 页。

丁、所有矿界及一切详细章程另行派员协定。①

《东三省交涉五案条款》中虽加入"日本政府尊重中国一切主权"和"矿界及一切章程另行派员协定"等字眼，但抚顺煤矿的经营权已正式划归日本，正如日本外务省档案所载"帝国政府认为，只要清国政府承认我方的正当开采权，字句问题实属细枝末节，乃容纳对方提议"②，足见清政府得到的权益仅在此细枝末节而已。

从1905年日本强行占领抚顺煤矿至1909年《东三省交涉五案条款》的签订，历时四年半，抚顺煤矿最终以清政府明文相让的形式归于日本。

七　悬而未决问题的交涉与《东三省交涉五案条款》中关于"抚顺、烟台煤矿的条款"的签署

《东三省交涉五案条款》签署后第三天，日本驻清公使伊集院即致电日本外务大臣小村寿太郎，指出抚顺、烟台两煤矿的区域、税金以及其他一切细则，要从速签署协定。中日双方历经二十多个月、开会三十一次，于1911年5月12日签订了《东三省交涉五案条款》中关于抚顺、烟台煤矿的条款，共计十四条。

对于由谁来谈判煤矿细则，日本驻清公使伊集院在《东三省交涉五案条款》签署当天就建议由两国特别委派委员，原因在于奉天总领事馆已经承担过多交涉工作，现人手有限，再承担细则的交涉恐任务繁重无法胜任，凡不涉及外交事项，尽量交由满铁派出的代表负责交涉。中国认为"基础既已决定，则从此事的性质上看，可能并无特别困难问题，故希望由督抚与总领事在当地进行协商"。③ 在中国没有同意委派特别委员进行交涉的情况下，伊集院公使给小村外务大臣致电，建议"最好在

---

① 王芸生编著：《六十年来中国与日本》第5卷，生活·读书·新知三联书店1980年版，第1、214页。

② 解学诗主编：《满铁史资料·煤铁篇》（第一分册），中华书局1987年版，第90页。

③ 外务省编『日本外交文书』第42卷第1册、日本国际协会、1960年、第563页。

总领事之外，再由满铁派出辅助人员"，小村外相采纳了伊集院的建议"拟使满铁社员充任该委员"，但建议如果中国由督抚或交涉使承担协定之事的时候，"总领事在表面上负责交涉事务，别无他策。即在此等场合，亦拟定满铁派社员作为补助员担任交涉事务"①。1911 年 11 月 9 日，日本最终决定选派小池张造总领事与满铁工程师阪口新圃为委员参与细则的交涉和签订工作，中国交涉此问题的是会议委员祁祖彝道台和奉天交涉司韩国钧。双方在签订细则过程中，主要就以下四个问题进行了交涉。

（一）矿区界限问题

抚顺煤矿有争议的区域问题涉及主权，双方均难以说服对方接纳自己的观点。关于矿区界限问题，中、日两国看法出入很大，争执不下。当年王承尧、翁寿原定杨柏堡河以东归翁寿开采，河西归王承尧开采，但各自东西界限并无规定。中国认为矿区应限定在抚顺界内，新屯以东就是兴京界，所以应以领地界为分界线；日本认为抚顺煤矿应包括全部煤层，因此关于新屯、小瓢屯、龙凤坎和搭连咀子四矿区的归属一直在交涉之中。日本的政策是希望尽快解决这一问题，即"抚顺矿区问题我方亦希望通过这种办法尽快解决"②。

1909 年 12 月 11 日小池总领事致小村的函件中提出了抚顺、烟台两煤矿细则方案，其中列举了日本可以接受的最大限度和最低限度两个方案。在这两个方案中，日本提出抚顺煤矿的矿界没有变化，东起东洲河，西至古城子河，南以千山台、虎山台等东西绵亘丘陵为界，北以浑河流域为界。③ 对于日本的这一划界，中国并不认同，双方就此问题商议时日颇多。1910 年 10 月 4 日，中国谈判代表奉天交涉司韩国钧和道台祁祖彝与小池总领事就此问题商议，告知日本赵尔巽总督的意向是：西以古城子河为界，东以新屯为界，或可同意，超以上让步，终难协

---

① 外务省编『日本外交文书』第 42 卷第 1 册、日本国际协会、1960 年、第 564 页。

② "小池驻奉总领事致小村外务大臣电"，吉林省社会科学院存，满铁东京支社抄件，1910 年 10 月 4 日。

③ 外务省编『日本外交文书』第 42 卷第 1 册、日本国际协会、1960 年、第 569—572 页。

商。综合双方多次就此问题交涉，双方主要提出如下三种方案。

一是中国提出中日合办有争议矿区并拥有满铁股票方案。中国提出将小瓢屯、龙凤坎和搭连咀子中日合办，在此基础上可将新屯、小瓢屯、龙凤坎和搭连咀子四处矿区全归南满洲铁道株式会社，中国持有满铁股票。股数以土地面积为比率，大约相当于全部面积的十分之三。对于中方的这一提议，小池总领事认为这相当于把四矿区卖给满铁，遂于1910年10月4日致电外务大臣小村，小村回复："待与今日归朝的松田煤矿长研究后，须同满铁商议。"① 中国提出合办并拥有股票主要基于以下考虑：首先，1906年日本曾劝说赵尔巽让中国拥有满铁股票，中国认为现在以获取股票的形式参与日本会应允，从而迅速了结此案；其次，以股票作为交换，不至于落得出卖土地的骂名，还可以赚到钱，可谓最大限度地给清政府争取到了利益。

经小村与满铁本社研究，1910年10月25日，小村致电小池总领事，"将满铁股份交与清国有种种困难，估计难于实行"②。在小池与中国交涉使交涉过程中，中国提出了参股方案"将有争议的四个矿区评价后代以股份，其价格将为八十万乃至一百万，数量太少难以应允。此外，交涉使透露称，按他自身估价，整个抚顺煤矿价格约为二千万美元，但有争议地区相当于何种程度的股价，无任何确定方案，必须有待于双方讨论"③。小池认为中国的参股价格过高，商讨能否以本溪湖矿的35万美元的评价作为比较标准，韩国钧等人认为此价格难以同意，日本最后估计，至少不能在百万美元以下。对于中国的要价，小村外交大臣也认为中国"金额又系不当之巨，我方毕竟难以应允"④。可见，清政府想要拥有满铁股票的方案难以施行，小村在致小池总领事10月25日电

---

① "小村外务大臣致小池总领事电"，吉林省社会科学院存，满铁东京支社抄件，1910年10月5日。

② "小村外务大臣致小池总领事电"，吉林省社会科学院存，满铁东京支社抄件，1910年10月25日。

③ "小池总领事致小村外务大臣电"，吉林省社会科学院存，满铁东京支社抄件，1910年10月27日。

④ "小村外务大臣致小池总领事电"，吉林省社会科学院存，满铁东京支社抄件，1910年11月7日。

文中提出，如果中国占股的方式难以实行，能否实行日方支付现金方案，随即中日双方就现金方案又进行了磋商。

二是日本给中国支付现金换取抚顺煤矿。对于抚顺有争议地区，日本本意是想全权占有，日本想出的妥协办法是用现金"购买"。1910年10月4日，小池总领事委婉探寻了中国对现金"购买"的态度，中国交涉使认为"如以相当理由和名义，且款额较多，或有可能上报清政府，但总的还是极不喜欢有出卖土地之事"①。10月27日就此问题再次与中国交涉使交涉，但是中国交涉使根本不可能同意这个建议，"总督对作为矿区让步之代价，改得现金，不拘采取何种形式，断难同意"②。因为以现金作为交换，就成了清政府出卖国家的土地，性质与股票完全不同，小池总领事也探明了中国态度的坚决，10月27日在给外务大臣电文中指出，"总之，对方的意见是，谈判进程常有变化，今日的地步是：或者以股票交换，或者使满铁放弃新屯以外三矿区，二者必居其一，讨论现金是没有可能同意的"③。在与中国交涉过程中，日本或委婉试探或提出具体"购买"方案与中国周旋，在中国断然拒绝后，现金"购买"方案遂告吹。

三是有争议的四矿区划分方案。现金"购买"方案宣告失败后，双方最后的较量就是四个矿区到底如何归属，至此双方开始只就土地问题磋商。1910年10月27日在小池总领事和韩交涉使以及祁道台商谈过程中，中国提出了一种矿区分配的方式，即满铁放弃龙凤坎、小瓢屯和搭连咀子三矿区，只留新屯一矿区。小池将中方分配方案告知外务的大臣小村后，小村指出虽然日本希望拥有抚顺全部矿区，为此给清政府以补偿也在所不惜，在其他交涉已有起色的情况下，因矿区问题使全部交涉前功尽弃甚觉可惜，于是日本做出"让步"，"我方忍（痛）将保有全部矿区之方案放弃，而将目前有争议之四矿区分割，新屯和龙凤坎归我

---

① "小池总领事致小村外务大臣电"，吉林省社会科学院存，满铁东京支社抄件，1910年10月4日。

② "小池总领事致小村外务大臣电"，吉林省社会科学院存，满铁东京支社抄件，1910年10月27日。

③ "小池总领事致小村外务大臣电"，吉林省社会科学院存，满铁东京支社抄件，1910年10月27日。

所有，小瓢屯和打莺咀子向彼让步，以结束此案"①。小村在致电中叮嘱此方案虽然与中国提出的方案有差距，但这是日本"让步"的极限。

既然日本想把龙凤坎占为己有，中国便提出日本需要在烟台煤矿上让步。面对日本的最终方案，韩交涉使和祁道台继续争取利益，指出如果日本要保留龙凤坎，则必须在烟台煤矿问题上有所让步。建议日本"须抛弃尾明山，对老虎岭交给相当收买费，另外对接近尾明山的矿区让步三处；王承尧的抚慰金，有关者主张，15 万银圆不够，希望以去年北京外务部向伊集院公使提出之 21 万两为标准，但亦须视矿区问题的商谈进行如何才能决定"。② 小池总领事分析了当时情况，认为赵尔巽已经提交辞呈，交涉使何时更迭也未可知，因此小池提议日本"除尾明山让步外，抛弃与尾明山接近的矿区二处，收买老虎岭价款定位一万银圆，将王承尧的抚慰金多少予以增加，或可能将此问题全部解决"。③

为尽快结束交涉，免得再生变故，日本准备妥协。12 月 28 日，小村指示小池总领事本着妥协的宗旨急速解决四矿区所属问题，日本的"让步"条件是：烟台煤矿上只对尾明山让步；限定老虎岭"收买费"为一万元；王承尧的抚恤金限定为 20 万元。之后，日本与中方交涉使数次面商，中方认为用一万元"收买"老虎岭和在王承尧的抚慰金上有所增加不足以解决问题，要求日本必须在烟台矿区问题上让步，否则难以应允。1911 年 1 月 11 日，日本外务大臣小村明示外务次官"在烟台方面表示让步，以消除其一切不满，而在抚顺方面握有全权，结束此案，最为相宜"。④ 但是满铁总裁中村却并不同意小村的方案，他认为靠近尾明山的两处煤矿"本是烟台煤层的一部分，该处煤质优良，过去俄国亦曾计划租借这一地带，是我社将来扩充烟台煤矿的重要地区"⑤。对

---

① "小村外务大臣致小池总领事电"，吉林省社会科学院存，满铁东京支社抄件，1910 年 11 月 7 日。

② "小池总领事致小村外务大臣电"，吉林省社会科学院存，满铁东京支社抄件，1910 年 12 月 23 日。

③ "小池总领事致小村外务大臣电"，吉林省社会科学院存，满铁东京支社抄件，1910 年 12 月 23 日。

④ 外務省编『日本外交文書』第 44 卷第 2 册、日本国際協会、1962 年、第 8 頁。

⑤ 外務省编『日本外交文書』第 44 卷第 2 册、日本国際協会、1962 年、第 8 頁。

此，卸任的后藤新平向满铁总裁中村发去电报，让他从大局出发，做出一些牺牲，同时指出："故您如以为让步的两处矿区实在良好而希望保留，可任取其一而交出另一矿区。"①

之后，小池总领事在同满铁总裁商讨后，满铁无奈决定让步。1911年1月21日在给小村外务大臣的电报中，小池告知外务大臣小村，在与中国交涉使面谈时"告以我方已决定让与该二矿区，以作为最后的让步，并说明希望趁此迅速解决全部问题"。至此，经过双方讨价还价，矿区问题基本协商完毕，日本在抚顺开采的矿界为西至古城河，东至龙凤坎。在日本"让步"的地区，日本要求中日双方用换文形式订立协定"凡由日本予以让步的地区，均不许可交与第三国或清国本身经营"，但是中国认为，日本对让步的尾明山无权干涉，拒绝将该山包括在让步地区之内。中国在有争议的矿区问题上，利用日本急于解决问题的心理，采取了灵活的策略和谈判技巧终于为自己赢得了一些利益。

（二）出井税与出口税缴纳规则及缴纳时间

缴纳出井税与降低出口税是签署细则需要重点谈判的另一个领域。日本占领抚顺煤矿后，一直未缴纳出井税，1910年1月上旬又提出要按照《东三省交涉五案条款》中第三条相关内容降低抚顺煤出口税率问题。为此，梁敦彦在1910年1月8日与伊集院公使会晤时驳斥了日本的观点："清国之所以容许日本关于抚顺煤出口税的要求，乃是因为日本同意缴纳出井税，而且日清协约的规定，系以此种谅解为基础而订立者。总之，日清协约第三条内的各款，应相互联系，同时发生效力。然而，尽管有一方现在仍然毫不纳税，继续签订协约以前的状态，而另一方却必须单方实行减低出口税，这不仅有失公允，且也违背订立该协约的原意。"② 伊集院自知理亏，在给小村外务大臣的电文中对自己的看法进行了说明，"如果对方实施协约内关于出口税率的规定，我方也将根据日后决定的税则，追溯到该日，补缴出井税，以取得妥协"③。小村外相了解伊集院的态度后，在1月13日回复给他的电报中，认为中国的主

① 外務省編『日本外交文書』第44卷第2册、日本国際協会、1962年、第8頁。
② 外務省編『日本外交文書』第43卷第1册、日本国際協会、1961年、第558頁。
③ 外務省編『日本外交文書』第43卷第1册、日本国際協会、1961年、第558頁。

张不无理由，如果不能迅速解决，"可留待商定抚顺烟台煤矿细则时再议，请将此事暂作贵地的悬案"①。随后，小池总领事在 1910 年 1 月 31 日给小村外务大臣电报中表达了自己的疑虑和解决办法。他对于细则谈判中降低出口税的追溯时间究竟应从抚顺煤矿产煤出口之日算起，还是截至 1909 年 9 月 4 日《东三省交涉五案条款》订约之时，尚不明确。他认为如果追溯既往，中国必定要求追溯到煤矿开始交出井税之时。而自从日本强占抚顺煤矿以来，未曾缴纳任何出井费，如果"上溯到订立协定之前，则其损失将是极大的，绝非靠出口税率适用最惠税率的时期向前追溯所获得的利益所能弥补者"②。为此，小池建议在接到外务大臣新的训示之前，"不要谈及上溯出口税缴纳时期的问题"③。小村 2 月 10 日给小池的密函中指出，减轻出口税与缴纳出井税"均不应上溯到订立日清协约之前……减轻出口税一事，理应自去年 9 月 4 日签订协约之日起，立即生效"④。对于出井税缴纳问题，小村指示小池："出井税则自定妥细则之日起缴纳。如果此种办法终不能取得清国方面的同意，再考虑自定妥细则之日起缴纳出井税，并实施减轻出口税；或可上溯到去年 9 月 4 日，或订出其他一个日期，自该日起缴纳出井税并实行减轻出口税。"⑤ 双方经讨论协商，决定两种税都溯及 1909 年 9 月 4 日《东三省交涉五案条款》签订之日。这就一笔勾销了 1905 年 4 月至 1909 年 8 月日本应缴纳的出井税，这是一笔不小的款项。

至于出井税缴纳方法，中国主张值百抽五的出井税应缴纳实物，但日本认为像抚顺这样大规模的煤矿不能与小煤矿收取一样的出井税。最后中方代表指出成本必须固定，双方决定煤炭井口原价为库平银一两，以它的百分之五为出井税，"出煤量每日三千吨以下，按井口成本每吨库平银一两，三千吨以上每吨一日元"⑥。至于输出到韩国的煤炭，本来应缴纳出口税海关银一两，但日本认为根据东清铁路条约第十条，满铁

① 外務省編『日本外交文書』第 43 卷第 1 冊、日本国際協会、1961 年、第 558 頁。
② 外務省編『日本外交文書』第 43 卷第 1 冊、日本国際協会、1961 年、第 560 頁。
③ 外務省編『日本外交文書』第 43 卷第 1 冊、日本国際協会、1961 年、第 560 頁。
④ 外務省編『日本外交文書』第 43 卷第 1 冊、日本国際協会、1961 年、第 560 頁。
⑤ 外務省編『日本外交文書』第 43 卷第 1 冊、日本国際協会、1961 年、第 561 頁。
⑥ 吉林省社会科学院存，满铁东京支社抄件。

输出到韩国的煤，应缴纳出口正税的三分之二。出井税缴纳方法中日也存在分歧，中国主张按照矿业法每月缴纳前一个月的税费；日本以为应该相信满铁，每年3月和9月缴纳两次。双方最终妥协的结果是每年于日历1月、4月、7月、10月共分四次缴纳。至于出口税缴纳方式，按照海关规定每次输出时缴纳，在日本委员的坚持下，规定每月缴纳一次。

日本主张满铁自用煤是为了采煤而消费，要求减免出口税。中日双方几经交涉，最后韩国钧表示"矿山自用煤炭尚可免税，但对于铁路、电灯、煤气等事业用煤就不能无税"，最后双方把无须缴纳出井税的煤炭范围确定为每日700吨。至于轮船自用煤，虽然日本极力要求减免出口税，中国认为此要求违反海关规则，在交涉委员的极力反对下日本未能得逞。

（三）交涉时间最长的地税缴纳问题

日本开矿是否需要缴纳地税，关系到清政府的领土主权问题，此项税收数额很小但意义重大，为此韩国钧等寸步不让。中国认为1910年满铁"收买地"的地租，有的由抚顺县代缴，有的则由出售土地者征收，还有的正在争议，因此希望日本以后要缴纳土地税。日本则认为满铁"收购"的土地大部分是铁道用地，而铁道用地原则上不收费，双方就此问题僵持不下。小池总领事在1911年4月20日给外务大臣电文中分析中国坚持的原因在于："此项地税即使缴纳，年额也不过几百（日）元而已，唯因过去视为原则问题，故予拒绝。"[1] 小池为避免将地税问题规定于细则中，在给小村的回文中谈及"拟不将此事列入细则，只由本官与交涉使用换文解决"[2]。双方后经谈判协商，将日本在抚顺占地分为铁路用地和矿业用地，铁路用地不用缴税。1911年5月2日，地税一事协商结果是由小池总领事以公函言明同意仅对矿业用地纳税。小村外务大臣在得知地税缴纳原则后仍有顾虑，5月10日特意电函小池，嘱咐他："这种划分方法，只是为便于课税而划定者，不但

---

① 外务省编『日本外交文书』第44卷第2册、日本国际协会、1962年、第9页。
② 外务省编『日本外交文书』第44卷第2册、日本国际协会、1962年、第9页。

矿业用地与铁路用地都不外是铁路附属地，而且矿业用地的课税，也只是一种矿区税。"① 第二天小池就给小村发了电文，根据电文内容，在小村确定的这一原则下，小池总领事准备在换文中加入"矿业用地这一名目，只是为了方便而划定者，我方虽然同意纳税，但此纳税的事实不应对其他问题有任何影响"② 这样的字句。至此，日本同意缴纳地税，但也在尽己所能回避实质性问题。

（四）敲定对王承尧的赔偿问题

对于原矿主王承尧的损失究竟赔偿多少一直在争论之中。韩国钧提出，王承尧的损失计算书计算的损失共四十七万两库平银，日本公使也曾答应要对王承尧从优赔偿，因此应按照此数量赔偿。但日本认为抚顺煤矿所出现的系列问题是战争的结果，经中国承诺从俄国无偿取得，王承尧的损失责任不在日本。而且日本的赔偿只是出于对王承尧的怜悯之情给予的抚恤，并不是义务。对此，双方争执不下，给王承尧的赔偿数额一直难有定案。

在《抚顺、烟台煤矿细则》签署前 10 天，小池总领事在给小村外务大臣的电文中汇报："至于王承尧的抚慰金，如不在 20 万至 21 万两之间，根本无和解之可能，故阪口将于今晚赴大连与满铁总社商议。"③ 在 1911 年 5 月 8 日小池总领事给小村汇报细则草案的电文中，最后敲定"王承尧的抚慰金，已决定为 20 万 5 千两"。对于日俄战争期间日本侵占王承尧所属煤矿 7000 吨煤是否应予赔偿，被小池否决，王承尧未能如愿。

至此，以上这些悬而未决的问题双方已经确定，这些焦点问题构成了《抚顺、烟台煤矿细则》的主要内容。1911 年 5 月 12 日，清奉天交涉使韩国钧、候选道台祁祖彝与日本驻奉总领事小池张造、抚顺炭坑次长阪口新圃在《抚顺、烟台煤矿细则》上签字，细则共十四条。在细则交涉过程中，祁祖彝、韩国钧作为交涉使代表清政府与日本谈判，在谈判过程中他们据理力争，尤其涉及主权问题绝不含糊，最大限度地为清政府争取了利益。

---

① 外务省编『日本外交文书』第 44 卷第 2 册、日本国际协会、1962 年、第 17 页。
② 外务省编『日本外交文书』第 44 卷第 2 册、日本国际协会、1962 年、第 18 页。
③ 外务省编『日本外交文书』第 44 卷第 2 册、日本国际协会、1962 年、第 13 页。

第二章

满铁设立及对抚顺煤炭资源的调查

日俄战争后，俄国在中国"南满"的权益被日本攫取，如何经营"南满"成为日本政府面临的首要任务。此时日本政府内部出现了不同声音，外务省主张"满洲"开放，撤出日本军队，但陆军省意见相左，仍要在"南满"继续驻军。根据实际情况，日本首相西园寺公望对双方意见进行了调和，宣布军队撤出领事驻地。日本政府内部又通过"经营满洲"的"国营论"和"民营论"争论，使经营"南满"策略更加清晰，决定在"南满"成立一个铁路公司来经略"南满"，即南满洲铁道株式会社，简称"满铁"，满铁成为日本经营"南满"的大本营。

第一节　日本在中国东北设立满铁

一　满铁设立的背景

（一）日俄战争的胜利是日本建立满铁进而夺取中国东北利益的重要前提

19世纪中后期，中国成为列强觊觎的目标，沙俄为寻找需要的土地和出海口对中国虎视眈眈。1860年沙俄通过《中俄北京条约》侵占了海参崴，但是海参崴有四个月的封冻期，沙俄又将目光南移；随后利用"三国干涉还辽"从日本口中夺食。借口遏制日本势力，1896年6月3日沙俄与中国签订了《中俄密约》，获取了在黑龙江、吉林建造铁路，通达海参崴的权利，即修筑中国东省铁路（又称东清铁路、中东铁路）

的权利，将中国现有铁路与俄国赤塔城和南乌苏里河的铁路相接，东省铁路由华俄道胜银行承办，该银行另外成立了"中国东省铁路公司"负责筑路。1897 年 11 月，德国侵占胶州湾，沙俄又将其作为侵占旅顺、大连的绝佳时机，派军舰侵占了旅顺和大连，1898 年 3 月和 5 月迫使清政府签订了《旅大租地条约》《续订旅大租地条约》，占领旅顺、大连，获得了不冻港。同年 7 月与中国签署《东省铁路公司续订合同》，取得了东清铁路"南满洲"支路的修筑和经营权。东省铁路"南满洲"支路是俄国为进入旅顺、大连而修筑的东省铁路支线，沙俄当时决定在东省铁路干线上选择一个承上启下的城市，从这里修建一条支路，到达旅顺和大连湾，取名东省铁路"南满洲"支路。

随后，东省铁路公司开始着手修建"南满洲"支路，在修建铁路过程中，沙俄以保护铁路为借口，派兵占领了铁路沿线和东北全境，并大肆向支线扩张，这引起了日本的不满。本来对在俄国带领下的"三国干涉还辽"之仇日本就怀恨在心，如今军事力量强大的日本更要新仇旧恨一起清算，日俄战争爆发。

日俄战争以俄国失败而告终，随后双方在美国朴茨茅斯进行了谈判。在谈媾和条件之前，日本政府就告诉参加会议的全权代表小村寿太郎，让俄国将辽东半岛租借权和哈尔滨旅顺铁路让与日本。会谈中，俄国全权代表财政大臣维特对于日方提出的将哈尔滨到旅顺铁路让给日本提出了三点异议：第一，铁路让渡和租借地让渡有所不同，俄国不能将整条铁路让给日本；第二，俄国不能放弃日本占领区以外的铁路；第三，铁路的铺设及经营权由中国政府给予私立公司经营，俄国的转让将侵害中国公司利益。日本小村外务大臣则强调铁路和租借地之间的密切关系，丝毫不肯相让，坚持以哈尔滨为区分点。在双方多次协商之后，同意以宽城子为区分点。① 双方关于"南满洲"铁路的交涉结果成为《朴茨茅斯条约》第六条：俄国政府允将由长春宽城子至旅顺口之铁路及一切支路，并在该地方铁道内所附属之一切权利、财产，以及在该处铁道内附属之一切煤矿，不受补偿且以清国政府允许者均移让与日本

---

① "宽城子"为长春旧称。

政府。

由于条约中有"清国政府允许者均移让与日本政府"字样，小村寿太郎在与俄国签完条约便动身前往北京商讨旅大租借地和"南满洲"铁路让与的问题。清政府此时已是待宰羔羊，1905 年 11 月 17 日至 12 月 22 日，中、日两国就日俄战争后东三省善后事宜举行了中日北京会议，双方签署了《中日会议东三省事宜正约》，中国政府不仅承认了俄国的让与，缔结的附约还使中国丧失了更多的权益。根据日本政府与俄国、中国签订的系列条约，日本得以在"南满"立足，开始了"经略南满"的进程。

（二）"满洲"开放问题的争论为满铁成立奠定了基础

《朴茨茅斯条约》签订后，西园寺内阁上台，为探讨如何经营"满洲"问题于 1906 年 1 月成立了"满洲经营调查委员会"，儿玉源太郎为委员长。日俄战争后日本在"南满"继续实行军政，这引起了英、美商人的不满，纷纷指责日本没有履行开放"满洲"的诺言，外务省压力很大。就是否开放"满洲"问题，日本外相加藤高明于 1 月 31 日征询寺内正毅陆军大臣意见，没有得到答复；2 月 13 日，英国驻东京大使致函加藤，询问日本为英国开放"满洲"贸易的大体时间，加藤直接将英国的照会转递给寺内，但是陆军方面始终没有明确答复。可见，对于从俄国手中接收过来的"南满"究竟应该采取开放政策还是继续实行军事统治，日本内部分歧较大，外务省和陆军省意见相左，因为陆军方面企图继续对东北实行军事统治，根本不想开放，双方难以妥协。

对于陆军的态度，日本外相加藤高明拜访了伊藤博文，伊藤又召集了山县有朋、大山岩元帅、儿玉源太郎、井上馨、西园寺公望首相，六人就陆军无视"满洲"门户开放主义进行了会谈，但在"满洲"是否开放的重大问题上并未达成一致意见。随后，英、美对于日本在"满洲"持续推行殖民统治举措表达了强烈的不满，美国驻日代理公使威尔逊强烈要求实行两国一致主张的门户开放；英国驻日大使也敦促加藤尽快就 2 月 13 日的信函进行答复。加藤明知陆军不可能在开放问题上让步，遂辞去外相职务，由首相西园寺公望兼任。在英、美压力下，日本政府经过讨论决定让步，西园寺不得不向英、美代理公使发出通告，表明 5 月

1 日以后陆续开放"满洲"。同时，从 5 月 1 日起允许外国人及外国船只进出安东县和大东沟，允许外国人领事去安东县赴任，从 6 月 1 日起允许外国人领事去奉天赴任。①

但是"满洲"开放问题并未彻底解决，为此首相西园寺从 4 月 15 日起对"满洲"进行了约一个月的实地考察，考察日本是否需要在"南满"继续驻兵，以及撤兵对日本的影响。待西园寺视察"满洲"回国后于 5 月 22 日召集元老级人物召开了"有关满洲问题的协议会"，会上伊藤博文主张开放"满洲"并撤兵，他认为"日本在满洲的权利是按照媾和条约接受俄国转让的部分，即除了辽东半岛租借地和铁路之外无任何东西。所谓满洲经营的用语是在战争中我国人经常使用的。……但满洲绝不是我国的属地，纯粹是清国的领土。在非属地的地方行使我国主权，那是没有道理的。因此，也没有必要新设拓务省那样的机构来处理事务。满洲行政的责任还必须交给清国政府来承担"②。但是儿玉源太郎认为，"满洲"经营将来会面临很多问题，而军队撤出后"南满"只剩下铁道守备部，难以应对其他繁杂事务，建议成立一个新官衙，负责繁杂事务处理。伊藤与儿玉的争论，突出反映了军部与外务省之间对"满洲"开放的不同意见。最后首相西园寺居中调停，调停结果有二：一是关东都督府改为平时的组织；二是逐步撤销军政署，但在领事驻地的军政署要立刻撤销。

经过日本政府内部对"满洲"开放问题的争论，日本就如何在"南满"开展新的统治有了大概的方略，儿玉建议成立一个新官衙，这是满铁的最初构想。会上将关东都督府改为平时组织的建议，后来逐步加以细化和实施，平时组织成为满铁的雏形。

（三）哈里曼"收买""南满洲"铁路计划的破产为满铁设立扫除了障碍

日俄战争后，美国"铁路大王"哈里曼准备以日美共管的形式染指

---

① 外务省编『日本外交文書』第 39 卷第 1 册、日本国际协会、1959 年、第 222—223 頁。

② ［日］铃木隆史：《日本帝国主义对中国东北的侵略》，吉林省伪皇宫陈列馆译，吉林教育出版社 1996 年版，第 94—95 页。

"南满洲"铁路，继而"收买"整个中东铁路。他于1905年7月来到日本，劝说伊藤博文同意其"购买""南满洲"铁路。当时日本政府内部对于如何处置"南满洲"铁路存在分歧，以伊藤、井上等为首的元老派认为战争刚刚结束，日本没有经济实力再拿出10亿至15亿日元改筑和经营"南满洲"铁路。而且日美共管可以把美国作为日俄的缓冲，因此对哈里曼的"收买"计划极感兴趣。日本原则上同意哈里曼计划，哈里曼与日本首相桂太郎之间达成了协议：日美出资建立辛迪加"购买""南满洲"铁路，日美共同拥有此条铁路产权。

外务大臣小村寿太郎从美国回到日本知道哈里曼计划后表示坚决反对。因为按照《朴茨茅斯条约》，在取得"南满洲"铁路所有权以前，日本无权同任何人协商转让。而且小村在美国逗留期间，经金子坚太郎斡旋，在美国总统罗斯福堂兄的协助下，摩根财团已经准备贷款给日本经营"南满洲"铁路，这使小村有了反对哈里曼计划的底气。在哈里曼计划违反条约规定和筹措到资金情况下，小村的反对得到了日本政府的呼应。10月27日，日本驻旧金山领事告知哈里曼，日美共管"南满洲"铁路计划宣告失败，日本开始以一己之力筹办经营"南满洲"铁路。

（四）"国营论"与"民营论"的争论使满铁的经营形式更加清晰

在日本确定独自经营"南满洲"铁路方针后，围绕"南满洲"铁路应该属于国营还是民营产生了不同意见。以儿玉源太郎和后藤新平为首希望由日本政府直接经营铁路，即所谓"国营论"。儿玉主张"战后经营满洲的唯一要诀在于表面上伪装成单纯经营铁路，暗地里则搞多种多样的设施。随着实行这一要诀，将租借地内的统治机关和铁路的经营机关全然区分开来，铁路的经营机关要伪装成与铁路以外的政治、军事毫无关系的样子"①，为此儿玉提议成立"满洲"铁路厅负责铁路经营。儿玉的提议遭到外务省和大藏省的反对，他们认为这违背了《朴茨茅斯条约》精神。外务省政务局长山座园次郎指出俄国一直是由东清铁路公司经营东清铁路，属于民营；日俄媾和条约和《中日会议东三省事宜正约》也规定"南满洲"铁路"仅限于为工商业目的经营"；而且日本国

---

① 鹤见裕辅『後藤新平』第2卷、劲草書房、1990年、第678—679頁。

政府也承诺遵守中俄两国缔结的关于租借以及铺设铁路的原条约精神。藏相阪谷芳郎的见解也颇具代表性，他认为"满洲"是中国领土，"关东州"是租借地，日本政府经营不太合适，最好由私立会社经营。

通过"国营论"和"民营论"思想的碰撞，儿玉不得不放弃由日本政府经营"南满洲"的国营方案。

二 南满洲铁路株式会社的筹划

经营"南满洲"的基本方针定调之后，日本政府开始筹划"南满洲铁路株式会社"的建立。

（一）设立满铁的敕令和三大臣命令书以及满铁设立委员会

"满洲经营调查委员会"的主要任务是研究日本侵略中国东北的政策，特别是如何利用"南满洲"铁路和安奉铁路的计划和方案。该委员会于1906年3月14日决定设立"南满洲铁路株式会社"的敕令草案和交给满铁设立委员的命令书草案，3月17日，这两份文件和一份报告书一起呈交政府。这两份文件中，敕令案是准备公开发布的，而命令书则需秘密发给会社设立委员。敕令案和命令书上交之后，5月22日伊藤主持召开关于"满洲"问题的协议会上对这两份文件进行讨论。讨论过程中，山县有朋仍坚持"南满洲"铁路应该官营的主张，首相西园寺公望和儿玉源太郎说明了难以实行官营的理由，最后这两份文件在会上通过。

日本政府在1906年6月7日公布了《南满洲铁路株式会社设立之件》（敕令第142号），共22条，以天皇名义公开发布；7月13日确定的80名满铁设立委员名单中包括8名"满洲经营调查委员"，但民间和政府内部人士均要求增加资本家在设立委员中比例，最后这80人中，有实业家38名，学者2名，剩下40人为政府人员。可见，日本政府设立满铁主要意愿是将其作为"国策会社"保持一定的独立性，同时兼顾反映民间资本的利益。

1906年8月1日向设立委员会下达了递信、大藏、外务三大臣命令书。接到三大臣命令书的设立委员会，在8月10日召开了第一次设立委员全体会议，决定了8名常务委员和13名章程调查委员名单。8月13

日召开第二次设立委员全体会议，会上提出了章程草案，又追加了9名章程调查委员。8月14日召开第三次设立委员全体会议，主要讨论满铁章程草案。在讨论草案过程中，取消了部分营业项目。8月18日递信大臣批准了这一草案，草案的主要内容如下。

首先，草案指出会社的目的是经营"满洲"铁路的运输业以及为方便铁路，经营铁路附属事业。其次，规定会社资本金为2亿日元，除政府股份1亿日元外，剩下的1亿日元股份募集，第一次股份募集金额为2000万日元。再次，会社的股东仅限于日、中两国政府和两国国民，日本政府出资的财产，包括既有铁路、附属于铁路之一切财产（会社按财产价额以1亿日元，给予50万股份）。复次，会社要员由总裁1名、副总裁1名、理事4名以上、监事3—5名组成。总裁、副总裁任期5年，由政府任命，理事任期4年，由政府在持50万股以上的股东中任命。最后，会社发行的社债在其缴纳股金额两倍以内，政府对其利息的支付提供担保，必要时担保本金的支付。股东缴纳金的年度利息分配超过6厘时①，其超额部分先充作社债的利息，再有剩余时就充作政府持有的股份，直至其分配比例达到均一（6厘）时为止。

（二）总裁的人选

满铁第一任总裁的人选对于日本经营"南满"至关重要，重任落在了后藤新平的肩上。后藤新平学医出身，由于在甲午战争期间努力从事防疫工作被儿玉源太郎发现，儿玉担任"台湾总督府"第一任长官时便邀请后藤新平担任总督府卫生顾问，后藤后又被提拔为民政长官，走上从政道路。

推荐后藤新平担任满铁总裁的正是儿玉源太郎，儿玉推荐后藤的主要原因在于儿玉非常欣赏后藤对战后经略"满洲"的言论和抱负。日俄战争中，后藤对"满洲"就主张："必须重点经营铁路，从全局来看，要准备与俄国第二次交战"②，儿玉认为他能从胜败得失来谈论经营"满洲"，实属难得。因此在探讨谁适合做满铁总裁时，儿玉毫不犹豫举荐

---

① 厘是日本明治至大正时期金融活动最小常用单位。10厘＝1分（1%）。例如："年利5分"表示年利率5%，"月利8厘"表示月利率0.8%。

② 《史海揭秘：满铁公司实为日本侵华排头兵》，《西部资源》2012年第4期。

了后藤。

后藤于 1906 年 6 月 28 日得知自己被推举为满铁总裁后，7 月 22 日被召回国。在拜访西园寺时，他最关心的问题是满铁的监督权和领导核心由谁掌管，在得知监督权归关东都督，政府负责人是外务大臣后，后藤感觉政府经营满铁的策略跟自己的想法出入很大。日本政府只想在"南满"建立一个国家机关，而后藤认为满铁是经营"满洲"的中心，经营"满洲"关系到中国大陆和俄国南下的大问题，必须"明确责任的隶属关系之后才能谈到经营。像我这样连商业都没有经营过的人，对满铁的业务又一无所知，难以担任重任，请您谅解"[1]。实际上，后藤认为日本政府对满铁的定位未免太小家子气，难以实现自己的抱负。西园寺在无法说服后藤的情况下，让他与儿玉源太郎商议此事。儿玉劝说后藤"今天在众人之中选出一名大臣并非难事，但为'满洲'求得有识之士，则非君莫属"[2]，并指出当初后藤跟自己建议经营"满洲"的中心就是铁路，现在变卦是对自己理想的背叛。后藤无言以对，但也没有就此答应。当天晚上，儿玉突然逝世，在西园寺公望、山县有朋、寺内正毅等的力劝下，后藤再也没有拒绝的理由。8 月 1 日，后藤答应就任满铁总裁。

但是后藤对自己的权限进行了争取，使满铁总裁的地位有所提高。在敕令中，满铁受关东都督监督，并受外交大臣指挥，但后藤对此进行了抵制。他建议总裁既受关东都督的监督，同时也应该是都督的最高顾问，并就此与关东都督大岛大将面谈协商，提出以副顾问的身份参与到都督府的政策制定中，但总裁以经营满铁为主，以都督行政为辅，这一建议得到了大岛的许可。事实证明，后藤新平确实发挥了"最高顾问"的作用，在担任满铁总裁期间，他不仅在大连有总裁公馆，在旅顺还有顾问官邸，经常到旅顺"指导"工作。

三 满铁的募股与创立

确认后藤新平为满铁总裁后，余下的问题就是募股。根据满铁章程

---

[1] 满铁『南满洲铁道株式会社十年史』、大正八年（1919）、第 106 页。

[2] ［日］草柳大藏：《满铁调查部内幕》，刘耀武、凌云、舟徒、关益译，迟凤年校，黑龙江人民出版社 1982 年版，第 30 页。

草案，满铁资本额 2 亿日元，其中 1 亿日元需要募股，第一次募股总额为 2000 万日元，之所以募股额较少，主要考虑到"按我国（日本）当时经济状况，一下子募集全部股金是不可能的"①。1906 年 9 月 10 日寺内正毅发表了股份募集公告，开始了第一次股份招募，结果募股呈现空前热潮。出现应募热是因为日俄战争后，企业红利增加，外资引进活跃，使得当年年底兴起了企业热；同时，满铁是受政府保护的会社，募集活动涉及全国，有政府保障很吸引人，满铁募股吸引了大量资金。

据《南满洲铁路株式会社十年史》介绍，当时满铁实际所需股数为 9.9 万股（留出 1000 股作为理监事的股份），而申请股数则达到 106643418 股，申请人总数为 11467 人。除去不满 10 股的申请人，仍剩余 106544016 股，相当于招募股数的 1077 倍。最后，募集公告规定，按应募比例分配了满铁股份：10 股以下不给予股份，1078 股以上的 5527 人分配 94426 股，1077 股以下 10 股以上共 5827 人抽签决定，中签者为 4574 人，分配 9.9 万股中的剩余股份。从股份的募集数来看，占股东总人数约一半的人只有一股，两位数股份的股东共有五家，可见"满铁资本一方面同我国（日本）金融资本的尖端结合在一起，同时又广泛地分散在地方资本之中，因而满铁在资本方面就具有了全国性、国民性的色彩"②。满铁筹股虽热闹异常，但交缴缴纳金并不顺利，第一批缴纳金只有 200 万银圆，第二批缴纳金 600 万银圆在 1912 年 6 月才交缴。其后又招募的 10 万股 2000 万银圆到 1914 年 5 月才缴纳完毕，因此，经营满铁所需大量资金缺口只能依靠社债来弥补。

清政府和国人没有应募，始终未拥有过满铁股份。根据满铁成立章程草案，会社的股东仅限于日、中两国政府和两国国民。对此，1906 年 8 月 24 日，林外相给日本驻北京公使发去密电，让公使"请尽快查明并电告清国政府是否应募和应募之数额"③。在林公使将应募情况照会给清

---

① 满铁『南满洲铁道株式会社十年史』、大正八年（1919）、第 911 页。
② 《矢内原忠雄全集》第 2 卷，东京：岩波书店 1963 年版，第 513 页，转引自［日］铃木隆史《日本帝国主义对中国东北的侵略》，吉林省伪皇宫陈列馆译，吉林教育出版社 1996 年版，第 128 页。
③ 外务省编『日本外交文书』第 39 卷第 1 册、日本国际协会、1959 年、第 634 页。

政府后，清政府回复说在商讨此事，没做具体回答。林公使认为"从其态度看，不像在应募期限之前提出申请，本官认为清国政府无意应募。兹此预先电告本国政府"①。清政府没有应募，是对设立满铁的抗议。奉天将军赵尔巽认为设立满铁违反条约，要求外务部对日本提出交涉，清政府于 11 月 10 日向林公使提交抗议书，认为"南满洲"铁道是中俄合办的东清铁路一部分，按照中、日两国签订的条约，应遵照原约执行，但满铁完全是根据日本政府的命令设立，而且铁道及其附属产业也是日本政府出资，会社总裁等均由日本政府任命，违背了两国合办的原则。为此，中国自始至终都没有在满铁拥有股份。

图 2 - 1　满铁大连本社

资料来源：苏崇民：《满铁史》，中华书局 1990 年版，扉页第一幅插图。

1906 年 11 月 1 日，满铁筹备工作接近完成时，后藤新平便着手物色副总裁和理事人选。副总裁推举了时任台湾总督府财务局局长兼总务

---

① 外务省编『日本外交文書』第 39 卷第 1 册、日本国際協会、1959 年、第 640 頁。

局局长的中村是公；第一任理事人选最后定为8人，栃木县知事、日本银行国库局长、三井银行香港支行行长、日本兴业银行助理、秋田县知事、递信省铁路技师、三井物产会社门司分社社长以及京都帝大教授。11月24日，设立委员会召开第四次全体会议，介绍了总裁和理事会成员。11月26日，在东京基督教青年会馆召开了满铁成立大会，标志满铁正式创立。12月7日，满铁成立手续办理完毕，满铁总部开始设在东京，1907年4月迁至大连（见图2-1）。

四　满铁的性质

从满铁设立的背景，到满铁的筹划和创立，南满洲铁路株式会社虽假以公司之名，但绝非单纯的公司之质；虽假以铁路之名，也实非专注铁路之事，"该公司虽名为铁路公司，实则为日本侵略我东北的大本营"[1]。满铁控制了东北大部分的经济和财政命脉，被称为"满铁王国"。对其性质的认识，可从以下内容略知一二。

（一）满铁的经营理念证明了其殖民会社的本质

对于满铁国营和民营的争论，虽然最后没有完全采纳国营方案，但是满铁以公司名义创设也实属勉强，最后定义为"公司性组织"。无论是儿玉还是后藤，均是"国营论"的支持者，他们在满铁的作用举足轻重，虽然满铁因儿玉突然离世而换帅，但继任者寺内正毅也遵循儿玉的方针。副总裁和理事会成员提名均是与后藤有千丝万缕联系的人物，这就决定了满铁经营理念名为民办实则国营的性质。

满铁第一任总裁后藤新平将日本政府与满铁的关系定位为英国与东印度公司的关系。东印度公司总督权限很大，而且东印度公司不仅做贸易，也代理英国政府经营殖民地，这正是后藤新平对"满洲"构想的蓝图，他在台湾就将这一方式运用到台湾，这次他希望将这一治理方式用到满铁，并通过游说得到了日本政府高层的认同。满铁第一任理事冈松参太郎博士在其撰写的《论南满洲铁道株式会社的性质》一文中指出，采取股份形式是掩人耳目的一种策略，其实质是"欲使南满洲铁道株式

---

[1]　袁文彰编：《东北铁路问题》，上海：中华书局1932年版，第29页。

会社代替政府经营南满洲"。

后藤新平崇尚"文治武备"，这是后藤经营"满洲"的思想基础，后逐渐发展成政治哲学。他在大正三年（1914）演讲中对"文治武备"进行了说明："殖民政策就是文治的军备。以王道为旗帜，实行霸道，此乃当代的殖民政策。因此，它需要施行何种政策，应由帝国的殖民政策来决定。"这里所谓"王道为旗帜"就是在"满洲"要发展经济、学术、教育、卫生等，因为后藤认为只发展武力而不致力于文化统治，一旦发生战争会立即崩溃。可见，满铁经营不单单是发展铁路经济这么简单，后藤经略满铁是想以满铁为立足点，暗地里进行各种工作，发展各种属于国家行政事务范畴的公共事业，进而侵略整个"满洲"。

（二）日本政府主导的经营方式证明了满铁国家机关的性质

满铁并不是单纯以营利为目的的铁路公司，公司重大事情均由政府主导。满铁的总裁、副总裁、理事等公司要员均由"政府任命"；年度预算、企业计划、利润分配、募集股份以及发行债券等重要事项，都必须经过政府批准；此外，政府掌握满铁的铁路和物资调配权，无论何时满铁都有向政府提供铁路用地及其他物品的义务，并且政府可以根据国家需要随时降低"南满洲"铁路运费、更新设备等；同时，政府在满铁设置监理官，对其实施严密监督，在处理问题不当之时可以取消决议并对负责人执行罢免。满铁被罩在日本政府的保护之中，目的是使满铁成为国家垄断资本主义企业，把"满洲"经济纳入整个日本经济体系中，必要时可以不计较盈亏，满铁的经济利益绝对服从于日本侵略扩张的政治目的和军事要求。

综上，在满铁存续的近40年间，其经营理念和方式毫无疑问是为日本政府服务，诚如日本投降后满铁社员为争取政府官员待遇上交的请愿书中所言：满铁在形式上是半官半民的株式会社，但其实质是代替政府在"满洲"推行国防及国策而设立的国家机关。满铁活动从"南满"遍布东北、华北、华中、华南等地，经营范围以铁路为中心涉及交通运输、煤炭、铁矿、电器、自来水、投资等各行各业，此外还主持移民、资助日本商人和农场主等。满铁经营地域之广、经营范围之大是其他会社难以匹敌的，它实际上是日本的"国策会社"、国家代行机关。

第二节　抚顺煤炭"开发"在满铁
"经营满洲"中的地位

满铁作为日本经济侵华的"大本营",掠夺我国东北资源为日本服务是其侵略方针。满铁经营的事业遍布多个领域,煤炭业仅次于铁路运输业,居于满铁侵略事业的第二位。

　　一　抚顺煤炭产销量在东北煤炭中占据绝对优势,是满铁经营的重中之重

抚顺煤矿在开矿伊始,其产量和销量就占据了东北煤炭市场的大部分份额,在东北地区一直处于垄断地位。

（一）抚顺煤炭产量执东三省之牛耳

从表2-1可以看出抚顺煤炭在满铁经营中的重要地位。

**抚顺、本溪湖煤矿1910—1944年产量以及在东北
煤炭生产中所占比重**

表2-1

年份	总产量 （千吨）	抚顺		本溪湖	
		产量（千吨）	所占比重（%）	产量（千吨）	所占比重（%）
1910	971	892	92	58	6
1911	1572	1343	86	90	6
1912	1698	1470	86	185	11
1913	2720	2185	80	271	10
1914	2717	2147	78	301	11
1915	2730	2169	79	276	10
1916	2695	2040	76	323	9
1917	3076	2276	74	438	14
1918	3606	2602	72	375	10
1919	4105	2929	71	417	10

年份	总产量（千吨）	抚顺		本溪湖	
		产量（千吨）	所占比重（%）	产量（千吨）	所占比重（%）
1920	4389	3130	71	439	10
1921	3815	2738	72	338	9
1922	4801	3784	78	285	6
1923	6103	4883	80	373	6
1924	6893	5504	80	450	6
1925	7138	5671	79	400	6
1926	7855	6092	77	415	5
1927	9910	7541	77	398	4
1928	9518	6556	69	490	5
1929	10024	6676	69	521	5
1930	10716	6716	66	581	6
1931	9124	5996	66	468	5
1932	7032	6873	98		
1933	8858	8646	98		
1934	9813	9422	96		
1935	9743	9257	95		
1936	10251	9593	94		
1937	10339	9530	92		
1938	10026	9139	91		
1939	9919	8922	90		
1940	8375	7268	87		
1941	8269	6706	81		
1942	8328	6359	76		
1943	7498	5372	72		
1944	6343	4706	74		

资料来源：1910—1931 年资料来自满铁经济调查会《满洲煤田及煤质调查》，昭和十七年（1942），第 8—9 页；1932—1942 年数据来自满铁抚顺煤矿总务局庶务课《抚顺炭矿统计年报》，昭和十八年（1943），第一编，第 5 页；1943 年数据来自满铁抚顺煤矿总务局庶务课《抚顺炭矿统计年报》，昭和十九年（1944），第一编，第 2—4 页；1944 年数据来自抚顺矿务局藏档《抚顺炭矿概要》，昭和十六年（1941），第 7 页。

在 1913 年以前的东北煤炭总产量中，抚顺煤一直占 80% 左右；

1914—1927 年，产量在 70%—80% 徘徊；1928—1931 年虽然比例有所下降，但也在 65% 以上。九一八事变后，日本对抚顺煤矿掠夺日甚，1932—1939 年，抚顺煤在东北煤炭总产量中所占比例达到90% 以上。日本对抚顺煤矿的掠夺，使抚顺煤矿产量越来越小，因此在 1940 年之后，所占比例持续下降，但也一直维持在 70% 以上。从抚顺煤在东北煤炭生产中的比重可以看出，抚顺煤产量执东北煤炭产量之牛耳。

抚顺煤矿的煤炭产量在满铁和满炭中的地位无可撼动。九一八事变后，日本为加速侵略，对抚顺煤矿严加统治，强令生产。当时"满洲"炭矿株式会社所有所属煤矿年产量是抚顺煤矿年产量的七分之一；除抚顺煤炭外，满铁加满炭所有煤矿的年产量是抚顺煤矿年产量的四分之一。1932 年抚顺原煤年产量 687 万吨，而当年满铁其他煤矿综合年产量是 29 万多吨，两者相差 22 倍多，满炭所属煤矿综合年产量是 140 万吨。至 1935 年抚顺原煤年产量为 925 万吨，而满铁所属其他煤矿综合年产量只有 34 万多吨；满炭所属煤矿年产量为 122 万吨。[1] 从这些数字可以看出抚顺煤矿的压倒性优势，日本要想"经营满洲"进而建立"大东亚共荣圈"，抚顺煤矿必然成为其重点经营领域。

（二）抚顺煤炭销量垄断东北煤炭市场

从销售量看，抚顺煤炭几乎一直垄断东北煤炭销售市场。1911 年抚顺、烟台、本溪湖以及其他煤共销售 80 万吨，其中抚顺煤为 65 万吨，其地位可见一斑。此时虽然其他煤矿也来竞争东北市场，但除了开平煤外，其他都是小煤矿且煤的品质不高，对抚顺煤根本构不成威胁。但是随着中国国内热衷于煤炭开发，加上苏联煤也加入竞争，1925 年后抚顺煤与满铁以外产煤在东北竞争加剧。1925 年抚顺煤销售量为 151 万吨左右，而社外煤仅为 49 万吨，差距悬殊。但 1928 年社外煤上市吨数达到 100 万吨以上，短短 4 年增长了 133%，尤其是 1930 年，社外煤上市量更是超过了抚顺煤。但 1931 年开始抚顺煤上市量再次超过社外煤，此后情况便没有变化。

---

① 满铁炭业统制委员会：《关于统制满洲煤业的意见书》，昭和十年（1935）2 月 6 日，转引自王勃光《抚顺煤矿史料》（三），中国人民政治协商会议抚顺市委员会文史委员会编《抚顺文史资料选辑》第 3 辑，1984 年，第 208 页。

为加大对抚顺煤矿的掠夺，日本不断摸索开采抚顺煤矿的方法，如填砂充填法就是在抚顺煤矿首创随后用在其他炭坑。而且抚顺煤矿的设施也是最先进的，1912 年抚顺煤矿就已经一律使用"井下安全灯"而不用"明火等"；更是最先使用了电车运输；1932 年发明了"抚顺式穿孔机"，1934 年发明了安全柳条帽等。为进一步掠夺抚顺煤矿，还陆续增添了很多新的机械设备，包括蒸汽汽镐、挖掘机等，1926—1936 年购置的电镐就达 35 个。从这些数字可以看出日本对抚顺煤矿经营的关注度，抚顺煤矿一直是日本"经营满洲"的重中之重。

二　抚顺煤矿为日本"经营满洲"和发动战争提供了能源基础

"满洲"对于日本的重要性不言而喻。日俄战争后，日本认为日俄之间必定再次交战，为此必须把"满洲"掌握在自己手中。抚顺位于"满洲"工业地带，日本要把这一工业地带变成"满洲"的工业中心，这样在未来对俄战争中才有胜利的把握，即使战败，也可善后。为此，后藤新平提出"经营满洲"最重要的四件事：第一必须经营铁路，第二要开发煤矿，第三要移民，第四要发展畜牧业。

"满洲"的重工业与铁路是以抚顺煤为能源基础发展起来的。以 1933 年为例，从图 2－2 中可以看出抚顺煤在东北销售的部分用途，从抚顺煤在不同工业的用量可以看出当时抚顺煤的用途中采暖用量最多，其次是机械工业，再次是满铁铁路用煤，最后是制窑业，这几项加在一起几乎占了抚顺煤在东北销售量的 80%。可见抚顺煤的销售涉及面很广，几乎涉及工业的各个领域和门类，因此说抚顺煤为日本"经营满洲"提供了能源基础一点也不为过。

抚顺煤除供应满铁在东北的工业之外，也供应日本国内，在日本工业发展中占据重要地位。日本从满铁进口煤炭最初很少，到 1937 年前后每年大概 100 万吨，这与日本国内产煤 4200 万吨相比只是小数目，但是日本国内特别重视抚顺煤，"在某种程度上抚顺煤起着调节国内煤炭价格的作用，它已经成为最近几年日本商品惊人地向海外发展的原因之一，这是没有疑问的"[①]。七七事变后，抚顺煤向日本输出量逐渐下降，

[①]　満鉄撫順炭鉱『炭鉱読本』、昭和 14 年（1939）、第 10 頁。

见表2-2。

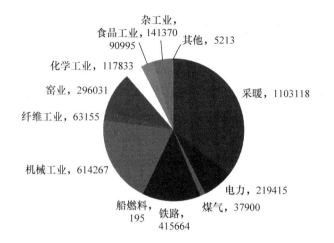

图2-2 1933年抚顺煤在东北销售的部分用途（单位：吨）

表2-2　　　　　　　日本计划和实际进口抚顺煤情况　　　　　　（单位：吨）

年份	计划进口数量	实际进口数量
1937	2643000	1719868
1938	2310000	926763
1939	2037000	722570
1940	1430000	546998
1941	1000000	667781

资料来源：满铁調查部『石炭関係資料』（满洲五年計画立案書類）、昭和十二年
(1937)、第104頁；满铁撫順炭鉱総務局庶務課『撫順炭鉱統計年報』、昭和十七年（1942)、
第124頁。

　　由于抚顺煤属于优质煤，日本政府一直强令抚顺向日本国内输出煤
炭。但1937年开始，日本进口抚顺煤的数量呈下降趋势，实际进口抚
顺煤的数量与计划进口数量相比缺口较大。1937年实际进口抚顺煤还是
170多万吨，到1939年只有70多万吨，减少了将近60%，这并不是因
为日本国内对抚顺煤需求量下降。相反，由于战争需要，日本国内的重
工业、化学工业发展突飞猛进，对抚顺煤需求量大增。但由于当时运输

系统承担着特殊的军事任务，车船班次均很缺乏，无法及时将煤炭运回日本，导致抚顺煤炭对日出口量的下降，日本逐渐将抚顺煤用在重点的军需工业部门。日本最大的海军军事工厂——吴工厂所造战炮与军舰所用钢板，用其他地方的煤冶炼效果很不理想，必须由抚顺块煤冶炼；八幡制铁所也是一个军事工厂，同样离不开抚顺煤，只要用抚顺煤矿产的中块煤进行生产，开动二十座煤气发生炉中的十二座就够用，离开抚顺煤炭几乎就得停产。因此，随着战事愈演愈烈，抚顺煤主要集中用在京滨重工业地带、日铁八幡制铁所、京滨与阪神重工业地带以及吴工厂五个地方，其他地方几乎不供给抚顺煤。

1942 年抚顺煤矿运往吴工厂、八幡、阪神、京滨四个地区的煤炭共计 62.2 万吨，与年度预计数量基本一致，几乎就是当年运往日本的所有煤炭总和。1940 年至日本投降，抚顺煤主要用在日本军需部门，抚顺煤为日本实施对外侵略提供了物质和军需保障。

抚顺煤矿还建立了很多附属工厂，如发电厂、机械厂、煤气厂、焦炭厂、电梯铁路、硫酸厂、火药厂、氢氧厂、研究所等附属工厂。以发电厂为例，1908 年 11 月第一发电厂开始发电，当时只有 500 瓦发电机两台，1910 年又增设了 1000 瓦发电机两台，1913 年增设 1500 瓦发电机一台，1918 年继续安装了 5000 瓦发电机一台，撤出 500 瓦发电机两台和 1500 瓦发电机一台；1915 年建成第二发电厂，第二发电厂主要是将劣质煤煤气用于发电，安装 1500 瓦发电机两台，1918 年又增设 3000 瓦发电机三台，1931 年停止发电改作劣质煤煤气厂；第三发电厂 1922 年 10 月建成第一工厂，配备 12500 瓦发电机一台。1930 年 11 月第二工厂 1 号机 25000 瓦发电机启动。1931 年 11 月第二工厂 25000 瓦发电机发电。从抚顺煤矿附属的发电厂发展历程可以看出，这些附属工厂作为抚顺煤矿的一部分发挥了重大作用，它们不仅保证了抚顺煤矿的正常运行，还生产煤炭衍生物，参与满铁在"满洲"的侵略。

三 抚顺煤炭所得是满铁财政的主要来源之一

铁路和矿业收入是满铁经营的两大利润点，自满铁创立以来，这两个领域及其附属产业收入一直是满铁的财政基石。在抚顺煤炭运营最初几年，抚顺煤主要用于满铁的铁路、船舶、工厂等。1908 年，满铁自用煤占到产煤量的 72%，1909 年为 62%。① 按照当时抚顺煤矿产煤占整个满铁所有煤矿 90% 计算，抚顺煤几乎满足了满铁所有用煤的产业，客观上支撑着满铁各个产业的发展。随着抚顺煤炭产量的增加，抚顺煤用于满铁自用煤的比例逐渐缩小，每年为满铁带来的营业收入和利润非常可观。

从表 2-3 可以看到，铁路和煤矿是满铁收入的主要来源，占满铁营业收入的 60%—80%，其中矿业收入占比 20%—30%。虽然矿业收入中还包括其他煤矿，但根据表 2-1 的统计数据，抚顺煤矿占满铁煤炭生产的 70%—90%，因此可以断定，抚顺煤矿营业收入对满铁收入的贡献率应该在 18%—25%。图 2-3 展现的是 1907—1931 年满铁与抚顺煤矿利润额对比，该图以两年为一时间节点进行数据分析，抚顺煤矿利润最高时占到满铁总利润的 59%，多数年份都在 20%—30% 徘徊，只有极少数年份在 10% 或以下。

表 2-3　　1932—1937 **年满铁铁路和矿业历年营业收入对比**（单位：千银圆，%）

年份	合计	铁路（占比）	矿业（占比）
1932	245941	103847（42.2）	55086（22.4）
1933	248002	119677（48.3）	70976（28.6）
1934	270669	126525（46.7）	85526（31.6）
1935	302159	134686（44.6）	92560（30.6）
1936	299044	133482（44.6）	87944（29.4）
1937	355048	151053（42.5）	91117（25.7）

资料来源：解学诗主编：《满铁史资料·煤炭篇》（第二分册），中华书局 1987 年版，第451 页。

满铁的煤炭全部由铁路运输，在满铁铁路运输中，煤炭运输占重要地位。抚顺煤矿对铁路的贡献主要表现在煤炭运费的收入，在"满洲"铁路的货物运输中，煤炭运输比例绝大多数占到 40%—50%，见表 2-4。

---

① 满铁『南满洲铁道株式会社十年史』、大正八年（1919）、第 604 頁。

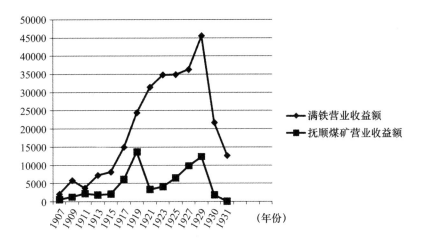

图 2 - 3　1907—1931 年满铁与抚顺煤炭利润额对比（单位：千银圆）

资料来源：满铁『統計年報』、昭和十六年（1941）、第 141、146 頁。

表 2 - 4　　　　　　　満铁铁路主要货物运输吨数　　　　　　（单位：吨，%）

年份	谷物	煤炭（煤炭所占百分比）	其他	合计
1931	4169632	7326379（47.4）	3958202	15454213
1932	4163785	7303926（44.1）	5105105	16572816
1933	3754219	8653397（46）	6443226	18850842
1934	4171935	9299834（42.9）	8199573	21671342
1935	3649361	9570806（45.6）	7760534	20980701
1936	3274878	9749716（45.6）	6201793	21365653
1937	3411964	9577155（38.1）	10091431	25129935

资料来源：解学诗主编：《满铁史资料·煤铁篇》（第二分册），中华书局 1987 年版，第 459 页。

　　从表 2 - 4 中数据可以看出，满铁铁路货物运输中，煤炭所占比重相当高。在满铁铁路货物运费收入中，煤炭运费也占相当高比重。1933 年，煤炭运费占比约为 35.4%；1935 年这一比重为 33%；1937 年这一比重约为 29%。[①] 将表 2 - 4 以及这一组数字对比可以看出煤矿对满铁铁

──────────

　　① 根据解学诗主编《满铁史资料·煤铁篇》（第二分册）（中华书局 1987 年版）第 458 页数据计算得来。

路经营贡献的程度居高不下，可以说满铁铁路和煤矿之间的关系是相辅相成、相互促进的。

七七事变后，重工业发展迅速，对抚顺煤炭的需要量大增，也带来了利润的激增。1934 年以后，抚顺煤的利润一直超过 1000 万银圆。以1937 年煤矿各种事业收益为例，虽然硫酸工厂和氢氧工厂利润率很高，但由于体量有限，给会社带来的利润绝对值少。相比而言，抚顺煤矿的平均利润率达到 10.2%，利润为 1035 万银圆，利润可观，在满铁财政上占有的重要地位不言而喻。

根据这些数字反映的状况，假如没有抚顺煤矿，满铁的利润就要丧失大部，这对满铁而言无疑是沉重的打击。因此，抚顺煤矿是满铁财政的主要来源之一，满铁的繁荣与抚顺煤炭息息相关。

第三节　满铁调查机构对抚顺煤炭资源的调查

满铁设置调查机构是满铁第一任总裁后藤新平在台湾调查业务的延续。早在担任"台湾总督府民政局"局长时，后藤在呈给井上馨的《台湾统治救急案》中就阐述了调查研究的重要性，"一切问题，不经过对各个事体的考究，就不得宣布其一定的政策。所谓政策就是根据一定的时间、地点和场合讲究其适应的方法"，"因此，一切问题都得首先进行充分的调查研究，然后再制定一定的政策"。[1] 他在担任"台湾民政局"局长期间设立了临时台湾旧惯调查会，目的是了解当地生活和生产方式，根据当地的实际情况制定相应的殖民政策。台湾旧惯调查会的成功，使后藤将这种调查制度移植到新设立的满铁。

满铁设立以后，为了"考察中国特别是满蒙的各种法律制度，并调查产业、商事、交通等一般经济情况，以便会社本身的各单位应用，并将调查结果向各方向广泛发表"[2]，后藤新平于 1907 年 3 月设立了满铁

---

① 中村哲编『后藤新平「日本植民政策一斑和日本膨胀論」』、日本評論社、昭和十九年（1944）、第 9 頁。

② 满鉄『南满洲鉄道株式会社第二次十年史』、昭和三年（1928）、第 1251 頁。

调查部。满铁调查机构伴随满铁的始终，但不同时期的叫法不同，隶属关系也有所不同。满铁调查部只存在一年多，即从 1907 年 3 月至 1908 年 10 月。之后满铁调查部被满铁调查课取代，调查课一直存续到 1932 年才撤销，一直是满铁经济调查活动的中心。调查课的替代者是经济调查会和产业部，但产业部只存在一年多时间，1938 年 4 月又被调查部取代，1939 年 4 月调查部扩大为大调查部，1943 年 5 月又改为调查局，直至日本势力退出中国东北。①

满铁的调查活动主要集中在经济领域，调查部刚成立时只有 14 人，后人数逐渐增加，1931 年前最多时不到 90 人，其他年份多在 40—70 人徘徊。调查部很多人都是从事某一领域研究的专家，满铁调查部为满铁"经营满洲"提供了情报和数据。

一　满铁调查部对抚顺煤矿的调查

1907 年 3 月，满铁在大连总公司设立了"满铁调查部"，总裁后藤新平为调查部规定的任务是"在满洲及其附近地区从事一般经济及惯例的调查"。② 1908 年 9 月 14 日在东京分公司设立了"东亚经济调查局"，东亚经济调查局专门研究西方国家的殖民地政策，并向西方国家介绍日本的殖民政策。东亚经济调查局局长曾经说过："本调查局不论任何资料在五分钟以内即可提供。"③ 从中可以看出满铁调查系统资料管理的严密性。

（一）满铁调查部的调查资料汗牛充栋

满铁调查部设立之初与铁路、煤矿、地方经营一起作为满铁四大支柱，满铁调查部后经多次缩编或扩大，名称也几经改变，但调查研究的基本属性始终没变。满铁调查部成立的第一年就迅速发展，4 月其下设立地质课，开始调查抚顺煤矿的地质与地形；10 月，成立了中央试验所（最初隶属关东都督府），可见满铁对调查部的重视程度。满铁调查部主

---

① 为方便起见，下文统一称"满铁调查部"。
② 满铁『南满洲铁道株式会社十年史』、大正八年（1919）、第 905 页。
③ ［日］草柳大藏：《满铁调查部内幕》，刘耀武、凌云、舟徒、关益译，黑龙江人民出版社 1982 年版，第 64 页。

要调查业务包括一般经济调查、旧惯调查和图书保管。

1908 年满铁调查部改为满铁调查课，调查范围后来逐渐超出了满铁的管辖范围，包括"满洲"全境、华北、蒙古等各地的地质、经济以及工业原料、风俗文化等，间或进行地形测量。满铁调查课在存续期间出版了数量惊人的大批调查资料，资料内容详尽，是了解"满洲"的重要资料。满铁调查课从成立到 1932 年 12 月撤销为止，出版了《满铁调查资料》162 种、资料汇存 12 种、交涉资料 20 种、调查资料 11 种、调查报告书 26 种、各种小册子 75 种，以及俄文翻译资料、汉译调查资料和关于东北和华北的各种经济统计等。[①] 1932 年 1 月，满铁设置了经济调查会，满铁将调查课的经济、法律、俄国班全部移交给了经济调查会，于当年 12 月撤销了调查课。经济调查会期间，编辑了约 1800 册附有资料的政策计划，出版了全体工作人员的调查结果 124 册、有关《苏联研究》24 册和译自俄文的《苏维埃远东和外蒙调查资料》30 册。经济调查会也接办并继续出版了《满铁调查月报》《苏联事情》《苏联年鉴》等。经济调查会出版的《满洲经济年报》很具有代表性，从 1933 年发行，一直延续到 1941 年，当时日本各地大学和私立研究所都按期订阅这份年报，满铁研究权威人士杨觉勇评价它是"研究满洲经济的权威性文献"。关东军参谋部曾向满铁调查部索要整个"满洲"实际情况材料，满铁调查部上交的《满洲建国方针草案》报告书达到 368 册。

满铁的调查活动主要集中在经济方面，抚顺煤矿作为满铁煤铁矿业的代表性产业，满铁调查机构与抚顺煤矿有关的调查报告林林总总。调查课时期出版的《经济调查资料》《满铁调查资料》《调查报告书》《调查小册子》等丛书，以及《调查时报》《满铁调查月报》《经济资料》等期刊，包含大量抚顺煤矿的统计数据。

(二) 抚顺煤炭相关各项数据的统计

统计数据是得出结论的基础性工作，满铁调查机构非常重视基础数据的统计，满铁调查部对抚顺煤矿的统计主要包括以下四方面。

第一，统计历年的煤产量和用途。满铁调查机构对抚顺的露天煤

---

① 满铁『南满洲铁道株式会社第二次十年史』、昭和三年（1928）、第 1258—1259 頁。

矿、井下煤矿的产煤总量每个月都进行统计，包括抚顺煤矿各个所属炭矿也加以统计，并与满铁内部其他煤矿和社外煤矿的产量做比较。这种统计不仅包括每月、每年的数据，还包括日产煤数量、平均每人每日产煤量等；同时对于抚顺煤矿销量和用途也进行了详细的划分，包括历年满铁自用煤数量、船燃料用煤量以及工业各个部门的用煤量，在日本、朝鲜、南洋委任统治地，以及中国台湾、东北、华北、华中、华南等地运销量，以及抚顺煤矿主要竞争对手煤炭的运销情况。

第二，统计与利润相关的经济数据。满铁是公司性质，利润对公司生存至关重要，经济数据中煤矿的收入、支出和损益最为关键，为此，满铁详细统计了抚顺煤炭的收入与花销以及利润获得情况。煤炭收入里，调查机构将不同品种抚顺煤的市场价、批发价都统计出来，并与日本市场主要煤炭价格和中国国内主要煤矿价格进行对比；花销中包括生产成本、工人工资成本等，其中很多统计将这些成本支出情况细化，包括生产每吨煤使用的材料数量及费用情况等。统计数据还包括抚顺煤与其他煤生产成本的比较，如满铁系统内部抚顺、烟台、本溪湖、老头沟、瓦房店等煤矿煤炭生产成本的比较，抚顺煤与日本煤生产成本的比较等。从这些经济数据可以看出抚顺煤矿生产经营状况，利润率以及与其他煤矿相比的优势和劣势。

第三，统计与煤炭职工相关的基本数据。从 1907 年起直至满铁终结在华经营为止，满铁调查机构对抚顺煤矿组成人员进行了详细系统的分类统计。这些数据主要包括总体职工人数、矿工工资、劳动时间、伤亡情况等。其中，对职工人数的统计包括每年日本人和中国人中社员、职员、技术人员以及社员外人数的变化；工人情况统计中，招募工人占比、自来工人占比、离矿工人人数等均有详细记载，并就流动率进行计算，这有利于掌握职工人数变动情况以及各个工种的变动情况；数据还包括抚顺煤矿各炭坑把头的名字、原籍以及工人的总数、原籍，从中可以看出抚顺工人中山东籍人数最多，其次是直隶省和东三省，这样统计便于招工和管理；再就是统计煤矿工人的年龄构成，透过年龄构成数据可以看出，由于煤矿需要大量健壮劳动力，煤矿工人年龄主要集中在25—30 岁，20 岁以下只占 15%；统计数据还包含各个工种的工人为抚顺煤矿的服务年限,挖煤属于熟练工种,经验非常重要,这一统计有利于了解煤炭熟练工人情况。

第四,七七事变后,日本政府为扩大侵略更加关注抚顺煤炭增产问题,调查部的主要任务开始转向调查抚顺煤矿面临的问题和如何解决。抚顺煤矿产煤量一直呈稳步上升趋势,但是在1937年达到峰值后便逐步下降。为此,1940年满铁大调查部资料课课长对此进行了调查,他认为当前抚顺煤矿主要面临以下四个问题:一是深层开采带来的瓦斯爆炸问题。龙凤竖井等因产量下降已全部转入深层开采,但深层开采易引起瓦斯爆炸问题,1939年龙凤竖井就发生了一次瓦斯爆炸事故,这使得井下情况十分危险。二是器材和物资未能按时、按计划进货,从而使巷道作业推迟。三是抚顺煤矿是井下采煤机械化最好的煤矿,难有更大进展,井下实验截煤机试验也不理想。四是技术人员和有经验的工人流失严重,而工人的招募情况并不乐观。因此想从这几方面着手提高产量并不可行,他提出解决方法是在"人"上下功夫,"技术上人的问题乃是经营上的重大问题。自不待言,井下技术基本上是常识性技术,经验是绝对需要的"①。要求满铁对这一问题必须进一步研究。同一时期,从满铁调查部上交的报告题目中可以看出日本政府对抚顺煤炭的重视焦点转变为增产。如《满洲煤业生产力扩大方面的诸问题》《为确立日本重工业自立性的调查》《产业开发五年计划第三年度生产实绩报告》《抚顺煤矿执行伪满第一次五年计划情况》等,这些报告书均根据研究的实际情况对妨碍抚顺煤矿增产的原因进行归纳和列举,并提出相应的解决办法。

(三) 地质调查所对抚顺煤矿的细致调查

满铁成立之初,在其矿业部内就设置了地质调查所,该所成立初始的中心工作就是从事抚顺煤炭调查,后来调查对象逐渐扩大到整个东北矿产。满铁地质调查所对抚顺煤矿的调查涉及方方面面,主要集中于地质矿床、矿量、产量、成本及经济价值等方面的调查。调查机构对抚顺煤炭的调查主要采取资料调查和实地调研两种方式。

---

① 解学诗主编:《满铁史资料·煤铁篇》(第二分册),中华书局1987年版,第405页。

日本占据抚顺煤矿后，便立即着手调查抚顺煤矿基本情况，包括煤炭储量和可开采储量等。1905年3月，日俄战争还未结束时，当时附属于"满洲"军总司令部的小川琢次（1896年东京帝国大学地质系毕业）对抚顺煤矿进行了概测，当时探明抚顺煤矿炭量7亿吨，可采煤量为2亿吨。满铁地质调查所成立后，所长木户忠太郎与测量手牛岛义雄一起对抚顺煤矿进行了历时约半年的测量，探明抚顺煤炭储量8亿吨左右，以后满铁对抚顺煤矿的"开发"都是根据这份报告。

地质结构调查是对煤矿更好进行挖掘的基础，地质调查所对抚顺煤炭的地质结构进行多年调查。抚顺煤炭西部是古城子，外山四郎考察了古城子附近复杂的褶皱构造，发现煤层的褶皱升至顶部就消失了，但是由于褶皱的重复，无法断言冲积平原下是否有大量煤炭存在，为此在抚顺煤矿的西方深井子站的南部进行了试炼。七七事变爆发后，日本为侵略战争加大了对抚顺煤矿的开采，满铁为适应日本政府需要，继续加大对抚顺煤炭的勘探。1941年8月至10月，山田务名、川西务在抚顺西方进行了地震探矿（折射法）和重力探矿。第三纪层的厚度为80米，其底部分布着玄武岩、花岗片麻岩，调查认为抚顺煤层的分配是值得期待的。

综上，满铁调查部对抚顺煤矿的调查涉及范围广，资料异常翔实，几乎事无巨细。满铁调查部对抚顺煤矿的调查涉及抚顺煤矿生产、生活、运营的方方面面，是我们了解抚顺煤矿的钥匙。这些数据和资料还为我们了解当时中国国内和日本的经济、人文和社会状况提供了第一手资料。同时，调查机构对抚顺煤矿调查重点的转变，清晰地描绘出日本政府侵略"满洲"的脉络，是我们了解日本侵略中国东北的一面镜子。

二　满铁"中央实验所"对抚顺油页岩的调查和提炼

1907年10月满铁设立"中央试验所"，成立之初隶属关东都督府，1910年移交给满铁。"中央试验所"设立初期以资源调查为主，后来主要围绕东北资源进行研究"开发"。试验所研究"开发"主要集中在四个方面：大豆及农产品加工；镁、铝及矿产资源工业化；油页岩的提炼与煤气化研究；陶瓷材料的研究。

对抚顺煤炭油页岩进行勘测是"中央试验所"的主要任务，"中央试验所"从开始调查油页岩到炼出页岩油用了约20年的时间。1909年，"中央试验所"的铃木庸生调查发现抚顺煤矿大山坑内的煤层顶部可燃，经勘测其储油量约为2％，并没有引起人们注意。1914年片山岩和小原守又再次进行了试验，采用干馏分析法在西露天矿打了13个钻孔进行勘探。由于抚顺煤炭古城子周边的煤层上有褶皱，厚度达到100米，"中央试验所"工作人员试着调查了煤层上部含油页岩层厚度的变化。地质调查部的坂本险雄调查了油页岩的岩质和含油量，他用刀或玻璃碎屑刮掉原油含量为7％以上的油页岩，这个简易品位鉴定法后被全"满洲"地质工程师采用。1921年"中央试验所"从油页岩中提炼出石油，实验人员在平均厚度为135米的油页岩中进行试炼，发现抚顺油页岩含油率最大10％，平均5.5％，除煤层近30米的贫矿部之外，其他地方出油率可达到6％，油页岩矿藏量54亿吨，所含石油3亿吨左右。

但是与外国的油页岩相比，抚顺产油页岩（爱沙尼亚油页岩出油率为20％）属于低品位油页岩，当时满铁对抚顺油页岩的提炼宗旨确定为基于劣质页岩进行商业化，抚顺油页岩在商业化过程中颇费周折。1918年，海军询问满铁油页岩干馏情况，这是海军首次就油页岩问题与满铁联系，后来海军与满铁在油页岩提炼上展开了合作。1921年，"中央试验所"对油页岩进行了再次调查和试验，结论是通过干馏获得的原油只有国外页岩油的15％—56％。"中央试验所"委托海外进行的试验反馈信息也很不理想，两家外国实验室的试验表明抚顺油页岩的含油率分别为1.75％和2％[1]，认为抚顺油页岩难以商业化。满铁对此问题进行研究后，总裁川村竹治公布1922年追加10万日元作为油页岩研究的预算经费，1922年3月15日在三井工业部下成立低温干馏研究委员会，同时"中央试验所"开始了一项系统研究，并将结果报告给低温干馏研究会。低温干馏研究会成立以后，因抚顺页岩采区和煤层存在差异，实施

---

① 山本裕『満鉄オイルシェール事業：1909—1931年』、『三田学会雑誌』第95卷第4号、2003年、第183頁。

了多点钻孔，1923 年多点钻孔完毕，"中央试验所"通过这些采集的数据，研究抚顺页岩的性质，结果得出了与以前不同的结论：

（1）抚顺煤矿平均 130 米油页岩的存在，使得油层量在不同层级储藏量有所不同；

（2）总体来看，顶层有很多的石油和较少的煤层，全层平均含油率为 5.5%；

（3）全层中 41% 油页岩含油率为 6% 或更高，混合物的含油率为 8%。

"中央试验所"通过分析抚顺页岩物性，得出抚顺油页岩可以进行商业化生产的结论，但对于采用内热式还是外热式干馏方法，满铁和海军产生了分歧。1923 年，"中央试验所"的木村忠雄工程师参加了两种干馏试验，结果表明，外热式干馏方法得出的油量为 4.42%，内热式得出的油量是 2.55%，外热式干馏效果较好。但是，外热式干馏方法需要的建设和运营费用高，从未来运营上考虑内热式比外热式有经济优势。海军从希望得到更多石油的角度考虑希望用外热式方法，而抚顺煤矿行政长官长谷川清治从运营角度考虑使用内热式干馏方法，最后技术委员会主席认定应该进行 2—3 年或 1—2 年的研究，以确定采取何种方式。1925 年 5 月 8 日，为期 8 天的审议会议结束，会议决议如下：海军从国防角度希望迅速启动油页岩提取，如果条件得到满足，满铁将开始工作。满铁的条件是希望获得低息贷款，海军按照实际费用"购买"石油，如果海军停止"购买"，要承担未付款项。6 月 5 日，决议上交总理和财政部部长，决定以 6 分利贷给满铁资金 630 万日元，同时保证海军按照实际费用"购买"石油直至摊销期结束，海军要对采购的石油进行担保。一种观点认为这样满铁就把用外热式干馏技术和高成本商业化带来的风险转嫁给海军，但由于受《华盛顿公约》后裁军环境的影响，财政部对海军实行预算约束，要求停止以高成本的技术手段对抚顺油页岩实施商业化，因此，油页岩业务以内热式干馏方式启动。

抚顺炼油厂工程建设于 1928 年启动，除蒸馏工厂外，其他设施在

1929 年内完成。1929 年开始，干馏分析法把油从油页岩中分离出来，并开始进行批量生产。炼油厂成立以后三年油页岩加工量保持在 100 万吨范围内，但确定未来会稳步增长。同时，出油率也很稳定，维持在 5% 范围内，抚顺炼油厂在成立初期产量方面表现很稳定。1943 年抚顺炼油厂的石油产量为 27 万吨，同年日本的国内原油产量为 26 万吨，抚顺页岩油成为日本石油的重要来源。

在日本对页岩油"开发"过程中，中国政府提出过抗议，指出满铁擅自开采油页岩并进行冶炼是对中国矿产资源的掠夺，是非法的。"抚顺油页岩虽在煤层以上，但系特别矿质，且为世界各矿中之主要矿质，并非废物，其主权当然属诸中国。"[①] 但日本政府根本不理会中国的抗议，继续实行页岩油的经济殖民。日本政府在页岩油经济殖民过程中占据了重要地位，这也从一个侧面验证了满铁是日本政府"国策会社"。

三 抚顺煤矿内部相关机构的调查

除满铁调查课和"中央试验所"对抚顺煤矿进行调查外，抚顺煤矿内部也有相关机构对煤矿各项事宜进行调查，主要包括抚顺煤矿总务科及抚顺煤矿研究所。

（一）总务科的调查内容

抚顺煤矿总务科设立于 1926 年，主要业务范围是负责抚顺煤矿各种事务性工作，具体包括情报、统计、产业调查等，总务科下设很多系，其中与抚顺煤矿调查有关的部门包括统计系、劳务系特务班和地方系。

统计系是抚顺炭矿总务科的重要部分，成立于 1926 年 11 月，人员共 21 人，主要工作是业务统计、成绩考察、业务报告的撰写以及对煤矿业务进行一般性调查。统计系的这些工作原来都隶属不同部门，统计系成立后对这些事务进行了集中管理。业务统计主要包括工作统计、事

---

① 解学诗主编：《满铁史资料·煤铁篇》（第三分册），中华书局 1987 年版，第 834 页。

故统计及经费统计三大类，每个月统计系都会将调查数据做成表格，每半年或一年出版一次。与煤炭相关的统计主要包括出炭数量、煤炭收入、杂炭收入、选煤及储存炭量；与人事相关的业务主要包括现有员工数量、员工等级薪水、员工调出及调入情况、就业情况等。

统计系这些调查结果主要通过工作统计年报、经费统计年报和业务月报三个定期刊物将调查结果公开发表，还有其他一些调查资料提交到不同部门，统计系的调查项目基本情况见表 2 – 5。

表 2 – 5　　　　　　　　总务科统计系调查项目情况

调查项	密级程度	发表形式	作者
工作统计年报	秘	石板印刷	统计系
经费统计年报	秘	石板印刷	统计系
事故统计年报	秘	石板印刷	统计系
工作统计半年报告	秘	石板印刷	统计系
资源调查	秘	提交到资源办公室	佐伯孝一
员工外部条件	普通	复制（提交人事部门）	佐伯孝一
业务月报	秘	提交总公司	佐伯孝一
煤炭所管土地、楼房贷款	普通	手写（提交资料课）	佐伯孝一
矿冶业调查（奶子山老头满炭坑）	秘	手写（提交矿业监督部门）	佐伯孝一
瓦斯工业情况调查（抚顺）	普通	委托满炭办理	佐伯孝一
劳动力流动的动态调查	普通	提交给关东军	佐伯孝一
矿山工业调查	普通	提交抚顺派出所	佐伯孝一
自来水、瓦斯、电器、雷电的年度报告	普通	提交抚顺派出所	佐伯孝一
军用资源调查（骸炭、煤炭）	秘	提交给关东军	佐伯孝一

资料来源：松本豊三『満鉄調査機関要覧』、南満洲鉄道株式会社、昭和十一年（1936）、第 204 页。

地方系调查工作的主要内容包括一般经济情报、经济背景调查、物价调查、一般工商业状况调查。一般经济情报通过与各相关方密切沟通，向工商部门报告当地经济发展趋势，以促进当地产业发展，每年 2 月末定期出版《一般经济背景调查报告》。地方系的另一个重要工作是幕后调查，幕后调查与当地发展密切相关，通过不断调查当地商业条件、特殊情况及交易条件，给商品交易商提供参考资料，衡量当地产业基本情况。此外，还调查当地金融状况、重要的农林产品、工业产业状况或商品价格。

劳务系特务班成立于1929年4月，组成人员共5人，主要对工人思想行动进行察知，对外事务主要是进行劳动情报的汇集。其调查项目包括煤炭内部日本人情况；商业贸易、工程、宗教、教育、耕种的动态调查；千金寨市街迁移问题的调查；煤炭工人的思想问题调查；煤炭治安情况调查；抚顺附近土匪状况调查、防止煤炭工人贩运煤矿、进入煤炭进行盗窃活动的调查；劳动争议问题的调查以及抚顺县人口情况的调查等。

总务科的调查不仅涉及与抚顺煤矿生产相关事项，还涉及当时抚顺经济、社会、生活发展的方方面面，为我们了解当时抚顺情况提供了宝贵的资料。

（二）抚顺炭矿研究所的调查内容

抚顺炭矿研究所隶属抚顺煤矿，该研究所主要工作是调查抚顺煤炭和油页岩利用，以及与煤炭和其他煤炭分析有关的事项，炭矿研究所下设化学、煤炭、油类、瓦斯和一般分析室，共有各级各类人员154人。

抚顺炭矿研究所的业务范围包括两方面：一是分析工作，主要对煤矿石、石油等进行基本分析；二是研究工作，主要对抚顺煤炭炭质、页岩油质量的改善、瓦斯利用、页岩油的利用以及其他煤炭用品的使用等进行系统研究，原则上研究工作围绕煤炭业务进行。具体研究项目见表2-6。

表2-6　　　　　　　　抚顺炭矿研究所主要调查项目

调查项目	密级程度	主要研究人员
页岩油品质改善	秘	技术员：石桥弘毅
页岩利用研究	普通	技术员：前川清三
柴油测试系统	普通	技术员：石桥弘毅

续表

调查项目	密级程度	主要研究人员
汽油精确测试	普通	技师：贵志二一郎 技术员：井水一正
页岩重油利用研究	普通	技术员：大塚毅一
从液态硫酸盐页岩油生产煤油的研究	普通	技术员：上田亨
对溶液产生的影响	普通	技师：贵志二一郎 技术员：安藤正幸
关于页岩油的分离	普通	技师：贵志二一郎 技术员：安藤正幸
软化利用研究	普通	技术员：小中义美
分解瓦斯研究	普通	技术员：小中义美 金井千春
气态和碳化烃分解以及其工业应用研究	普通	技术员：小中义美 野口勳
琥珀的利用研究	普通	技术员：小中义美
大豆油的加工	普通	技术员：小中义美
琥珀漆半工业作业	普通	技术员：小中义美 川久保新作
油页岩干馏的吸着剂的影响	普通	技术员：井气一正
页岩油加氢方法	普通	技师：贵志二一郎 技术员：安藤正幸
混合木材防腐剂的制造	普通	技术员：井水一正
抚顺粉炭燃烧研究	普通	技术员：外河益三 雇员：本假屋武义
硫酸盐土壤准备测试	普通	嘱托：冈新六 技术员：配岛英
抚顺煤质研究	普通	嘱托：冈新六 技术员：配岛英
Mosoto 硫酸铵精制试验	普通	技术员：饭田武夫
Mosoto 硫酸铵和 Mosoto 气体溶液中有机物的利用研究	普通	技术员：饭田武夫

调查项目	密级程度	主要研究人员
制油厂瓦斯气的脱硫试验	普通	技术员：饭田武夫 上田亨
高粱秆用作建筑施工材料试验	普通	技师：贵志二一郎 雇员：江崎伊三
矿山填料的研究	普通	技术员：石桥弘毅 前川清三
分部服务	普通	技术员：松崎左一郎

资料来源：松本豊三『満鉄調查機関要覧』、南満洲鉄道株式会社、昭和十一年（1936）、第209—210页。

对于这些调查结果，研究所没有定期刊物，但是会不定期出版一些刊物和书籍。如《页岩重油质量检测报告》《Mosoto 硫酸铵精制试验报告》《露天矿黑褐色页岩的利用》等。这些出版物分发范围和分发数量如下：满铁正副总裁、海军省德山染料厂长、驻满海军部司令官等相关人员各给1部；海军省军需局局长给3部；制油工场及研究所技术员给8部；抚顺炭矿经理课长给4部；古城子采炭所长及研究所相关人员给3部；制油工场、发电所及研究所相关人员给6部。

抚顺炭矿研究所的分析业务紧紧围绕煤矿业务展开，由于有些分析项目需要的设备比较高级，抚顺炭矿研究所将难以实施的分析项目交给"中央试验所"负责。为了更好地开展工作，研究所与办公室官员经常举行为期两天的非正式理事会会议，并在研究报告中呈现会议精神和研究结果。

综上，满铁成立以后，作为日本殖民东北的机构，日本政府将从中国掠夺抚顺煤矿纳入满铁系统进行管理。满铁第一任总裁后藤新平特别注重调查在殖民统治中的作用，因此满铁调查机构伴随满铁始终。满铁调查机构成立后对抚顺煤矿进行了地质方面的勘测，随着抚顺煤矿生产进入正轨，满铁调查机构开始全方位、多角度对抚顺煤矿进行调查，这些调查资料是满铁殖民东北的证据。抚顺煤矿成了满铁的主要财政来源，为日本殖民"满洲"和发动侵略战争提供了能源基础。

第三章

满铁对抚顺煤矿及支矿的"开发"

日俄战争后，日本强占抚顺煤矿并通过一系列非法手段攫取了抚顺煤矿的开采权，后改由满铁经营。在满铁经营、控制抚顺煤矿的近40年时间里，共计开采、掠夺煤炭资源2亿多吨，获利高达2.6亿日元。满铁通过对抚顺煤矿及支矿的"开发"，为日本对外发动侵略战争提供了能源支持和财力支援。

第一节　抚顺煤矿概况

一　抚顺煤矿沿革

抚顺煤矿位于今辽宁省抚顺市境内浑河流域，矿区东起龙凤坎东端，与搭连煤矿相邻，西隔古城子河，临近瓢儿屯、天宝、华胜等煤矿。[①] 浑河之流纵贯其间，将抚顺煤矿分为南北两个区域。两区分别有杨柏堡、老虎台、龙眼河、塔连咀子、千金寨、古城子等矿井。其中千金寨与杨柏堡、老虎台、龙凤坎等矿井间设有铁路线路，可用来转运煤炭。抚顺煤矿所处位置地势平坦、交通便利，距当时"南满洲"铁路苏家屯站约33千米，而苏家屯站向南可到达营口、大连、旅顺，向北可至沈阳、长春、哈尔滨等地。矿山距各主要城市距离见表3-1。

---

① 瓢儿屯、天宝、华胜等煤矿位于辽宁省抚顺市境内浑河流域，西隔古城子河与抚顺煤矿相邻。

表 3 - 1　　　　　　　　　　抚顺煤矿至各主要城市距离

所至城市	沈阳	铁岭	长春	营口	大连	旅顺	哈尔滨
距离（千米）	65.92	136.00	368.00	211.36	427.68	469.44	603.12

资料来源：胡荣铨：《中国煤矿》第 1 册，上海：商务印书馆 1935 年版，第 96 页。

抚顺煤矿被发现及利用的历史十分悠久。从矿区出土的古陶器、古钱币等古文物及今抚顺市劳动公园汉代遗址所发现的煤灰、煤渣来看，抚顺煤大约在汉代便被开采挖掘，当作燃料使用。至明代，抚顺煤被在此居住的朝鲜族人开采挖掘，用作烧制陶器的燃料。此后，抚顺煤矿的开采便也告一段落。

清朝前期，抚顺煤矿处于禁采阶段。清廷因迷信风水龙脉之说，为防止破坏风水、挖断龙脉，严令禁止开采挖掘皇陵附近的矿区。直到 1777 年，盛京（今沈阳）及锦州两地对风水没有影响、破坏的地方，可凭由清政府颁发的龙章票开采挖掘。至 1838 年，陵寝附近的金山、矿山再一次被禁止开采。也就是说，虽然抚顺煤矿煤质佳、易采掘，但因其位于清太祖墓地东陵附近，此后近两百年始终处于禁采状态。

1901 年，增祺向清廷转奏，呈请正式开采抚顺煤矿。《辛丑条约》签订之后，清商人王承尧、翁寿与颜之乐先后向盛京将军增祺禀请开采抚顺千金寨附近的煤矿。增祺派员划定矿区，并在千金寨成立华兴利公司，由王承尧负责；于老虎台设立抚顺煤矿公司，由翁寿负责。两公司以南北流向的杨柏堡河为界，河东为抚顺煤矿公司，称为东局，河西为华兴利公司，称为西局。同时发放开采试掘书，至同年 12 月 4 日，清廷正式批复其开采申请。但是，华兴利公司在矿产资源方面远超抚顺煤矿公司，故由纪凤台掌握实权的抚顺煤矿公司一度挑起矿界纠纷，强行占据西局两处矿井，并意图吞并华兴利公司，独占抚顺煤矿。翁寿以延请矿师的名义，勾结沙俄退役陆军军官鲁宾诺夫以作后盾，随后，公司改组，翁寿遭到排挤，鲁宾诺夫任董事长，纪凤台任副董事长。至此，抚顺煤矿公司完全由俄国人所掌控。1903 年，在众股东反对的情况下，鲁宾诺夫强行将公司以 5 万卢布的价格转让给俄国远东森林公司。但是，清政府并不认可沙俄对抚顺煤矿公司的经营，批示作废其与纪凤台之间的一切相关合同，将翁寿所分得的抚顺煤矿公司交予王承尧接管。但是俄国人对清政府的批示置之不理，使得这一批示形同废纸，继续霸占抚顺煤矿公司。1904年2月8日，日俄战争爆发，俄国人对于煤炭的需求由民用煤转变为军队和铁路用煤。随着战争的进展，俄军对煤炭的需求大幅度增加，俄国人便购置多台采矿机器，扩大开采规模。1904年5月，在未与清政府进行任何形式的商讨下，铺设了奉天至抚顺的铁路即南满铁路抚顺支路，用以大批量运输煤炭。1905年2月中旬，俄军强行占领并开采华兴利公司的三个矿井。1905年3月9日，在日军的压迫下，俄军撤离至抚顺城一带，并且在撤离之时破坏了房屋机器，将杨柏堡河以东的矿井灌水破坏。此时的抚顺煤矿，只有华兴利公司的矿井仍可开采。3月10日，日军将俄军击退后占领了抚顺城，擅自进入杨柏堡以东的矿井进行整顿修复，在未获得清政府的允许下，成立了抚顺采煤所。1905年4月初，强占抚顺的日军要求王承尧在日军的监督下采煤，至4月11日日军强行霸占了抚顺煤矿。1905年9月5日，俄国被迫与日本签订《朴茨茅斯条约》。条约规定："俄罗斯政府将从长春（宽城子）至旅顺口的铁路及一切支线，以及附属之一切权利、财产和煤矿，不受补偿，且以清政府允许者，均转让于日本政府，日、俄两国可在各自霸占的铁路沿线每千米驻护路兵十五名。"[①] 日本帝国主义意图以此和约为由，将对抚顺煤矿的"开发"合法化。但是，抚顺煤矿在战前并不属于俄国，更不属于俄方铁路附属权益，因此，抚顺煤矿的矿权也不该归属于日本。于是，1905年12月，王承尧上书清廷，请求清政府通过外交手段收回矿权。1907年4月7日，清政府对抚顺煤矿问题作出巨大让步，提出与日本合办抚顺煤矿。但是，贪心大起的日本依然对此提议不予理睬。直至1909年9月4日，日本与清政府签订《东三省交涉五案条款》。该条约的签订意味着满铁对抚顺煤矿的非法侵占由此被合法化，日本帝国主义通过此项不平等条约，攫取了闻名中外的抚顺煤矿。

日本强占抚顺后，利用旧坑开采，成立专供军用的抚顺采炭所。1905年9月，将该采炭所划归日军野战铁道提理部。1907年4月，满铁

---

① 祁仍奚：《满铁问题》，台北：文海出版社1987年版，第6—7页。

接手抚顺采炭所，正在开采的矿坑为千金寨、杨柏堡及老虎台三坑，开采面积分别为115068平方米、26988平方米及61504平方米。三矿均为老式斜井，生产效率极低，日产煤量分别为136吨、94吨及133吨，共计363吨，每吨售价12日元。为进一步"开发"抚顺煤矿，满铁总裁后藤新平聘请了日本人松田武一郎为抚顺煤矿矿长，并由其制订抚顺煤矿"开发"计划，总预算约达920万日元。第一期"开发"计划时间为1907年至1911年，主要包括开凿大山坑、东乡坑，整治千金寨、杨柏堡及老虎台等旧坑，建设仓库、社宅、市街，生产作业机械化、电气化等，使抚顺煤矿完成基础性建设。1911年米仓清族担任矿长，提出抚顺煤矿第二期"开发"计划。第二期"开发"计划时间为1912年至1918年，主要包括将抚顺煤矿开采方法由残柱式采煤法更改为注沙充填法，开凿万达屋坑、古城子露天矿，建设蒙德式煤气发电所及完成煤矿运输电气化。至此，抚顺煤矿逐步完成了电气化，煤炭产量逐年增加。1919年至1928年抚顺煤矿开始实施第三期"开发"计划，计划新建龙凤竖井、东岗露天矿、杨柏堡露天矿，推广倾斜长壁充填开采法。

至九一八事变前，抚顺煤矿共设有14个矿区。包括4个露天矿、10个坑内掘，年产达700万至800万吨，占东北煤炭总产量80%左右，占地面积达55495820平方米。九一八事变后，日本侵略者加强了对东北的掠夺，至1936年末，抚顺煤矿下设古城子、大山、东乡、杨柏堡、老虎台、龙凤、蛟河、烟台八个采煤所及瓦房店和老头沟两矿井。至1939年，抚顺煤矿占地面积达70817246平方米，加上烟台、搭连等矿区，面积约达103373596平方米。1940年，满铁将抚顺煤矿划分为西露天矿事务所、东露天矿事务所、大山采煤所、东乡采煤所、老虎台采煤所及龙凤采煤所等，同时下设烟台煤矿、蛟河煤矿、老头沟煤矿、瓦房店煤矿、富锦煤矿和光义煤矿等支矿。

二　煤矿组织机构

抚顺煤矿公司组织机构划分历经变迁，至1937年末，抚顺煤矿下设庶务课、经理课、采炭课、制油课及工作课五课，下设古城子、大山、东乡、杨柏堡、老虎台、龙凤、蛟河、烟台八大采煤所及瓦房店和老虎台坑两矿井，同时设有运输事务所、工事事务所、发电所、机械工厂、制油工厂、火药制造所、研究所、临时煤炭液化工厂建设事务所等八个附属机构。

1940 年，日本侵略者为加紧对抚顺煤矿矿产资源的掠夺，再次调整抚顺煤矿组织机构，将抚顺煤矿主体划分为总务局、采炭局、工务局及工业局四大局及各事务所，见图 3-1。其中，总务局下设庶务、人事、劳务、经理、用度及成品六课，负责其他各局不相关的事务工作。采炭局下设第一计划、第二计划、采炭、保安四课，主要负责统筹管理煤炭及油页岩开采的相关事项。工务局下设设计、运转、制修、工务四课，主要负责机器的设计、运转、整修，土木工程建筑及线路设计、维护等相关事项。工业局下设计划课，负责统筹管理制造工业相关事务。事务所包括西露天矿事务所、东露天矿事务所、临时大山斜坑建设事务所，大山、老虎台、龙凤、烟台、蛟河各采炭所，老头沟坑、瓦房店坑、机械制作所、制铁工厂、电力事务所、工事事务所、运输事务所、东制油工厂建设事务所、煤炭液化工厂、化学工业所、研究所、抚顺医院、抚顺保健院、矿工技术员培训所。1943 年 5 月 1 日抚顺煤矿再次被改组，由原四局改为总务局、经理局、采炭局、工务局、工业局及建设局六局。其中，总务局取消原经理、用度、成品课，增设防卫课、农林课，分管抚顺保健院、抚顺医院。经理局由原总务局经理课独立设局，下设经理、第一资材、第二资材及成品四课，分管生计事务所。采炭局将原第一计划课、第二计划课合并为计划课，保留采炭课、保安课，分管临时大山斜坑建设事务所，大山、老虎台、龙凤、烟台及蛟河各采炭所。工务局撤销制修课，保留其他三课，分管机械制造所、电力、工事、运输各事务所。工业局保留计划课，增设管理课，分管制铁工厂、化学工业所、火药制造所及研究所。增设建设局，下设总务、第一计划、第二计划、工事四课及工程管理室，分管西、东露天矿事务所，西、东各制油工厂。此外，除上述六局之外，另设业务室、涉外部、光义煤矿开发事务所，富锦矿业所等抚顺煤矿直属所。

至 1945 年 8 月 1 日，抚顺煤矿再次改组，设置业务部、涉外部及防卫部，由矿长直属管辖。另设总务局、采炭局、工务局、露天矿局、制油五局，并成立化学工业委员会。此外，富锦矿业所、光义煤矿、光义煤矿开发事务所仍由抚顺煤矿管辖，并委托"满洲人造石油公司"运营。此次改组后不久，日本侵略者败退，抚顺煤矿公司便由我国接管运营。

图 3-1　抚顺煤矿事务所

资料来源：虞和寅『撫順炭鉱報告』、農商部鉱政司発行、民国十五年（1926），第 2 頁。

三　职工状况

九一八事变前，东北使用劳工最多的地方是抚顺煤矿。该矿 1934 年统计数据显示，东北劳工仅占该矿劳工的 24%，山东省籍劳工高达 48%，河北省籍劳工约占 28%。这些劳工于春天前往东北，从事农业或土木建筑行业，秋末大部分返乡，留下的劳工在冬季与当地劳工一起前往煤矿工作。因此，抚顺煤矿每到冬季因劳工数量增加，产量也随之增加。1920 年调查数据显示，直辖采煤工每人每日工资约为六角六分。因劳工数量多、工资低廉，抚顺煤矿除需依赖硬性设备（且人力无法替代）的环节外，其余可利用人力的地方，皆大量使用劳工。

自 1932 年伪满洲国政府成立后的两三年间，东北劳工情况尚未发生大幅度改变，抚顺煤矿生产也比较顺利。至 1935 年，伪满当局开始其所谓的"国土建设",除建设长春市、沈阳市铁西工业区外,同时大幅度扩充铁路、鞍山钢铁厂等产业规模,导致劳工紧缺、工资剧增,许多煤矿因劳工不足甚至雇佣老幼工及身体衰弱的工人,让其从事采煤工作,导致煤炭生产效率逐渐降低,详见表3-2。

表3-2 　　　　　　1937—1940年抚顺煤矿劳工工资及出煤量　　　　　(单位:吨)

年份	1937	1938	1939	1940
抚顺煤矿采煤工工资(一人)	0.887	1.032	1.438	1.825
每人出煤量	1.16	1.00	0.73	0.54

资料来源:东北物资调节委员会研究组:《东北经济小丛书》第8册《煤炭》,北京:京华印书局1948年版,第31页。

为提高工作效率,增加煤炭产量,伪满当局施行一种奖励办法,对工人出煤量设置一定限度,超过限度的产量可归劳工所有,并允许其将煤炭运回故乡,因当时煤炭已经施行统制,民间个人几乎无法购买煤炭,因此这种奖励办法暂时起到了一定的成效。抚顺煤矿工人大致可分为佣人、长期工、临时工、直辖采煤工及包工五种。佣人是众工人之中工资最高的工种,如手工、测量工、木工等均属于佣人。其中,具有领导才能,能够监督他人干活的人被任命为小头。长期工名曰为技术尚不熟练的佣人备选工种,实则为长役苦力。临时工为土木建筑等工作需要,临时雇佣的工人。直辖采煤工是煤矿直属的采煤工人。最初,抚顺煤矿采煤施行把头制度,把头分为大把头与小把头,大把头管辖约500名至2000名劳工,小把头管辖约50名至200名劳工。大把头统领所有劳工,为劳工中的核心人物,凡是采煤工人均由把头指挥监督,所有伙食、工资等均由把头分配计算,因此,大把头的收入主要来源于对劳工的剥削。后期,因剥削太过严重,至1916年,改为由煤矿直接监督各坑采煤工人,工资不再由把头经手,由煤矿直接发给工人。该方法虽然有效避免了把头的剥削,但同时也削弱了把头与工人之间的联系。

四 抚顺煤矿附属产业

满铁不仅垄断抚顺煤矿的全部矿产资源,而且经营着一大批几乎无所不包的附属产业。主要包括煤矿产业的附属工厂和油气产业的附属工厂等。这些附属工厂成为助力日本对抚顺煤炭资源掠夺的有力工具。

（一）抚顺炭矿研究所

1925 年 8 月满铁在抚顺煤矿成立抚顺炭矿研究所，研究所由矿长直接领导，主要负责分析、研究材料或产品。研究所存在期间，主要进行以分析为主的调查研究和以生产为目的的研究。其中，以分析为主的调查研究主要包括调查抚顺煤炭的质量、油页岩与琥珀的成色、产地及储量；分析研究煤炭表面水分的测定方法，确定抚顺煤的水分、灰分、挥发量和发热量之间的关系式，以及运出煤炭的平均试料采集方法。此外，还包括对煤炭试样的分析，以及协调煤矿内各采煤所的关系。以生产为目的的研究，主要研究对象是抚顺煤矿资源利用和各工厂等的种种经营问题，包括对采煤、煤的利用、油页岩的利用、煤气的利用、油类的利用研究等。研究所外观和内部如图 3 - 2 所示。

（二）抚顺煤矿发电所

满铁接手抚顺煤矿后，开始筹建发电所。随着抚顺煤矿生产规模的扩大，对电量的需求也逐渐增加，于是日本侵略者不断扩大抚顺煤矿发电所的规模，最终抚顺煤矿共建成 4 个发电所，包括第一发电所（原大山坑发电所）、第二发电所（原蒙瓦特斯发电所）、大官屯发电所第一发电厂（又称第三发电所）及大官屯发电所第二发电厂。

抚顺煤矿第一发电所于 1908 年 5 月成立，配有 2 台 500 千瓦的汽轮发电机组，主要负责大山、东乡、千金寨、杨柏堡、老虎台各坑及工厂和局部市区的供电。1910 年 5 月增设 2 台 1000 千瓦发电机，1913 年 10 月增设 1 台 1500 千瓦发电机，1920 年第一发电所转为备用，1922 年宣告关闭，5000 千瓦发电机移至第三发电厂备用。

第二发电所始建于 1913 年 7 月，1914 年 3 月完工，是以煤气为燃料的发电所，配有 2 台 1500 千瓦发电机组，负责古城子露天矿、万达屋等矿井及机械工厂的供电。此后，因煤矿规模不断扩大，对电量需求日益增加，1915 年起筹备扩建，计划增加三台 3000 千瓦的发电机组，预计 1917 年竣工。至 1919 年 7 月，第二发电所共配置 5 台发电机组、46

台煤气发生装置，成为满铁最大的发电厂，其主要设备见表3－3。

外观

内部

图3－2 研究所外观和内部

资料来源：『炭鉱読本（昭和11年度）』、撫順炭鉱、昭和12年（1937）、第348、349頁。

表3－3　　　　　　　　　1925年第二发电所主要设备

（1）锅炉室

制造厂	型号	容量（千克/台）	台数	燃烧方法
B&W	WIF	6000	4	专烧煤气
B&W	WIF	8000	6	专烧煤气

（2）汽轮机室

制造厂	型号	容量（千克/台）	台数	转数/每分钟
AEG	柯蒂斯抽气式	1500	2	3600
GE	柯蒂斯抽气式	3000	2	3600
EG	柯蒂斯背压式	3000	1	3600

（3）直流发电装置

制造厂	原动机	电压（V）	直流电压（V）	容量（kW）	台数
GE	同步发电机	2200	1200	750	1
SSW	同步发电机	2200	1200	750	2

资料来源：［日］满史会编著：《满洲开发四十年史》，东北沦陷十四年史辽宁编写组译，辽宁省营口县商标印刷厂1988年印刷，第125页。

图 3－3　抚顺煤矿第三发电所

资料来源：虞和寅『撫順炭鉱報告』、農商部鉱政司発行、民国十五年（1926），第253頁。

第二发电所不仅为抚顺煤矿、工厂等地供电，还为沈阳、铁岭等地供电。1931年11月，第二发电所停止发电，改为劣质煤煤气厂。大官屯发电所第一发电厂又称第三发电所（见图3－3），1920年因第一发电所、第二发电所全负荷运行，日本侵略者筹划在大官屯建立第三发电所，主要使用细煤粉发电，将充分干燥的细煤粉吹入锅炉后进行燃烧，是当时最新的燃烧方法。1921 年第三发电所总输出功率达 17000 千瓦。此后，因采煤量的增加和井内外电气化的进展，计划从 1925 年开始逐渐增加发电机设备。大官屯发电所第二发电厂始建于 1930 年 10 月，位于第三发电所主厂房西侧，配有 1 套 25000 千瓦发电机组和 3 台锅炉。大官屯发电所是为了供应煤矿自身用电而建立的，发电设备齐全、机器排列井井有条，为日本侵略者掠夺抚顺煤矿资源提供了便利条件。

（三）化学工业所

抚顺煤矿化学工业所于 1937 年 6 月创设，主体由原发电所管辖的蒙德煤工厂、焦炭工厂、硫酸工厂等组成。该所最初专门从事抚顺煤的气化、焦碳化及副产品的利用研究等，日本全面侵华战争爆发后，业务范围逐渐扩大，主要包括煤干馏工厂、蒙德煤工厂、硫酸工厂、氢氧车间、酚醛树脂、福尔马林车间及活性炭车间、甘油车间等，其中，煤干馏工厂主要包含城市用煤气制造业和焦炭制造业两方面。抚顺煤煤质优良，适合制取煤气，可供给煤矿员工日常炊事所需。于是，日本侵略者于 1909 年 5 月建设煤干馏工厂。至 1919 年共设立三台煤气发生炉，至 1926 年末，因城市煤气需求量的增加，又增设了卧式平炉。焦炭制作试验所于 1914 年 1 月设立，投产后的焦炭大多提供给抚顺煤矿电气化学工业会社，用来生产碳化铝。此后，随着生产规模的扩大，不断增设炼造炉数量。1920 年抚顺煤矿电气化学工业会社关闭，焦炭制造工业暂停。至 1936 年，因煤液化工厂制造氢气需要大量的焦炭，焦炭制造工厂再度启动，并新建 10 座炼焦炉。蒙德煤气工厂于 1913 年开始筹建，1914 年 3 月正式运行，设有 11 座 1 组发生炉，主要以抚顺煤中的劣质煤、硬煤为燃料，日均可气化 24 吨煤。至 1918 年增设 11 座煤气发生炉、14 座瓦斯式发生炉。因后期煤炭产量降低，煤气需求量减小，至 1941 年只剩 14 座瓦斯式发生炉持续运转。硫酸第一工厂于 1915 年 11 月投产，分为 A、B 两个系统，日产 50 吨。1917 年硫酸第二工厂开始动工，1918 年完工。随着硫酸需求量的增加，1931 年增设两座 10 吨硫铁矿焙烧炉。

1940 年 10 月硫酸工厂产权移交炼油厂。氢气工厂建立于 1920 年 1 月，日产氢气 160 立方米、氧气 80 立方米。1932 年日产能力增加一倍，多余的氢气便被排放掉。

（四）机械制造厂

随着日本对抚顺煤矿资源的"开发"，抚顺的机械制造工业也一起发展起来。1908 年抚顺煤矿规模最大的机械工厂竣工并附设木工厂。至 1916 年，工厂占地面积达 5000 平方米，并配备了当时最新式的机械设备。随着各矿产煤量的增加，满铁 1920 年"收购"抚顺铁工株式会社第二机械工厂，主要承担蒸汽挖掘机、机车、电铲等露天矿机械的维修业务和制造锅炉、铸钢等业务。至大露天矿计划时期，机械工厂大幅度扩建，至 1928 年，除机械工厂占地面积达 5500 平方米，铸造工厂达 5800 平方米，制造锅炉和车辆的工厂达 6000 平方米外，各工厂厂名统一改为"机械制造厂"。随着九一八事变及七七事变的爆发，满铁在疯狂掠夺抚顺煤的同时，对机械工业提出增产要求。至 1938 年，机械制造厂扩建电机工厂约 4500 平方米，铸铁工厂约 4000 平方米，电气机车工厂约 5000 平方米，机械工厂 26000 平方米。因机械制造厂生产规模急剧扩大，大量中国劳动力资源被掠夺，至日本投降前夕，共有职工 5000 人，其中中国劳工多达 3900 人。

（五）火药工厂

火药工厂建立以前，煤矿所需火药均需外购，因此，满铁计划于古城子建立火药工厂。1918 年，火药工厂建立，主要生产黑色火药。1930 年增设日产 6 吨的设备，并独立为火药制造所。1935 年满铁合并伪满地区的火药公司，成立"满洲火药株式会社"，并规定该火药制造所所产火药只可供给抚顺地区，在不扩大生产设备的情况下每年允许生产 3000 吨。火药制造所在日本投降前共有职工 390 人，包括大量妇女和儿童。

（六）制油工厂

抚顺煤矿不仅拥有大量的煤炭资源，其煤层上部还附有约 55 亿吨的油页岩资源，可得石油 3 亿吨。满铁理事赤羽克己曾说："这一数量相当于美国石油储藏量 15 亿吨的五分之一，足供我国加上海军军需每年 100 万吨的 300 年之用。"[1] 随着日本侵略战争的发动，石油的需求量大幅度增加，日本侵略者便计划开采、冶炼抚顺煤矿的油页岩，在日本军国主义侵略东北时期，制油厂始终受到海军的支持，并直接为海军服务。满铁于 1925 年在抚顺煤矿开始做内热式干馏法基础实验，并计划"建设日处理 4000 吨（干馏炉 80 座），年产重油 5300 吨、硫铵 18200 吨、粗蜡 9400 吨、焦炭 4800 吨的炼油厂"[2]。制油厂于 1928 年 3 月动工，1929 年末竣工，工厂位于抚顺大官屯站内南侧，东西约 500 米，南北约 300 米，面积约 13 万平方米。制油厂以 80 座抚顺式的干馏厂为主体，拥有粉碎、硫酸铵、蒸馏、粗蜡、锅炉等厂及其他附属设备。制油厂投产后，每日干馏 4000 吨油页岩，当年生产页岩油 5.8 万吨、硫酸铵 18200 吨、粗蜡 9400 吨、焦炭 4800 吨。1930 年产粗油 57791 吨、重油 28578 吨、粗蜡 10608 吨、焦炭 2685 吨、硫酸铵 13332 吨。1931 年产粗油 63059 吨、重油 40161 吨、粗蜡 12640 吨、焦炭 3445 吨、硫酸铵 15802 吨。[3] 至 1937 年原油产量达到 14.1 万吨。此后，西部第二制油厂建成投产，1942 年产量达到 25.8 万吨，成为最高年产量。

随着日本军国主义者不断扩大侵略战争，石油的需求日益增长。满铁于 1939 年提出建造东制油厂计划。1939 年 4 月，满铁成立东制油厂建设事务所，着手修建东制油厂，配有日处理能力 200 吨的 60 座干馏炉。后因缺乏建厂资金和材料，工程一再延期并于 1941 年停建。同年 7 月，英、美等国断绝了日本石油进口，使日本侵略者加紧了对我国石油资源的掠夺。同时，日本政府内阁会议通过了《液体燃料紧急对策概要》，《概要》要求满铁迅速建成东制油厂。尽管如此，由于资金与材料短缺等原因，至 1945 年 3 月只建成干馏炉 2 座，生产粗油 9078 吨。至 1945 年日本投降时，工程仍未完工。

（七）煤炭液化工厂

日本在侵略东北期间，不仅利用抚顺油页岩生产页岩油，还大量掠

---

[1]　解学诗主编：《满铁史资料·煤铁篇》（第三分册），中华书局 1979 年版，第 817 页。

[2]　[日] 满史会编著：《满洲开发四十年史》，东北沦陷十四年史辽宁编写组译，辽宁省营口县商标印刷厂 1988 年印刷，第 164 页。

[3]　解学诗主编：《满铁史资料·煤铁篇》（第三分册），中华书局 1979 年版，第 829 页。

夺煤炭资源用以液化炼制人造石油。山本条太郎担任满铁总裁时，成立了煤炭液化委员会并向海军燃料厂提供大量研究经费，用以煤液化研究。同时，满铁内部也在进行着液化催化剂的研究。1932 年 10 月，海军燃料厂试验成功。1934 年 10 月 15 日，海军次官致函满铁总裁提出："鉴于抚顺煤在液化工业上具备最有利的各种条件，因此建议贵社此时应以该煤为原料，以海军燃料厂所进行的实验为基础，从速着手其工业化。"① 于是，满铁于 1935 年在抚顺成立抚顺煤矿临时煤液化工厂建设事务所。

1936 年 6 月，满铁与日本海军、日本德山海军燃料厂共同制订煤炭液化工厂的建厂计划，该计划日液化精煤 100 吨，年产成品油 2000 万升，预计生产高级军用航空挥发油 772.2 万升、汽车挥发油 310.2 万升、重油 831.6 万升、甲酚一级品 71.1 万升、甲酚二级品 30.5 万升。② 1939 年建成以第一次加氢设备为主的工厂，并于同年 7 月生产出加氢油。1939 年 10 月，满铁计划将煤炭液化厂扩建为 45 万吨的工厂，第一期计划为 12.5 万吨，1943 年完成 7 万吨工程，1945 年 3 月完成全部工程。③ 1941 年二段加氢液化石油生产成功，并生产汽车汽油、飞机汽油等。1941 年 12 月日本内阁计划将煤炭液化厂建设成为一座达 9 万立方米的大型工厂。满铁根据日本政府要求，计划 1942 年开工建设煤炭液化大型工厂，计划生产航空挥发油 6810 万公升、汽车挥发油 8410 万公升、甲酚 577 万公升、粗柴油 1677 万公升。④ 煤炭液化工厂建设期间，配有 3 座水煤气发生炉、2 座泰森煤气洗涤器、2 座一氧化碳变换炉、6 座不同容量的储气罐、9 座氢气压缩机、2 座二氧化碳分离装置、3 套废气分离装置、1 套催化剂制造装置、一次加氢反应装置、二次加氢装置、3 座锅炉等装置。因战争对石油的需求增强，1943 年日本侵略者将煤炭液化工厂与抚顺煤矿分离，建立"满洲人造石油会社"。

（八）炼铁工厂

1937 年秋，满铁在抚顺设立了隶属抚顺煤矿的临时炼铁工厂建设事

① 解学诗主编：《满铁史资料·煤铁篇》（第三分册），中华书局 1979 年版，第 877 页。
② 苏崇民：《满铁史》，中华书局 1990 年版，第 622 页。
③ 解学诗主编：《满铁史资料·煤铁篇》（第三分册），中华书局 1979 年版，第 893 页。
④ 苏崇民、解学诗主编：《满铁档案资料汇编》第 7 卷《掠夺东北煤炭石油资源》，社会科学文献出版社 2011 年版，第 444 页。

务所,由中央试验所沙河口研究所冶金研究室组建,研究室主任日下和治任所长。工厂占地面积约 18 万平方米。除事务所和研究室兼用的主楼建筑外,还有还原车间二栋、炼钢车间一栋、压延车间一栋、热处理车间一栋、合金铁车间一栋、空心钢车间一栋等主要厂房及加工、电气、泵房、仓库等附属建筑。[①] 1938 年还原车间和炼钢车间开始生产工作。1939 年 8 月末,抚顺煤矿炼铁试验工厂正式建成,包括海绵铁工厂、炼钢厂、锻造厂、压延厂及铁合金厂等。

海绵铁工厂是使用伪满所产铁矿石、还原剂,连续生产海绵铁的工厂。满铁从 1932 年起便开展海绵铁的生产研究,炼制海绵铁所需的还原剂为抚顺煤,将抚顺煤与矿石混合放入炉中,在 900—950 摄氏度时,矿石被熔化并仍以矿石形状还原成所谓的海绵铁。这种海绵铁成本低、产量大,适合生产特殊钢,可以用于制造飞机。该工厂在当时日产约 120 吨,至 1943 年增加大型炉一座。炼钢厂月产钢材 400 吨,主要以海绵铁为原料。设有一座一吨炉、两座三吨炉、一座六吨炉、两座十五吨炉,共六座艾鲁式电弧炉及两座 300 千瓦高频炉。[②] 其中,一吨炉和高频炉在生产高级钢种的耐蚀钢、耐热钢、模具钢、高速钢的同时,还负责从事研究工作。该钢厂产量虽低,但生产钢种较多。锻造厂主要是将炼铁厂生产的铸钢锭加工成半成品的工厂。该工厂配有蒸汽锤六座,其中 0.25 吨两座、0.5 吨一座、1 吨一座、3 吨一座。[③] 每月可加工约 1000 吨钢锭。生产出的钢坯一部分送到压延厂制成成品,另一部分留在锻造厂用气锤加工。压延厂共有两座。第一压延厂配有 700 马力和 200 马力小型压延机各一套。到 1940 年 3 月,制铁工厂有日本职工 309 名,中国工人 651 名。[④] 截至日本投降时,抚顺制铁工厂雇佣职工达 1250 人,其中中国劳工达 800 名。[⑤]

[①] 〔日〕满史会编著:《满洲开发四十年史》,东北沦陷十四年史辽宁编写组译,辽宁省营口县商标印刷厂 1988 年印刷,第 177 页。

[②] 〔日〕满史会编著:《满洲开发四十年史》,东北沦陷十四年史辽宁编写组译,辽宁省营口县商标印刷厂 1988 年印刷,第 177 页。

[③] 〔日〕满史会编著:《满洲开发四十年史》,东北沦陷十四年史辽宁编写组译,辽宁省营口县商标印刷厂 1988 年印刷,第 178 页。

[④] 抚顺矿务局日伪档案,昭和十五年(1940)2 月《抚顺炭矿制铁试验工场现况报告》。

[⑤] 〔日〕满史会编著:《满洲开发四十年史》,东北沦陷十四年史辽宁编写组译,辽宁省营口县商标印刷厂 1988 年印刷,第 179 页。

第二节　抚顺煤矿各采煤所

抚顺煤矿是日本掠夺中国东北煤炭资源的重要基地。为了加强对矿区的控制，日本侵略者在强占抚顺煤矿期间，先后成立了一系列重要机构。满铁接手经营抚顺煤矿之时，正在开采的有千金寨、杨柏堡、老虎台三矿。九一八事变前，抚顺煤矿共设有 14 个矿区，包括 4 个露天矿、10 个坑内掘，年产量达 700 万至 800 万吨，占东北煤炭总产量的 80% 左右，占地面积约 5549 万平方米。经过日本侵略者后期一系列变本加厉的扩张与掠夺，至 1936 年末，其在抚顺煤矿的"收买"土地面积已达约 645 万平方米，下设古城子、大山、东乡、杨柏堡、老虎台、龙凤、蛟河、烟台八个采煤所及瓦房店坑和老头沟坑二矿井。至 1939 年，抚顺煤矿占地面积约 7081 万平方米，加上烟台、搭连等矿区，总面积约 10337 万平方米。1940 年，满铁将矿井划分为西露天矿事务所、东露天矿事务所、大山采煤所、老虎台采煤所及龙凤采煤所等。

一　西露天矿事务所

1919 年，日本殖民当局制订"大露天计划"，计划全面开采抚顺煤矿西露天矿的煤炭资源。1920 年，日本殖民当局颁布《大露天矿开采计划纲要》。《纲要》以"新市街"的选址为核心，制订千金寨市街搬迁细则，将"新市街"中心确定在抚顺南站一带，并以此为轴向外辐射，将市区划分为商业区与居民区组成的南部和粮栈集中的北部。通过市街变迁，使露天矿最终扩展到市区南端，东边扩展至杨柏堡一带。

抚顺煤矿以其拥有大规模露天煤矿而闻名世界。西露天矿矿区位于煤田西部浅煤层，主要资源为有益矿物与油页岩。煤层厚度达 20—145 米，自东向西逐渐增厚，为长焰煤和气煤。油页岩厚度为 80—157 米。由第一露天矿、第二露天矿和杨柏堡露天矿合并而成。当时，在三个露天矿中，均使用美、德设备，采用美、德先进方案开采。使用蒸汽铲剥离，使用铁道运输系统运输。最初使用人力装车，后来均机械化，使用大型采掘机、蒸汽机等。抚顺煤矿西露天矿在规模、设备方面均处于世界领先地位，被日本殖民者持续掠夺，源源不断地为其提供煤炭资源。九一八事变后抚顺煤矿露天矿各年煤产量见表 3 - 4。

表 3 - 4　　　　　**九一八事变后抚顺煤矿露天矿各年煤产量**　　　（单位：千吨）

年份	1932	1933	1934	1935	1936	1937	1938	1939	1940	1941	1942
产量	3432	4874	5316	4539	4402	3937	3782	3990	3176	2844	2696

资料来源：『撫順炭鉱統計年報（昭和十七年度）第 1 編』、満鉄撫順炭鉱出版、1943 年、第 5 頁。

由表 3 - 4 可以看出，九一八事变后，抚顺煤矿露天矿产量呈上升趋势，1933 年突破 400 万吨，1934 年突破 500 万吨，此后一直维持在 400 万吨左右，过了全面发展时期之后，至 1940 年起，产量直线下降。抚顺煤矿采用井下开采和露天开采两大采掘体系，两种体系各有优缺点。古城子一带煤层埋藏浅且有一定厚度，因此适合露天开采。1914 年 3 月，抚顺正式制订了露天开采计划，开始在古城子实施露天开采，4 月建立古城子露天矿，于 1915 年正式投产，称为第一露天矿。工事采用准轨铁路运输，使用翻斗车将煤炭运出坑外，土砂运往贮砂井，作填充材料（见图 3 - 4）。1922 年 3 月终止开采，将机械设备转至第二露天矿。

继古城子露天矿之后，1917 年满铁着手在千金寨西方开发新露天煤矿，建千金寨露天矿，于 1919 年 3 月正式投入生产。1920 年 6 月 3 日千金寨露天矿被划分至古城子采炭所下，改称第二露天矿。为掠夺更多的矿产资源，满铁将古城子露天矿的开掘作为第二期开发计划的重点工程，投入 300 万日元，装备大量现代化机械设备。

杨柏堡矿于 1904 年开采，最初是坑内采掘，采用残柱式开采方法。该方法依赖人力，使用手镐采煤，再用人工将采出的煤背到坑外。这种方法最大的缺点便是留有部分煤柱不采，采空的地方不填充，致使巷道延续过长，降低采煤效率的同时影响坑内通风，从而引发自然火灾，使回采率仅为 10%—20%。为解决该问题，提高采煤效率，最大限度掠夺资源，以抚顺煤矿久保前炭矿长为首的抚顺煤矿技术员对多种采煤方法进行考量，最终于 1912 年以杨柏堡矿为实验对象，应用水砂填充法，并分别推广到其他矿井。至 1928 年，杨柏堡矿开始采用露天开采体系，与古城子一样均利用铁路通道系统剥岩。

图 3 - 4　古城子露天采煤

资料来源：虞和寅『撫順炭鉱報告』、農商部鉱政司発行、民国十五年（1926），第 28 頁。

　　日本殖民当局不断通过各种手段扩展矿区面积，至 1931 年，杨柏堡露天矿东西长 700 米，宽 200 米，深 65 米。至 1935 年，露天煤矿共剥离土石方 1 亿 1700 万立方米，累计投资达 2600 万日元。至 1937 年，古城子露天矿东西长 4500 米，南北宽 700 米，深 130 米，年产量约 284 万吨。杨柏堡露天矿东西长 1500 米，南北宽 320 米，深 90 米，年产量达约 25 万吨。1935 年前后，日本殖民当局为扩大开采，提出合并古城子、杨柏堡两露天矿的构想。提案中将流经古城子、杨柏堡两露天矿的杨柏堡河改道，在矿坑南挖一条人工河，使杨柏堡河与古城子河合流。通过该方法，便可开采杨柏堡河河底留存的高达 700 万吨的煤炭，使产量大幅度增加，同时，可为制油工厂的扩张提供所需油页岩资源。因此，该提案被日本殖民当局认为是一石二鸟的绝佳方案。该工程于 1936 年 4 月开工，1938 年 11 月竣工。以该工事为契机，对古城子露天矿山内南侧的片麻岩进行采掘作业。采掘作业使用大型电力万能挖掘机、电动机车、翻斗汽车等机械设备进行搬运，仅短短两年间便开采出 250 立方米最硬岩。至此，满铁将一号、二号露天矿及杨柏堡等露天矿合为一体，形成中国第一大露天采煤场。合并后的露天矿东西长 6200 米，南北宽 1000 米，深达 130 米，年产量达 3101700 吨，成为世界上数一数二的大型露天矿。1940 年 4 月该矿改称西露天矿事务所。1945 年计划生产成品煤 2180000 吨。从该事务所成立至 1961 年，采掘最深处达 350 米；平均年产精煤 365 万吨、原煤 523 万吨，剥离岩石及表土层 1650 万立方米，开采含油页岩 900 万吨。

二　东露天矿事务所

东露天矿事务所建于 1924 年 1 月，1926 年 9 月正式投产。1934 年 3 月，东露天矿被废除，其间，共开采煤炭 151 万吨。1939 年 4 月重建，东西走向长约 6 千米，深达 220 米，平均倾斜 35 度，横跨老虎台、万达屋、新屯三区域，主要开采油页岩。油页岩炼油需要大量页岩，东露天矿事务所便是以开采东制油工厂所使用的油页岩为目的而成立的采掘事务所。油页岩层位于炭层上部，厚度达百米左右，属褐色页岩。其中，在接近炭层 30 米处是含油率极低的贫矿，含油率仅 1%—3%，其上部 70 米处为富矿层，为开采对象。采掘初期，先剥离 12 米至 18 米的表土层，露出页岩采掘面，与西露天矿采用同样的挖掘、运输方法。计划年产粗油 50 万吨，剥落岩石、表土 165 万立方米。至 1945 年 8 月，东露天矿共开采油页岩富矿 65.4 万吨，剥离量达 464.28 万立方米。

三　大山采煤所

1907 年 4 月 1 日满铁接手经营抚顺煤矿时，正在开采的有千金寨、杨柏堡、老虎台三坑，且三坑均为老式斜井，生产效率极低。产煤量每日平均分别为 136 吨、94 吨、133 吨，总计 363 吨。为了经营抚顺煤矿，满铁总裁后藤新平聘请松田武一郎博士为技师长，将煤矿的经营与开发委托于他，由他制订的第一期开发计划该计划涵盖了矿区规划、机械设备引进、矿山工程开发等内容。

　　第一期开发计划时间为 1907 至 1912 年，计划在千金寨附近开凿大山坑，在杨柏堡附近开凿东乡坑。1938 年 10 月，大山坑与东乡坑合并，称大山采煤所。1941 年刘山斜井归属大山采煤所。1945 年计划生产成品煤 800000 吨。大山采煤所采掘区域位于西露天矿事务所以东，老虎台坑以西，东西长约 4000 米，南北宽 1640 米，面积为 56000 平方米。该区域煤层呈南厚北薄的趋势，最厚处可达 132.2 米，最薄处 19.8 米，平均可达 55.8 米。煤层顶板为油页岩，底板由泥岩相隔，主要为本层煤。包括大山坑（由旧千金寨坑编入）与东乡坑（由旧杨柏堡坑编入）两处矿坑。大山坑、东乡坑均以日本军阀头目姓氏命名。大山坑煤炭埋藏量约达 80150000 吨，可采量约为 48980000 吨，发热量达 7070—7155 千卡/千克。① 该坑于 1907 年开凿，同年 12 月起着手开凿内径 7.3 米的工程，到 1910 年 9 月竖井完成，深 376 米，1911 年 4 月 4 日开始作为营业坑采煤（见图 3 - 5）。

图 3 - 5　大山坑

　　资料来源：虞和寅『撫順炭鉱報告』、農商部鉱政司発行、民国十五年（1926），第 42 頁。

---

　　① ［日］满史会编著：《满洲开发四十年史》，东北沦陷十四年史辽宁编写组译，辽宁省营口县商标印刷厂 1988 年印刷，第 94 页。

大山坑运用蒸汽机作为动力，拥有起重机、卷扬机等整套大型机械设备。立坑地面设有两座高 75 米的井架，坑外运输设备及选煤设备都十分完备。大山坑采取边施工边出煤的开采方式，至 1912 年，大山坑日产煤量约 1200 吨。大山坑采煤产量见表 3－5。

表 3－5 　　　　　　　**大山坑采煤产量**（1936—1943 年）　　　　（单位：吨）

年代	产量	年代	产量
1936 年	1602653	1940 年	1255300
1937 年	1619681	1941 年	994200
1938 年	1554119	1942 年	1069230
1939 年	1467020	1943 年	90873

资料来源：满史会编著：《满洲开发四十年史》，东北沦陷十四年史辽宁编写组译，辽宁省营口县商标印刷厂 1988 年印刷，第 94 页。

东乡坑（见图 3－6）号称大山坑的姊妹坑，位于大山坑东 1609 米、杨柏堡坑西北 700 多米处，东西走向。于 1908 年 11 月开凿，1910 年 7月到达坑底，深达 281 米，1911 年 7 月 1 日正式投入生产，至 1912 年，平均日产达到 800 吨。与大山坑不同的是，东乡坑地面井架高达 100 米，煤车出入口高 30 米。井筒设有防水层与漏水孔，采用大陆式筑壁法。1913 年，抚顺煤矿在第二任矿长的带领下，开始实施第二期开发计划。该计划的核心内容是将原先采用的残柱开采法替换为水砂填充法。1914年 12 月，建立大山第一注砂场，1915 年 1 月建立东乡第一注砂场。1939 年，为了扩大露天开采，必须同时对东乡、大山两坑的深部煤炭进行采掘，于是日本殖民当局制订刘山斜井开采计划。刘山斜井于 1941年 4 月开工，开凿 5 条斜井，具备上下风、排水、排砂等功能，1945 年8 月阶段性停工，计划年产 90 万吨。

日本帝国主义侵略者在掠夺抚顺煤矿时，实行"要煤不要人""人肉开采"等政策。在整个开采过程中，丝毫不考虑矿工的人身安全，没有任何安全保护措施，连连发生矿难。1907—1942 年，死亡 3 万余人，伤亡人数高达 25.4 万人。大山坑和东乡坑都未能幸免，均多次发生矿难事故。表 3－6 为大山坑、东乡坑部分伤亡事故状况。

图 3 - 6　东乡坑

资料来源：虞和寅『撫順炭鉱報告』、農商部鉱政司発行、民国十五年（1926），第 47 頁。

表 3 - 6　　　　　　　　　　**大山坑、东乡坑部分伤亡事故状况**

日期	场所	原因	事故概况	伤亡
1910. 1. 13	东乡坑	瓦斯爆炸	井下火药库发生爆炸，井下办公室、卷扬机室、机械室设施受损	死亡矿工 17 名 负伤 10 名
1916. 4. 14	大山坑	瓦斯爆炸	人车道自然发火，引发瓦斯爆炸，井口被日军封闭	死亡矿工 151 名
1917. 1. 11	大山坑	瓦斯爆炸	坑内自然发火，引发连续瓦斯爆炸	死亡矿工 917 名
1928. 4. 9	大山坑	井下透水	井下透水，水由竖井入南坑，又进入西部	死亡矿工 482 名
1931. 2. 8	大山坑	自然起火	自然起火，井口被日军封闭	死亡矿工 3070 名
1933. 12. 30	东乡坑	井下火灾	西部第 10 卷扬机坑道，第 3 水平巷道，发生火灾，引发瓦斯中毒	死亡矿工 14 名

续表

日期	场所	原因	事故概况	伤亡
1936.5.29	东乡坑	瓦斯爆炸	西部第8卷扬机斜巷内，发生燃烧	死亡矿工9名 负伤16名
1936.10.31	东乡坑	瓦斯爆炸	东部第12卷扬机巷道内西侧第8水平巷道14号水平掌子处发生燃烧	死亡矿工9名 负伤12名
1939.12.16	东乡坑	瓦斯燃烧	东部零号卷扬机坑道，第11水平巷道2号掌子自然发火	日本人死亡1名 负伤4名 中国矿工死亡2名 负伤9名
1943.9.27	东乡坑	瓦斯爆炸		中日人员共负伤3名
1944.9.26	大山坑	瓦斯燃烧	东部第2主坑第10水平巷道西侧樱层掌子，预备第3号斜巷内	负伤矿工3名

资料来源：『撫順炭鉱統計年報』、昭和十七年（1942）、第1编、第393页；抚顺市政协文史资料委员会：《抚顺煤矿百年》，辽宁人民出版社2004年版，第78页。

从表3-6中可以清晰地看到大山坑和东乡坑历年所发生的矿难事故及引发事故的原因，矿工伤亡惨重。其中，1916年4月14日与1931年2月8日大山坑事故中，日本侵略者为了保存矿井和设备，采用灭绝人寰的行径，下令在事故发生之时将井口封闭，造成令人触目惊心的工人伤亡惨剧。1917年1月11日大山坑矿难事故中，造成了世界罕见的死亡917人的大惨案。日本殖民侵略者为了多采矿产，肆意设计开采巷道，许多矿井的设计都是不合理的，从而导致矿难事故的发生。其中，大山坑因掘进工程测量不准，与千金寨西竖井旧址在地下挖通，两井相通处只砌了一堵薄墙，而日本殖民当局为了省钱和防止自然起火，故意在西竖井坑内存了水。1928年4月9日，千金寨西竖井旧址积水过多冲倒砖墙，大山坑发生透水事故。日本侵略者这种不计后果的开采不仅破坏了东北的资源环境，也使中日两国人民遭受不同程度的迫害，这是日本帝国主义在我国所犯罪行的铁证。

四　老虎台采煤所

老虎台采煤所与大山采煤所相邻，长达 4 千米，包括老虎台坑（见图 3 - 7）和万达屋坑。该矿区储煤为复合煤层，由 5—38 个分层组成。煤层中夹炭质岩石、泥质页岩、泥质粉砂岩、砂岩和浊煤，煤中还含有大量带状或零星分布的浅黄色琥珀。1901 年翁寿、颜之乐在老虎台地区开办抚顺煤矿公司。该公司 1903 年被沙俄侵吞，1904 年被日本侵略者强制占领，成立老虎台第一采煤班。1907 年 4 月改称老虎台采煤所并开凿竖井。老虎台坑东西长 4.8 千米，南北宽 2 千米，面积约 10 平方千米。煤层走向为自东向西，平均厚度 58 米，自上而下分为四层，主采煤层为单一、特厚煤层。

图 3 - 7　老虎台坑

资料来源：虞和寅『撫順炭鑛報告』、農商部鑛政司発行、民国十五年（1926），第56 頁。

万达屋坑与老虎台坑相距 1.6 千米，隔万达屋河与龙凤坑及搭连坑相接。1914 年 6 月，万达屋坑开工，1915 年 5 月开始出煤。该矿井在倾斜 25 度的斜井外设置联络巷，在 30 米深度处与煤层接触。其中，主巷宽 4 米、高 2.67 米、长 58.33 米；连巷宽 3.33 米、高 2.33 米、长 61 米。① 1920 年老虎台、万达屋两坑合并，称老虎台采煤所。合并之后，1930 年老虎台坑年产煤 342600 吨，万达屋坑年产煤 521400 吨。1937 年扩大开采，开凿十大斜井。1945 年计划生产成品煤 102 万吨。为实现深部"开发"计划，日本殖民当局制订万达屋坑大斜坑计划。1943 年建成一部分，开始产煤，至 1945 年全部建成。矿区中央设立皮带斜井、硬卷斜井、卸材料斜井等进气井。矿区两端设立排气斜井，形成理想的对偶式开井方式。

老虎台皮带斜井于 1935 年动工，1942 年建成，是老虎台坑煤炭提升运输的主井。老虎台皮带斜井号称"十大斜井"之一，与材料斜井、中央注砂斜井、人车斜井及东西部注砂井等，并称十大斜井。皮带斜井的开凿与建立，标志着抚顺煤矿的煤炭搬运模式从人工背运转变为机械运输。皮带运输机的安装大大提高了运输效率，结束了长期以来矿工背煤、马车拉煤的运输模式，使抚顺煤矿进入了开采新模式。此后，经过多次技术改进，皮带斜井发展成一套完整体系。皮带斜井是抚顺煤矿煤炭运输的主要模式，使抚顺煤矿煤炭运输系统跻身东亚煤矿先进行列。而正是这些先进的运输模式与技术，为日本殖民侵略者疯狂掠夺抚顺煤矿资源提供了便利条件。

五　龙凤采煤所

龙凤采煤所位于老虎台采煤所东侧，东西走向长 5 千米，包括新屯坑、龙凤坑、搭连坑三坑。1917 年华商张慎修开凿龙凤斜井，1918 年被满铁抚顺炭矿吞并，改称龙凤采炭所。1918 年 6 月，新屯坑开始开凿。1919 年，新屯坑被满铁强制占领，1920 年成立新屯采煤所。1944 年关闭矿井。开采期间，共计产煤 990 万吨，年均产量 40 万吨。坑内采用斜坑卷扬运输系统，是一个中型煤矿。搭连坑于 1921 年开始开凿，1932 年关闭矿井。在长达十二年的开采期间，共计产制铁用煤 5 万吨，

---

① ［日］满史会编著：《满洲开发四十年史》，东北沦陷十四年史辽宁编写组译，辽宁省营口县商标印刷厂 1988 年印刷，第 98 页。

年均产煤 8 万吨。同样采用斜坑卷扬运输系统。

　　1919 年，日本殖民当局着手建设龙凤立坑。由于在建设初期，鞍山炼钢需要大量的煤炭，龙凤立坑建设被暂停。1934 年以前，日本殖民当局多次派人到世界各地具有先进煤矿技术的地区学习。最终，相关人员前往德国，学习鲁尔矿区密尼斯特坦立坑的先进技术，进而开始对龙凤立坑进行全面规划与设计。1933 年，龙凤立坑再次开工，1937 年竣工，配备 5400 马力卷扬机，日产 5000 吨，被称为设计规模、科技含量均超过鲁尔立坑的世界第二大立坑，引起世界采矿界的关注。卷扬机是立坑的核心。龙凤立坑采用"戈培式"卷扬设备，该设备不同于从前的圆筒式卷扬机，采用了当时德国最先进的技术，并且通过与本土化技术手段的融合，增加自动调温功能，从而适应东北的温度变化。1937 年，在现址地表以下 370 米处铺设第一坑道，每 200 米设立一个水平支柱。如果在龙凤坑西侧开凿立坑并配置同样的设备，日产煤量将达 1 万吨。因此，日本殖民当局于 1939 年着手建立西立坑。因坑内甲烷含量过高，首先全力着手改善坑内通风条件，同时制订年产 125 万吨的生产计划。此后，世界矿井建设向自动化矿井方向发展，龙凤立坑的建设因此暂缓。

第三节　满铁抚顺煤矿支矿

　　满铁侵略抚顺煤矿期间，除在抚顺地区建成大山采煤所、东乡采煤所、老虎台采煤所等直属采煤所外，同时在其他地区设立了直属抚顺煤矿的支矿，包括烟台煤矿、蛟河煤矿、老头沟煤矿、瓦房店煤矿、富锦煤矿和光义煤矿。

一　烟台煤矿

　　日本在侵占抚顺煤矿的同时还强行接手了烟台煤矿、炸子窑煤矿、陶家屯煤矿及石碑岭煤矿。其中炸子窑租给了当地的中国人。陶家屯煤矿由满铁直接接管，命名为抚顺煤矿陶家屯支矿，但长期未开采。石碑岭煤矿由满铁接管，命名为石碑岭支矿，但后来停止开采。只有烟台煤矿作为抚顺煤矿的支矿由满铁继续经营。烟台煤矿位于沈阳市中长铁路烟台车站东 15 千米处，矿区南北走向约 7 千米，东西宽 2—4 千米，包括尾明山、张家沟、大榆沟、华家洼、盘道岭、田家沟、老虎岭、尖子山、华子岭、磨箕山等矿区。据满铁调查，煤炭储存量约 1992 万吨。车站与矿区之间，设有专门用于运输煤炭的铁路。据传烟台煤矿最早在唐代便被开发挖掘，此后被朝鲜族人采掘，直至清朝中期，由一个吴姓人获得了世袭开采权，并一直经营。1895 年前后，有个英国人注意到了烟台煤矿，便在馒头山西处投资、开凿矿井。此后，东省铁路成立，派技师穆拉收购采掘执照。1899 年 9 月初，东省铁路随即着手开凿矿井采煤，至 1904 年日军占领烟台煤矿之前，日产煤达 200 吨。1904 年 9 月，日本黑木军一部第十二师团的右翼旅团迅速占领了烟台煤矿一带。因烟台煤可以解决日军军营冬季取暖问题，日军便派遣工作人员、召集矿工，开始强行开采烟台煤矿。至 1904 年末，烟台煤矿日产煤 200 吨，至1905 年 2 月日产煤 110 吨。此时生产的煤炭主要用于供给辽阳商民冬季取暖及东省铁路支线铺设。日军为了不断扩大侵略面积，掠夺更多矿产资源，不断采取各种手段，逼迫清政府让步。

1906 年 5 月 28 日，日军派八名日本宪兵到大榆沟、大窑、张家沟等矿区，命其停工，并限 20 天之内将房屋、煤堆腾出，交给日本处理。尾明山天利公司董事长熊寿籛会见日本宪兵大尉笠鹤章，笠鹤章表示："奉旅顺总督之命，将大榆沟、大窑、张家沟、茨儿山、樊神堡、缸窑村等处范围由磨箕山起至尾明山交界止，含该区域内山及南北全归日本办理，仅留尾明山煤窑一处，需会同勘明其四至边界，此事刻不容缓。"① 而笠鹤章这一说法，并无任何公文支持。因此，盛京将军赵尔巽便与日本总领事获原交涉，要求获原就此事给出一个合理的解释。11 月29 日，获原在回函中称："原烟台煤矿，系在对俄战役中由帝国军队根据军事需要而加以采掘者，帝国军队撤退期间自无任意允许他人采掘之理，并按日俄媾和条约，已将长春以南铁路让与帝国政府，该煤矿根据东省铁路公司续约第四条规定，即将交由南满洲铁道会社采掘。贵国政府既按《北京条约》承认帝国政府基于日俄媾和条约之权力，则无理由否认南满洲铁道会社关于烟台煤矿之权力。"[1] 此外，荻原在回函中声称尾明山及张家沟两矿井，也只是在满铁认为有必要撤销之前，容许清政府小范围开采而已，并提出"请注意，需在近期以适当方式停止上述私营采掘"[2]。

清政府就烟台煤矿开采权问题多次与日本交涉。中方认为烟台煤矿从根本上本不属于俄国人，俄国人也并无权力将其转让给日本，日本也不应该霸占烟台煤矿。但日本殖民侵略者始终对中国东北虎视眈眈，在签订《朴茨茅斯条约》时，他们便已明确获得"南满洲"铁路、矿山和森林等三大权利的目标。其中，抚顺及烟台煤矿便是矿山权利中最重要的一部分。因此，对于贪图烟台煤矿丰富的矿产资源的日本侵略者来说，是不可能放弃对烟台煤矿掠夺的，他们以烟台煤矿属于满铁及其支线的附属以及烟台煤矿是曾为铁路利益而经营的煤矿等理由，拒绝归还。1909 年 9 月，清政府被迫与日本签订《东三省交涉五案条款》，关于抚顺、烟台煤矿，条款第三款中规定："甲 中国政府承认日本政府开采上述两处煤矿之权；乙 日本政府尊重中国一切主权，并承允上述两处煤矿开采煤炭时，应向中国政府缴纳各项税费；但相关税率需参照中国其他地区煤税最惠待遇标准，另行协定；丙 中国政府承允上述两处煤矿开采煤炭出口外运时，其税率需参照其他地区煤炭的最惠待遇标准征收；丁 所有矿界及一切详细章程另行派员协定。"[3] 也就是说，日本政府以所谓租赁的形式获取了烟台煤矿的开采权，虽然向清政府纳税，但税率却需要按照最低标准另行协定。此后，日本侵略者为进一步掠夺烟台煤矿资源，不断就税率、矿界及相关章程进行探讨，使其利益达到最大化。

1911 年 5 月 12 日清政府与日本政府签署的《抚顺、烟台煤矿细则》，以极低税率、诸多免税特权、独家开采权及 60 年且可延期的期

① 外務省編『日本外交文書』第 39 卷第 1 冊、日本国際協会、1959 年、第 624 頁。
② 外務省編『日本外交文書』第 39 卷第 1 冊、日本国際協会、1959 年、第 624 頁。
③ 王彦威、王亮：《清宣统朝外交史料》，书目文献出版社 1987 年版，第 1—4 页。

限，将抚顺、烟台两煤矿的控制权拱手让给满铁，是日本掠夺中国矿产资源的不平等条约。从此，日本侵略者开始对烟台煤矿进行疯狂的掠夺式开采，为日本进一步侵略中国提供了重要的能源支持。

关于烟台煤矿矿区问题，日本侵略者认为整个烟台煤矿均属于东省铁路且为铁路利益而经营，因此，日本有权力根据条约获得烟台煤矿全部矿区。但清政府表示烟台煤矿中的尾明山矿区与日本无关，纯粹属于清政府。最终，日本同意放弃尾明山及毗邻两个矿区，但放弃矿区的条件是第三国人或资本不得开采。

烟台煤矿西南部的尾明山矿区，是古生代煤田之一。在 1930 年前后，年产可达 5 万吨以上，后因煤井内水量过多，被迫闭矿。该矿沿太子河东起田师傅沟西至烟台。矿中储煤为古生代煤，夹煤层上部为奥陶纪石灰岩层，夹煤层分上、中、下三层，其中上部夹煤层厚 30—60 米，中部为 30—36 米，下部夹煤层最厚，约 270 米。各夹煤层中间是砂岩层，其中上部砂岩层厚 3—9 米，下部为 9—15 米。其中，下部夹层煤煤层共分十八层，但大多数比较薄，只有五层可供开采，分别是上二路、大曹、上接、下二路及下三路，各煤层厚度为 0.6—2.1 米。日俄战争前期，俄国人曾经开采大曹煤层，至满铁经营时期，开始开采上接、下二路、下三路三层。烟台煤为半无烟煤，易风化，因此刚开采出的块煤不久之后便会变为粉煤。煤中含水分 1.68%、灰分 13%、固定碳素74.07%、硫黄量 1.82%，挥发量达 11.25%，发热量达 7.293 千卡/千克。因煤内含硫化铁，燃烧的时候会产生硫黄的气味，有害健康。因此，大多情况下将烟台煤与泥土混合，制成煤球，作为家庭用煤使用。同时，烟台煤矿设有专用炼煤设备，将烟台煤炼制成沥青炼煤。

为了掠夺更多的煤炭资源，1909 年满铁在烟台煤矿开凿新井及添置采煤设备，将抚顺煤矿不需要的机械设备运往烟台煤矿，并从抚顺煤矿选派管理者实施浅孔试钻开采，使得烟台煤矿产量由 1908 年的 2684 吨提升至 1909 年的 12423 吨。1910 年 10 月起正式开采第一斜井，平均每日约产煤百吨。为扩大产量，以日产 300 吨为目标，不断扩大坑内开采深度，向深处开凿，产量达到 28586 吨。开采初期，第二坑道面积小、倾斜度大，只适合人工开采，不适合使用卷扬机设备。此后，随着挖掘作业的推进，坑内出水量逐渐增多，上盘发生崩落，且甲烷含量经常超标，影响开采进度。至1915年，坑内出水量大幅度增加至从前的三倍以上，坑内排水设备有限，排水不及时，所有设备均被水淹没。于是，1915年7月停止开采。1917年11月，坑内水逐渐干涸，于是，通过修复设备，恢复了部分区域的开采作业。但不久因销路不畅，限制出煤，再一次停止开采。1924年3月，开凿第二斜井，继而开凿第三斜井。烟台煤矿从产煤2684吨，到1930年达到175000吨，为日本殖民侵略者进一步侵略中国提供了丰富的资源基础。表3-7是烟台煤矿各年产量。

表3-7　　　　　　　　　烟台煤矿产量（1908—1930年）

年份	产量（吨）	年度	产量（吨）
1908年	2684	1920年	81923
1909年	12423	1921年	50000
1910年	28586	1922年	63000
1911年	39387	1923年	98000
1912年	42920	1924年	104000
1913年	94265	1925年	117700
1914年	97372	1926年	136800
1915年	71266	1927年	143000
1916年	90980	1928年	154500
1917年	115200	1929年	142500
1918年	106368	1930年	175000
1919年	105997		

资料来源：南满洲铁道株式会社总务局文书课：《第六十回帝国议会说明资料》，第203—204页。转引自苏崇民《满铁史》，中华书局1990年版，第201—202页。

二　蛟河煤矿

蛟河煤矿位于吉林省东北部蛟河站东南约10千米处。蛟河煤矿包括奶子山、中岗、乌林屯三处采煤场。其中奶子山采煤场是开采时间最长的，设备较为完善，设有选煤机；中岗采煤场成立时间相对较短；乌林屯采煤场是最晚建立的，设备较新。蛟河煤矿煤层共有六层，平均厚度约为2米。其中，小槽煤非常薄，几乎没有开采价值；大槽煤厚度为

2.9 米，为主要开采煤层；二槽煤厚 0.9 米；三槽煤厚 0.9 米；四槽煤厚 1.4 米；五槽煤厚 0.32 米。埋藏量约为 10000 万公顷。其中单位原煤含水分 7.4%、灰分 17.34%、固定碳素 43.06%、硫黄量 0.27%，挥发量占 32.20%，发热量达 5861 千卡/千克。每单位块煤含水分 6.9%、灰分 11.92%、固定碳素 44%、硫黄量 0.29%，挥发量占 32.20%，发热量达 6471 千卡/千克。二者均是不黏性煤。

蛟河煤矿开采时间较长，最初由尚天负责开采，随后转由杨茂令负责。1898 年改由傅春林负责开采，随后李茗用十吊官帖①成立德兴煤矿公司，并申请租办蛟河煤矿。1907 年，农工商部下发勘探执照，获批探矿面积 5400 亩。1908 年又申请将勘探照更改为开采执照。1910 年开采许可正式获批，并获批采矿区 960 亩。至 1908 年末，蛟河煤矿共计产煤约 480 万斤，其中约 115 万斤销往蛟河本地及吉林省内，共计缴纳出井税银 286 两。1914 年 11 月，李茗申请注销旧开采执照并更换新执照，但因手续不合格，至 1917 年 3 月该矿开采执照被注销。此后，煤矿开采权多次被转让，1929 年德兴公司解散，于同年 10 月 22 日开采权转让给奶子山煤矿公司，并在矿区至车站之间铺设运煤专用铁路。奶子山煤矿股份有限公司成立于 1926 年，是在修筑吉敦铁路之时，由张学良、孟思远、张作相等人组织成立的新组织。该公司增设各种机械设备，用以扩大开采规模。此外，该公司相继收购了额穆腰岭子等煤矿的 5386 亩矿区及周边矿区，总资本约达 150 万。蛟河煤矿共有三口斜洞，各深约 100 米，采用土法开采，日产煤量 30 吨。矿区工人共 250 名，采用包工法，每采一吨煤，煤工可获二元五角工资。煤工将挖掘的煤炭用布袋装好，再背出坑外。坑内有公司直接雇用的伪满把头四名，每月工资人均 20 银圆；矿警 12 名，每月人均工资 12 银圆。全矿每月开支共计 5000 银圆左右。1924 年该矿年产煤 240 吨，1925 年产煤 90 吨，1926 年因经费问题及井内通风不良而停工。1927 年复采，年产煤 560 吨。

九一八事变后，满铁夺取了蛟河煤矿的经营权并"收购"了附近矿

---

① "吊"是旧时货币单位，1 吊通常等于 1000 文铜钱。"十吊官帖"即面值为 10 吊的官帖，可兑换相当数量的铜钱或白银，但实际购买力随通货膨胀波动极大。

区，"收购"后矿区横跨铁路两侧，东西长 10—20 千米，煤田面积约达 500 平方千米。1937 年 10 月，为弥补抚顺煤矿逐年减产的缺口，决定增加蛟河煤矿的产量，满铁着手开凿西屯、望宝山、中岗各矿区，进一步掠夺蛟河煤矿的矿产资源。

三　老头沟煤矿

老头沟煤矿全称为"中日官商合办老头沟煤矿公司"，九一八事变前，该矿位于吉林省延吉县局子街西 3000 米天图铁路终点老头沟站西约 1090 米处，占地面积约 5 万平方米，开采实收煤量预计 1500 万吨。老头沟煤田煤层共四层。其中特别层煤层厚度为 0.84 米，距第一层 14—24 米；第一层煤层厚度为 1.07 米，距第二层 13—64 米；第二层煤层厚度 0.73 米，距第三层 7—89 米；第三层煤层厚度为 0.98 米。煤层夹在砂岩层和砾岩层之间。老头沟煤矿所产煤为褐煤，呈暗黑色。其中单位块煤含水分 7.87%、灰分 29.03%、固定碳素 36.03%、硫黄量 0.25%，挥发量达 27.07%，发热量达 4914 千卡/千克；每单位原煤含水分 7.53%、灰分 27.65%、固定碳素 36.29%、硫黄量 0.25%，挥发量达 28.53%，发热量达 4986 千卡/千克。每单位的粉煤含水分 5.84%、灰分 32.34%、固定碳素 34.38%、硫黄量 0.21%，挥发量占 27.44%，发热量达 4737 千卡/千克。从数据中可以看出，老头沟煤内所含灰分多，发热量低。

1890 年，程光第因开采天宝山银矿需要，需使用大量煤炭用来炼银，在探得老头沟有煤炭资源后，便让文祥负责开采。于是，文祥于 1891 年冬天着手开凿老头沟煤矿，开采不到一年便生产了近百斤煤炭。但不久因天宝山银矿闭矿，不再需要煤炭，老头沟煤矿也随之停产。1902 年文祥将老头沟煤矿矿权租给王仁义。1905 年，王仁义病故，由其儿子继续承办。但因资金不足、销路不畅，煤矿一直呈亏损状态。至 1911 年 3 月，文祥申请矿业执照，因手续不全，未被批准。1915 年张凤仪再次申请开采执照，申请矿区二十七亩，但也因手续问题，未获批准。1917 年 2 月，中日合办延吉天宝山银铜矿的代表刘绍文与滨名宽佑，以先前吉林将军已核准延吉县老头沟、和龙县三道沟及上山子等煤矿为天宝山附属煤矿为由，申请报领老头沟矿区 2250 亩，三道沟矿区 5400 亩，并申请开采执照，但吉林省财政厅以天宝山中日合办合同内，没有附属煤矿这一条为由，未批准其开采申请。以致交涉署与日本领事之间交涉了将近一年。1918 年，吉林省实业厅与日本领事、天宝山银铜矿、大兴合名会社代表饭田延太郎，对中日合办大纲进行商议，制定六条合办大纲。9 月 21 日，吉林省实业厅长陶吕善与饭田延太郎、大内畅三签订了《中日合办老头沟煤矿合同》。合同规定双方共同组织老头沟煤矿公司，煤矿开采面积为 0.75 平方千米，本金为 20 万日元，由代表人与合办人各出 10 万日元，如盈利双方均分。其他均按照相关矿业条例办理。合同期限为 20 年，合同期满经过双方协议同意后得续订合同。经农商部、省长公署核准，1919 年 9 月下发矿照。但因交通原因，1923 年 7 月才进行开采。

据资料记载，老头沟煤矿公司在当地设有事务所和宿舍，有 4 名日本技术员、7 名中国技术员。煤矿工人共 177 名，其中有 95 名朝鲜籍井下工人和 47 名中国井下工人。井上有大工 1 名，铁工 2 名，轨道工 1 名，掘煤工 1 名及杂役 1 名共 6 名中国工人和轨道工 1 名，掘煤工 18 名，杂役 10 名共 29 名朝鲜工人。1926 年上半年，生产作业 153 天，年产煤 5824 吨。[1] 据龙井县志记载，1935 年老头沟煤矿日采煤量 40 吨，最高达 150 吨，有矿夫 130 人，人夫 20 人。[2] 1933 年 3 月，在满铁受委托经营老头沟煤矿之后，随即派出抚顺煤矿的从业人员负责老头沟煤矿的经营事宜。此后，"满洲矿业开发会社"成立，矿业权为其所得。1936 年 7 月，满铁办理了租矿手续，从此，老头沟煤矿作为抚顺煤矿的支矿之一由满铁经营。为了进一步掠夺老头沟煤矿的矿产资源，满铁首先整理了原煤矿乱采的痕迹，完善采掘方法，提升采掘技术并改善运输方法。1934 年抗日武装力量曾多次袭击老头沟煤矿，其采煤量仍维持 45200 余吨，被满铁大量掠夺。表 3－8 是老

---

① 南满洲铁道株式会社庶务部调查课『吉会铁道関係地方调查报告书』、南满洲铁道株式会社、1928 年、第 39 页。

② 吉林省龙井县地方志编撰委员会编：《龙井县志》，东北朝鲜民族教育出版社 1989 年版，第 233 页。

头沟煤矿各年产煤量。

表 3-8 老头沟煤矿产量（1935—1944 年） （单位：吨）

年份	产量	年份	产量
1935	71700	1940	127500
1936	89900	1941	184000
1937	100000	1942	157537
1938	103070	1943	201000
1939	136160	1944	157537

资料来源：〔日〕满史会编著：《满洲开发四十年史》，东北沦陷十四年史辽宁编写组译，辽宁省营口县商标印刷厂1988年印刷，第106、107页。

四 瓦房店煤矿

瓦房店煤矿位于瓦房店车站东 3000 米处。地质由寒武纪层、侏罗纪层、冲积岩层以及火成岩构成。1898 年以后，瓦房店煤矿一度归东省铁路公司所有。日俄战争时，由日军占领，与抚顺煤矿一起由满铁所接收，但接收后长期休矿。后划归抚顺煤矿，自 1934 年开始出煤，于 1936 年改称瓦房店坑。瓦房店煤矿各年产量见表 3-9。

表 3-9 瓦房店煤矿产量（1935—1944 年） （单位：吨）

年份	产量	年份	产量
1935	6143	1940	67100
1936	30446	1941	75000
1937	48976	1942	60000
1938	57591	1943	52000
1939	51934	1944	32077

资料来源：〔日〕满史会编著：《满洲开发四十年史》，东北沦陷十四年史辽宁编写组译，辽宁省营口县商标印刷厂1988年印刷，第104、105页。

五 富锦煤矿

富锦煤矿位于黑龙江省东北部三江平原腹地富锦市太平沟，距佳木斯市约 80 千米。该煤矿于 1926 年被发现，1938 年经伪满炭矿会社地质调查班调查研究显示，富锦煤矿具有一定经营价值。富锦煤矿夹煤层由砾岩、砂岩、页岩及煤层组成，夹煤层下部为花岗质片麻岩层，上部为玄武岩的流岩层。煤矿西部地区的煤层，东西长约 4 千米，煤层共有三层，平均厚度约为 2 米。东部地区煤层有两层，厚约 2 米。该矿总埋藏量约达 10000 万公顷。单位煤中含水分 2.20%、灰分 9.6%、固定碳素 54%、硫黄量 0.17%，挥发量达 34%，发热量达 7194 千卡/千克。该煤水分低、灰分少、发热量大，是优质的黏性沥青煤，适用于作为炼铁所用的焦炭原料。因富锦煤矿煤质优良，能够为日本国内炼铁提供大量原材料，为进一步掠夺优质黏性煤，满铁于 1942 年着手主持开发富锦煤矿，并制订了一系列详尽的开采计划，如"收买"矿业权、取得租矿权、修筑铁路等。此后，仅完成了部分计划，日本战败，最终没有实现其掠夺计划。

六 光义煤矿

光义煤矿位于黑龙江省穆棱煤矿西方约 20 千米处，该煤田的夹煤层是密山煤田下部夹煤层的延长，其地质属于侏罗纪，煤质为优质黏性沥青煤。据推测，该矿产的埋藏量约为数亿吨以上。满铁于 1945 年着手"开发"，在完成部分运煤铁路路线的路基后，因日本战败，东北解放，而未能得逞。

综上，抚顺煤矿是一座闻名中外、储量丰富且煤质上乘的大型煤矿，满铁经营后，成为满铁主要的财政来源。满铁对抚顺煤矿及其支矿的"开发"与掠夺是在日本政府及日本军方的干预下，通过武装占领和不平等条约实现的，是具有军事侵略性质的。满铁通过对抚顺煤矿及其支矿的掠夺，使其收益大幅度增加，从而得以发展壮大。有了充足的资金支持，满铁逐渐渗入工业、商业等各个领域，成为日本"经营满洲"的有效依托，在日本帝国主义侵略东北的活动中，占据极其重要的地位。日本侵略者通过满铁对抚顺煤矿及其支矿进行疯狂式掠夺，攫取高额的垄断利润同时，极大地补充了日本国内资源，缓解了日本国内能源紧张状况，支持了八幡制铁所、昭和制钢所等军工企业的发展，为日本进一步对外军事侵略提供有力支持。通过全面梳理满铁对抚顺煤矿及支矿的"开发",我们可以清楚地认识到日本侵略者利用"经营满洲"之名,掩盖其背后的掠夺本质,从而更加深刻理解日本对抚顺煤矿矿产资源的掠夺与其军事扩张之间密不可分的关系。满铁对抚顺煤矿的"开发"与掠夺充分暴露了日本政府对外扩张的侵略野心,为日本帝国主义发动战争奠定了物质基础。

第四章

日本对抚顺煤炭资源的掠夺

我国东北地区土地肥沃，资源丰富，蕴藏着丰富的煤炭资源和石油储量。与我国东北隔海相望的日本，是一个资源短缺的国家。19 世纪末的明治维新，使日本走上了工业化的道路，同时也走上了军国主义侵略的道路。九一八事变前，日本就一直觊觎东北的资源，企图将东北地区作为其原料供应地。九一八事变后，日本全面占领东北三省，其侵略野心愈发暴露，进而对东北的资源展开大肆掠夺，尤其对煤炭和石油进行疯狂掠夺。其中，抚顺是日本掠夺煤炭资源最为严重的地区。在抚顺被日本帝国主义霸占的 40 年里，抚顺煤炭资源遭到了空前的破坏性开采，被掠夺的煤炭数量极为惊人。

第一节　满铁对抚顺煤炭资源的分期掠夺

抚顺煤矿在当时的中国东北的煤矿储藏中，实属优质煤矿。有资料记载："抚顺距离奉天东约 60 里，其炭田沿浑河岸，延长 30 余里，碳层最厚处约 60 米，最薄处亦有约 26.67 米。"[①] 矿区面积约达 60.17 平方千米，东西长约 15 千米，南北宽约 5 千米。炭层厚度，平均 43.33 米（最厚 130 米），炭层中夹杂物之厚度，不过 6.67 米。其藏煤之总数量，据估计约达 10 亿吨之巨。[②] 由此可见，抚顺煤矿在当时不仅煤质好，而

---

① 支恒贵：《日本侵略满蒙史》，上海：世界书局 1929 年版，第 37 页。
② 陈真、逄先和：《帝国主义对中国工矿事业的侵略和垄断》，《中国近代工业史资料》第 2 辑，生活·读书·新知三联书店 1958 年版，第 654 页。

且储量大。根据 1953 年勘测结果，抚顺煤田的埋藏量共 14.5 亿吨，已开采将近 3 亿吨。西露天矿西部最厚煤层达 140 米，龙凤矿东部约 8 米，是世界上少有的特厚煤层。[1]

早在沙俄强占抚顺煤矿之时，日本帝国主义就对抚顺煤矿有侵占之心。日俄战争后，日本帝国主义获得了沙俄在中国的一切特权，并想尽一切办法侵占抚顺煤矿。1909 年 9 月 4 日，清政府同日本政府签订了《东三省交涉五案条款》，条款中规定：中国政府承认日本政府开采抚顺、烟台两处煤矿的权利。清政府和日本政府随后于 1911 年 5 月 12 日又签订了《抚顺、烟台煤矿细则》，这样彻底将抚顺煤矿的开采权让给日本。日本强占抚顺煤矿后，为了最大化地掠夺煤炭资源，通过不断改进采煤技术、扩大采煤面积，以提高产量。而这一过程给抚顺煤矿带来的是无尽的灾难。日本侵略者对抚顺煤矿的掠夺大致分为以下四个阶段。

一　第一阶段（1907—1912 年）：初期残柱法采煤，以求高产

我国近代采煤以残柱法为主，后来还采用了注砂充填采煤法、引柱采煤法、走向长壁采煤法和露天采煤等。1912 年前，抚顺煤矿使用残柱法采煤，但回收率很低，煤矿资源损失严重，被遗弃在采空区的煤又很易发生煤尘，致使矿井火灾频发。[2]

1905 年 5 月，日本在强占抚顺煤矿后设立了抚顺采炭所，隶属日军辽东军部，并从烟台采炭所调派技师大八木乔朵等对煤矿进行整顿。当时老虎台坑被沙俄注水，日本人一边修复旧坑，利用旧坑开采，一边开凿新坑，数月后日产煤达 300 吨左右。同年 9 月 11 日改变组织，在日军铁道提理部监督之下，编成第一采炭班。继续开凿新坑，产量大增，最高时一日出煤约 1400 吨。[3] 1905 年 9 月，在"中央事务所"（今矿务局驻地）西南约 1 里处，新开了千金寨第一竖井。1906 年 5 月，又在中央事务所东南约 1.5 里处新开了第二竖井，月产煤 3 万吨左右。至 1907 年

---

① "煤都抚顺"编写小组：《煤都抚顺》，辽宁人民出版社 1959 年版，第 4 页。

② 罗桂环等：《中国环境保护史稿》，中国环境科学出版社 1995 年版，第 310 页。

③ 邵新平：《老虎台矿志（1901—1990）》（上卷），辽宁教育出版社 1992 年版，第 22 页。

图 4 - 1　千金寨坑

资料来源：虞和寅『撫順炭鉱報告』、農商部鉱政司発行、民国十五年（1926），第 37 頁。

初，千金寨共有斜井 16 个，竖井 2 个（见图 4 - 1），总面积 34808 坪（每坪合 3. 3057 平方米）；杨柏堡有矿井 7 个，总面积 8044 坪，产煤共 11996 吨。① 1907 年 4 月 1 日，满铁接收抚顺煤矿时，正在开采的千金寨、杨柏堡、老虎台日产煤量 363 吨。② 三个煤矿开采面积分别为 115068 平方米、26988 平方米和 61504 平方米，产煤量分别为每日（当年三月统计量）138. 18 吨、95. 51 吨、135. 13 吨。三个煤矿共有存煤 19000. 24 吨，每日平均运出 582. 2 吨，对外售价每吨 12 日元。煤矿的建筑有木房 117 栋共 14651 平方米，砖房 18 栋共 2430 平方米，还包括其他机器器具等。1907 年 4 月，抚顺炭矿长松田武一郎主持制订了炭矿

---

① 陈鼎：《抚顺矿区胜利矿志 1901—1985》，辽宁人民出版社 1992 年版，第 53 页。

② 大连近代史研究所、旅顺日俄监狱旧址博物馆：《大连近代史研究》第 3 卷，辽宁人民出版社 2006 年版，第 350 页。

第一期（1907—1911 年）"开发计划"。按照计划，于 1907 年 7 月和 11 月相继掘凿大山、东乡两竖井。开凿的这两个新井，是以日本军阀头目大山和东乡的姓氏命名。1907 年 11 月开凿大山井，1910 年 5 月到达井底，深 376 米，1908 年 11 月又开凿东乡井，1910 年 7 月到达井底，深 281 米。这两口井分别于 1911 年 4 月 1 日和 7 月 1 日正式投产。1912 年，大山井平均日产 1200 吨，东乡井平均日产 800 吨。与此同时，改造和扩建了原来的千金寨、杨柏堡和老虎台的矿井，平均日产达 3000 吨。日产总量达 5000 吨。[①] 1911 年 4 月和 6 月先后建成的大山坑和东乡坑投产后，当年分别产煤 187445 吨和 147421 吨。[②]

二 第二阶段（1912—1931 年）：各种采掘方法的应用使煤炭产量大增

1911 年，米仓清族继任矿长，制订了第二期计划。第二期计划开始实行是在 1912 年。第二期计划中，确定了采用新采煤法、开凿新矿井等实施方案，具体内容有：（1）实行新采煤法——注砂充填法。抚顺煤属于厚煤层，用注砂充填法目的是更加安全地开采。新建了采砂设备和运砂铁路，又确定了取砂用地。（2）开凿万达屋坑。万达屋坑于 1914 年 6 月开凿斜井逐步采煤，1915 年 4 月开始营业。（3）开凿古城子露天矿。古城子露天矿位于煤田西部浅煤层，是最适合露天开采的地区。于 1914 年 4 月开凿，1915 年开始营业。（4）建设劣质煤煤气发电厂，使抚顺能够尽可能使用廉价动力。利用煤炭所含的有用成分，生产出副产品，从而降低了动力费用。1915 年 3 月 25 日建成煤气发电厂，发电厂的作用达到了预期目的。（5）运煤铁路改成电气铁路。1914 年 10 月将一直使用的蒸汽机车的运煤铁路改成了电气铁路。并将第二期开发期内创建的运砂铁路，也改用电力运砂。随着采砂范围的逐年扩大，该铁路的线路也在延长。同时，新开凿的两处新坑，也为进一步开采打下了基础。而该项工程也是为了使已有的营业坑增加煤炭产量，使井下开采的

---

① 孔经纬：《中国东北地方经济史》第 1 卷《清代东北地区经济史》，黑龙江人民出版社 1990 年版，第 711—712 页。

② 陈鼎：《抚顺矿区胜利矿志 1901—1985》，辽宁人民出版社 1992 年版，第 53—54 页。

发展与注砂充填法相互结合起来，目的是让煤产量有显著增加。① 对于采取适宜的采煤方法，日本侵略者十分谨慎。因为抚顺煤矿是特厚煤层，日本侵略者尚没有相关方面的科学经验采煤，所以，在采煤之后虽然试验实行注砂充填法，但因对煤层性质不明，注砂充填法也难以实行，一般还是沿用残柱法。

日本帝国主义为了对抚顺煤矿进行更疯狂掠夺，抚顺煤矿的开采技术逐步得到改进。填砂采掘法于1912年首先在杨柏堡坑试验实行。当年充砂710立方米，效果良好。随之，大山、东乡两坑于1913年设立注砂场，1914年12月在大山坑实行充砂，1915年1月在东乡坑也实行了充砂采掘。老虎台坑于1915年设立第一注砂坑，1917年3月开始注砂。接着，万达屋、新屯、龙凤各坑，都相继实行了填砂采掘法。② 当时受欧洲战场的影响，各种工业发展迅猛，因此对煤炭的需求猛增。抚顺煤矿在1917年和1918年分别开凿龙凤井和新屯井，于1918年10月和1920年4月先后投产。开采方法上，从1922年开始，各井均采取了倾斜长壁充填开采法，井下采煤全部推广该开采法。③ 此时，露天采煤方法用在了抚顺煤矿。1914年，抚顺煤田西部煤层最厚的古城子首先进行露天开采，称为第一露天矿。1917年，又在千金寨之西进行露天剥离，称为第二露天矿。1920年，在第一、第二露天矿新开第三露天矿。1928年，在大山南坑及杨柏堡区域又开一露天矿。随后不久，几个露天矿互相连接成一个大露天煤矿。④

第一露天矿于1922年3月停止开采，所有的机械设备都运到第二露天矿，从1924年起前后用了5年时间，迁移了抚顺旧市街，扩大了露天矿即为古城子露天矿。到1931年，该矿占地为东西长3600米，南北宽555米，深96米，出煤累计达22011745吨，是抚顺煤矿的第一大矿。

① 解学诗主编：《满铁史资料·煤铁篇》（第一分册），中华书局1987年版，第204页。
② 中国人民政治协商会议抚顺市委员会文史委员会：《抚顺文史资料选辑》第3辑，1984年，第210页。
③ 苏崇民：《满铁史》，中华书局1990年版，第199页。
④ 《中国近代煤矿史》编写组：《中国近代煤矿史》，煤炭工业出版社1990年版，第186页。

从 1924 年开始，抚顺煤矿还着手开采老虎台露天矿，老虎台露天矿和古城子露天矿的机械开采不同，老虎台露天矿以手工开采为主，并于 1925 年 2 月改称东露天矿。1926 年 5 月独立成为东冈采煤所，同年 12 月开业，1931 年时该矿占地东西长 700 米，宽 200 米，深达 65 米。累计出煤 1117710 吨，但是可采量只有 340 万吨。之后于 1928 年开始在杨柏堡和大山南井开挖露天矿，到 1931 年时杨柏堡露天矿占地东西长 1400 米，宽 220 米，深 28 米，已出煤 356200 吨。大山南井露天矿归古城子采煤所管辖，1931 年该矿占地东西长 1300 米，南北宽 190 米，深 29 米。

开凿煤矿使用工具方面，抚顺煤矿的露天开采主要使用机械工具，剥离作业使用挖掘机、电镐或汽镐；井工方面则广泛应用电力，1915 年后，提升、排水、通风和照明许多环节都广泛地使用电力。1926 年 8 月在古城子露天矿安装了大型选煤机，昼夜工作 16 小时，能够处理 16000 吨煤。如此一来，抚顺煤矿的产煤量迅猛增加，劳动生产率不断提高，生产成本也随之降低。从表 4 – 1 的数据就可以看出产煤技术的提升，带来的是产量的增加：抚顺产煤量从 1913 年开始每年均突破 200 万吨，1913 年达到 221.8 万吨，1920 年又突破了 300 万吨，达到 333.5 万吨，从 1922 年开始更是突破 400 万吨，达到 416.2 万吨，此后煤的产量迅猛增加。1927 年达到 764.6 万吨。[1] 截至 1931 年，抚顺煤矿共开采 14 个矿区，露天矿 4 处，井下 10 处，年产量已达 700 万—800 万吨，占东北煤炭总产量的 80% 左右。[2] 表 4 – 1 所示为九一八事变前，日本采掘抚顺煤炭数量。

表 4 – 1　　　　　日本采掘抚顺煤炭数量（1907—1931 年）

年份	采掘煤炭（千吨）	年份	采掘煤炭（千吨）	年份	采掘煤炭（千吨）
1907	233383	1910	899191	1913	2218346
1908	490835	1911	1331339	1914	2190883
1909	693226	1912	1469978	1915	2265890

① 苏崇民：《满铁史》，中华书局 1990 年版，第 200—201 页。

② 辽宁省档案局（馆）编：《辽宁风物》（壹），辽宁人民出版社 2012 年版，第 99 页。

年份	采掘煤炭（千吨）	年份	采掘煤炭（千吨）	年份	采掘煤炭（千吨）
1916	2175839	1922	4161821	1928	8160964
1917	2461346	1923	5347402	1929	8373816
1918	2670600	1924	5959234	1930	7938800
1919	2889762	1925	6354570	1931	7192262
1920	3335320	1926	7222388		
1921	3071479	1927	7646170		

资料来源：中国人民政治协商会议抚顺市委员会文史委员会编：《抚顺文史资料选辑》第2辑，1983年，第229页。

三 第三阶段（1931—1937年）：侵占大量煤矿用地，利用新设备努力增产

1931年9月18日，日本帝国主义发动了九一八事变。1932年3月1日，"满洲国"傀儡政权在日本帝国主义的操纵下成立，整个东北地区沦为日本帝国主义的殖民地。

1932年抚顺煤矿的占地面积是55495820平方米。后来抚顺煤矿依靠伪满政权，每年都大规模"购买"几百万平方米的土地，特别是1936年"收买"土地总面积达10421.356亩（6947570.67平方米）。到了1939年，抚顺各矿占地增加到70817246平方米（114394亩），如果算上烟台、搭连和杂用地，总共面积多达103373597平方米（16.7万亩）。①

1932—1936年抚顺煤矿扩占面积和1932—1940年抚顺煤矿各矿区占地面积如表4-2和表4-3所示。

表4-2　　　　　　1932—1936年抚顺煤矿扩占的土地面积

年份	面积
1932	297032.046平方米（479.809亩）其中秘密收买105315.633平方米（170.121亩）
1933	345561.641平方米（558.201亩）

---

① 苏崇民：《满铁史》，中华书局1990年版，第610页。

续表

年份	面积
1934	78794.103 平方米（127.279 亩）
1935	222841.667 平方米（359.966 亩）
1936	6947570.67 平方米（10421.356 亩）

资料来源：松木豊三『満鉄第三次十年史』、昭和十三年（1938）、第1888頁。

表 4-3　　　　　　　1932—1940 年抚顺煤矿各矿占用土地面积　　　（单位：平方米）

年份	抚顺用地	烟台用地	搭连用地	杂用地	计
1932	55495820	1349293	233126		55863239
1933	55436433	1355441	233126		57025999
1934	55517675	1363535	277050		57158260
1935	55517675	1363535	277050	56694	57214954
1936	62162012	1363535	227050	56694	63809291
1937	66573993	1359680	227050	56694	68217417
1938	69612032	1487405	227050	30679110	102005597
1939	70817246	1491385	227050	30837916	103373597
1940	64691937	2375281	227050	30885465	98179732

资料来源：解学诗主编：《满铁史资料·煤铁篇》（第二分册），中华书局1987年版，第375页。

在扩占土地的同时，1934 年，日本侵略者动工修建龙凤竖井，1936年 6 月动工修建老万达斜井，1941 年又修建大山大斜井以此加速对抚顺煤炭资源的掠夺。1939 年 2 月，将古城子露天矿和杨柏堡露天矿合并为当时世界上最大的露天煤矿，即今天的抚顺西露天矿。

九一八事变后，日本帝国主义为满足大规模修筑铁路，发展军事工业以及扩大对本国出口的需求，对抚顺煤炭的掠夺量急剧增加，出现了供不应求的情况。为达到需求，抚顺煤矿尽最大努力增产，在 1933—1936 年连年增产，1936 年产量为 959.3 万吨达到最高峰，如果算上抚顺以外的烟台、蛟河、老头沟、瓦房店等矿产煤，抚顺煤矿系统总产量为

1025.1 万吨。1937 年总产量更是达到了 1033.9 万吨，这是抚顺煤矿系统达到的最高年产量，此后就逐年下降了。[①]

日本帝国主义侵占我国东北、华北煤矿期间，为了更多地掠夺煤炭资源以供侵略战争需要，一方面建设特大型矿井，采用最新最大的提升机提煤，如：1936 年日本经营的抚顺龙凤矿安装了一台 5395 马力的电力提升机，日提煤能力 5000 吨，其设备之先进，当时堪称世界之最。另一方面，采取普遍挖小斜井、小立井的方式，用人力绞车提煤，或用人力背煤。20 世纪 20 年代在东北一些煤矿中开始应用电钻打眼放炮。1931 年中兴公司枣庄煤矿开始应用电动割煤机采煤，这是中国煤矿最早使用割煤机采煤，它标志着回采工作面开始步入机械采煤的新阶段。此外，露天采煤也由手工开采进入机械开采，1915 年抚顺古城子露天矿正式用蒸汽铲进行剥离并开始使用穿孔机打眼（见图 4 - 2）。[②]

图 4 - 2　手掘穿孔作业

资料来源：『炭鉱読本（昭和 11 年度）』、撫順炭鉱、昭和 12 年（1937）、第 58 頁。

---

① 苏崇民：《满铁史》，中华书局 1990 年版，第 611 页。
② 王桧林、郭大钧、鲁振祥主编：《中国通史》第 12 卷，上海人民出版社 2015 年版，第 336 页。

四　第四阶段（1937—1945 年）：强行增产，产量下降

七七事变后，随着战事的不断变化，日本对华经济政策也发生着改变，大致可以分为四个阶段。第一阶段：自七七事变起至欧战爆发时止。日本对沦陷区的经济侵略政策是对各种资源的"开发"与掠夺。第二阶段：自欧战发生至太平洋战争爆发前。日本由平面的"开发"改为重点经营，其经营的对象是沦陷区的重要资源，即所谓的"二白"（盐及棉花）和"二黑"（铁及煤）。第三阶段：自太平洋战争爆发至盟军进攻前的一段时期。日本帝国主义为在更广阔的侵占区域推行其侵略政策，于是加强新旧占领区间的物资交流，使华北、华中直至南洋一带的占领区构成了广大的"日元集团"，实现其所谓"东亚共荣圈"的侵略幻梦。第四阶段：自盟军反攻之后。日本在太平洋战场上的作战地位出现变化，渐由顺境转入逆境，其战略由攻势战转为防守战。对华经济殖民政策在所谓"企业准备"的口号下，也由前述重点经营更集中于少数的超重点产业，在地域上更区分外线内线，以全力发展内线企业，放弃外线的各地经营。[①]

在这样的背景下，伪满《产业开发五年计划》对煤矿业提出了最大限度的增产要求，抚顺煤矿也制订了最大限度的采煤计划。抚顺煤矿当时自称"战时产业的主要原动力""满洲产业的核心"，为达到增产的目的，着手合并露天矿，并推进老万达斜井的建设，着手搭连矿的浅层开采和蛟河煤矿的"开发"。可是，这一系列举措并未使抚顺煤矿如期完成计划。1938 年抚顺煤矿只完成了计划的 92%，1941 年原计划指标为966 万吨，而实际只完成 70% 即 670.61 万吨。没能按期完成计划的原因有：采煤工人不足、采购器材困难、熟练监督者减少。随着时局的发展，出现了机器进货拖延，器材供应不足的情况，这严重妨碍了机械化设备的顺利运转，这也是导致该矿采煤减产的重大原因之一。此外，钢材、有色金属、水泥等不足也影响产量。此外，采煤工人数量严重不足，每月缺额达 6000 人至 10000 人。此外，东乡、老虎台、万达屋、龙

---

① 陈真、逄先知：《帝国主义对中国工矿事业的侵略和垄断》，《中国近代工业史资料》第 2 辑，生活·读书·新知三联书店 1958 年版，第 437 页。

凤、搭连等各矿的井下条件恶化和事故频发，也使井下开采减产。随着井下转入深层开采，井下作业条件日益恶化，瓦斯含量增加，由于通风技术不佳，频繁发生瓦斯爆炸事故。工人的平均采煤量也在下降，1940年底，满铁调查部资料课长的报告曾列出了1935年至1939年抚顺各矿生产率下降的情况，井下就业常佣矿工每人平均采煤量由1.89吨下降到0.90吨，下降47%，其中龙凤坑下降最多，由2.73吨下降到0.46吨，下降17%。然而就是在这样的情势下，抚顺煤矿仍强行完成增产。从1939年到1941年，每年准备工程掘进完成率均不足60%，而采煤完成率却接近80%。结果，1938年以后，采煤工作面数量逐年减少，年采煤量也相应下降。露天矿也一样，在推迟剥离作业的情况下强行采煤。从1939年到1941年，剥离量只完成计划的70%，而采煤量却完成计划的111%。这种做法破坏了准备作业与采煤作业的正常比例，进而导致生产的普遍下降。可就是在这种形势下，抚顺煤矿在其第二次五年计划中，仍将抚顺煤的各年产量目标定为700万吨至800万吨。其最终产煤的结果是离完成目标相距甚远，1944年只生产470.6万吨，即计划的60%。[①] 七七事变后抚顺煤矿产煤量由高峰转入下降，逐年减产。以1937年抚顺煤矿的产量为标准，到1938年减产397922吨；到1939年减产443359吨；到1940年减产1923817吨；到1941年减产2730988吨；到1942年减产3028994吨；到1943年减产4077294吨。[②] 表4-4所示为1932—1945年日本采掘抚顺煤炭量。

表4-4　　　　　　　　1932—1945年日本采掘抚顺煤炭

年份	采掘煤炭（吨）	年份	采掘煤炭（吨）	年份	采掘煤炭（吨）
1932	6872658	1937	9536368	1942	6507374
1933	8645578	1938	9138446	1943	5459074
1934	9419566	1939	9093009	1944	4893477
1935	9255742	1940	7612551	1945	3087424
1936	9622738	1941	6805380		

资料来源：孙邦：《经济掠夺》，吉林人民出版社1993年版，第354、355、356页。

---

① 苏崇民：《满铁史》，中华书局1990年版，第611—613页。
② 孙邦：《经济掠夺》，吉林人民出版社1993年版，第354—356页。

第二节　日本掠夺抚顺煤矿的主要工具

一　满铁是日本掠夺抚顺煤炭资源的主要工具

满铁在整个日本侵华过程中，起着极其重要的作用。满铁的任务是"经营和开发满洲"，这是满铁对自己侵略行径的美化。而实际上，就是在中国东北实行经济掠夺，通过各种特权和手段达到自己的目的，让中国东北成为日本的原料供应地，满足其侵略的野心。满铁侵占抚顺煤矿后，对抚顺煤矿的掠夺是前所未有。从1907年满铁侵占抚顺煤矿开始，到1945年日本战败，满铁对抚顺煤矿进行了长达近40年的掠夺。

日本侵略者建立满铁的真正意图，正如满铁首任总裁后藤新平在其《满铁总裁就任情由书》中的表述，即谈到了担任满铁设立委员会委员长的参谋总长儿玉源太郎大将的"远大抱负"，认为"我在满洲必须经常占据以主制客、以逸待劳之地位，而实现之必要条件，首先在铁道经营之优劣如何……实现之方法，第一在于铁道之经营，第二为煤矿之开发，第三为移民，第四为畜牧与农工业设施……我如在满洲有50万之移民与数百万之畜产，则战机如果有利，进可准备侵略敌国，若于我不利，亦足以岿然不动，持和以待机会，此乃对于满韩经营大局之主张"。① 由此可见煤矿的"开发"是满铁一项重要的内容，也暴露出满铁之侵略野心。

在日本帝国主义对东北的经济侵略活动中，满铁的角色具有双重性，它既是日本帝国主义的殖民侵略机构，又是以经济掠夺为目的之一的国家垄断资本主义企业。也就是说，满铁从建立开始，就是为日本侵略扩张服务的，所有产生的经济利益也是服从于日本帝国主义的军事要求。正是出于这个目的，在抚顺煤矿被满铁侵占后，成为满铁系经营的主要煤矿。满铁也就成了日本掠夺抚顺煤矿的主要工具。不仅大肆侵占煤矿区域的土地，对抚顺煤矿的"开发"和掠夺更是空前的。

---

① 周启乾:《日本近现代经济简史》，昆仑出版社2006年版，第271页。

1907 年 4 月，原抚顺采炭所更名为抚顺炭坑，归属于日本南满洲铁道株式会社经营。由日本人松田武一郎任炭坑长；1911 年 6 月，抚顺炭坑更名为南满洲铁道株式会社抚顺炭矿，由松田武一郎任矿长。日本侵略者于 1907—1918 年制订实施了两期煤炭开采计划，从 1912 年开始至 1927 年止，对抚顺煤田进行了大规模的地质勘探。从 1910 年开始，先后建成"大山坑""东乡坑""古城子第一露天矿""古城子第二露天矿""万达屋坑""东岗露天矿"等矿井。1936 年时的抚顺煤矿，已从最初日产 300 吨煤矿，扩展到日产 2 万多吨的大型煤矿。[①]

九一八事变后不久，侵华日军即以满铁作为侵略的主要工具，加紧对东北工业和矿业的操纵和掠夺。通过对东北资源早期的广泛调查，满铁攫取了东北的路权，控制了东北的金融、工矿等重要产业，发展以基本原料为核心的军事工业体系。从 1931 年至 1937 年，日本帝国主义侧重制定对东北经济统制的方针、政策，并进一步确立、完善统制经济的体制，从而奠定了经济统制的基础。这一时期，其工业统制的重点，主要是基础工业和军事工业。[②] 当时，整个东北沦为日本帝国主义的殖民地。从此，满铁的掠夺活动更加疯狂，而抚顺煤矿表现得尤为明显。抚顺的煤产量，1932—1943 年的 12 年间就超过了事变前 25 年间的产量，达到 1 亿多吨；而这 12 年间炭矿所攫取的利润累计也超过了事变前 25 年间所攫取的 1 亿 2000 万日元的利润总额，达到 1 亿 4000 万日元。[③] 总和达到 2 亿 6000 万日元，掠夺数字之大，让人震惊。在日本强占抚顺煤矿的 40 年里，抚顺煤矿及其支矿一直处于满铁的经营和管理之下。从各种资料可以看出，从占领煤矿面积的不断扩大，采煤方式的不断改进，到掠夺数目的不断增加，满铁对抚顺煤矿的开采和掠夺在有计划地进行。无疑，满铁是日本掠夺抚顺煤矿的重要工具。满铁从抚顺煤矿掠夺的大量煤炭为日本的侵略战争提供了重要支持，所攫取的巨额利润也

---

① 抚顺市社会科学院、抚顺市人民政府地方志办公室：《抚顺市志·市情要览卷》，辽宁民族出版社 2005 年版，第 25—26 页。

② 鲍振东、李向平：《辽宁工业经济史》，社会科学文献出版社 2014 年版，第 193 页。

③ 东北三省中国经济史学会、东北沦陷十四年史总编室、吉林省民族研究所等编：《中国东北地区经济史专题国际学术会议文集》，学苑出版社 1989 年版，第 414 页。

为日后日本发展资本主义提供了经费支持，同时也是日本关东军经费的重要来源。

二 满炭对东北煤炭业的统制

日本侵占东北以后，大肆掠夺东北的资源，其中煤炭是日本掠夺的重点。为了最大限度地掠夺东北煤矿，保证日本国内及侵略战争所需的燃料供应，日本对东北的煤炭业实行统制，在这样的背景下，"满洲炭矿株式会社"（以下简称"满炭"）成立了。日本对煤炭的掠夺，主要是由以抚顺煤矿为首的满铁系和满炭系两大系统进行。满炭是伪满洲国煤炭生产和销售的统制机构，它同"满洲中央银行"和昭和制钢所，统称特殊会社的三大支柱。

1933 年 5 月 20 日，《日满合办满洲炭矿会社设立方针要纲》公布，其中规定：满炭设立的目的就是统一开发煤炭资源，避免煤炭业者间的竞争，降低煤价，按煤质选择用途。满炭经营的业务范围有：煤炭的开采与销售，煤炭矿业权的取得和委托经营；对煤矿业的投资等。满炭会社的资本总额为伪满国币 1600 万银圆，由伪满洲国和满铁各出资 800 万银圆。满炭会社理事长是日本人，并要求会社的理事、监事中日本人要占半数以上。1934 年 2 月 27 日，《满洲炭矿株式会社法》公布，正式宣布设立满炭会社。会社的总社设于新京，主要业务是经营煤炭采掘和销售，在政府的命令下统制伪满的煤炭事业。[1] 除穆棱煤矿及本溪湖煤铁公司所属各煤矿外，东北主要煤矿，全归该会社经营。自此以后，"满洲"的煤矿，除本溪湖煤铁公司、东边道开发会社以外，均为满铁和满炭所包办。满铁、满炭和本溪湖煤铁公司就成为东北煤矿经营的三大系统，共辖 183 个单位，总计煤炭储量为 35 亿 1870 万吨，满铁系各矿占 13 亿 7070 万吨，满炭系各矿占 18 亿 5800 万吨，本溪湖及其他各矿占 2 亿 9000 万吨。满铁、满炭和本溪湖煤铁公司三大系统几乎囊括了东北各主要煤矿。[2] 满铁系统和满炭系统所经营的煤矿有所不同：满铁

---

① 滕利贵：《伪满经济统治》，吉林教育出版社 1992 年版，第 40 页。

② 《中国近代煤矿史》编写组：《中国近代煤矿史》，煤炭工业出版社 1990 年版，第 366 页。

系统经营的主要是从 1906 年以来日本所经营过的煤矿，满炭系统经营的是之前不属于满铁经营范围的所有东北地区煤矿。满铁系统所经营的煤矿有：抚顺煤矿、烟台煤矿、奶子山煤矿（即蛟河煤矿）、炸子窑煤矿（即瓦房店煤矿）、老头沟煤矿等。满炭系统所经营的煤矿有：复州、阜新、八道壕、北票、西安、鹤立岗、扎赉诺尔、东宁、和龙、田师付、瑷珲、三姓、宝清、滴道、城子河恒山等。满炭所统制的东北煤矿业是通过不断扩大范围实现的。满炭设立时是直营复州、八道壕、孙家湾、新邱各煤矿，以及参与鹤岗、北票、西安三煤矿的一部分事业。1935 年开发滴道煤矿，接受扎赉诺尔煤矿的委托经营，还设立阜新矿业所将孙家湾和新邱两矿纳入进去，并着手开发高德、太平、五龙和平安各矿区。1938 年 1 月合并八道壕煤矿，1939 年 4 月"收买"米家窝煤矿，并将其纳入城南采煤所的统辖之下，着手大规模的开采，为大阜新煤矿奠定了基础。另外还分别"收买"了有关会社，1937 年 4 月"收买"北票煤矿，6 月"收买"鹤岗煤矿，7 月"收买"西安煤矿，向实现一元化的统制迈进。对未"开发"的煤矿也着手"开发"：1936 年 9 月和龙煤矿，11 月田师傅煤矿，1938 年 3 月舒兰煤矿，4 月东宁煤矿，8 月三姓、城子河两煤矿，10 月恒山煤矿，12 月珲春、宝清两煤矿，1939 年 6 月瑷珲煤矿，等等。据 1938 年调查，满炭侵占的各煤矿埋藏量相加起来总计为 21559000 千吨。①

　　1935 年，日本帝国主义为发动更大规模的侵略战争，加紧军事工业的生产，致使日本国内的煤炭需求急剧增加，迫切需要从伪满掠夺更多的优质煤。因此，负责煤炭统制的满炭任务更加艰巨。1935 年 2 月，在日本陆军省和关东军支持下，河本大作任满炭理事长。其上任后便加紧对东北煤炭的掠夺，明确提出了煤炭统制目的就是满足关东军的需要和增加对日本的输出，为国防经济服务，不以营利为宗旨。在经营方式上主要是尽量降低生产成本，增加煤炭的产量。不改进采矿设备和方法，一味地增加工人劳动强度，使中国劳工在恶劣的条件下，采用最原始的

---

　　①　苏崇民、解学诗主编：《满铁档案资料汇编》第 7 卷《掠夺东北煤炭石油资源》，社会科学文献出版社 2011 年版，第 358—359 页。

方法，从事极其繁重的劳动。其次，扩大满炭经营规模，增加资本数额。满炭刚成立时，名义上统制伪满的主要煤矿，实际上由满炭直接经营的煤矿只有复州、八道壕、尾明山、阜新4处，其他均属于参与经营和委托经营。河本大作上任后，与关东军和伪满当局相互勾结，运用各种强迫手段，千方百计地扩大满炭的经营规模。到1940年初，满炭直接"经营"的煤矿已经达到14处，形成了以阜新、西安、北票、鹤岗、密山5大煤矿为主体的庞大煤炭统制机构。为满足生产规模的需要，满炭的资本不断增加。1937年，满炭实行第一次增资，总额16000万银圆。1939年4月，满炭第二次增资，资本总额达到2亿银圆。1941年满炭资本已经超过了3亿银圆，成为伪满最大的特殊会社之一。与此同时，满炭系统的煤产量也连年增加，1935年产煤153万吨，1937年产煤226.7万吨，1939年产煤达到630万吨，5年间增产了4倍多。伪满产业开发第一个五年计划结束时，满炭直接经营煤矿发展到16个，资金达到3亿多银圆，年产煤量达到1000多万吨。[①]

第三节 日本对抚顺煤炭资源的掠夺

日本发动侵华战争以前，其国内煤的年产量不高，且有很多老旧煤矿，产量也日益下降。日本自发动侵华战争以后，用煤量猛增，军需工厂急需煤炭，国内各种工业也需大量用煤，导致日本国内煤价明显上涨，这直接威胁着侵华战争的持续进行和国内经济形势。

一 对抚顺地区煤矿煤炭资源的掠夺

九一八事变前，在我国东北煤炭生产中，日本"经营"的煤矿处于垄断地位，并且日本"经营"的煤矿中，抚顺煤矿又处于绝对的优势地位。据抚顺煤矿统计，1907年产煤23万多吨；1908年产煤49万多吨；1909年产煤69万多吨；1911年产煤133万多吨；至九一八事变前，抚

---

① 滕利贵：《伪满经济统治》，吉林教育出版社1992年版，第41—42页。

顺煤矿的煤炭产量已达七八百万吨，1929 年为最高峰，达 851.9 万吨。煤矿产量虽有很大增长，但是从比重上看，1929 年抚顺煤仍占东北煤炭总量的 69%，而烟台与本溪之和才占 6.6%。[①]

　　1906 年 4 月，日本人公布了抚顺炭坑分课规程。整个抚顺煤矿共分庶务、会计、用度、坑务、机械、营缮、运炭七个课。1909 年 3 月，增设了电气一课后共八个课。1910 年设炭坑、医院及烟台坑、陶家屯、石牌岭三个坑，并将营缮课改为土木课。但"陶家屯""石牌岭"二坑因当时的设备不足，没有及时开办。1912 年 11 月，又撤掉电气课，将其改为由机械课管理。1918 年 6 月，日本将抚顺煤矿正式改名为抚顺炭矿。此时，设立了古城子、千金寨、龙凤、烟台、大山、东乡、杨柏堡、老虎台、万达屋共九个采炭所。以后又增设了矿务课、运输课和工业课。1927 年 10 月，新设调查役室，其任务是掌管整个煤矿事业计划及审核重要案件，并将运输、机械、工业、土木等课的一部分工作分归该课管理。矿务课所管的事项全归调查役室掌管。又将运输课改为运输事务所，土木课改为工事事务所，工业课改为发电所，机械课改为机械工场。1929 年 11 月，添设制油工场。1930 年 4 月设立火药制造所。1930 年又因满铁职制改革，抚顺炭矿机构也随之变化，撤销了调查役室，另设了庶务、经理、采炭、机械、化学五个课。后又增设工作课。到 1939 年时，日本人在抚顺炭矿下设第一采炭局，设置有：计划、采炭、保安三个课和大山、老虎台、龙凤、烟台、蛟河等采炭所与老头坑、瓦房店坑。第二采炭局设置有：采炭、剥离、计划、庶务四个课。工务局设：机械制造所、发电所、工事事务所、运输事务所和计划、工作两个课。工业局设置有：制油工场、液化工场、制铁场、化学工业所、火药制造所、研究所和计划课。总务局设置有：庶务、人事、劳务、经理、用度、成品六个课。日本帝国主义者霸占抚顺煤矿的 40 年间，相继从 1905 年开始陆续派遣了大八木乔朵、松田武一郎、米仓清族、福田政纪、梅野实、井上匡四郎、久保孚、大垣研、宫本慎平等人

---

　　① 抚顺市社会科学院编著：《日本帝国主义统治抚顺罪行录（1905—1945）》，辽宁人民出版社 1995 年版，第 99 页。

担任抚顺采炭所长和炭矿的矿长。[1]

为了大量掠夺抚顺资源，日本殖民当局于1928年8月在大连设立临时甘井子建设事务所，用巨资"收买"甘井子煤炭码头用地。两次共"收买"、强抢民地面积570974坪（合1887874.81平方米），价格为143万银圆。因为人工装卸煤炭需要时间多，影响船舶周转，所以对码头进行了机械改造，设有煤炭自装船机械设备、各种码头起重机、联合机、电拖拉机等，目的是迅速把从抚顺抢夺的资源运往日本国内。[2]

九一八事变后，日本帝国主义为达到加速侵略中国的目的和准备世界战争，对抚顺煤矿严加统治，强令生产。当时抚顺煤矿年产量占满炭所属煤矿综合年产量的85.7%，是满铁加满炭的所有煤矿综合年产量的75%。1932年抚顺原煤的年产量为68.73万吨，满铁所属煤矿综合年产量是29万多吨（抚顺煤矿产量除外），满炭所属煤矿综合年产量140万吨。至1935年抚顺原煤的年产量为925万多吨。而满铁所属其他煤矿综合产量只有34万多吨；满炭所属煤矿综合产量为122万吨。如按1932年各煤矿的产煤比例，抚顺煤为91.6%，而烟台、蛟河、老头沟、瓦房店的产煤之和仅为5.2%。[3] 如果按照1932年各煤矿的产煤比例计算，抚顺煤高居总量的91.6%，烟台煤占3.8%，蛟河煤占3.3%，老头沟煤占0.7%，瓦房店煤仅占0.5%。在此期间，抚顺煤矿的井工矿与露天矿产煤比例是：井工矿为63.5%，露天矿为36.5%。[4]

二 对抚顺煤矿支矿煤炭资源的掠夺

首先，对烟台煤矿的掠夺。烟台煤矿乃抚顺支矿，矿区所在地，属辽宁省辽阳县，距"南满"路烟台站约15千米。藏煤总数量约达4000

---

[1] 中国人民政治协商会议抚顺市委员会文史委员会：《抚顺文史资料选辑》第2辑，1983年，第227—228页。

[2] 抚顺市委党史研究室：《抚顺人民抗日斗争四十年》，辽宁人民出版社1992年版，第9—10页。

[3] 抚顺市社会科学院：《日本帝国主义统治抚顺罪行录（1905—1945）》，辽宁人民出版社1995年版，第100页。

[4] 抚顺市政协文化和文史资料委员会：《抚顺民国往事》，辽宁人民出版社2014年版，第124页。

万吨，其质半属无烟煤。满铁接办两处煤矿之初，每日出煤共不过 300 吨，近则抚顺 1 处，每日平均出煤，即为 22160 余吨，年额达 7292610 余吨。烟台之矿，每日平均出煤 433 吨，年额达 142500 吨，合两处计之，年额共达 7435110 吨。1929 年，"南满洲"各地产煤额，为 9268440 余吨，抚顺烟台两矿，实占其 80% 以上。[①] 1933 年，日本竭尽一切力量努力增产。当年出煤量为：抚顺煤 7060584 吨、烟台煤 171200 吨，同年开始生产的奶子山（蛟河）煤 5800 吨、老头沟煤 30789 吨，合计 7268373 吨。与上年度相比，抚顺煤增产 21%，烟台煤增产 11%，总计增产 21%。这种形势到 1934 年、1935 年发展迅速，因而对煤的需要旺盛，两年度尽全力增产。其结果在 1934 年生产抚顺煤 7572149 吨、烟台煤 226200 吨，从该年度开始出煤的炸子窑煤 4548 吨、奶子山（蛟河）煤 91000 吨、老头沟煤 45212 吨，合计出煤 7939109 吨，与前一年度比各增产：抚顺煤 7%、烟台煤 32%、奶子山煤 57%、老头沟煤 47%、总额 9%。1935 年生产抚顺煤 7660614 吨、烟台煤 261000 吨、炸子窑煤 4269 吨、奶子山煤 140000 吨、老头沟煤 47586 吨，合计 8113469 吨。比上年度各增产：抚顺煤 1%、烟台煤 15%、奶子山煤 54%、老头沟煤 5%，但炸子窑煤减产 7%，总计增产 2%。1936 年抚顺产煤量为 798 万吨，与其他煤合计达 8579640 吨。[②]

其次，对蛟河煤矿的掠夺。蛟河煤矿位于吉林省蛟河市东北部，有铁路专用线与吉敦铁路线连接。该矿原为中国人经营的吉林奶子山股份有限公司。1933 年 2 月满铁将其"收买"。1934 年 8 月，满铁又"收买"了其附近的下洼子西山等 5 个矿区，共 2553.6 亩，使矿区增加为 15 个，矿区总面积合计 75943.2 亩。1936 年 8 月，改为抚顺煤矿蛟河采煤所。1937 年 10 月，为填补抚顺煤矿的减产，而增加开掘西屯、望宝山、中冈等矿区，产煤量迅速增加，1942 年超过 100 万吨，从 1933 年的 6000 吨增至 1943 年的 147.6 万吨。[③] 1935 年初，奶子山新斜坑（现在的七井）开

---

① 陈真、逄先和：《帝国主义对中国工矿事业的侵略和垄断》，《中国近代工业史资料》第 2 辑，生活·读书·新知三联书店 1958 年版，第 654 页。

② 苏崇民、解学诗主编：《满铁档案资料汇编》第 7 卷《掠夺东北煤炭石油资源》，社会科学文献出版社 2011 年版，第 219 页。

③ 吉林省地方志编纂委员会编纂：《吉林省志》卷 33《对外经贸志》，吉林人民出版社 1995 年版，第 681 页。

始建设，年末投产。1939 年底，蛟河煤矿的地盘扩展为 40 万平方米，全矿有工人 2000 人。1940 年，先后在乌林区和中岗区进行钻探，打孔 125 个，进尺共 38251 米。年底建成了两个斜井，又"开发"了乌林一、二、三斜坑和望宝山一、二斜坑。1942 年新建了五坑、三坑、六坑二斜投产，并采取掠夺性开采，年出煤量增到 131.5 万吨。1943 年夏季六坑一斜投产，全矿年产量增到 1476300 吨。1944 年底，全矿年产煤量为 112 万吨。① 1944 年末全矿已建成十余对小型片盘斜井，全矿有工人 3075 人，最高年产 147.63 万吨（1943 年）。全矿主要设备有：绞车 29 台，3760 马力；水泵 39 台，2760 马力；空气压缩机 14 台，780 马力；坑内采掘设备仅有打眼电煤钻、风动凿岩机、日立式 V 形电溜子等简单的机械设备。1945 年日本投降后，1946 年 10 月因战事紧张（奶子山距拉法新站前线仅 20 余千米）矿山大部分机械撤往后方，矿区停止生产。② 据不完全统计，1936—1944 年，日本侵略者从该矿掠夺煤炭 672 万余吨。

再次，对老头沟煤矿的掠夺。该矿位于延吉县敦图铁路线的老头沟车站北方，面积为 5397 亩。1918 年 6 月，中日合办开采。中方是吉林省实业厅，日方是饭田延太郎；资本 20 万银圆，中方以矿产估价 10 万银圆作股，日方出现金 10 万银圆，合作期限 20 年。1933 年 3 月，饭田延太郎将他的股权转让给满铁，该矿遂由满铁经营。据不完全统计，1935—1944 年，日本侵略者从该矿掠夺煤炭 136 万余吨。③ 该矿按年产 10 万吨可开采 14 年的规划，进行开采，1941 年以后强行增产，1943 年产煤达 20 万吨，挖掘殆尽。

最后，对其他支矿的掠夺。（1）对瓦房店煤矿的掠夺。瓦房店矿原是满铁设立时接收的，因残煤不多、开采价值不大而长期闲置，1933 年 10 月开工，1934 年 5 月出煤，初称炸子窑矿，后改称瓦房店

---

① 中国人民政治协商会议吉林市委员会、文史和学习委员会编：《吉林市文史资料》第 15 辑《吉林市老字号》，1997 年，第 197—198 页。

② 《中国煤炭志》编纂委员会、《中国煤炭志·吉林卷》编纂委员会：《中国煤炭志·吉林卷》，煤炭工业出版社 1997 年版，第 614 页。

③ 吉林省地方志编纂委员会编纂：《吉林省志》卷 33《对外经贸志》，吉林人民出版社 1995 年版，第 681—682 页。

矿，产量不高，最高的 1940 年也只有 7.6 万吨。1945 年 3 月满铁将机械、劳动力转移到他处停止开采。（2）对富锦煤矿的掠夺。太平洋战争爆发后，日本对于炼铁用原料煤的需求量大增，由于佳木斯东北 90 千米的富锦煤田煤质优良，黏结性强，发热量大，灰分又少，极其适于作为炼铁用的焦炭原料。满铁为了建立炼铁原料煤的自给自足体制，于 1943 年 8 月 4 日提出了富锦煤矿开发纲要，"收买"原有的兴安煤矿、富桦煤矿、富安煤矿的矿业权及其周围的第三者呈请矿业权的地区，在 1944 年 5 月，以资本 3000 万银圆缴纳 1500 万银圆设立株式会社富锦矿业所，经营富锦煤矿和自佳木斯至该煤矿的铁路运输业。按照 1944 年 10 万吨、1945 年 30 万吨、1946 年 60 万吨的目标建设开采设备并修建 95.5 千米的铁路，1944 年出煤 143000 吨。（3）对光义煤矿的掠夺。满铁于 1945 年开发光义煤矿，该矿位于城鸡路亮子河信号所西 17 千米，煤质是高度沥青煤有强黏结性，灰分极少，埋藏量估计为数亿吨，1945 年起"开发"，计划年产 200 万吨，该矿未及完成，日本即投降。

第四节　日本掠夺抚顺煤炭资源的去向

关于抚顺煤炭的销售，1934 年，满铁商事部部长在致经济调查会副委员长函中曾建议：要避免满铁和满炭双方出现矛盾，应采取由双方合作的单一机关统一销售的方法。这样一旦出现问题，双方如果对立起来，不仅会导致彼此竞争、供销失调，还会为完成双方的使命带来极大的困难。而且一旦煤炭市场萧条，双方都会遭受巨大打击，特别对于"满洲"各煤矿将更为严重。对于销售的具体实施办法，当时制订了两个方案。方案一：为彻底统制销售，可一律实行包销办法。（1）每年研究销售计划时，应详细商定销售数量和煤价等问题；（2）销售方法为包销，满铁抽包销手续费，约为 2.5%；（3）必要时，炭矿会社可向各主要市场派社员驻在，协助销售该会社的煤炭。如果实行第一方案有困难，可依据下列地区的销售协定进行统制。方案二：（1）目前满铁已设煤炭销售机构的地方，销售满炭煤时，"满洲"、日本内地及海外均由满铁包销；（2）除上述各地之外，在便于炭矿会社自行销售的地方，由该会社销售。此时，满铁煤在上述各地销售时，由炭矿会社包销；（3）包销的实施方法与第一方案相同。① 日本掠夺的抚顺煤炭有几个去向：一是出口煤；二是社用煤；三是东北销售煤；四是船用煤。1918 年至 1928 年详细销售数量如表 4 - 5 所示。

表 4 - 5　　　　　　　九一八事变前抚顺煤炭历年销路分配　　　　　（单位：吨）

年份	满铁自用	东三省销售	轮船用	输出	合计
1918	865827	900256	135964	737537	2639620
1919	1137716	1012236	83724	554591	2788267
1920	996443	813879	185566	499357	2485245
1921	934370	964152	429679	956011	3184212
1922	764440	1100070	745354	1553578	4163442
1923	841825	1307593	679877	1919848	4749143
1924	1016933	1459218	593441	2383386	5452968
1925					
1926					
1927	1117670	2094605	703125	2800000	6715400
1928	1153250	1699742	711201	3560586	7124779

资料来源：胡荣铨：《中国煤矿》第一册，上海：商务印书馆 1935 年版，第 106 页。

一　出口煤

出口煤是抚顺煤销往国外及除东北地区以外的国内各地，销往国外包括输往日本、朝鲜和南洋一带，其中以日本为主；销往国内包括销往关内各地，其中以华中地区为主。② 据满铁经济调查会的统计，九一八

---

① 苏崇民、解学诗主编：《满铁档案资料汇编》第 7 卷《掠夺东北煤炭石油资源》，社会科学文献出版社 2011 年版，第 348 页。

② 汪敬虞主编：《中国近代经济史 1895—1927（上册）》，经济管理出版社 2007 年版，第 430 页。

事变前几年，销往日本国内的抚顺煤数量占该矿总输出量的 50%，而占日本煤炭进口总量的 60%—70%。[①]

满铁的出口煤在 1912 年占总销售额的 35%，1913 年达 123 万吨，为总销售额的 49%。这是由于扩大了对日本和南洋的销路。从 1914 年到 1919 年，由于"社用煤"和当地需求量猛增，出口煤显著减少，1919 年出口煤比重下降到 20%。从 1922 年起，满铁在日本和中国华南各地积极推销抚顺煤，销售量逐年猛增，1924 年超过 200 万吨，1926 年超过 300 万吨，1929 年为 3794 万吨，占总销售量的 47%，即差不多一半用于出口。满铁煤出口的主要对象是中国华南（包括华中）、朝鲜和日本。从 1908 年到 1912 年中国华南占第一位，朝鲜、日本次之，1913 年、1914 年两年日本跃居首位，朝鲜、中国华南次之，1915 年到 1921 年，朝鲜跃居首位，其次为日本、中国华南，从 1922 年起，日本即处于首位，当年向日本出口煤占出口总量的 39%，从 1927 年到 1931 年都接近 50%，即一半出口日本。其次为中国华南，占 27%—33%。第三位为朝鲜，占 10% 左右。从 1923 年开始，销往日本的抚顺煤数量就占日本进口煤总量的一半以上。1926 年增加到 71%，以后所占比重虽略有下降，但也一直在 60%—70%。抚顺煤运到日本的运费相对于日本煤要高得多，但是抚顺煤的成本低、质量好，因此在日本市场有很强的竞争力。此外，抚顺煤除销往日本、朝鲜、南洋外，也输往中国华北、华南及台湾等地，可见，抚顺煤在当地的煤炭市场上占有重要一席。[②] 抚顺煤的输出，最初委托三井、三菱、野泽组、南昌洋行等进行，这样是为了处理上的方便。1909 年、1912 年先后与韩国铁道、铁道院签订供煤合同，从而改由会社自行办理。1911 年和 1912 年 5 月先后在山东龙口、朝鲜京城设立办事处，山东方面（除芝罘）及朝鲜一带即由会社直接经营。1916 年 6 月在青岛设立办事处，与龙口相呼应，努力向该地区输出煤炭。在日本和中国华北、华中、华南等地销售抚顺煤的日本商社见表 4-6。

---

① 抚顺市社会科学院：《日本帝国主义统治抚顺罪行录（1905—1945）》，辽宁人民出版社 1995 年版，第 99 页。

② 苏崇民：《满铁史》，中华书局 1990 年版，第 340—341 页。

表4-6

1918年前在日本和中国华北、华中、华南等地销售抚顺煤的日本商社

区域	次级区域	经销者
日本	东京、横滨	三菱合资会社、南昌洋行
	伊势湾	野津组
	大阪	三井物产会社
中国	台湾	南昌洋行
	山东（芝罘除外）龙口及青岛	贩卖课办事处
	芝罘、天津 上海、广东、香港、南洋方面	三井物产会社

1918年7月和12月，青岛、龙口两办事处被撤销，前者由南昌洋行代销，后者由炽昌厚代销。在日本国内，由于抚顺煤的积极增产计划的推行，输出量猛增。1923年4月将过去销售抚顺煤的贩卖株式会社组织起来，除各官厅外，日本的所有销售都由其进行。1926年末，抚顺煤输出经销者见表4-7。

表4-7
1926年末抚顺煤输出经销者

区域	次区域	经销者
日本国内及中国台湾		抚顺煤贩卖株式会社
山东	龙口	炽昌厚
	威海卫	泰顺洋行
	芝罘	三井物产会社
	青岛	南昌洋行
上海、广东、香港、南洋等方面		三井物产会社

抚顺煤炭的输出，主要是由满铁直营铁路运输，满铁煤炭运费收入年平均3500万元，占满铁全部运费收入的40%。可以说，抚顺煤给日本带来了巨大的经济利益。据统计，在日本占矿期间，抚顺煤炭被掠夺到日本国内总计达3000多万吨。从1905年霸占煤矿到1945年光复的40年时间里，日本帝国主义共掠夺抚顺煤炭2亿多吨，攫取纯利润2亿多万日元。所以，抚顺被日本帝国主义称为"会社的财源""帝国的一

大宝库"。^① 1906 年至 1927 年，运往日本国内的抚顺煤炭高达 8000 万吨。其中重点运往日本的京滨、清水、伊势湾、大阪、神户、德山、舞鹤、敦贺、直江津、新潟、斧石、八幡等 30 余个地方。抚顺煤对日本发展军事工业具有重要的作用。吴工厂是当时日本国内规模非常大的海军军事工厂，此工厂制造火炮和军舰钢板用钢，只能用抚顺煤。而另一军事工厂八幡制铁所，抚顺煤对其作用也相当大，八幡制铁所有炼钢用煤气发生炉 20 余座。如果采用抚顺块煤，只需开动 12 座煤气发生炉就够了，且煤气性质稳定，还能节省经费，这个工厂专门用抚顺煤作燃料。^② 此外，日本关西共同火力发电厂的锅炉，只有用抚顺煤才能将火室内温度增到 1500 度以上，且急需用抚顺煤发电，否则就要受到很大影响。于是，日本帝国主义分子大声疾呼："强行向日本输出煤，是满洲国必须完成的首要任务。"抚顺煤既要供给"南满洲铁道株式会社"需要，还要向日本国内和海外输出。这就给抚顺煤矿带来了沉重的负担。^③ 1930—1941 年输往日本内地最高年份是 1934 年，为 2724612 吨。海外输出最高年份是 1931 年，为 154150 吨，这期间，日本通过输出抚顺煤炭，攫取了大量的垄断高额利润，获得总利润约 1 亿银圆（指 1930—1941 年），其中获得垄断利润最高的年份是 1938 年，为 16579058 银圆。^④ 1930—1941 年日本从抚顺掠夺的煤，除输往日本内地 1890 多万吨外，其他为"满洲"内消费、海外输出（主要是指南洋各国）。运往日本内地和海外输出的煤炭主要是从大连港外运。1930 年 7 月 1 日至次年 3 月 1 日从大连港输出煤炭达 124 万吨，一日最高装船纪录达 13.683 吨。^⑤ 图 4 - 3 为大连煤矿卸煤场景。

由于抚顺原煤对日本的用途特殊，因此，抚顺煤矿从 1932 年到

---

① 抚顺市社会科学院：《日本帝国主义统治抚顺罪行录（1905—1945）》，辽宁人民出版社 1995 年版，第 103 页。

② 王渤光：《抚顺人民抗日斗争四十年》，辽宁人民出版社 1992 年版，第 9 页。

③ 孙邦：《经济掠夺》，吉林人民出版社 1993 年版，第 354 页。

④ 中国人民政治协商会议抚顺市委员会文史委员会：《抚顺文史资料选辑》第 4 辑，1984 年，第 51—52 页。

⑤ 中国人民政治协商会议抚顺市委员会文史委员会：《抚顺文史资料选辑》第 4 辑，1984 年，第 51 页。

1944 年向日本输出原煤达 1777.2 万吨，其中，1932—1936 年输出
1133.9 万吨，1937—1944 年输出虽明显减少，仍达 643.3 万吨。①
1908—1943 年日本从抚顺掠往日本的煤炭量及抚顺煤矿历年销路见
表 4 - 8。

图 4 - 3　大连车站卸煤场景

资料来源：虞和寅『撫順炭鉱報告』、農商部鉱政司発行、民国十五年（1926），第
245 页。

表 4 - 8　　　　　**日本占领时期从抚顺掠往日本本土煤炭量**　　　　（单位：吨）

年份	向日本输出量	年份	向日本输出量
1908	1861	1912	112179
1909	2567	1913	388249
1910	9270	1914	360707
1911	55417	1915	122403

① 张福全：《辽宁近代经济史（1840—1949）》，中国财政经济出版社 1989 年版，第
502 页。

年份	向日本输出量	年份	向日本输出量
1916	179661	1930	1708947
1917	148881	1931	1811683
1918	159296	1932	1789611
1919	114509	1933	2388286
1920	63849	1934	2724612
1921	287585	1935	2388371
1922	909694	1936	2048174
1923	921924	1937	1713436
1924	1170829	1938	959733
1925	1239715	1939	722570
1926	1447287	1940	546998
1927	1693558	1941	667781
1928	1849428	1942	621958
1929	1887287	1943	587092

资料来源：抚顺市政协文史资料委员会、抚顺矿业集团有限责任公司编：《抚顺煤矿百年1901—2001》，辽宁人民出版社 2004 年版，第 358 页。

二　社用煤

用于满铁本身需要的煤称为"社用煤"，按其用途可分为铁路、工业、船燃料及杂用等用煤。"社用煤"的需求数量随着满铁经营业务的扩大在逐年增加，但是从 1907 年到 1916 年，"社用煤"在总销售的煤量中所占比重明显下降，由 70% 下降至 23%。1917—1919 年，由于满铁业务的扩大特别是鞍山制铁所的建立，"社用煤"用量增加一倍，所占比重上升至 35%。此后"社用煤"的用量就在 90 万吨至 140 万吨。随着煤的总销售量的增加，"社用煤"的比重从 1923 年降到 20% 左右。[①] 由此可以看出，满铁的运转离不开抚顺煤矿，满铁运费收入的40% 来自抚顺煤矿。抚顺煤矿的盈利占满铁全部盈利收入的 25%。"社

---

① 苏崇民：《满铁史》，中华书局 1990 年版，第 337 页。

用煤"从1908年的26万吨到1943年的227万吨，全部由抚顺煤矿供应。[1]

三 东北销售煤

抚顺煤在当时的东北地区占据着垄断地位。当时满铁办理售煤时，就考虑到了抚顺煤在整个"满洲"燃料界的重要地位。当时为抚顺煤制定的方针是：除满铁本身铁路、船舶、各工厂及其他方面用煤外，首先供应"满洲"各地，然后再将剩余的煤用于船用煤和向海外输出。满铁想尽一切办法，使抚顺煤在东北占据垄断地位。

满铁创立之初，东北售煤还很少，满铁对消费者的直接销售，仅限于驻在沿线各地的日本军队、大连的一部及沿线各小站。当地售煤的主要地区，当时大都委托三井物产会社代销，因此在开辟营口、辽阳、奉天、铁岭、长春以及新民屯各地抚顺煤的销路方面，都是依靠三井物产。1907年是26515吨，1908年是57736吨，1909年是83873吨，与当地售煤总数之比，1907年占50%，1908年占34%，1909年占38%。

由于抚顺煤在东北燃料界的垄断地位，对于它的销售方法极为重要，于是确定了直销的方针。在"满洲"重要市场设立办事处、储煤场，派社员驻在，直接进行销煤业务。当地代销煤在数量上虽有增加，但占当地售煤总量的比例则递减，1910年占36%，1911年占29%，1912年占26%。到1914年以后，委托代销与一般代销完全没有区别。当地售煤的直接销售方针于1908年11月确立，首先在奉天设立办事处，1909年在营口、四平街，1910年在辽阳、旅顺、长春、本溪湖，1912年在安东，1914年在哈尔滨设立办事处，直接办理售煤业务。并在各地设立储煤厂，1917年3月满洲各地共有储煤场32个，总面积156799坪，储煤总面积112129坪。[2]

1908年以后，由抚顺煤矿销往东北地区的煤炭数量经常在年产量的50%—80%浮动，此后20年里年均都在57%左右。1920年以前，抚顺

---

① 东北三省中国经济史学会编：《东北经济史论文集》（下册），1984年，第189页。

② 解学诗主编：《满铁史资料·煤铁篇》（第一分册），中华书局1987年版，第226、229页。

煤销往东北市场的销量占年产量的60%—80%。后来，由于东北的华资煤矿相继投产，使抚顺煤在东北市场的销量受到了影响，但仍然维持在年产量50%左右。这证明满铁制定的方针已经保证了抚顺煤在东北占据的垄断地位。此外，抚顺煤矿在东北地区的销量中，满铁的消费量长期居于重要地位。从1908年以后的20年中，满铁消费煤炭占抚顺在东北销量的46%—67%，平均每年在50%。① 1937年，整个东北地区用煤量是1276万吨，其中抚顺煤占971吨。1938年全东北用煤量是1420多万吨，其中抚顺煤占930万吨。直到1941年由于其他煤矿的发展，抚顺煤的生产下降，全东北用煤量是2256万吨，但是抚顺煤仍占673万吨。②

四　船用煤

船用煤在满铁销量总数中所占的比重较小，1907年只占1.7%，由于抚顺煤的易燃性及灰分和含硫少的特点，是优质的船用煤，从而扩大了销路。1907年到1914年从3000多吨增加到23万吨。随后因"社用煤"和东北销售煤增加，船用煤的方针受到了限制，减少了销量。到1920年因贮煤的增加才转向采取积极的贩卖方针，1922年达到75万吨，占16%，此后就逐步下降到10%以下。船用煤的销售还受到海运业的制约，它的增减能够反映出东北各个港口进出船舶的多少和东北进出口贸易的情况，同时也是反映东北经济发展的一个重要指标。③ 例如船用煤，除航行宜昌至重庆航线的船舶在重庆及万县两地供应龙王洞煤（该煤火力较强，适宜川江轮船爬滩）外，其余如宜昌线、汉湘线的船舶所用煤均来自大连港运来的抚顺统煤。

综上，满铁自用煤数量与东三省的销售量几乎占抚顺煤矿一半以上的销售量。根据日本侵略者和清政府签订的《抚顺、烟台煤矿细则》第五条规定，满铁自用煤在每日700吨之内免纳出井税，也就是说满铁变相地攫取了本应属于我国的利益。满铁自用煤主要用于满铁在东北地区

---

① 汪敬虞主编：《中国近代经济史1895—1927（上册）》，经济管理出版社2007年版，第429页。

② 东北三省中国经济史学会编：《东北经济史论文集》（下册），1984年，第189页。

③ 苏崇民：《满铁史》，中华书局1990年版，第339页。

投资的铁路和工业等各项产业，其中抚顺煤矿自身便是一个极大的消费对象。抚顺煤矿附设炼焦炉、洗煤厂、机器工厂、土木工厂、硫酸工厂、干馏厂、瓦斯工厂、自来水工厂。其中，炼焦炉每天炼焦数量约达100吨，洗煤厂每天洗煤约300吨，硫酸厂日产硫酸100吨，这些工厂均需要消耗大量的煤炭，使得抚顺煤矿对煤炭的消费占东北煤炭销售量的一半以上。

第五节　日本掠夺抚顺煤炭资源的特点

煤炭一直是日本侵略者掠夺的重点。日本本来就是资源缺乏的国家，随着侵略战争的不断扩大，无论是日本军方还是日本国内百姓，对煤炭的需求均不断增加。日本对抚顺煤矿的掠夺有以下四个特点。

一　掠夺的目的性强

日本侵略者对抚顺煤矿早有侵占的野心。自日俄战争结束后，满铁对抚顺煤矿的侵占，到对抚顺煤矿的一系列开采和掠夺，这一切都是有计划、有预谋的。由于战争的需要，煤炭当时已经成为日本同国防相关的重点工业。九一八事变后日本帝国主义之所以强令抚顺煤矿高产，其目的：一是要用优质的抚顺煤炭发展日本国内的军事工业；二是要解决日本国内能源危机的状况；三是要发展日本国内的经济，建立以日本为中心的东亚地区经济网。

二　掠夺的范围及数量极大

19世纪末的明治维新，使日本走上了工业化的道路，同时也走上了军国主义侵略的道路。日本成为帝国主义国家后，拼命进行对外侵略，主要目的是掠夺他国的原料和榨取高额利润。煤炭是日本对抚顺掠夺的最主要原料。自伪满洲国公布了《重要产业统制法》后，明确规定年产5万吨以上的煤矿业均需伪满洲国政府许可的统制方针。实施的满洲产业开发五年计划，把煤炭作为重要部门，强制推行增产计划。将第一次五年计划最终目标定为 2500 万吨，后于 1938 年修订的五年计划将目标提高到 3800 万吨。可见其掠夺的野心之大。1907 年，满铁接管抚顺煤矿时，接收过来的只有千金寨、杨柏堡、老虎台三个矿。矿区面积仅 20 多万平方米。随后日本侵略者不断扩大开采区域，加大抚顺煤炭开采量，加速掠夺抚顺煤炭资源。

为了最大限度掠夺抚顺煤炭，满铁特别聘请日本的采矿权威松田武一郎担任第一任矿长。松田武一郎上任后，即制订了所谓的"第一期开发计划"。1907 年 11 月，首先在千金寨附近开凿大山矿，1908 年 11 月，又在杨柏堡附近开建东乡矿，这两矿分别于 1911 年 4 月 1 日和 7 月 1 日正式投产。同时，满铁还改造和扩建千金寨、杨柏堡、老虎台等旧矿，增添了开采设备，使三矿平均日产量达到了 3000 吨。到 1912 年，抚顺煤矿年产煤量猛增到上百万吨，是 1907 年产量的 6.3 倍。抚顺煤矿成为日本侵略中国的重要工业基地之一。①

此外，日本还围绕煤矿建立了许多附属性工厂，如"大山发电所""机械制造所""抚顺化学工业所""制油工场"等。从日本 1905 年霸占抚顺煤矿到 1945 年日本战败投降为止，40 年间开采累计 2 亿多吨，其中 1930—1941 年为 1 亿零 800 多万吨（内含正炭约 9200 万吨，余下的为杂炭），约占 40 年开采总量的 54%。1930—1941 年开采最高的年份是 1937 年，为 10339346 吨，掠夺数量之大是惊人的。1930 年，东北煤的产量不过 1000 万吨，其中抚顺产 815457 吨，约占东北产量的 81%。②

三　武力掠夺，强占土地

1908 年 5 月，刚刚成立一年的满铁就强行购地约 390 万平方米。到 1939 年时，抚顺各矿占地面积增加到 7000 万平方米，如果加上附属其他用地，总共高达 1 亿平方米以上。1905 年，日本帝国主义占领抚顺后，便对抚顺矿山进行所谓改造，积极增添机械设备，开设斜井、竖井和露天煤矿，以图大肆掠夺抚顺煤炭资源。日本帝国主义在准备建井开

---

① 辽宁省档案局（馆）编：《辽宁风物》（壹），辽宁人民出版社 2012 年版，第 99 页。
② 中国人民政治协商会议抚顺市委员会文史委员会：《抚顺文史资料选辑》第 4 辑，1984 年，第 51 页。

矿的同时，大面积地强行征收民间土地，扩展抚顺煤矿采煤区域。日军强占抚顺煤矿时，各矿的开采面积是：千金寨煤矿10.4万平方米，杨柏堡煤矿2.4万平方米，老虎台煤矿5.6万平方米，总共是18.4万平方米。接着，强占民间土地的面积，逐年显著增加。1907年占有民间土地2600多亩，加上铁道占地，共4000多亩。到1912年，累计强占民间土地1.1万多亩；到1917年，累计强占民间土地为2.6万多亩；到1920年，累计强占民间土地6万多亩；到1928年，强占民间土地高达8.9万多亩。日本帝国主义还不断强征土地，扩大矿界。从1910年开始建成的"大山坑"起，为了扩大开采量，不断建矿，据满铁统计，仅1936年就扩占土地10421亩。而1932—1936年，抚顺炭矿扩占的土地面积达1194.6万多亩，而且不包括制油厂、附属工厂和贮煤用地。[①] 这致使很多百姓无家可归，流离失所。日本侵略者还强迫千金寨居民搬迁，将古城子、杨柏堡两个露天矿连成一体，建成东西长6.2千米，南北宽1千米的大露天矿。按照伪满政府制订的"都邑计划"，将原住千金寨的日本人迁入永安台等地的住宅区，将中国人迁往浑河南岸滩地（今新抚顺地区）、抚顺城及东两大院等地。抚顺真正成了日本帝国主义重要的燃料基地。

四　破坏性的开采挖掘

日本帝国主义开采抚顺煤矿期间，为达到增产的目的，乱采乱掘，手段极其恶劣。在准备工程掘进完成率还不够60%的情况下，要采煤完成率达到80%，完全破坏了两者的平衡，使采煤、掘进的采掘比例关系严重失调。露天剥离每年不能按比例完成任务，而掘出的煤，竟然远远超出采剥计划。这种疯狂的掠夺，造成了露天剥采比例严重失调，使得露天矿出现了多次大滑坡，对矿工生命造成严重威胁。

日本对抚顺煤矿的侵占是有预谋、有计划性的，目的性极强。由于

---

① 抚顺市社会科学院：《日本帝国主义统治抚顺罪行录（1905—1945）》，辽宁人民出版社1995年版，第98页。

清政府的腐败、无能和懦弱，日本侵略者从最初和清政府签订条约，到强行占领，再到疯狂盗采，这种强盗般的行径不仅给抚顺煤矿造成空前的灾难，同时也严重破坏了当地的自然资源，对当地环境造成了严重的污染。致使抚顺煤矿在抗战后很长一段时间才恢复生产。满铁对抚顺煤矿这种不计后果的破坏性开采在中国历史上是绝无仅有的。

第五章

日本对抚顺煤矿油页岩资源的掠夺

日本是资源短缺的国家，九一八事变前后，日本通过战争疯狂地侵略扩张，从中国掠夺了大量的资源，其中石油是日本帝国主义掠夺的主要资源之一。由于战争的不断扩大，石油是当时日本最为缺乏的资源之一。正是由于这一原因，日本加紧了对我国东北石油资源的掠夺。自日本帝国主义侵占抚顺煤矿后，在抚顺煤矿发现油页岩，日本侵略者便对油页岩反复试验，甚至不惜送到别国进行试验，足见其贪婪的野心。当油页岩干馏试验方案具体化后，抚顺煤矿遭受了日本侵略者的疯狂盗采。

第一节　油页岩的资源分布及抚顺油页岩的特点

一　油页岩的资源分布

石油有两个来源：一个是天然石油，其开采方便，成本低；另一个来源是人造石油。人造石油有两种提取方法：第一种方法是从植物油中提取；第二种方法是从可供提炼石油的矿产中提取。可供炼油的矿产有煤和油页岩两种。用煤炼油是指将煤通过低温蒸馏或化学方法得出粗油，然后再分馏出各种油类，这一方法成本较高，因此在缺煤的地方，这种炼油方式不适宜。油页岩是含油的片状矿石。用油页岩炼油是通过油页岩干馏得到页岩油，它的程序虽然比开采天然石油复杂，但除了能得到页岩油外，还能提炼出许多有价值的副产品，因此相比其他的人造石油原料，油页岩提取石油的成本较为低廉。① 油页岩炼油一般都采用干馏法：将油页岩破碎后，放于干馏炉中，使油页岩中油质蒸发为油气。油气经过除尘和硫酸洗涤去除氨气，将油气送达采油机，然后用水将油气冷凝后进入储油池，再利用油水密度不同将油液分出，得到的油液就是页岩油。页岩油产率一般是 5%—6%，成本通常较天然石油开采较贵。②

　　油页岩呈褐色、黑褐色或黑色，能剥离成片状。加热后产生可燃性气体。如果加以干馏，则生成类似石油的油状物，其产油量达 10% 以上。干馏时，除产油外，还产生不凝缩的可燃性煤气为副产物。又借石油的溶剂，虽可浸出油页岩中所含的油分，但很少，或仅有痕迹而已。由此可知油页岩中含有一种可以生成石油的母体物质，借加热作用，石油遂从此母体物质分离而出；此母体称为油母。即油页岩是含有油母的页岩，加热后，即从油母产出石油，并不是石油以油的形态存在于油页岩中。油页岩在自然界中分布极广，但是如果将其用在工业上，当地必须有产量极为丰富的油页岩。因为油页岩中可利用的成分占比很小，大部分是废物。如果投入巨资去搬运油页岩，必定会消耗很多财力。

　　欧洲的油页岩产地有西班牙、法国、德国、奥地利、匈牙利、意大利、保加利亚、塞尔维亚、土耳其、苏联、挪威、瑞典、英国的苏格兰及诺霍克等。其中苏格兰是最主要的产地，其埋藏量约 5 亿吨。所探的油量平均约是油页岩的 10%。诺霍克有更丰富的油页岩，其产油量大于苏格兰，但缺点是含硫量多、含氨量小。能当制炼材料的埋藏量约 1 亿吨。爱沙尼亚的油页岩也很丰富，其采油率在 30% 以上，能当作业材料的埋藏量达 15 亿吨以上。③ 美国油页岩的资源量位居世界第一，中国位居第二。中国油页岩的分布范围覆盖 22 个省和自治区、47 个盆地。松

---

① 陈国达：《陈国达全集》第 9 卷《科学思想与方法科普作品与诗词（1933—2005）》，中南大学出版社 2008 年版，第 268 页。

② 科学普及出版社编：《工业常用名词术语简释》，科学普及出版社 1958 年版，第 31 页。

③ ［日］田中芳雄：《石油及页岩油工业》，张资平译，上海：商务印书馆 1951 年版，第 171 页。

辽盆地是中国最大的含油页岩盆地，坐落于松辽盆地的吉林省是中国油页岩最为丰富的省份，约占全国油页岩总资源量的30%。而在东北，油页岩最先被发现、开发和利用是在辽宁省。目前中国已开发利用的最大的油页岩采矿场及炼油工厂都在抚顺，抚顺的油页岩含油率2%—10%，平均5.97%，矿产厚度为20—145米，平均厚度55米。[①]

二 抚顺油页岩的特点

(一) 储量丰富

与满铁交往极为密切的《东京每日新闻》总务部长藤冈启1928年在其论著《东省刮目论》中阐述道："抚顺炭坑的伟大价值，在露天式探掘而成之大炭田。近来，更发现可惊之物，即向来视为发料之五十五亿吨页岩，有石油原油，约日本全部石油量的二倍半，可探三百年是也。溯其发见之陈迹，则抚顺炭坑最初见油页岩者，为清宣统元年。自大山坑掘出之岩石，烧之觉有异，加以蒸馏，而得2.6%之油，分析之结果如次。"[②] 由此可见，当时的抚顺炭坑的价值是极其伟大的，抚顺油页岩含有的石油原油量相当于全日本石油量的2.5倍，可采三百年。

抚顺作为页岩油原料的油页岩，在煤炭露天矿作业是属于应予剥离、废弃之物。不仅如此，炼油后的残渣还被用作井下充填材料，因此用它作原料的炼油事业是极为有利的，而其埋藏总量号称54亿吨，含油量2.7亿吨。假定按深度1000英尺[③]估计，推算其油量也可达1亿3000万吨，因而以年产油百万吨计，也足以维持百年之久。抚顺煤矿所属制油工厂的粗油年产能力为14.5万吨，投入事业费1800万日元用于扩建工程，当1939年完成时，预计粗油年产能力增加为30.4万吨。[④]

---

① 庞名立：《非常规油气辞典》，中国石化出版社2015年版，第77页。
② ［日］藤冈启：《东省刮目论》，汤尔和译，上海：商务印书馆1930年版，第109页。
③ 1000英尺等于304.8米。
④ 苏崇民、解学诗主编：《满铁档案资料汇编》第2卷《巨型殖民侵略机构·满铁》，社会科学文献出版社2011年版，第820页。

（二）相比其他地区油页岩开采成本低

抚顺页岩油工业，拥有世界第一位的规模，其原矿品位虽低，但因系露天开采，原矿费用低廉，加以粗蜡及硫氨收入很大，抚顺式干馏法能效较高。抚顺页岩油属于石蜡基，含石蜡较多，最适于炼制柴油，亦即以此而炼制的挥发油辛烷值（60）虽低，但柴油的16烷值（50）却较高，并且富有作为航空润滑油等高级品原料的优良性质，要优于天然石油。[1] 露天开采抚顺煤藏时，必须剥离覆盖在煤层上的油页岩，因此油页岩的开采成本已经计算在采煤成本中，而页岩油的提取成本仅包括油页岩的干馏成本。抚顺油页岩较之美国、苏格兰等地的这一优点，20世纪30年代日本的工学博士田中芳雄对此进行过详细论述："页岩油（shale oil）是干馏油页岩（oil shale）所得的矿油。其主要成分与由烟类所制得的石油极相类似。一切的黑色页岩因有碳质的存在，故呈黑色，借加热虽可以生成可燃性煤气及油。但一般称为油页岩的是在工业上可以成为矿油原料的页岩。此种油页岩产于世界各地。最主要的产地为英国苏格兰及中国抚顺。"[2] "现在世界上规模最大且收益最多的页岩油工业当推日本南满铁道公司在抚顺所经营者。抚顺的油页岩较之苏格兰产者品位稍劣，毋宁种之为贫矿。苏格兰之探油量约10%。但在抚顺产者则平均5%至6%而已。抚顺页岩油之所以有利者，固有多数之理由可举，就中最重要之理由则因该地方之环境关系，其探掘费极省也。即在抚顺地方油页岩适位于煤炭层之上，厚约137.16米，其埋藏量约五十四万吨。此外抚顺之页岩油工业所以有特殊利益之理由，即探油之残滓（废页岩）可以利用之为附近矿坑内之充填材料。后续的充填材料，须从浑河河床搬运土砂，以及从矿山南部搬运风化片麻岩的土砂。今既利用此项油页岩之残滓，则可以节约大量之运费。在其他诸点，亦尚多利益也。"[3]

---

[1] 解学诗主编：《满铁史资料·煤铁篇》（第三分册），中华书局1987年版，第821页。

[2] ［日］田中芳雄：《石油及页岩油工业》，张资平译，上海：商务印书馆1951年版，第169—170页。

[3] ［日］田中芳雄等：《最新化学工业大全》第7册，张资平译，上海：商务印书馆1936年版，第190—191页。

第二节　九一八事变前满铁对抚顺油页岩的干馏试验及制油工厂的建立

　　20 世纪前，辽东地区已有人用挖掘的油页岩做燃料。20 世纪初，清朝直隶省朝阳府建昌县（今辽宁省凌源市）的李秉文、张斌等人就开始了进行从油页岩中提取原油的研究，1912 年他们制作的页岩油提炼设施获得了凌源县和直隶实业司的审核。1913 年他们又成立了裕华石油筹备公司，购买了 3 处油页岩矿，并向北洋政府工商部申请了专利开采执照。1914 年，北洋军政府与美孚石油公司签订了热河地区石油勘察及开采合同，但美孚公司到热河调查后认为该地区石油贫瘠不适宜开发，因此对该地区的油页岩也未加以关注。1913—1919 年，裕华石油筹备公司一直申请开采凌源县九佛堂油页岩，但最终未获批准。而其后几年，满铁开始了油页岩的"开发"试验。

　　日本对抚顺油页岩的"开发"源于其对抚顺煤田的开采。1909 年日本在抚顺建设大山坑发电所，在开凿大山坑时，大量的油页岩被弃于地上，因堆积日久而自燃生火，被工人称为"可燃岩石"，从此，日本人注意到了这种页岩的含油价值。1910 年，满铁"中央试验所"对抚顺煤矿的油页岩进行了含油量的试验。当时样本测定的含油率仅 1% 左右，这个数据在 1910—1920 年经日本科学书籍及满铁各渠道流入了 20 世纪 20 年代中国相关书籍中，这在一定程度上对 20 世纪 20 年代中后期中国对抚顺油页岩开采价值的认识造成了某种误导。

　　1920 年抚顺油页岩样品送交日本德山海军燃料厂进行试验，1921 年 100 吨抚顺油页岩被送往瑞典和德国进行干馏试验，测定的样本含油率分别为 2% 和 1.75%。[1] 1922 年抚顺煤矿和满铁中央试验所通过勘察得出了结论：抚顺油页岩层的上层是含油率 10% 的优质页岩，中层页岩

---

　　[1]　抚顺石油工业志编委会：《抚顺石油工业志（1907—1987）》，辽宁人民出版社 1989 年版，第 23 页。

含油率为6%，接近煤层的底层页岩含油率为4%，由于抚顺油页岩便利的开采条件，仅需6%的含油率即可获利。① 由此，满铁下定决心开采抚顺油页岩。

满铁曾考虑在苏俄进行干馏试验但又立即放弃。1924年500吨试验用的抚顺油页岩被满铁送至苏格兰进行外热式干馏试验，因为当时苏格兰的油页岩炼油技术是世界最高水平。1925年5月21日至28日，满铁、日本陆军、海军举行"抚顺油页岩事业联合协议会"，研究在抚顺建造日处理2000吨油页岩的炼油厂。② 1925年10月，在参考了上述众多干馏试验结果，吸收了苏格兰和爱沙尼亚干馏炉设计经验的基础上，日本在抚顺制造出了单台可处理10吨油页岩的内热式干馏试验炉（即后来的"抚顺式干馏炉"，其工艺特别适合于抚顺页岩油的提取，此工艺经多次改进一直沿用至今），投入试运行至1926年4月。1926年9月，制造出了单台日处理40吨油页岩的内热式干馏试验炉，并证实抚顺式内热式干馏法比苏格兰外热式干馏工艺更为先进，10月26日，抚顺式干馏法获得日本专利，专利权属于满铁。干馏工厂如图5－1所示。

同日，日本政府批准建立"抚顺炭矿制油工场"。1927年1月，日本开始制造单台日处理40吨油页岩的干馏试验炉。1928年，在日本海军部和大藏省的支持下，满铁理事会提出了建设日处理4000吨油页岩的干馏厂的计划。1930年前，日本的原油供应首推来自北库页岛，但北库页岛年产油仅10万吨。③ 1928年至1930年的两年时间，满铁抚顺煤矿在抚顺大官屯站南侧建成了"抚顺炭矿制油工场"（1940年更名为"西制油厂"，即今天的"抚顺石油一厂"）。各厂投资额（见表5－1）。1929年12月30日基本建成，部分投产，开始出油，至1930年5月完全建成内热式干馏炉，④ 共80台，每台干馏炉可日处理50吨油页岩，可以年产

① 日本工业化学会满洲支部：《东三省物产资源与化学工业》下，沈学源译，上海：商务印书馆1936年版，第440页。

② 山本裕『満鉄オイルシェール事業：1909—1931年』、『三田学会雑誌』第95卷第4号、2003年。

③ 魏承先：《满铁事业的暴露》，上海：中华书局1932年版，第90页。

④ ［日］大岛义清、［日］香坂要三郎：《燃料》，黄开绳译，上海：商务印书馆1940年版，第234页。

50000 吨重油，汽油 1000 吨，粗石蜡约 15000 吨，1931 年抚顺炼油厂的重油产量 40161 吨。① 九一八事变前炼油厂各种油产量如表 5 - 2 所示。

图 5 - 1   干馏工厂

资料来源：『炭鉱読本（昭和 11 年度）』、撫順炭鉱、昭和 12 年（1937）、第 319 頁。

表 5 - 1 　　　　　　　　　　　　　　　**各厂投资额**

厂名及各项杂费	金额
干馏和硫铵厂	5137700 日元
粉碎机和线路设备	1300000 日元
蒸馏厂	726300 日元
粗石蜡厂	918000 日元
附属设备	1818000 日元

---

①   解学诗主编：《满铁史资料·煤铁篇》（第三分册），中华书局 1979 年版，第 829 页。

续表

厂名及各项杂费	金额
调查研究费	500000 日元
合计	10400000 日元

资料来源：松木豊三『満鉄第三次十年史』、昭和 13 年（1938）、第 1907—1909 頁。

表 5 - 2　　　　　　　　　**九一八事变前炼油厂产量**

品名	1930 年	1931 年
粗油	57791 吨	63059 吨
重油	28578	40161 吨
粗石蜡	10608	12640 吨
焦炭	2685	3445 吨
硫铵	13332	5802 吨

注：1929 年已生产粗油 3517 吨，硫铵 502 吨。

资料来源：解学诗主编：《满铁史资料·煤铁篇》（第三分册），中华书局 1979 年版，第 829 页。

第三节　20 世纪二三十年代中国对满铁抚顺油页岩盗采的认识过程及抗议

一　对满铁抚顺油页岩盗采的认识过程

20 世纪 20 年代中期以前，受外界相关数据的误导，中国部分相关人士认为抚顺油页岩的含油率低，开发价值不高，这是由于抚顺油页岩在抚顺煤矿区内，根据中日当时的相关协议，日本拥有在抚顺煤矿的独家采煤权，而抚顺油页岩层在煤矿区之内且在煤层之上。因此，其他人无法对抚顺油页岩进行系统勘察与研究，因此获取相关信息的渠道依赖于日本。20 世纪 20 年代中期满铁的油页岩干馏炉提取试验较为保密，同时，日本对抚顺油页岩的提取技术水平在 20 世纪 20 年代的 10 年间每年都取得了急速进展，而中国相关人士对油页岩的提取工艺的认识已显落后。

　　1927—1929 年，中国相关人士开始注意到满铁的油页岩"开发"活动的加剧，并有所担心，认为抚顺油页岩"开发"事关国防，不能坐视被日本掠夺。1928 年 5 月，中国化学家吴承洛在其著作《今世中国实业通志》的"奉天抚顺油页岩"一节中，几次提及南满铁路公司已经着手蒸馏试验，但是吴承洛对抚顺油页岩能否高产难下结论，但是也提醒国人应予以随时关注。正如吴承洛在此著作序中所说："……日人更有巨大之组织，暗中操纵指挥，其中如南满铁道株式会社，除实际经营东三省实业外，并作之种种调查，对于个人或团体之记载笔录，我国之事实报告，现状之调查，无不尽力搜罗，故其所得，繁富而详尽。日人在华之经营，所以能着成功者，固有借于政治之力，然其调查之精密，亦为一因也。夫以国土之主人，而于本国情形之所知，反不如其实，则又何怪人之越俎代庖哉？今既憬然而悟，则急起直追，努力建设，为时尤未晚也。"[1] 1928 年 6 月 4 日，张作霖被炸身亡后，日本关东军入侵东北的趋势迫近，满铁也加速了抚顺油页岩的"开发"。中国的地质工作者们也越发关注满铁在抚顺的油页岩"开发"，其中就包括地质学家谢家荣，其参加过 1918—1926 年北平地质调查所及中国农商部矿物司在东北进行的地质勘探和矿物调查，谢家荣在 1929 年 3 月出版的《石油》一书中就对满铁中央试验所用苏格兰式蒸馏方法提炼页岩油表达了担心："如果计划告成，则每年能产原油二百万吨……我国拥有富源（页岩油），不知利用反为外人所掠夺，诚可哀哉。"[2] 1929 年 8 月，胡博渊在期刊中介绍了抚顺油页岩的状况及油页岩干馏的工艺过程。直至 1930 年，满铁在抚顺的页岩油产量剧增，抚顺县政府才觉察到满铁已经能够从油页岩中高产量地炼出原油。

　　九一八事变前，较早披露日本在抚顺油页岩制油厂生产状况的是1931 年 5 月出版（1931 年 4 月完稿）的《东北年鉴1931》，其中详细记载了抚顺油页岩制油厂的建设费用（包括：生产 80 台蒸馏器、碎石机、重油蒸馏工厂、精炼煤黑油装置、运油列车等费用）、产量及制取物。[3]

①　吴承洛：《今世中国实业通志》上册，上海：商务印书馆 1929 年版，第 227 页。
②　谢家荣：《石油》，《万有文库》第一集，上海：商务印书馆 1929 年版，第 135 页。
③　东北文化社年鉴编印处：《东北年鉴 1931》，东北文化社 1931 年版，第 1192 页。

九一八事变后，在上海以商务印书馆为首的各大书局出版的关于国际时局和国家矿业资源的书籍中，开始提及抚顺的油页岩被日本开采的状况，同时，翻译了众多关于日本化工技艺的专业性日语原版书籍，由于当时曾留学日本的中国众多学者，一本日语化工书籍从翻译至出版通常仅需1—2年，对于抚顺的油页岩资源被日本开发与攫取的现象也越发加以关注，不断地披露相关数据。相比之下，日本1930—1940年同期出版的有关油页岩，特别是关于抚顺油页岩的公开出版书籍则更多是针对油页岩性状及干馏的技术层面，如《满洲抚顺页岩》，主要是用于矿冶研究和人才培养用途，而对于抚顺油页岩的具体年产量及开采状况则很少提及或予以回避。

从1931年开始，受日本开采抚顺油页岩的启发，中国国内的地质矿业学界人士希望能够在国内除东北外的各省寻找类似于抚顺的油页岩富集区，并钻研油页岩的干馏技术，例如，刘廷扬、朱翔声的报告《广东之油页岩》（1932年），南京国民政府实业部的《开发陕西油岩之要策略说明及其计划》（1933年），宾果的报告《中国油页岩之化学研究（中英文本）》（1934年），陈华渊的《油页岩之干馏》（1935年），陈国达的《粤南油岩简报》（1939年），汪元庆的《四川屏山犍为乐山三县油页岩调查报告》（1940年），南延宗、熊功乡的《江西石油矿问题》（1942年）。由此，1931年后的十几年间，中国的地质工作者陆续在察哈尔、山西、甘肃、四川、广东、湖南、江西发现油页岩，但在全面抗日战争及国内战场不断扩大的背景下，国民政府在中国其他省份的页岩油生产始终无法规模实现。

二　对日本盗采满铁抚顺油页岩的抗议

1930年初，时任抚顺县县长张克湘向辽宁省政府做了密报《日矿添设页岩油工厂制取石油越出协定》。国民政府外交部特派辽宁交涉署长王镜寰于1930年2月27日向日本总领事提出抗议，要求停止油页岩开采。日本驻奉天总领事馆在1930年3月3日复照中以"抚顺炭矿区内是用石炭上层覆盖的废物榨取石油，即属于废物利用"为借口不予执行。日本的理由是：基于1909年7月12日中日曾签订的《东三省交涉五案条款》，1911 年 5 月 12 日，清政府与日本政府签订了《抚顺、烟台煤矿细则》，其中规定："满铁会社对两矿所出之煤，以出井原价 5% 计算出井税，缴纳给清政府。但当每日出煤量未满 3000 吨时，出井原价每吨定为库平银一两；当每日出煤量过 3000 吨时，每吨定为日本金币一元，以此计算税额。……两煤矿之矿界，以两国委员会同勘定之附图为准；清政府允两煤矿矿界以内之煤，除会社外，不论何人均不许其试掘或采掘，其已许可者即当取消；在矿界内如有不受会社之许可或允许而采掘煤，或拟采掘煤者，由会社即行通知清国官宪严行禁止；……此细则自成立之日起以六十年为限，如至期煤尚不能采尽，再行延期。本细则缮就中日各四份，两国委员署名签印，两国政府暨东三省总督、南满洲铁道株式会社各存中日文一份为凭。"[1] 满铁以此细则拒绝承认开发油页岩违约。1930 年，上海的英文杂志《远东时报》发表的英文文章中披露，"南满铁路公司在抚顺已建成世界最大的页岩油炼油厂"。时任农矿部法规设计委员虞和寅撰写了调查报告《抚顺油页岩与制油工厂》，提出"应据理力争，以收回自办为上策，合办为中策，争得矿税为下策"。[2] 时任辽宁省政府委员兼农矿厅长的刘鹤龄将日本总领事馆拒绝承认违约的情况报告给张学良。1931 年 3 月 9 日，张学良将刘鹤龄的呈报文件交给国民政府外交部次长王家桢，让其转交给国民政府外交部部长王正廷，由外交部向日本严重交涉。3 月 26 日，王正廷向日本驻华代办发出抚顺油页岩开采抗议。4 月 1 日，张学良回复刘鹤龄将日本盗采页岩油和日本抚顺、烟台越界采矿合并为一案，遵照国民政府外交部的后续指令办理。4 月 22 日，国民政府外交部在致日使照会指出："油页岩并非煤类，不能视为同一矿产"，要求日本停止油页岩开采，将已开采的油页岩交还中国。而日本仍搁置不理，正如南京国民政府兵工署资源司的张连科 1931 年 5 月在其报告中所说："惜最富之抚顺油页岩，已被日人霸占强取，虽经我政府提出抗议，彼竟以无诚意之外交辞令敷衍稽延，

---

① 辽宁省档案馆：《"九一八"事变档案史料精编》，辽宁人民出版社 1991 年版，第 92—93 页。

② 苏崇民：《满铁史》，中华书局 1990 年版，第 210 页。

一时似难有收回之望。"① 以下是中国政府对日本擅自掠夺抚顺页岩油的抗议：

外交部特派辽宁交涉员王镜寰致日驻奉总领事林照会

1930.2.27　第 18 号

为照会事，案奉省政府令开，据农矿厅提议称，查矿业条例第十七条内载，同一矿区内不得设立两个以上的矿业权，但开采不同种类矿产的情况除外。该条例施行细则第二十条规定：同一地域有两种以上矿产，若矿业申请人愿进行承办，就需不同种类的矿产分别提出申请。是在同一矿区内有异种质如欲开采，应须另行声请，语意极为详明。又同例施行细则第七条内载，中华民国人民与外国人民合股办矿，对于矿业管理上之一切程序及其他行为须遵照矿业条例并关系诸法令办理，等语。是外人在中国办理矿业，亦须遵守矿业条例，毫无疑义。查日人在抚顺开采煤矿，原定租用契约只有煤矿，现查煤层上面发现页岩石油矿，设备工厂采掘页岩石，每日需页岩四千吨，制成油二十五吨。详查此种页岩与煤质虽系同一地域并非同一矿床，该日炭坑本应先呈由领事照会交涉署转请开采，方合矿例，乃竟先行采掘，殊属不顾国际法例，等语，提出省委会第九十七次会议讨论。佥以此矿原许日人开采者系煤炭一项，今继续发现之页岩油不在原约之内，自应提出抗议，合行令仰该署遵照办理，具报，此令，等因。奉此，查贵方在抚顺开采煤矿煤层上面发现页岩石油，事前并未呈由贵馆照会转请开采，其与矿业条例种种不合处，农矿厅引证已极详明，即按诸中日协定抚顺、烟台煤矿细则第七、八、九各条，处处均以采煤为限，亦属越出协定范围以外，特此提出抗议，相应照会贵总领事查照，即希饬令该矿当局停止开采此项页岩石油，以符原约。结果如何，盼速见复为荷。此照会。

（吉林省社会科学院。档案抄件。）

---

① 张连科：《国防与石油》，南京：军政部兵工署，1931 年，第 39 页。

日驻奉总领事林久治郎致辽宁交涉署长王镜寰复照

1930.3.3

关于抚顺采掘油页岩之件，2月27日外字第18号来照阅悉。但矿业条例是为中外合办事业所定之手续，而抚顺、烟台两煤炭系按贵我两国间条约特别协定者，故不得适用。国际法上已有通则，诸如矿业条例此种国内法，不能左右条约的效力。特别如抚顺页岩油工业，系从抚顺煤矿区内覆盖在煤层上的废物中炼制者，亦即属于废物利用，恰似从煤炭中提出煤气，再从其废物中炼制焦油一样，丝毫不违反条约，即关于〔乎〕抚顺、烟台两矿细则议定书。故此贵函所述全无意义。即请知照，

此复。

（吉林省社会科学院。档案抄件。）

中国外交部致日使节略

1930.4.22

据确报抚顺煤矿发现制造石油之油页岩，日本方面擅自采炼等语。按照宣统元年中日东三省交涉五案条款第三款甲乙两项之规定，中国政府仅承认日本政府有开采抚顺煤之权。兹该矿发现之油页岩，既非煤类，自不能视为同一矿产，当然不容日本方面擅自开采。除令本部驻辽宁特派员向当地日本领事据约收回外，特郑重提议，应请查照，迅即转行阻止采炼并从速将该油页岩矿产交还中国，以符条款。

（吉林省社会科学院。档案抄件。）

重光驻华代理公使由上海致外务大臣电

1930.5.13 第502号

关于奉天致阁下第1086号电一事，亦如本官自南京致阁下第363号电所陈，正做种种考虑。对这一要求如何回答，似将不仅对此项页岩油事业以及我方在附属地新着手的各种事业，而且对附属地的全局都可能造成影响，须特别慎重考虑。本官初步考虑，目前应加以敷衍，如在文

字等方面进而全面地上下议论，其结果自然有使我方行动将来受到约束之虞。此次中国提出之节略，形式简略（请参照本官自南京致阁下公信机密第 29 号）。此项要求究有何种真实意义？中国目的何在？均不明确。因此，似应对这一要求暂时置之不理，中国方面如再继续提出此事时，可以适当方法向中国方面明确我方坚决继续从事此项事业之意，并努力弄明中国之真意，以谋求相应的对策为妥。

鉴于本案对各方面都有极大影响，在本省［外务省］做出决定方针之前，不拟与中国应酬，以免使之抓住某种口实。

（吉林省社会科学院。档案抄件。）

外交部驻辽宁特派员王镜寰致日本驻奉总领事林照会

1930.5.22

为照会事，关于抚顺炭矿违约采掘页岩油一案，接准贵馆第八〇号复照，当以此项页岩石油是否普通矿中均有此物，抑系特别性质，所云废物利用有无理由，自应详细研究，以期适当，兹将详细理由，抄如另纸所述，即希查照。总之，前清宣统元年七月二十日与贵国政府在北京所订满洲案件协约第三条，只认贵国开采抚顺、烟台煤矿，未及油页岩，而油页岩系产自我国领土以内，贵国擅自采炼，微特无条约之根据，即事前亦未征求我国官府同意，基于种种理由，该抚顺炭矿实系违背条约，侵害主权。正拟行文，适奉外交部暨省政府训令，从速严重交涉各等因。奉此，相应再行提出抗议照会贵总领事，请即转饬该炭矿先行停止开采此项页岩石油，订期正式开始谈判，俾期秉公解决，仍希见复为荷。

附理由书一份

兹将抚顺油页岩理由详述如下：

（一）油页岩系一种特殊页岩，其中含有石油（通常石油多存在砂岩或页岩岩层内，在砂岩层内者吸取甚易，即普通石油矿，此则吸取较难，为石油矿床之一种），可以干馏法提取其石油，此种油页岩并非普通煤矿所有，即世界上亦不多见，与抚顺油页岩层质量足称者，就现所知，不过英属苏格兰、坎拿大［加拿大］、美之可拉多［科罗拉多］、犹他、是屋明及法奥等数方而已。

自现代石油之用途日广,消耗之量日巨,各国皆率先争获石油,以油田之量日蹙,乃不得不别求来源,油页岩经种种研究早得有工业价值之报告。油页岩工业原起于苏格兰,在1874年即距今五十余年即已树其基。嗣后各国继续经营,油页岩之价值与日俱高(将来石油采尽油页岩必为石油之唯一来源)。时至今日油页岩者,因久已为石油之重要来源,并为极重要之矿物,安得指为废物。

(二)由油页岩提取原油同时并有硫酸铵(即人造肥料)等之副产物,抚顺油页岩就历年中外试验公布结果,每吨油页岩可得原油一百一十二磅及硫酸铵三十二磅以上,最低价值计每吨油页岩至少可值一元五角,定每油页岩四五吨即等于原煤一吨之价值。其质疏松,采掘极易,故成本极少。而提炼一层,据南满自身试验结果,利息[润]可达三分五厘。此种油页岩就其品质论之,绝不能谓为废物。

(三)以矿质论虽每五吨油页岩等于煤一吨之价值,然抚顺油页岩东西长三十余里,南北宽三里许,厚度最大达四百五十余尺,埋藏量达五十亿吨,颇有经济之价值,不异于抚顺煤矿。按实际之价值之巨,达七百五十亿元[应为七十五亿元]。以平均最低提取率5.5%计算,这五十亿吨油页岩可提炼原油约三亿吨,相当于当时世界第一石油国美国石油总储量的四分之一。以民国十八年世界石油总产量二万万三千五百万吨论之,只此一区即可供全世界一年而有余。以我国现今消费量,每年至多百万吨计,只此一区即可供全中国消费三百年之久。以日本每年需油一百五十万吨计算,可供两百年之用。矿量之高为世界罕有。我国幅员虽广,除此多量油页岩之外,尚未闻有广大之油田及其他来源之发现。处兹石油时代,在将来石油日益重要之世界(有石油而后有国家),此抚顺油页岩矿床不但可称为无价之宝,且实为我国国防上与经济上之命脉。故以此量言此油页岩,亦绝不能称为废物。

油页岩提取之石油与采取之石油完全一致之点言之,油页岩为石油矿质之矿物,与煤质完全无涉,在抚顺矿地油页岩,虽附于煤层之上非完全另一岩层,然两者矿质不相共生,与其他煤之副矿质迥不相同,更不得视为废物。以理化言之,物质经一两次或数次之改造,至不能使用时谓之废物，如煤炼焦，则焦炭使用后方为废物，抚顺油页岩既未经理化上之改造，其面积之大，数量之多竟以利用废物为词，是无此学识耶，抑为蒙混狡诈耶。总之，南满所以举废物为言者，以为废物即可任意处置，条约所许采煤矿区内即可随意采掘；不知条约所定采煤矿区内，只限于采煤，在煤以外，无论何物不得擅采。

　　[下略]

（吉林省社会科学院。档案抄件。）

中国外交部部长王正廷致日本驻华代办重光照会

1931.3.26

　　为照会事，日本方面擅采抚顺油页岩一案，前经本部于上年四月二十二日，以按照东三省交涉五案条款所规定略请转行阻止采炼，从速交还中国在案。兹据辽宁报告，驻奉天贵国领事称，抚顺页岩石油工业，系由抚顺炭矿区内石炭上层盖被之废物榨取石油，即属于废物利用等语。查上述条款第三款甲项明白规定，中国政府承认日本政府开采抚顺、烟台煤矿之权；该款乙项复规定，日本政府尊重中国一切主权。兹抚顺油页岩虽在煤层以上，但系特别矿质，且为世界各矿中之主要矿质，并非废物，其主权当然属诸中国。贵国驻辽宁领事以日本方面采取该矿系属废物利用，显未顾及上述条款，而与尊重中国一切主权之规定尤相违背。

　　相应照会贵代办即希查照本部上年四月二十二日去文迅即转饬停止采炼，并从速将抚顺油页岩矿产交还中国以符条款，并希见复为荷。须至照会者。

（吉林省社会科学院。档案抄件。）

虞和寅之《述日人经营抚顺油页岩矿情形并收回意见书》

　　窃维近年东三省各种矿业，因交通便利，兵戎不兴，日渐发达；但间接、直接无不与日俄两国有关，就中关系最大而为现今之问题者，厥惟日人擅采之抚顺油页岩矿。查前清宣统元年七月二十日与日本政府在北京所订满洲案件协约第三条，只认日本开采抚顺、烟台煤矿时，并未涉及油页岩；乃日商南满洲铁路公司未经我国允许，擅自采炼，实属违背条约，侵犯主权。

其第一期采油计划筹集资本日金九百万元，每年采油页岩一百三十六万吨，制重油五万三千吨，此外副产品尚有硫酸铔一万八千二百吨，粗制石蜡九千四百吨，以及焦煤四千八百吨，并拟随大露天矿进展，逐渐扩充。现时制油工场建设告竣，亟待制炼，用是详究实情，著其始末，成《抚顺油页岩与制油工场》一篇，恭呈钧览。若夫吾国对之应持方策，窃以为有不可不争之理由六：

（一）抚顺油页岩矿在我国领土之内。

（二）日本采炼抚顺油页岩矿无条约之根据。

（三）日本采炼抚顺油页岩矿事前并未得我国之许可。

（四）石油关系国防民生至钜，我国平时所需石油，均仰给外国，设一旦战事发生，输入断绝，后患堪虞。抚顺油矿又宜自办，以固国本。

（五）谨案建国方略实业计划，油矿定为政府经营，并谓中国有此种矿产不能开采以为自用，以致外国入口之煤油、汽油等年年增加，未免可惜。今抚顺既发现极大油矿，不宜放弃，任人采炼，宜及时收回，由政府经营，以副总理遗教。

（六）欧战以还，世界石油争夺日趋激烈，即在他国领土内发见大油田亦应注意，起而力争。有此不可不争之六大理由，故我国现时应持之方策：

1. 据约力争，完全收回自办，不达目的不止，此上策也；

2. 据约力争，必不获已，最后坚持合办，不稍让步，此中策也；

3. 抗议结果，以争得矿税为满意，此最下策也。

若乃任人采炼不闻不问，而日抚顺煤矿已归日本，更何有于油矿；当此帝国主义猖獗之秋，心死若此，何以为国。和寅材下，囿识大体，心所为危，未敢壅于上闻，事关民国石油政策、国际问题，应否交主管司及专家详议，惟部长、次长裁察。

（吉林省社会科学院。油印本。）①

---

① 苏崇民、解学诗主编：《满铁档案资料汇编》第 7 卷《掠夺东北煤炭石油资源》，社会科学文献出版社 2011 年版，第 423—428 页。

第四节　九一八事变至太平洋战争爆发期间
日本对抚顺页岩油的掠夺

　　1931 年九一八事变之后，日本煤、油供给日益紧张，日本海陆军省一面避免泄露日本煤油供给消息，一面加紧在抚顺的页岩油生产。1932 年 9 月 7 日，第十任关东军司令官兼驻伪满洲国特命全权大使兼关东厅长官武藤信义与伪满洲国总理大臣郑孝胥签订了密约《关于确定国防上必需的矿业权协定》，其中明确规定："日本在中国东北取得一切矿业权，采掘权为无限期，在东北各矿山日本被指定为合办法人……其中油页岩类开采地包括奉天省抚顺县。"[①] 这份密约的签订甚至早于 1932 年 9 月 15 日的《日满议定书》。1931 年后，日本掠夺东北石油资源方针为：调查石油及油页岩的资源；将抚顺油页岩厂生产的页岩油一部分炼成挥发油，主要用作军用燃料，若有剩余，再供应民需；奖励使用液体燃料；并制定出伪满洲国一般石油销售统制要点。详细方案如下：

关东军特务部提出的液体燃料方策

（1932.12）

第一　方针

鉴于我国缺乏液体燃料资源，决定开发和确保满洲未开发之资源，以求将来在液体燃料方面做到自给自足，并力求廉价供应一般需要。

第二　要点及措施

（一）尽速调查石油及油页岩资源，发现这些资源后，随时制订有关开发保存的方策。

（二）将抚顺油页岩厂生产的页岩油一部分炼成挥发油。如成绩良

---

　　① 戴逸、史全生主编：《中国近代史通鉴 1840—1949 南京国民政府时期》8，红旗出版社 1997 年版，第 955 页。

好，即将现在生产的全部原油炼成挥发油，同时进行最为有利的工厂扩充计划。

（三）上项挥发油主要用作军用燃料，如有剩余，再供应民需。

（四）煤炭液化及低温干馏工业将来随着试验和工业的发展促进其企业化。

（五）满洲国迅速规定液体燃料制度，奖励使用液体燃料。

（六）在适当的几个地区设立贮油槽群。

（七）以输入外油为原料，在大连附近设立炼油厂。

（八）关于满洲一般石油销售统制，依据下列各点办理：

1. 奖励使用日满国产品；

2. 各种军用油极力使用日满国产品；

3. 在外油输入销售方面，尽可能大力进口苏联油。

（满铁经济调查会：《满洲石油统制方策》，第5—6页。）

日本海军省次官藤田尚德致满铁总裁林博太郎函

1933.5.1 官房机密第892号

煤炭液化、页岩油增产和挥发油化工业，都是以海军极为期待的重要国防资源为对象的。此点根据过去贵社和海军的关系，以及此外在昭和5年1月13日海军次官和海军省军需局长访问贵社总裁时所申述的海军期望事项等，谅您均已知悉。鉴于燃料问题对海军之重要性，希望尽早实现这些企业的扩建，为此提出下列事项，请贵社酌情处理，并希起草企业计划时和海军协商。

计开

（一）贵社社长昭和3年6月12日满铁社文第17号之2致海军大臣文，提请共同研究实验煤炭液化一事，于同年7月2日以官方机密第840号之3函已经同意，并在海军燃料厂专门进行研究实验。去年10月工业性实验取得煤炭能够液化的成绩，因此想结束连续长期的实验，在以后几个月内实际即可结束，所以认为有关企业化问题可以进行准备。

（二）以现有设备生产的页岩油归海军使用问题，依据昭和2年

4月27日官房机密第96号之3海军次官给贵社社长的答复，谅已知悉。至于扩建该项增产设备，仍按过去的培育扶植的宗旨进行，已于昭和5年1月13日向贵社总裁言明。再者，页岩油的挥发油化问题，如您所知，海军在有事或其他必需的时候，对取得挥发油，同样迫切期待。现海军燃料厂的研究实验，恐您已知道，也是要用页岩油加氢法或其他适当方法，希望使挥发油化的企业同扩建页岩油生产设备一起实现。

再者，煤炭低温干馏工业建立企业时，希望根据上述宗旨，商定计划。

（满铁档案，甲种，文书，计划，审查。

燃料工业，第120册，第13号。）

满铁总裁林博太郎致日本海军大臣大角岑生函

1934.2.20

关于抚顺炼油事业的扩展，屡蒙督促。昭和5年11月炼油厂业务开始以来，尽管工厂主管人员非常努力，但受硫氨和精蜡市场的影响，副产品的收入锐减，致使创业几年来，你们一直用较高的价格购买重油，对此至为感谢。

然而，本社关于该事业的发展，经常调查研究，不敢懈怠，决定打开局面的对策如下：

（一）改建现有工厂，增加产品。

（二）将页岩油一部分高级品化，就地销售。

采用以上两个方案，确信能使重油成本降低，并使企业盈利。就此进行各种调查，并于去年春获得具体方案，立即改建工厂的一个干馏炉，进行增加页岩处理量的实验，同时将页岩油送往美国，做挥发油化的试验。结果，前者，用较少改造费用增加其容量倍数；后者，证实了页岩油的分解蒸馏能够挥发油化。

基于上述实验成绩，起草研究如附表［略］的各种事业计划，确定改建现有工厂，把页岩油和副产品增至两倍，增产的页岩油的二分之一用做挥发油原料，也就是认为附表第二方案最为妥当。

因此，预定从昭和9年按上述第二方案进行。开始后，从昭和10年起重油年产量可约有7.5万吨（包括日本精蜡会社的重油），希望您根据该项事业计划原来的基本合同的信件（昭和3年3月2日官房第764号之2）的宗旨，直到该项事业不亏本为止，像过去一样购买是荷。

再者，关于本件，今年1月，曾由本社水谷顾问和炼油厂大桥厂长提出密议，已取得当局的谅解。

（满铁档案，乙种，文书，计划，审查，
燃料工业，第120册，第6号。）

关东军参谋长小矶国昭致满铁副总裁八田嘉明函
1934.3.1　特务部发第279号

关于抚顺页岩油挥发油化问题，在将现有设备扩大到两倍进行生产的情况下，对建造把新增产的页岩油约一半挥发油化的设备并无异议。但以下列各项为条件：

（一）需预先计划适应有事之际的需要将全部增产的页岩油迅速转为重油的设备，并得到认可。

（二）本厂产品在满洲国内和满铁附属地内销售时，凡属于满洲国政府的专卖品，均需服从根据该国专卖法所实施的统治。

（满洲经济调查会：《满洲石油统治方策》，第91页。）

根据《第四次中国矿业纪要》的统计，抚顺1930年所产页岩油334702桶，1931年激增至427567桶，而1927—1929年三年间的中国页岩油产量记载为空白，由此也在某种程度上印证了抚顺页岩油的量产是从1930年开始的。根据苏联的对比统计资料：1932年伪满洲油页岩的采掘量为141.2万吨，英国139万吨，苏联31.82万吨，爱沙尼亚49.3万吨，法国9.1万吨，西班牙6.4万吨，意大利0.69万吨，澳大利亚0.38万吨。[1] 另日本《世界经济情报》1933年9月记载："伪满1931年—1933年第一季输入日本石油额如下：1931年61151，1932年

---

[1] ［苏］艾文托夫等：《苏联与资本主义国家1913—1937年间国民经济发展比较统计集》，世经译，中国统计出版社1957年版，第123页。

88833，1933 年 334525。"① 同期，日本在"满洲"还实行煤油专卖，独占东北市场。1932 年 6 月起，日本关东军连续三年组织"满洲"国防调查，从满铁地质调查所、满铁"中央试验所"、旅顺工科大学、北海道帝国大学、东京帝国大学和日本商工省抽调专家，其中就包括对抚顺的油页岩的调查。1933 年，在日本出版的《最新化学工业大系》丛书的第 7 册中，田中芳雄撰写的《石油与页岩油工业》一书，以"抚顺之油页岩"为例，详细介绍了油页岩的成分及性质，介绍了页岩油的提取工艺。1934 年满铁扩建西制油厂，单台干馏炉的日处理油页岩能力由 50吨扩大到 100 吨，1935 年抚顺油页岩的炼油能力达到了 14.5 万吨。1935 年，将抚顺油页岩的采掘深度从 220 米扩展到 350 米。② 1936 年再次扩建西制油厂。

1937 年七七事变后，日本海军扩大侵略战争，急需更多的液体燃料，根据日本海军部的指示，满铁又对抚顺煤层东北区域（东露天矿）的油页岩进行了考察，结果发现其储量大且含油率高。由此，1939 年由日本海军部投资，开发东露天矿，开始建设"南满洲铁路株式会社抚顺炭矿东制油工场"（简称"东制油厂"，即今天的"抚顺石油二厂"）。炼油厂的投资和利润见表 5－3。

表 5－3　　　　　　　抚顺炼油厂的投资和利润　　　　（单位：银圆）

年份	事业费总计	西炼油厂事业费	东炼油厂事业费	收入	支出	利润	利润率		固定投资周转率
							对收入	对事业费	
1930	8824461	8824461		2615400	2582832	32568	1.2	0.37	29.6
1931	8710160	8710160		3360550	3070881	289669	8.6	3.32	38.6
1932	7922554	7922554		4191703	3653677	538026	12.8	6.79	52.9
1933	7507667	7507667		5277106	4451609	825497	15.6	11.00	70.3
1934	11025394	11025394		3884437	3412886	471551	12.1	4.28	35.2
1935	10518429	10518429		6962095	5910853	1051242	15.1	10.25	66.2

① 中国经济情报社：《中国经济论文集》第 2 集，上海：生活书店 1936 年版，第 333 页。
② 孙邦：《经济掠夺》，吉林人民出版社 1993 年版，第 374 页。

续表

年份	事业费总计	西炼油厂事业费	东炼油厂事业费	收入	支出	利润	利润率 对收入	利润率 对事业费	固定投资周转率
1936	10251826	10251826		7956833	7034883	921950	11.6	8.99	77.6
1937	12752549	12752549		8516864	7029613	1487251	17.5	11.66	66.8
1938	22736748	22736748		11189869	8930088	2259781	20.2	9.94	49.2
1939	30321538	27712353	2609185	10382419	9107470	1274949	12.3	4.27	37.5
1940	48950086	31143611	17806475	11426584	10407257	1019327	8.9	2.08	36.7
1941	61218882	31536765	29682117	18628827	16127235	2501592	13.4	4.09	59.1
1942	92540716	32106931	60433785	27473996	24369236	3104760	11.3	3.36	85.6
1943	128641537	32138492	96503045	31941916	30913821	1028095	3.3	0.79	99.3

资料来源：『撫順炭鉱統計年報』、昭和十八年（1943）、第 1 编、第 40、41、48、49 页。

经过 1920—1940 年的研究实践，日本的页岩油炼制工艺理论得到了极大丰富，达到了世界顶尖水平。1940 年，石桥弘毅在《页岩油》一书中基于抚顺油页岩"开发"及页岩油提炼的整个过程，详细地描述了抚顺页岩油的化学工艺，其中，列举了抚顺页岩油与世界各国页岩油对比的详细数据。抚顺多处炼油厂的设立及丰富的炼油理论支撑，使抚顺页岩油产量逐年提升，详见表 5 - 4 和表 5 - 5。

表 5 - 4　　　　　抚顺页岩油工业增产五年计划（原案）　　　（单位：万吨，千银圆）

项目	现在能力	1937 年 第 1 年度	1938 年 第 2 年度	1939 年 第 3 年度	1940 年 第 4 年度	1941 年 第 5 年度	增产累计	完成后能力
炼油能力								
粗油	14.5	14.5	14.5	30	3	30	35.5	50
重油	6.6	6.6	6.6	18	18	18	17.5	24.1
汽油	2.4	2.4	2.4	2.4	2.4	2.4	6.1	8.5
所需资金								
事业费	13000	9200	5700	9000	8000	5000	36900	

资料来源：满铁调查部『満洲産業開発五年計画実績の検討と戦時統制経済の動向』之一、鉱工業部門、1943 年、第 255 页。

表 5 - 5　　　　抚顺页岩油工业增产五年计划（第二次修正案设备能力）

项目 ＼ 年份	1937	1938	1939	1940	1941	完成后
汽油（千升）	15000	15000	23800	23800	86800	86800
重油（吨）	75000	75000	170400	170400	231900	231900
灯油（吨）	850	850	12410	12410	16830	16830
轻油（千升）	170	170	3825	3825	5015	5015
焦炭（分解）（吨）	3300	3300	6300	6300	8400	8400
焦炭（直馏）（吨）	6500	6500	20000	20000	27300	27300
石蜡（吨）			5400	5400	11500	11500
粗蜡（吨）	20000	20000	17000	17000	17000	17000
硫氨（吨）	27000	57000	63000	63000	90000	90000

资料来源：満鉄調査部『満洲産業開発五年計画実績の検討と戦時統制経済の動向』之一、鉱工業部門、1943 年，第 317 頁。

第五节　太平洋战争爆发至日本投降期间满铁对抚顺油页岩的开采和扩张

一　太平洋战争的爆发使日本对燃油的需求剧增

1941 年 7 月英美国家对日本实行"日资产冻结令"，完全断绝了日本的石油进口。1941 年 12 月 6 日，日本企划院在向天皇递交的说明中指出："毋庸赘述，石油作为燃料或动力资源，不仅直接用于军需方面，而且为求扩大生产或维持与确保国民生活，也是不可缺少的重要国防资源。我国向来缺乏石油资源，约 90% 依靠从英美等国进口。如日前报告，为适应国内外的紧迫形势，已采取了万全措施，在极力加强调整石油消费的同时，经常采取提前进口和特别进口等办法，尽力增加国内保有石油的数量，以期一旦有事能够满足军需。不过，由于今年 7 月末英美等国实行对日资产冻结令，因而完全断绝了石油的进口，至于将来石油的供求如何，实际上也已很难预测。特别是目前，由于对民用石油极端控制，所以工业或交通都受到相当大的影响，尤其是柴油发动机用的

B 重油和机器油感到非常缺乏，应该如何进行补充是一个特别重大的问题。因此，如下所述，不仅对原油、人造石油，而且对焦油、酒精等国内燃料资源进行总动员，确实保证生产和供应，并极力调整消费、彻底回收废油、使用代用燃料等，以有助于补充在维持生产力和确实保证最低国民生活等方面绝对不可缺少的民需为主，同时也补充一部分军需。……应对原油和人造石油进行总动员，增加已有的年产 25 万吨页岩油的抚顺西制油厂的生产能力，并应迅速建设年产 17 万吨页岩的东制油厂……根据目前的局势，必须迅速实施。"①

1941 年 12 月 7 日，日本偷袭珍珠港，引发了太平洋战争。太平洋战争使日本需要发展更大规模的航母舰队和舰载机群，对燃油的需求剧增。1941 年日本在抚顺用页岩油制造高级润滑油的试验获得成功，品质超越了当时的美国，极适合飞机引擎之用。②

二 东炼油厂的扩建

由于战事的不断扩大，形势紧迫，当时的西制油厂已难以满足时局的需要，东炼油厂的建设迫在眉睫。东炼油厂最初的设计能力是年产 50 万吨，后因缺乏资金和材料于 1941 年停建。日本政府内阁会议通过了《液体燃料紧急对策概要》，要求迅速建成抚顺东炼油厂。工厂设计能力为粗油 192500 吨。1944 年建成了东炼油厂并投产。但是，东炼油厂的建设受到当时日本战时物资动员计划的制约。1943 年初，关东军与伪满洲国政府按满铁提出的方案，只将建成年产粗油 64000 吨所需钢材列入物资动员计划之内。海军提出在 1943 年内优先建成粗油 5 万吨设备和准备 1944 年以后建设所需材料的要求。1944 年 4 月 29 日，关东军参谋长致函满铁总裁，决定抚顺东炼油厂第一期计划是 19 万吨，要按照《满铁抚顺东炼油厂建议纲要》在年底完成，由满铁负责建议，关东军、伪满当局和陆军燃料厂在建设和技术上给予大力支援，提出尽可能生产大量高级润滑油和挥发油的计划。1944 年 7 月，关东军要求满铁提出具体

① 苏崇民、解学诗主编：《满铁档案资料汇编》第 7 卷《掠夺东北煤炭石油资源》，社会科学文献出版社 2011 年版，第 440—443 页。
② 詹自佑：《东北的资源》，昆明：东方书店 1946 年版，第 155 页。

方案。同年8月，日本陆军和海军联合签署了《满铁页岩油工厂指导问题备忘录》，决定共同负责满铁页岩油工厂的建设，在订货、运输等方面给予援助。第一干馏炉于1944年4月建成，同年8月又建成第二干馏炉，开始部分开工出油。截至1945年3月，只生产粗油9078吨。由于精炼工厂未能完成，所产粗油只好送到西炼油厂精炼。东炼油厂所需的油页岩是由东露天矿矿业所开采，东露天矿是以开采油页岩为目的的，1944年的开采量为45.6万吨。[①] 在生产方面，油页岩干馏量为4308969吨，粗油产量为165932吨。两者都没达到预计产量，前者少17%，后者少27%。其主要原因：其一是因其矿石品位低；其二是由于工厂矿石接收设备改建工程拖延，致使矿石粉碎量减少；其三是因其改进蒸气办法的拖延；其四是由于随着工厂的扩建，非熟练工人的数量增加，存在普遍的工作人员不足的现象。因此，硫铵、粗蜡和其他产品都没有达到预定产量。此外，由于物价的上涨和工资提高，使产品的单位价格有所提高，但炼油的收益却比上一年度减少。东炼油厂的扩建工程，由于器材的缺乏，以致工厂建设和露天开采几乎陷入停顿状态。

日本对抚顺页岩油的掠夺主要还是以西炼油厂为主，西炼油厂实际的最高产量是在1943年，产页岩油25.7万吨。东炼油厂仅完成了40台干馏炉的试生产，建成后仅在1944年产油4万吨。[②] 1930—1945年抚顺总计生产页岩油227.3万吨。[③]

20世纪三四十年代，日本本土发现的油页岩很少，仅在日本的北海道和岛根地区发现少量，因此日本对油页岩的正式开采及工业上的操作是始于中国抚顺，也让在抚顺的满铁成了当时世界规模最大且效益最高的页岩油企业之一。由于日本侵略者对抚顺页岩油的开采，极大补充了日本海军的柴油、陆军汽油，以及其他工业所需的石蜡和焦油。在抚顺，日本不仅提炼页岩油，而且也将油页岩和煤混合作为发电厂的燃料，并将蒸馏油页岩所得的废水、废气、废渣用于制作化肥和水泥。满

---

① 苏崇民：《满铁史》，中华书局1990年版，第619—620页。

② 当代中国编辑委员会编著：《当代中国的石油化学工业》，当代中国出版社、香港祖国出版社2009年版，第394页。

③ 刘海燕：《中国企业史·典型企业卷》（上），企业管理出版社2002年版，第420页。

铁理事赤羽克己 1924 年曾指出："抚顺的油页岩若进行干馏，可得 5.5％的 3 亿吨原油，相当于美国石油储量的五分之一，可供日本每年 600 万桶（100 万吨）之用……使抚顺成为供应我日本固体和液体燃料的源泉。"虽然日本 1930—1945 年在抚顺生产的页岩油的实际年产量不到赤羽克己所预想的三分之一，但是也对日本军国主义对中国的侵略起到了推波助澜的作用。抚顺煤矿炼油厂产量见表 5－6。

表 5－6　　　　　　　　抚顺煤矿炼油厂各种产品产量

项目\年份	粗油（吨）	重油			挥发油（千升）	一号轻油（千升）	灯油（千升）	车轴油（千升）	粗蜡（吨）	硫铵（吨）	焦炭（吨）
		计（吨）	重油（吨）	二号重油（吨）							
1929	13517									50	
1930	57791	28578	28578						10606	13332	2685
1931	63059	40161	40161						12640	15802	3445
1932	72108	43275	43275		942				13897	16415	3597
1933	90743	54772	54772		1653				19066	19874	4670
1934	58232	37402	37402		1363				12048	12428	3354
1935	120299	67347	67347		3706				23640	23301	7259
1936	123627	66060	66060		9514	188	899		17514	25359	9614
1937	141169	79346	79346		11996	130	854		20805	26645	10140
1938	143676	76482	76482		14733	994	20		18505	25804	10774
1939	164428	73503	73503		15031	1320		7750	17561	16610	11168
1940	165932	73857	70068	3789	13032	1138		7678	23248	15217	10856
1941	226619	106931	90573	16358	14034	4897		5480	35653	33060	13414
1942	257618	100391	38933	61458	15161	6044		7292	35797	32329	16014
1943	255500	117177	38764	78413	9602	5092			24755	22802	14957
1944	213538	57959	1676	56283	3818	4410					

资料来源：《抚顺炭矿统计年报》，昭和十八年（1943），第 3 编，第 4—5 页；抚顺矿务局，日文档案，8—11、361、230 号。

　　在日本侵略中国的 14 年里，抚顺成了日本掠夺中国石油资源的基地，成了日本侵略中国使用的战争武器的燃料供应地。日本不择手段地对抚顺页岩油的掠夺，以最大限度开采提炼石油为目的，从盗采至明目张胆地、毁灭性地掠夺页岩油，充分暴露其侵略掠夺的本质。日本右翼曾提出"满铁曾建设开发东北"和"侵略期间的投资是为了实现东北现代化"的说法是对其罪行的掩饰。在掠夺石油期间，日本注重汲取当时世界先进的技术，并对干馏技术不断更新，这充分体现了日本妄图彻底采空抚顺煤炭及页岩油资源的野心。

第六章

抚顺煤矿的劳务管理

日本对抚顺煤炭和石油资源的掠夺，首先是通过对中国劳动力资源掠夺得以实现的。1945 年日本投降时，抚顺煤矿工人数量达 10 万多。抚顺煤矿对工人的统治有一套严密的管理机构和管理办法。在劳动监督及管理上，日本殖民当局实行把头制度和指纹管理制度，在煤矿总务局内设有劳务课等管理机构，同时对"特殊工人"实施更为严格的特殊管理。

第一节　劳工招募与劳动力构成

一　劳工招募

抚顺煤矿的劳工招募是随着煤矿的发展和时局的变化不断强化的，大致经历了自行招募、强行征用、"地盘育成"与"紧急供出、押送特殊工人"、"勤劳奉公"与"国民皆劳"等阶段。

（一）从中国各地自行招募工人

日本侵占抚顺煤矿伊始仅有千金寨、老虎台和杨柏堡三个采煤所，挖煤工人并不明显缺乏。然而 1911 年后，随着日本开凿矿井数量的增多，掠夺量急剧增加，至 1918 年日产煤 2 万多吨。这样，劳动力严重不足，日本殖民当局便派把头到中国各地招骗华工，把头成为这一时期招骗华工的主力。民国初期的中国民不聊生，人口众多的山东省更甚。殖民者看中了山东省这个劳动力市场，1911 年 3 月在芝罘设立了招工所，开始从山东省招骗工人来抚顺。1916 年，煤矿又在青岛设立了招工所，并在济南、胶州等地派出了常驻招募员。为了扩大招募范围，煤矿又把魔爪伸进了辽西，1917 年在锦州设立了招工所。1920 年煤矿招工所多达 11 处，有"山东省内的青岛、济南、即墨、阳信镇、兰山（临沂）五处，河北省内的天津、山海关二处，热河地区的朝阳、凌源二处，奉天省内的锦州、营口二处"①，形成了招募网。据《抚顺炭矿统计年报》统计，1920 年抚顺煤矿职工人数为 32703 人，比 1907 年增加 27.6 倍。②由于劳动条件恶劣等原因，日本殖民当局在招募活动之初，工人"多有不久旋去者"，"至达三十工数者，则不过应募者之半数而已"。对此，煤矿加强了对工人的监控，如 1911 年 8 月煤矿规定：矿工必须在达三十工后才发工资。还规定，"欲赴千金寨者，必须先找出保人，与招工对面妥实""该工人到千金寨刨煤满三十工者，与保人无涉，如到千金寨刨煤不满三十工即逃走者，该保人代偿路费五元"。又规定了采煤达一年以上者的"待遇"等。在日本殖民当局的蛊惑宣传下，数以万计贫苦农民被骗到煤矿，"日帝占矿初期，矿工不过千余人，而到了 1929 年，全矿共有 40786 人"③。这个数字只是统计在职的矿工人数，不包括死亡、伤残、逃亡的数十万名工人。至 1930 年，由于抚顺煤矿逐步实现机械化，使用工人数量趋于减少，工人流动率亦呈现降低的趋势。这一时期煤矿主要在满铁社营铁路、伪满国营铁路沿线招募劳工，不再采用大规模地招募的募工形式。伪满洲国建立后，日本殖民当局制订了《劳动取缔计划》，限制关内劳工大量涌入东北。而这一时期由于东北工业的迅速发展，工人的需求量急剧增加，仅靠自行招募已不能满足抚顺煤矿对劳工的需求。1937 年至 1943 年抚顺煤矿招募工人具体情况如表 6 - 1 所示。

---

① 苏崇民：《满铁史》，中华书局 1990 年版，第 279 页。
② 满铁抚顺煤矿：《昭和十八年度抚顺煤矿统计年报》第一编（特秘），抚顺，1944 年，辽宁省档案馆藏（JE14 - 1 - 358），第 68 页。
③ 满铁抚顺煤矿：《昭和十八年度抚顺炭矿统计年报》，1944 年，辽宁省档案馆藏（JE14 - 1 - 358），第 14 页。

表 6-1 　　　　　　　　　1937—1943 年抚顺煤矿招募工人人数

年份	招募地	人数（人）	年份	招募地	人数（人）
1937	山东省	309	1941	山东省	（12960）16278
	河北省	973		河北省	（11795）12581
	计	1282		计	（24755）28859
	东北	3548		东北	（9450）10519
	合计	4830		合计	39378
	现地采用	14806		现地采用	6847
1938	山东省	11512	1942	山东省	33665
	河北省	5398		河北省	12940
	计	16910		计	46605
	东北	6539		东北	7596
	合计	23449		合计	54201
	现地采用	14852		现地采用	19880
1939	山东省	15286	1943	山东省	8423
	河北省	9638		河北省	13319
	计	24924		计	21742
	东北	2136		东北	16335
	合计	27060		合计	38077
	现地采用	19524		现地采用	30882
1940	山东省	（11682）12323			
	河北省	（3052）3420			
	计	（14734）15743			
	东北	16037			
	合计	31780			
	现地采用	11638			

注：括号内数字仅为抚顺矿区数字，不包括烟台、蛟河、老头沟等矿区。

资料来源：李秉刚：《历史的疤痕：辽宁境内万人坑》，东北大学出版社 2004 年版，第 160 页。

（二）强行征用

七七事变后，日本发动了全面侵华战争。日本殖民当局对华工的掠夺开始采取自行招募和"行政供出"相结合的方式。1938 年 1 月，伪满设立垄断一切劳务业务的"满洲劳工协会"，并于 12 月 1 日颁布伪满劳务统制的基本法规——《劳动统制法》。该法第 11 条规定，"为行公共之事业有紧急不得已之情形时，'满洲劳工协会'对于管辖该地事业之省长或新京特别市长，得声请劳动人募集之斡旋"①。即由伪满省长或新京特别市长向其管辖县长或旗长摊派需要征用的劳工人数，摊派劳工，强制募集。抚顺煤矿募集劳工的方法也随着"满洲劳工协会"的设立和《劳动统制法》的颁布发生变化。这一时期的招工方式主要有两种，一种由把头在伪满洲国管辖内外招募，另一种说由"满洲劳工协会"在伪满洲国管辖内招募。第二种招募方式显然是行政摊派、强制募集。其招募工人数量见表6-1。

从表6-1可以看出，1937年以后，抚顺煤矿工人中山东、河北出身者占绝大多数，尤其以山东省为多。从1938年至1942年，山东省工人为抚顺煤矿主体，因为日本全面侵华战争爆发后，日本殖民当局对劳动力的需求大增，因此不再限制华工的数量。同时，七七事变后抚顺煤矿工人总数迅速增加，这是由于日本殖民当局采取增加承包工和供给工（即临时工）的形式，大量吸引劳动力。表6-2是1937—1942年抚顺煤矿员工数变动情况。

表6-2　　　　　　抚顺煤矿员工数（1937—1942年）　　　　（单位：人）

员工＼年份		1937	1938	1939	1940	1941	1942	1937—1942 增加（倍）
日本人		5069	5922	7804	8490	8647	9799	1.93
中国人	社员	2595	2938	3458	4899	4757	3744	1.44
	常佣方	14551	17634	22364	24618	24321	27007	1.86
	常佣夫	24551	28273	35508	37808	37357	43336	1.77
	把头	79	102	197	318	364	360	4.56
在籍者合计		46845	54869	69331	76133	75446	84246	1.80
非在籍者	承包工	13156	25602	30924	34810	34882	41706	3.17
	供给工	3188	3475	5540	5966	6820	10114	3.17
非在籍者合计		16344	29077	36464	40776	41702	51820	3.17

①　中央档案馆、中国第二历史档案馆、吉林省社会科学院合编：《东北经济掠夺》，中华书局1991年版，第865页。

续表

员工 年份	1937	1938	1939	1940	1941	1942	1937—1942 增加（倍）
总计	63189	83946	105795	116909	117148	136065	2.15

注：1942 年度是同年 9 月底数字。

资料来源：解学诗、[日] 松村高夫主编：《满铁与中国劳工》，社会科学文献出版社 2003 年版，第 329—330 页。

可见，从 1937 年至 1942 年，抚顺煤矿的工人总数从约 6.3 万人增至约 13.6 万人，即增加 2.15 倍，其中承包工和供给工剧增 3.17 倍，1942 年 9 月达 5 万多人。

（三）"地盘育成" 与 "紧急供出"

为实现日本产业开发计划，煤矿等企业急需保证稳定的劳动力供应，为此，伪满当局在指定矿山附近地域培育劳动资源，强征劳工，这就是所谓的"地盘育成"制。1941 年 3 月 1 日，伪满当局公布了《关于劳动者紧急就劳规则施行文件》，明确提出：为谋求确保军需、重要工矿品等生产建设所需的劳动者，对供应必要劳动者的工作赋予强制力，以解决近年劳动者不足的问题。4 月 15 日，伪华北交通会社、"满业"和满铁召开了三方会议，决定由伪华北交通会社在铁路沿线提供 18 万名劳动者，其中抚顺煤矿募集地盘为衡水（管辖 6 个火车站）、泰安（管辖 9 个火车站），提供 3 万名劳动者。每募集一名工人，奖励村长 3 银圆。可见，抚顺煤矿从 1941 年起按照指定地盘招募劳工。1942 年 5 月伪满民生部进一步明确抚顺煤矿劳动力招募地盘，包括抚顺、辽阳、复县、新民、清原、青龙、岫岩、庄河，以后又有扩大。煤矿当局按伪满洲国指定的地盘，在伪满协和会、劳工协会等支持下，向街村摊派"供出"人数，积极进行劳工招募。1943 年向抚顺煤矿供出工人数量如表 6-3 所示。

表 6-3　　　　　　　1943 年向抚顺煤矿供出工人数　　　（单位：人）

矿别	出生地	接管人数	采用人数	本人自愿	逃走	死亡	计	期满归计	离去率（％）
大山	新民县	1402	1293	17	1071	28	1116	177	86.3

续表

矿别	出生地	接管人数	采用人数	本人自愿	逃走	死亡	计	期满归计	离去率（％）
东乡	清源县	1738	1730	132	721	48	901	829	52.1
老虎台	抚顺县	1367	1344		222	4	226	1118	16.8
西露天	抚顺县	499	485		96	2	98	387	20.2
南昌	抚顺县	280	280	2	149	2	153	127	54.6
龙凤	复县	664	527	46	335	2	383	144	72.7
搭连	庄河县	733	732	34	205	20	259	473	35.4
有关事业	抚顺市	1516	1420	4	678	5	687	733	48.4
总计		8199	7811	235	3477	111	3823	3988	48.9

资料来源：解学诗、［日］松村高夫主编：《满铁与中国劳工》，社会科学文献出版社 2003 年版，第 339—340 页。

表 6 - 4 　　　　　**伪吉林省"供出"工人状况报告书**

（抚顺炭矿总务局 1944 年 10 月 20 日）

地区	指定供应人数	到矿人数				
		西制油	东制油	东露天	工程	计
农安县	1000					998
吉林县	500			502		502
榆树县	1500			995		995
九台县	800	498	500	813	488	813
双阳县	1000			999		999
长春县	700			671		671
敦化县	500					488
计	6000	498	500	3980	488	5466

资料来源：《关于抚顺炭矿就劳务者紧急供出一事》，热民勤秘第 9 号 92 - 8，"康德"十一年（1944）11 月 9 日，抚顺矿务局档案馆藏，劳/1944/400 号。

　　如表 6 - 3 所示，1943 年伪满地方政府向抚顺煤矿"供出"工人 8199 名，但由于气候风土不同、把头对工人虐待、劳动条件恶劣等原因，工人一年间逃亡率平均达 48.9％，工人的频繁流动反映了抚顺煤矿在伪满后期陷入了严重的招工困境。1944 年 4 月 1 日起，煤矿的募集地盘进一步扩大，伪奉天省、伪热河省、伪吉林省都在紧急"供出"工人。1944 年 11 月 15 日，伪热河省决定向抚顺煤矿紧急供出劳动者 2200 人，供出县分为滦平、丰宁、青龙、翁左各旗县，分别编成独立大队和独立中队，组成伪热河省劳动报国队。每名劳务者要佩戴胸章写明热河省劳动报国队某某旗某某大队（中队）某某。伪吉林省"供出"工人状况见表 6－4。

（四）押送"特殊工人"

日本殖民当局招骗普通工人无法满足抚顺煤矿对劳动力的大量需求。为解决煤矿劳动力不足问题，1941 年日军把在华北地区俘虏的中国抗日军民作为"特殊工人"押到东北，送入煤矿等产业部门实行强制劳动。在未被押往东北之前，为防止工人逃跑，押送方代表就要到集中营对他们训话，然后进行宣传抚慰，"送你们去当劳工，你们就得到解放了；我们会帮助你们确实就业的。你们当了劳工，可以凭正当劳动赚到工资，挣到的钱还可以寄回家乡。我们想你们的家人一定会感到高兴的。到那时，你们就能成为真正的人。将来，你们对就业地有什么不满的地方，可以向新民会反映，我们会为你们解决问题的。你们安分劳动，新民会将来会设法让你们的家人到就业地和你们团聚。你们要相信，新民会就是你们的慈母，是中国民众的慈母！"[1] 至于"特殊工人"的待遇，《关于特殊工人劳动斡旋一事的协定》上说得也很诱人："举凡就业地之工资、食物、居住、娱乐及其他福利方面，完全按一般工人看待。对有家属者，应劝其携带，并随时发给宿舍。"[2] 然而日本华北方面军和新民会合伙炮制《协定》的同时，日本关东军已经对"特殊工人"的接收管理、就劳和警戒等方面做出了详细规定，因此战俘们到煤矿后的遭遇要比普通劳工更加悲惨。抚顺煤矿是"使用'特殊工人'最早和人数最多的部门"[3]，仅 1941 年 12 月至 1942 年 12 月一年时间到矿 6322 名，因各种原因剩余 4341 名，具体如表 6－5 所示。

---

① 梅桑榆：《中国战俘劳工录 1931—1945》，解放军出版社 2015 年版，第 209 页。

② 居之芬、庄建平：《日本掠夺华北强制劳工档案史料集》，社会科学文献出版社 2003 年版，第 253 页。

③ 傅波、曹德全：《抚顺编年史》，辽宁人民出版社 2004 年版，第 459 页。

表 6-5　　　　　　　被掳送配置在抚顺煤矿的"特殊工人"数

(1940 年 12 月末至 1941 年 12 月末)

采煤所	接收	到矿	采用	逃走	死亡	其他减员	1941 年 12 月末剩余人数
西露天	753	746	746	227	4	2	513
大山	2165	2135	2113	487	37	3	1586
老虎台	1385	1362	1360	506	16	3	835
龙凤	1232	1224	1170	124	48	19	979
制铁工厂	85	85	85	44	0	0	41
机械制造	91	90	90	35	1	0	54
烟台	428	428	428	191	3	1	233
蛟河	183	183	183	83	0	0	100
合计	6253	6322	6175	1697	109	28	4341

资料来源：解学诗、［日］松村高夫主编：《满铁与中国劳工》，社会科学文献出版社 2003 年版，第 342 页。

此后，日本殖民当局向抚顺押送"特殊工人"的规模越来越大。1943 年 10 月，关东军又决定将其在"东满"各部队管辖的 5264 名"特殊工人"移交抚顺煤矿，实际到达人数 5218 名，他们是经历军事工程折磨后的幸存者。这些"特殊工人"分四批移交抚顺煤矿，详细状况见表 6-6。

表 6-6　　　　　　抚顺煤矿自日军各部队接收辅导工人①数量

分配单位	接收日期	日军部队番号	接收人数	摘要
大山矿	10.14	虎林 7017	457	士兵：中央军 166 名，八路军 157 名；军官：八路军 1 名
万达屋矿	10.14	湖北 5245	164	士兵：中央军 5 名，八路军 108 名；军官：八路军 1 名
老虎台矿	10.14	湖北 5245	155	士兵：中央军 90 名，八路军 55 名；军官：中央军 4 名，八路军 1 名

① 辅导工人属于特殊工人。

分配单位	接收日期	日军部队番号	接收人数	摘要
计			776	
东乡矿	11.1	东宁777	194	士兵：中央军120名，八路军92名；军官：中央军1名
		东宁123	52	
南山矿	11.1	东宁844	159	士兵：中央军144名，八路军13名；军官：中央军2名
		东宁299	176	士兵：中央军57名，八路军21名；军官：八路军2名
西露天矿	11.1	东宁396	416	士兵：中央军155名，八路军99名；其他农商159名；军官：中央军4名，八路军1名
计			997	
南昌	11.9	宝清	218	士兵：中央军91名，八路军64名；其他农商55名；军官：中央军7名，八路军1名
大山矿	11.10	东安土木工程处	359	士兵：中央军298名，八路军36名；军官：中央军25名
烟台矿	11.10	东安土木工程处	220	
东乡矿	11.10	虎林9750	241	
	11.11	虎林9750	239	士兵：中央军247名，八路军121名；其他农商4名；军官：中央军19名，八路军5名
搭连矿	11.11	新密山4838	245	士兵：中央军2名，八路军219名；其他农商5名；军官：八路军5名
龙凤矿	11.12	新密山4838	445	士兵：中央军147名，八路军162名；其他农商115名；军官：中央军1名，八路军10名
老虎台矿	11.13	东宁1271	286	士兵：中央军134名，八路军138名；军官：中央军9名，八路军10名
万达屋矿	11.13	东宁1271	347	士兵：中央军93名，八路军146名；军官：中央军4名，八路军7名

续表

分配单位	接受日期	日军部队番号	接受人数	摘要
计			2600	
西露天矿	11.22	鸡宁5860	235	士兵：中央军202名；其他农商23名
制铁	11.22	鸡宁5860	82	士兵：中央军80名；其他农商2名
蛟河	11.22	永安536	203	
老头沟	11.22	鸡宁5860	131	
烟台	11.28	鸡宁5860	240	
计			891	
合计			5264	

资料来源：苏崇民、李作权、姜璧洁：《劳工的血与泪》，中国大百科全书出版社1995年版，第351—353页。

　　这些工人被分配到大山矿、东乡矿、老虎台矿、万达屋矿、南山矿、龙凤矿、搭连矿、烟台矿、南昌矿、蛟河矿、老头沟矿和西露天矿等，主要集中在大山、老虎台和龙凤等采煤所，从事采煤、掘进等繁重的劳动。据伪满时任抚顺警察局长的柏叶勇一和抚顺宪兵队的宝田震策交代，"自1940年起到1945年，被押到抚顺煤矿服苦役的'特殊工人'达4万人"[1]。这些"特殊工人"在恶劣的环境里，从事超强度的劳动，由于饥饿、寒冷、疾病的折磨和日本侵略者的摧残、屠杀，大量死亡，仅有一小部分人侥幸逃出虎口。到1945年8月日本投降后，仅剩下七八千人。

　　（五）"勤劳奉公""勤劳奉仕"与"国民皆劳"

　　按照日本劳务新体制的规定，从1942年起，伪满当局实行国民"勤劳奉公"制度，即采取新的强制征派青年劳工的措施。5月27日，伪满国务院颁布国民"勤劳奉公"相关法规，决定从1943年正式实施。

　　"勤劳奉公"队由20—23岁的男性青年组成，服劳役12个月，

---

[1]　李秉刚：《历史的疤痕：辽宁境内万人坑》，东北大学出版社2004年版，第164页。

1945 年 3 月 11 日，"勤劳奉公"年龄延至 30 岁。"勤劳奉仕"的奴役对象是青年和学生。奉公法规定，奉仕队员需协力奉公队的事项包括："1. 国防建设事业；2. 铁道及道路建设事业；3. 治水、利水及造林事业；4. 土地开发事业；5. 重要生产事业；6. 农产物生产收获事业；7. 灾害救护事业；8. 其他特由民生部大臣指定之事业"①。抚顺煤矿第一批"勤劳奉公"队员由奉天省的铁岭、抚顺及滨江省组成，共计 1020 名，从 1944 年 4 月 1 日至 6 月 30 日到达抚顺煤矿的大山、老虎台和龙凤采炭所工作。随后，抚顺煤矿又向伪满国民勤劳奉公局提出使用第二届"勤劳奉公"队的要求，于是由抚顺县和清原县向抚顺煤矿提供了"勤劳奉公"队。关于国民"勤劳奉公"队到抚顺煤矿具体劳动条件等事宜，我们可从 1944 年 9 月 29 日伪满国民勤劳奉公局同抚顺煤矿之间达成的关于清原县"勤劳奉公"队的组成协定中略窥一斑。

关于国民勤劳奉公队协助的协定书

（1944. 9. 29）

国民勤劳奉公局长半田敏治为甲方，南满洲铁道株式会社抚顺矿长、理事宫本慎平为乙方，就国民勤劳奉公队协助该矿事业一事，协定下列各项：

第一条　国民勤劳奉公队（以下简称勤公队）协助之主要事项如下：

（一）协助队员数：1200 名

（二）负责组成机关：清原县

（三）协助期限：康德十一年十月一日到康德十一年十二月三十一日（康德十二年一月一日至二月二十八日协助期间应予延长协定）

（四）作业种类：采煤

（五）作业地点：抚顺市

（六）协定金额：

---

① 中央档案馆、中国第二历史档案馆、吉林省社会科学院合编：《东北经济掠夺》，中华书局 1991 年版，第 900 页。

（1）甲额：对组成人员每人国币 145 元 4 角

（2）乙额：对在籍人员每人每日 4 角 2 分

此外，关于伙食规定由乙方负担每人每日不得低于 6 角，但使之从事通宵工作或特殊作业时须增加 2 角。[1] "勤劳奉公"与"勤劳奉仕"等法令是抚顺煤矿强征工人的依据，大批劳动者被强行押到抚顺。1944 年度抚顺县提供 1300 人，清原县提供 1200 人，合计 2500 人。[2] 伪满末期，日本对劳动力的掠夺达到了疯狂的程度，日本侵略者不仅在华北强征工人，还在清乡扫荡中抓捕百姓押送到东北做劳工。1942 年，伪满当局颁布《满洲国基本国策大纲》，提出在实施"勤劳奉公"的同时，"并行活用都市浮游劳动力及女子劳动力，以确立国民皆劳体制"[3]。随后，日本殖民当局便乱抓"浮浪"[4] 充当劳工。尽管如此，煤矿劳动力不足的问题仍然突出。为此，1945 年 1 月 2 日，抚顺煤矿长致函伪满民生部长欲在华北招募 9000 名工人，信函如下：

抚顺煤矿长致民生部部长函

根据康德六年一月三十日民生部令第 2 号、治安部令第 3 号《劳动统制法实施规则》第 15 条，提出如下申请，希准予所请是荷。

国外劳动者募集申请书

一、就业场所：奉天省抚顺市抚顺煤矿

二、劳动募集工作人员：佐伯孝一、渡边猛、相场勇尊等一百人

三、募集期间：康德十二年一月一日至十二年十二月三十一日

四、募集工人总数：9000 名

---

[1] 昭和十九年（1944）6 月 10 日抚总庶文 04 第 22 - 1 - 30 号，抚顺炭矿长宫本慎平致国民勤劳奉公局局长半田敏治：《关于延长勤劳奉公队勤劳期间及并早期动员一事》，抚顺矿务局日文档案，劳/1944/398。

[2] 《关于签订国民勤劳奉公队协助协定书一事》，抚总劳庶 04 - 1 - 18，昭和十九年（1944）6 月 24 日，抚顺矿务局日文档案，劳/1944/398 号。

[3] 中央档案馆、中国第二历史档案馆、吉林省社会科学院合编：《东北经济掠夺》，中华书局 1991 年版，第 873 页。

[4] 所谓"浮浪"，是指没有户口或劳动票等身份证明者，主要是城乡的流动人口。

五、募集地点及募集人数：河南省1550人，江苏省200人，莱维区50人，沂州区50人，曹州区100人，东临区800人，泰安区50人，济南区400人，武定区50人，竞济区1000人，青州区100人，冀南区500人，顺德区800人，真定区700人，保定区200人，渤海区450人，津海区1300人，冀海区200人，燕京区500人。

六、就劳期间：按应募来矿时间随时延长。

七、本矿劳务概况：

1. 经营所需人员总数：108310人

2. 现在在籍人数：康德十一年末为105100人

3. 不足人数：3210人

4. 每月平均流动率：6%

5. 国内外（关内外）在籍工人的在籍比率：国内（东北）40%，国外（关内）60%

八、工资：井下，最高4.00元，最低1.80元。井外，最高3.00元，最低1.20元。

九、工资发放方法：根据指纹对照表，按人计算支付本人。①

从以上可以看出，由于实行"勤劳奉公""勤劳奉仕""国民皆劳"等，至1944年末，抚顺煤矿工人已经超过10万。但由于工人流动性大，死亡率高等原因，煤矿劳动力仍然不足。

二 劳动力构成

（一）劳工年龄结构

随着日本侵略者对抚顺煤矿侵略的加深，煤矿无论是日本从业人员还是中国从业人员都是逐年增加的。1907年抚顺煤矿仅有员工1143人，1937年达49637人，至1943年增至93691人。②

---

① 满铁抚顺煤矿编：《昭和十八年度抚顺煤矿统计年报》，吉林省社会科学院满铁研究中心档案馆藏，馆藏号：04742，第68—69页。

② 满铁撫順炭鉱：『昭和18年度撫順炭鉱統計年報』第一編（特秘）1945年、第68—69頁。

上述近 10 万从业人员绝大多数是青壮年劳动者，因为抚顺煤矿招工的重点就是体格健壮的青壮年劳动者。据 1931 年统计，这一年共有矿工 22500 人（不包括承包工、临时工），其中 50 岁以上的有 124 人，15 岁以下的 8 人，大多数为 30 岁左右的青壮年。[①] 而当这些矿工力气用尽后便弃之不管，再换新的劳动力来顶替。详细情况见表 6-7。

表 6-7　　　　　　　　　抚顺煤矿工人年龄构成　　　　　（单位：人）

年份＼年龄	不满 15 岁	不满 20 岁	不满 25 岁	25—35 岁	36—50 岁	50 岁以上
1932	21	276	4325	11060	7759	114
1936	78	1314	7685	17826	10727	302
1940	1061	7347	13130	23356	19117	1377
1942	1659	10517	16861	25175	22541	2537

资料来源：张福全：《辽宁近代经济史（1840—1949）》，中国财政经济出版社 1989 年版，第 496 页。

抚顺煤矿工人工龄详细情况如表 6-8 所示。

表 6-8　　　　　　　　　抚顺煤矿工人工龄结构情况

年份	工龄（人）			比重（%）		
	1 年以内	1 至 3 年	3 年以上	1 年以内	1 至 3 年	4 至 5 年
1932	15460	7102	5024	56.1	25.7	18.2
1936	14361	10859	7510	43.9	33.2	22.9
1940	29098	24246	7119	48.1	40.1	11.8
1942	38970	24923	10415	52.4	33.5	14.1

资料来源：张福全：《辽宁近代经济史（1840—1949）》，中国财政经济出版社 1989 年版，第 497 页。

从表 6-8 可见，由于工资待遇微薄、劳动条件艰苦等原因，工人流动率非常高。在全部工人中，不满 1 年工龄的占 43%—56%，即每年有半数的工人需要重新招聘，因此招骗矿工活动是与日本帝国主义经营

[①]　满铁抚顺煤矿编：《昭和十八年抚顺煤矿统计年报》，吉林省社会科学院满铁研究中心档案馆藏，馆藏号：04742，第 132 页。

抚顺煤矿相始终的。

（二）劳工等级结构

抚顺煤矿工人结构复杂。日本人社员由职员、雇员、佣员构成，而中国人社员几乎全是佣员。中国工人分为在籍工人和籍外工人，但几乎全部是佣员。籍外工人分为承包工和供给工（临时工），在籍工人包括把头、常佣方和常佣夫，常佣方由煤矿直辖，工资为日额定薪，流动性较低。抚顺煤矿常佣方（手）又依其工作种类分别定出下列职名：事务方、林业方、劳务方、车掌方、站务方、调车方、转辙方、联结方、线路方、电铁方、建筑方、木工方、汽罐方、机车方、电铲力、运转方、选炭方、车道方、仕上方、旋盘方、制罐方、熔接方、锻冶方、熔解方、铸型方、电气方、安全灯方、测量方、发破方、充填方、铁管方、保安方、补修方、铝工方、容器方、压延方、杂业方和见习方等。常佣夫是煤矿工人中人数最多的一种，处于工人中最底层，流动性较高，他们由把头招募和监督，领取计件工资。常佣夫的职名则为采炭夫、掘进夫、支柱夫、车道夫、配函夫、充填夫、发破夫、木工夫、制材夫、炼瓦夫、选炭夫、线路夫、制罐夫、锻冶夫、火药库夫和杂作业夫。从九一八事变后持续增加，1939年超过4万人，1943年增至近5万人，约占煤矿职工半数。抚顺多处万人坑中的死难者，绝大多数为此类工人。把头被列为工人，职责是招募、领导和监督其属下的常佣夫，是享受社员待遇的特殊阶层。同时抚顺煤矿还有籍外工人、承包工和供给工（临时工）。承包工和供给工都归承包人管理，不受煤矿业公司方面的统辖。劳工职务等级结构详见表6-9。

表6-9　　　　　　　　　抚顺煤矿职务等级

国籍	身份	职务	备注
日本人	社员	职员	获月薪
		雇员	获工钱（月发或日发）
		佣员	社员最下等资格
	非社员员工	见习工	为数不多
		临时佣员	为数不多

续表

国籍	身份	职务			备注
中国人	社员	雇员			极少量中国人
		佣员			极少量中国人
		（大把头）			1940 年前后成为社员
		（常佣工）			1942 年起成为社员
	社员外从业员	在籍工人	把头		享受社员待遇，1940 年后大把头成为社员
			常佣工	常佣方	计时工资，1930 年前称"常役方"，1942 年起称"第一种佣员"，并成为社员
				常佣夫 采煤华工	计件工资，1931 年废除采煤华工、杂业华工的区别均称"常佣夫"，1942 年起称为"第二种佣员"，并成为社员
				常佣夫 杂业华工	
		籍外工人	供给工（临时工）		归承包人管理，不受煤矿方面的管辖
			承包工		

资料来源：根据《抚顺编年史》《满铁档案资料汇编》《满铁与劳工》《满铁史》等多种文献综合统计的。转引自廖婉《近代抚顺煤矿中国劳工状况探析（1907—1945）》，硕士学位论文，辽宁大学，2016 年。

综上，这种复杂的等级结构造成煤矿自始至终存在严重的民族歧视，同时为日本侵略者压榨、奴役中国人提供了合理依据。

第二节 劳务管理方式

一 实行把头制管理

1908 年 4 月 1 日，满铁从野战铁道提理部接收了抚顺煤矿，开始采掘时，关于采用中国人劳动者（最初称为"苦力"，1919 年以后又称"华工"，伪满洲国成立后改称"工人"）充当采煤工问题，曾考虑采取两种方式管理，一是由把头（即包工头，日本人也称苦力头或华工头）

承包，二是由煤矿直辖。日本殖民当局为了探索直辖的可能性，同年 7 月在千金寨矿井的一部分中进行试点。1911 年 3 月，大山矿井开业时在全矿内实施直辖制。1917 年 6 月，万达屋矿井开业，到了次年 11 月，殖民当局认为"仍然需要能够熟练操纵华工的把头的本领。因而又采用了把头制。同时，当时除采煤作业外，基建掘进、硬煤搬运和支架等都实行承包制"。① 可见，随着采煤技术进步及劳动市场状况变化，抚顺煤矿的劳务管理方式不断进行改革，但始终未离开把头制管理。如抚顺煤矿在把头规则中写道："领导多数苦工，并且具有监督和指导之才干，能为煤矿忠实从事采煤者名曰大把头；在大把头之下，并帮助大把头监督苦工数达 50 者，名曰小把头。大把头的工钱，是其所属总工钱的 35%，每月发给他们；小把头的工钱，则常是其所属苦工总工钱的 5%，又以总工钱 3% 由采煤所斟酌各小把头之成绩，为一种奖励金，每月发给他们。各采炭所采用大把头时，须预先试用若干时期，认为有第一条的资格者，然后为采用手续，又在试用期内，得每日给以相当费用。采用小把头时，由大把头推荐，认为胜任者方办采用手续。"② 抚顺煤矿的把头制度大体可分为四个阶段。

（一）第一阶段：大把头承包制（1907—1911 年）

抚顺煤矿设立之初采用残柱式采煤，为将利益最大化，日本殖民当局实行大把头承包制，即大把头直接招募劳动者，以计件付酬为原则，从发包单位承包各种作业，进行施工。大把头对下属劳动者拥有极大的权力。把头与劳动者签订契约，负责劳动者的分配、训练、福利卫生、日常生活管理、劳动指挥、监督和工资发放等。把头为了自己获得更多的利益，也为了每一个苦力增加收入，经常将常设苦力的人数限制在最小限度。大把头为了增加自己的收益，从中不断榨取矿工，主要从作业的承包费和付给劳动者工资之间的差额获取回扣，它有以下三种形态：（1）利用承包费率和支付工资率的差额。例如沙河口贮煤场的把头于大

①　满铁『南满洲铁道株式会社第二次十年史』、昭和三年（1928）、第 572—573 页。
②　支勇智、张国胜、孙育秀：《中国抗日战俘劳工史》，黑龙江人民出版社 1996 年版，第 137 页。

吉，将煤炭卸车和堆积以每吨 9 分的费用进行承包，付给劳动者 7 分，获得 2 分回扣，克扣的比率为 22.2%。一般为 20%。（2）例如承包费率为金本位，而交付工资利率为小洋本位，利用货币牌价的差额获得回扣，比率为 13%—14%。（3）抚顺煤矿对于不利用费，不是采取按比率计算的办法，而是采取先行扣除的办法。大连贩卖所的把头穆连会，在煤炭作业中可获得 10% 的回扣。一般以 10%—15% 居多。[1] 此外，大把头还以其他各种手段剥削劳动者，如承包集体伙食、经营小卖店、放高利贷，甚至开设赌场等。可见在这种制度下，矿工是从属于承包矿业公司业务的大把头，与抚顺煤矿和满铁无关。矿业公司无视矿工劳动条件的恶劣，即使发生灾难，矿业公司也不负责。把头制度实质是"一种封建主义的管理制度"。把头不仅在劳动者招募方面，而且在劳动者管理方面也发挥着重要作用。作为封建权力者的把头介于日本殖民当局和劳动者之间，在阻止劳动者阶级觉悟和民族意识的提高与成长方面，对会社也是极为有利的。由于劳动组织由把头操纵，使矿工运动陷入低迷状态，因此"把头制度成为（中略）防止发生劳资纠纷和开展工会组织运动的一大障碍，扮演了资本家和劳动者之间一个缓冲地带的角色。这种把头制度违背阶级斗争精神，而且由于具有浓厚的乡土色彩，因此也违背工会精神"[2]。

（二）第二阶段：直辖制（1912—1930 年）

由于残柱式采炭法效率极低，且通风等需要大量费用，为提高煤炭产量，日本殖民当局于 1912 年引进注砂充填采炭法（油页岩的残渣和露天矿的土都是填充物），并派技师到德国和法国学习充填法技术。此后在杨柏堡矿井、大山矿井、东乡矿井和老虎台等矿井推广。1922 年龙凤矿井和老虎台矿井采用了技术更为先进的倾斜长壁采煤法，此后普遍推广。这样，随着采煤技术的进步，大把头制的弊端逐渐凸显。"一是妨碍了煤矿利润的增加；二是因为把头未支出采煤技术和设备更新的成本，影响了生产效率的提高；三是因为矿工工资很低，因此无法阻止矿

---

[1]　根据满铁临时经济调查委员会《满铁各个所使用华工调查报告（一）》（1928 年 6 月）第 49、50 页。此外，该书中若干处数字显然有误，故笔者经重新计算，予以更正。

[2]　『満洲管理概論』、満洲図書株式会社、1944 年、第 37 頁。

工流动；四是把头联合矿工给煤矿施压，给煤矿造成很大威胁。"① 出现第四种情况的原因是把头同其下属的劳动者之间主要是通过同乡等关系结成牢固的人际关系。此外，很多大把头由于吸食鸦片、赌博，将全部收入挥霍殆尽。如果赌输，便无力为自己手下的苦力发放工资，有时甚至影响苦力出工。由于存在上述诸多弊病，因而日本殖民当局想要直接掌握劳动者，便尝试向直辖制转变。所谓直辖制，亦称"里包工"，即煤矿方面直接雇用矿工，结成雇佣关系，向工人个人支付工资、提供住房等，把头则处于监督者的地位，根据工人人数和工件情况领取津贴，把头也被纳入煤矿的职制之中。小把头主要负责采煤部门的劳务管理，每个小把头负责管辖、监督 50 名矿工作业。大把头不再直接负责采煤管理部门，而是将劳动力招募作为主要任务，同时负责管辖人数众多的小把头。这一时期抚顺煤矿通过把头统治的工人仍占企业全部工人的80% 以上，具体如表 6 - 10 所示。

表 6 - 10　　　　　　　　　抚顺煤矿把头管辖的工人及其比重

年份	把头数（人）	工人数（人）	平均每个把头管辖的工人	把头管辖的工人占企业全部工人的比重（%）
1923	143	20439	143	80.8
1924	184	21014	114	80.3
1925	178	20556	115	82.2
1926	209	23330	112	84.5
1927	229	35757	156	99.8
1928	247	31988	130	90.1
1929	232	34273	148	91.2
1930	203	26859	132	89.4
1931	128	19900	155	89.1

资料来源：张福全：《辽宁近代经济史（1840—1949）》，中国财政经济出版社 1989 年版，第 497 页。

---

① 松村高夫『15 年戦争期における撫順炭鉱の労働史』（上）、『三田学会雑誌』93 巻 2 号、2007 年 7 月、第 61 頁。

在向直辖制转变过程中，由于大把头权限缩减，丧失了克扣劳动者工资的机会，因此招致大把头的极力反抗。为此，日本殖民当局向把头势力较弱的大山矿井引进日本人班长制，然而却遭到中国矿工的极力反抗，生产效率降低。与以往大把头制不同的是，把头隶属煤矿，把头工资按矿工总工资一定比例发放。

（三）第三阶段："近代化"劳务管理的引入（1931—1937 年）

随着技术的进步，抚顺煤矿每个矿工的采煤量 1925 年为 2.15 吨，1930 年上升为 3.45 吨，1932 年为 6.05 吨，增加了 2.8 倍。[1] 为确保劳动力资源，规定工人要定期进行身体检查，制定聘用解雇规定，提供工资等。1930 年初，矿业公司提出废除大把头制度，强制收回 13 所卖店经营权，同时禁止把头向劳动者贷款。但由于把头煽动工人罢工斗争，矿业公司不得不做出让步，继续使用把头制度。从 20 世纪 30 年代开始，大把头地位逐渐弱化。1931 年 8 月，煤矿制定出台了新的《抚顺煤矿把头规程》。规定"大把头由煤矿矿长任免之，小把头由工作地点的首长任免之"，[2] 从此小把头的任免权不再属于大把头，同时由矿业公司负责小把头的招募、管理和指导下属的工人。可见规定废除了以往关于小把头的任命需经大把头推荐，其罢免必须通知大把头的规定，同时未规定大把头的募集、训练和监督等实质权限，企图削弱大把头对小把头的影响力及大把头的权限。到了 20 世纪 30 年代后期，矿业公司为了直接管理中国劳动者，从佣工中选拔"优秀分子"，称之为"领头"或"票头"，企图进一步削弱把头制度。为此，把头数量逐年减少，1931 年共有大小把头 128 名，1936 年减少至 71 名。

为了更有效地统治矿工，抚顺煤矿实行严格的监管制度。在组织机构上，抚顺煤矿设立总务局、经理局、采炭局、工务局、工业局、建设局共 6 个局和 23 个课 24 个所场。每个采炭所、工场、课下面设系。仅古城子采炭所，就设立了 23 个系。从煤矿到采炭所，都增设了"劳务系"，专门监督工人、镇压工人运动。各"劳务系"均设主任，由日本

---

① 松村高夫『15 年戦争期における撫順炭鉱の労働史』（上）、『三田学会雑誌』93 巻 2 号、2007 年 7 月、第 62 頁。

② 《抚顺炭矿满人社员关系规程类抄》，抚顺矿务局，日伪档案，第 376 号。

人担任。"劳务系"下设劳务班长、内勤劳务员和外勤劳务员。他们的任务是："极其复杂而又广泛，所以是一言难尽的，但概括说来，'劳务系'的工作是所谓由照料吃饭到照料上便所，对工人的一切都进行管理。"① 所谓"照料"和"管理"，就是监督和镇压。工人从起床到睡觉，从吃饭到上厕所，每时每刻、随时随地都置身于劳务系的监视之下。稍有一点"越轨"行为，轻者遭毒打、重者就要丧生。日本殖民当局将"矿工们20人或30人分为一组，受到工头及把头的严格监督"。② 因此在"劳务系"之下，又设立大把头、小把头、直辖小把头和助理把头，把头在各作业场所听从系员指导，严格监管各矿工。抚顺煤矿在向直辖制转变过程中仍部分实行把头制，只是把头数量逐年减少。事实上把头制度是与满铁抚顺煤矿相始终的。

（四）第四阶段：大把头制的"复活"（1938—1945年）

日本全面侵华战争爆发后，随着战时经济的进展，劳动力不足问题日益凸显。为应对此时劳动力不足问题，增强产煤能力，保证从华北及时提供足够的劳动力，同时开始恢复和强化大把头制度。因为他们认为"在人情、风俗、习惯乃至语言等多方面都不同于中国人的日本人，要直接役使大批的满洲人或中国人，并非易事。因此，当使用大批苦力时，对于（把头）的存在决不可以忽视"③。1940年2月开始实施的《抚顺煤矿把头规定》指出，"把头负责其手下常佣工的募集训练，指导监督，以及安排住处"。这一规定说明承认把头对劳动者实行全面管理。同时，随着把头业务的扩大，又作出新的规定："当小把头的业务过重时，可在小把头之下设'作业把头'，充当小把头的助手。"

抚顺煤矿早期采用大把头制，后来改为小把头制，或中把头制。中把头一般控制200人左右，它的组织形式是以四五个工人为一个班，班有班长，称为"三头"或叫作业把头，随工人一起干活。几个班之上有一名"二头"，负责劳动的组织和指挥。最上面的包工把头完全不参加

---

① 孙邦：《经济掠夺》，吉林人民出版社1993年版，第356页。
② 满铁经济调查会：『满洲矿山劳働事情』、1935年、第155页。
③ 武居乡一『满洲の劳动と劳动政策』、岩松堂书店、1941年版、第173页。

劳动，除招募和管理工人外，主要负责和业主进行交涉。[1] 1941 年 1 月 16 日公布的《抚顺煤矿承包把头使用内规》所规定的"承包把头"是非直辖制的承包制把头，这正是公开同意恢复大把头制度。该规定的细则与说明中指出："承包把头须经常冠以'承包'字样，以区别于其他把头"，这说明抚顺煤矿的把头制度还不能说全部以承包制取代了直辖制，但 1944 年 2 月 17 日制定的《西露天矿事务所把头津贴内规》中规定，小把头工资由大把头支付，作业把头工资由小把头支付。由此可见，即使实施直辖制的情况下，小把头的权限也获得强化。抚顺煤矿的大、小把头"在 1931 年为 128 人，从 1931 年至 1936 年呈下降趋势，1936 年只有 71 人，1937 年以后则呈上升趋势。特别是 1939 年以后，把头数量明显增加，1943 年抚顺煤矿系统有大把头 14 人（其中抚顺 11 人），小把头 139 人（其中抚顺 112 人），作业把头 286 人（其中抚顺 263 人）。"[2] 1943 年更增至 439 名。至 1944 年 9 月，一直保留着直辖制的万达屋、老虎台、东乡等矿也都恢复了把头制。详见表 6 - 11。

表 6 - 11　　　　　　抚顺煤矿 1931—1940 年把头人数　　　（单位：人）

年份	1931	1932	1933	1934	1935
人数	128	107	118	109	76
年份	1936	1937	1938	1939	1940
人数	71	82	93	224	391

资料来源：苏崇民：《满铁史》，中华书局 1990 年版，第 638 页。

日本帝国主义积极推行把头制，其目的有二：一是利用把头与工人间的民族情感与封建联系，控制和维系工人；二是模糊中国工人的民族意识，把他们对侵略者的仇恨转移到中国人把头身上。因此，日本侵略者利用大小把头，对中国矿工进行残酷压榨。抚顺煤矿流传的民谣生动地记述了煤矿工人的悲惨处境，"洋人喝咱血。阎王吃咱肉。小鬼不怕瘦，专门啃骨头。啃完咱骨头，臭油河里丢。狼吃狗也叼，残骨没人

---

[1]　齐武：《抗日战争时期中国工人运动史稿》，人民出版社 1986 年版，第 133—134 页。

[2]　苏崇民：《满铁史》，中华书局 1990 年版，第 638 页。

收"。民谣中所说的"洋人"指日本侵略者,"阎王"指大把头,"小鬼"指小把头、看房先生、外勤等。工人们受到层层盘剥,死亡后,还被扔进野狗成群的万人坑。

二 实行指纹制度管理

抚顺煤矿"要煤不要人"的政策,使得大批矿工因劳累过度而病倒,或因事故而伤亡,或因生活不下去而逃跑,在一个矿井内工作一年以上者实属罕见,这造成了抚顺煤矿矿工的流动性很大。为此,殖民当局实行指纹管理制度,加强对矿工的劳务管理。

1908 年日本引入指纹法管理犯人。为了应对和防止矿工的罢工斗争及频繁更换劳动单位,加强对中国工人的管理和统制,1924 年 8 月满铁抚顺煤矿引入并实施了日本管理犯人的指纹管理制度。实际上早在大正年间,日本侵略者为进行劳动者的户口调查,就已经实施了指纹登录。抚顺煤矿招聘中国工人首先要进行指纹登录,主要对象是中国矿工,包括常役华工、采煤华工及在各采煤场从事井下作业、选煤、运煤、贮煤、装煤和采砂作业等包工作业之包工华工。从 1925 年 3 月 1 日起,中国矿工需要填写充作身份证明书的指纹表和采用卡片。在指纹表相应栏内记入本人姓名、年龄、原籍、现住所、所属部门、职业、职务号码、工资额和父母妻子中一人之姓名,按上本人左右十个手指指纹,并记入关于自身的经历事项。在采用卡片内,填写与前述指纹表相同的事项,然后在指纹栏内,由所属部门令其按上左手食指指纹。然后,"卡片由华工系保管一份;另一份交还所在单位。如发现指纹有问题,即由所属单位予以解雇和处理"[1]。指纹鉴定结果出现下列任何一项不予录用,"一是目前在籍,但没有解雇手续;二是解雇后未满两个月,但是如果是会社方面的原因解聘,或其他特殊情况不在此限;三是认定为不良的受过处分的矿工或者有此经历者"[2]。抚顺煤矿实行指纹管理法后,日本殖民当局迅速将其扩展到"满洲"其他殖民会社。1926 年 4 月,日本殖

---

[1] 孙邦:《经济掠夺》,吉林人民出版社 1993 年版,第 357 页。

[2] 解学诗主编:《满铁抚顺煤矿·煤铁篇》(第一分册),1986 年,第 104 页。

民当局在奉天组织了"南满工业恳谈会"。该会是在"作为劳动问题合理方策，为防止雇佣者之间工资攀比，防止劳动者移动"这一背景下，由满洲纺织株式会社、南满制糖株式会社等满洲大企业组建的，该会专设指纹部，主要负责劳动者的指纹登录。结果，企业之间结成同盟，共同制定和实施防止劳动者移动和劳动争议的对策。关于采用指纹的理由，满铁档案是这样叙述的："一、指纹法在制作华工身份调查的基本资料上是必要的。中国的现状是，尚未实行户籍法，因而他们能够任意改名或用假名，要识别出本人，除非让他们照相或按指纹，否则别无他法。而照相不仅费用较高，且分类识别困难；指纹法则在这一点上远比照相优越——其特点是终生不变，人都不同，所以作为华工身份调查的资料，是最有效的方法。二、为了做到赏罚分明是必要的。辨别功罪，赏罚分明，是用人的最主要问题。然而，像现在这样任意改名或使用假名，是不可能达到这一目的的。煤矿现有中国人工作人员有职员 2 人，佣员 4839 人，常役华工 9350 人，采煤华工 12284 人，包工华工 9902 人，临时华工 2274 人，露天华工 4050 人，共计有 42701 人之多。职佣员以上人员虽然比较容易管理，但常役以下人员，从人数上或从使用他们的地区广大方面看，无论如何都不可能以寻常的方法进行管理，会社对他们采取的最重处分是解雇，可是现在的情况是，此处被解雇，他们就能很容易地利用改名或假名钻到其他部门里去，因而对解雇也不一定感到痛苦。也就是，我方虽然打算给予最严重处分，但对方回过头来却暗中嗤笑，这样也就无法使用中国人。（中略）三、为了排斥不良分子是必要的。在数万华工中（中略），罢工的领头人等所谓品质坏的人也相当多，所以过去曾经将照片转给各处，但拥有数万华工，如果不多少使用些有组织的方法，就不能达到目的。此外，排斥这些不良分子，不仅对煤矿本身必要，在对中国的关系上也是非常必要的。当地的中国官民经常把煤矿宿舍说成是盗匪的巢穴。也就是，在煤矿用地内虽然有数万中国人，但因有治外法权。只要进入煤矿用地内，即便是本国人也不能直接逮捕，所以中国街的犯罪者都钻进煤矿宿舍。就中国官宪的立场而言，认为抚顺中国市街的警备殊难望其完备，大概也是理所当然的。他们又说，因为日本人不熟悉中国人的情况，无论如何不可能充分加以领导。可是，要使抚顺煤矿向中外显示出日中亲善、日中共存共荣的实质，有必要对煤矿工作人员充分加以管理，肃清他们把华工宿舍看成盗匪巢穴的怀疑。为此，通过对煤矿从事劳动的华工实行指纹法就可以解决。四、为了解华工流动情况是必要的。华工向来就有流动性，像抚顺煤矿这样在广大地区经营事业，更会引起他们的流动性。采煤华工的流动率达 30％之多，至于其原因，虽然由于固有的流动性，盲目流动的人很多，但似乎也有的是因为借钱，因和朋友、把头的相处关系，因受日本人虐待，因采掘场不好等情况，迄今为止未切实调查出来，因而也未进行具体研究如何防止流动。指纹法在了解这种流动原因的真相上是非常必要的。五、［略］六、结论。总之，如果对煤矿从事劳动的数万华工全部利用指纹法进行管理，就会使因行为不端而被解雇及其他不良分子，就无法再在全矿范围内居住。这样，被煤矿解雇立即使他们在生活上受到压迫，对他们来说是最大的制裁，他们被赶出抚顺，大概再也找不到这种适合的劳动市场。这样，使煤矿全部华工感到有被驱逐出煤矿的威胁，他们每个人就会省悟，由于不能流动，定能提高作业上的责任感。从使用者方面来说，以指纹法为基础，采取适当的救济待遇办法，使他们安心并养成热爱事业的美德，那么相信定会节省大量招募华工的经费，并且在公安维持上，提高工作效率上，对华工方面和矿业公司都有很多好处。"① 从上述可以看出，日本殖民当局真正目的则在于"使因行为不端而被解雇的不良分子不能再在全矿范围内居住。这样，被煤矿解雇立即使他们在生活上陷入困境，对他们来说是最大的制裁，他们被赶出抚顺，大概再也找不到这种适合的劳动市场。这样，使煤矿全部华工感到有被驱逐出煤矿的威胁"②。即限制劳动力流动，减少工人的逃亡。指纹管理强化了对矿工的法西斯镇压与控制。这个由抚顺煤矿首先实行的指纹法，九一八事变后被推广用于全东北地区。

随着满铁劳动政策的改变，满铁经济调查会制定了《劳动者指纹管

---

① 解学诗主编：《满铁史资料·煤铁篇》（第一分册），中华书局 1987 年版，第 313—315 页。

② 解学诗主编：《满铁史资料·煤铁篇》（第一分册），中华书局 1987 年版，第 314—315 页。

理法案》。1932 年伪满建国后，日本殖民当局认为，"中国是个复合民族国家，没有国籍，每年还要有五六十万工人从华北进入我国其他地区，无论从治安方面还是从国策推行方面，都有搜集国民全部指纹的必要"①。因此指纹管理制度在伪满洲国大规模推行使用。1934 年 2 月 7 日，伪满公布《指纹事务办理规程》，先在伪满新京和哈尔滨设立两个警察厅，在奉天、吉林、黑龙江和热河设立四个警务厅，各区厅内设立指纹局，"中央"在警务司保安科内设立指纹系，负责统治。至 1936 年 7 月，伪满撤销指纹局，次年进行"中央"行政机构改革，警务司改为治安部警务司，从"中央"到地方新设了鉴定股。新设的牡丹江、通化两省及兴安各省的警务厅，也都被指定为指纹事务处理官署，同时接收了"满洲"劳工协会工人十指指纹，进行统一管理。1937 年日本开始实施"产业开发五年计划"，对劳动力的需求越发增加。全面侵华战争开始后，来自华北的中国人劳动者锐减，因此抚顺煤矿的劳动力严重不足。为解决劳动力不足问题，伪满设立大东公司管理外国人劳动者。为贯彻国家总动员法，同时作为国内劳动者管理的行政补充，1938 年 1 月 7 日设立"满洲劳工协会"。为防止劳动者移动，劳工协会实施登录十根手指指纹、照片并用的劳动者登录制度。6 月 9 日公布实施了"暂行劳动票发放规则"，8 月 17 日实施了"关于实行十指指纹登录之件"，规定在劳动者移动较多的行业，如工场、林业、矿山、土木建筑、交通和通信等行业进行十指指纹登录。即指纹登录对象不仅包括伪满洲国国民，还包括来自华北的中国人劳动者。十指指纹登录地域，1938 年以奉天省为中心的 3 市 8 县，1939 年推广至 11 市 12 县，1941 年 18 市 84 县 9 旗，登录对象逐渐推广到全省。② 在劳工协会管理下，1939 年 1 月 12 日，设立指纹管理局，隶属治安部。将犯罪者和劳动者实行一元化管理。指纹管理局设立训练所。为管理特殊技能人才，1939 年 9 月 23 日，伪满公布了以国家总动员法为基础的"指纹登录令"，适用于指纹法。

① 吉林省公安厅公安史研究室、东北沦陷十四年史吉林编写组编译：《满洲国警察史》，吉林省内部资料，准印证第 90097 号，第 429 页。
② 高野麻子『「満洲国」における移動する労働者の管理と指紋法』、『年報社会学論集』25 号、2012 年、第 126 頁。

规定以"军需产业或者在用兵作战等方面具有特殊职业能力，即具有任何人都无法代替的特殊技能者"为对象，被制定107种职业技术者登录。"指纹登录令"实质是劳动者指纹登录的扩大，将指纹管理和治安管理紧密结合。1939年设立指纹管理局，随着指纹管理局的设立管理对象逐渐增多，以国家总动员法为基础的劳动统制被强化。1941年为了动员劳动力，实行劳务新体制，采用劳动者登录。后又实行国民登录。由于战争长期化造成劳动力不足，1943年实施"国民手账法"。

第三节　对"特殊工人"的严格管理

日本殖民当局初期使用"特殊工人"的时候，与普通工人并无差别。"特殊工人"被日军押送到抚顺煤矿后，利用一周时间办理录用手续、分配宿舍、分配工种，然后进行22天的实习，方可参加劳动。"特殊工人"绝大部分从事采煤、掘进、支柱、线路等工种。然而到了大批采用"特殊工人"的时候，鉴于"特殊工人"是最有反抗精神和战斗力的集体，日本殖民当局制定了一套单独管理办法。

日本殖民当局在对一般工人施行法西斯殖民统治的同时，对"特殊工人"的统治更加严酷。"特殊工人"成为防谍工作的重点对象。抚顺煤矿在1941年6月7日的一份关于防谍对策的文件中报告说："此等工人，系在中国事变期间活跃于抗日战线上的八路军和共产党分子，于投诚或被俘后在徐州与保定日军训练所内接受过宣抚或训练者，对此等工人进行防谍工作乃当务之急。"为此，日本殖民当局对"特殊工人"采取特别严格的管理和防范措施。作为普通防谍警备的联络统制机关，抚顺煤矿在总务局庶务课内设有防谍系，但对"特殊工人"则执行如下对策："1. 以本矿所属'特殊工人'为对象，开展与谍报、谋略、宣传等秘密战相应对的有机的各项工作，使之完满进行，以期达到严密防谍之目的。为此，昭和十六年（1941）6月9日抚顺宪兵分遣队、抚顺警务处及本矿互换了作为合议机关的备忘录。为期完善，本矿制定了特殊工人防谍对策内规及'特殊工人'防谍对策要领，通过合议机关的运营及在'特殊工人'所属各所设定防谍网，以期运营和查察的圆满。2. 随着时局日益紧张，本矿去年设置了特务委员会，并在该委员会内设置了专门研究'特殊工人'的对策分会，以直接管理有关防谍事宜。3. 在防卫系主任的领导下组织了秘密侦察工人情况的密探网，以掌握工人中有影响力者及其言论动向。4. 工人通信方面是监视重点，防卫系人员及现场劳务人员担任秘密监督工作。5. 关于工人事务处理，工人到达本矿后，由劳务系（包括现场）防卫人员相互配合，在警务处特务科人员及宪兵队员到场的情况下，进行必要的身份调查，必要时可拍照片（正在实施），并制成工人名簿，以便日后检查。发生事故时迅速与防卫系联络，防卫系再与军、宪、警当局取得联络。月末制作本月生活状况及经历调查表，并随时掌握工人中有影响力者名单，以便检查。"① "特殊工人"到矿后，被集中在指定区域，实行集中管理。工人名簿上要载明"特殊工人"的姓名、年龄、身份、阶级、原籍及其他必要事项，附以照片，采取指纹。"特殊工人"要佩戴标识，严禁与一般劳工在一起做工，禁止他们接触炸药、火器等危险品。为加强对"特殊工人"的管理，1941 年 8 月 25 日，日本殖民当局在抚顺煤矿设置特务委员会，② 特别在特务委员会下设立"特殊工人对策分科会"。据抚顺矿务局档案记载，"对在我矿就劳的特殊工人（七七事变中的投诚兵）及其各种秘密工作的监视，同时保持同各单位的密切联系的宣抚工作为主体，以期防谍工作的完备。故在本委员会内设置特殊工人对策分科会如下。分科委员会长：庶务课长；委员：庶务课防卫系主任，劳务课管理系主任，劳务课劳务系主任；参议：抚顺宪兵队分遣队长，抚顺市警务处长。（附带说一下：关于本特殊工作，鉴于时局的严重性，已于今年 6 月 2 日同

① 解学诗、李秉刚：《中国"特殊工人"——日军奴役战俘劳工实态》，社会科学文献出版社 2015 年版，第 467 页。

② 抚顺煤矿特务委员会设委员长、副委员长、委员、干事和候补干事及参议。委员长总管会务，副委员长辅佐委员长工作，当委员长不在时代理其职务，委员受委员长之命掌管会务，干事辅佐委员长处理会务，候补干事辅佐干事处理会务，参议就有关重大事项对委员长的咨询阐明意见。委员长：炭矿长；副委员长：大田次长；委员：总劳务课长、采保安课长、工运转课长；委员兼干事：总庶务课长；候补干事：总庶防卫系主任、总庶文书系主任、总劳管理系主任；参议：抚顺宪兵分遣队长、抚顺县警务股长、抚顺警务处长、奉天铁道警护队长。

抚顺宪兵队、抚顺市警务处以及我矿之间交换了特殊工人对策备忘录，设置了三者一体的会议机关，组成了防谍网的基本组织。从那时以后开展了特殊工作。但在当前设置特务委员会之际，希望把它也编入分科会之中)"①。

太平洋战争爆发后，日本的人力资源和自然资源日趋枯竭，伪满也开始进入"全民皆劳"的战时劳务体制。日本统治者为了最大限度地利用"特殊工人"这一特殊群体，"在辅导培养其成为健全的劳动者的同时，另一方面也鉴于其特殊性，为达到警备防谍上的完善"，伪民生部和伪治安部共同制定了统一管理战俘劳工的法令《关于辅导及保护工人管理之件》[民生部训令第188号、治安部训令（警）第42号]，并于1942年7月24日通过。该件是伪满当局唯一一个关于在东北地区从事劳动的中国战俘劳工的正式法令。它将以往被称为"特殊工人"的中国战俘劳工根据其来源，细分为"辅导工人"② 和"保护工人"③。从法律上正式把中国战俘劳工纳入伪满的劳动体系，为在伪满使役中国战俘劳工的企业制定了统一的管理标准。该文件具体内容如下：

辅导工人管理要领

总则

第一，辅导工人之管理除依本要领之外，应准用现行各法规及有关规定。

第二，本要领所谓辅导工人者是指在华北蒙疆地区之俘虏投降兵和归顺匪，原则上在华北军方另设之训练机关完成所定之训练，由华北方面移交到满洲国就劳者而言。

第三，使用辅导工人之事业体限于民生部之指定矿工业及特殊工程，民生部指定前项之事业体时须事先与治安部协议之。

---

① 中国人民政治协商会议辽宁省抚顺市委员会文史委员会编：《抚顺文史资料选辑　第98辑　屠杀集》，中国人民政治协商会议辽宁省抚顺市委员会文史委员会出版，1987年，第161页。

② 所谓"辅导工"，是指在华北、蒙疆地区的俘虏、投降官兵和归顺的土匪，经日本华北方面军司令部特设的训练机关进行训练之后，再由华北方面军移交伪满洲国从事劳役者。

③ 所谓"保护工人"，是指华北方面军因特别工作强入"满洲"的难民或工人。

第四，使用辅导工人之事业人（以下称事业人）不仅止于活用其劳力，对其爱护善导，依据使用管理而使其认识大东亚共荣圈确立之意义。

第五，原则上辅导工人取得二年间使其行义务之就劳，期间经过后与华北当局协议返还之。

但思想坚实、身体康健希望定居就劳者，由事业人事先向管辖就劳地之市县旗报告，受其指示以普通工人待遇之。

第六，辅导工人虽在义务就劳期间中，经过一年对其成绩优良者可将残余期间准照普通工人管理之。

第七，事业人对于义务就劳期间满了后之辅导工人的定居要采取积极的奖励政策。

第八，使用辅导工人之事业人应负担训练机关入所中之经费，和受领地就劳地间之往返或移动所需之旅费及其附带之诸经费。

第九，辅导工人搅乱治安或有该危险者无匡正之希望，并关于其处分难能依据有关法令时，俟所辖警察机关之报告，民生部治安部合议之后，施以适当之措置。

第二章　取得、移管及返还

第十，合于第三条之事业体拟使用辅导工人时，依劳动人募集统制规则第三条样式第一号乙向民生部申请之。

第十一，民生部行前条之认可时，将劳动人募集统制规则第四条之劳动人募集认可证交付之。

第十二，第十条之劳动人募集认可申请书及前条之劳动人募集认可证须明记"辅导工人"。

第十三，事业人因特别之事由，有使辅导工人移动之必要时，关于移动地址、移动期间、移动人数等项须事先向民生部及治安部报告之。

第十四，事业人在辅导工人受领完了时，依样式第一号填写辅导工人收容完毕报告书，经由管辖就劳地之市县旗向民生部及治安部报告之。

第十五，事业人在辅导工人之义务就劳期间满了或因特别事由需返还时，要在一个月前依样式第二号填写辅导工人返还报告，经由管辖就劳地之市县旗向民生部报告之。

第十六，民生部受理前条之申请时，与治安部协议后，关于其返还经由关东军与华北方面交涉之。

第十七，事业人在辅导工人返还完了时，于样式第三号之《辅导工人返还完报告书》上取得尾书证明后，经由管辖就业地之市县旗向民生部报告。

第三章　输送

第十八，辅导工人之输送为团体输送，事业人选定输送责任人，概依每六十名附以二名补助员，担当在输送途中之辅导工人之保护管理及与警务机关联络。劳务兴国会关于前项之输送，须协力斡旋之。

第十九，辅导工人之入离满手续准普通工人，其所需之身体证明书以华北劳工协会发行之"出国出境普通劳工证"办理之。

华北劳工协会在右记劳工证之第一、二、三面盖一定形之"辅导"之朱印。

第二十，辅导工人于入满之际，其输送责任人在出发三日前，将其人数、国境通过日时及到达就劳地日时向国境管理机构（在铁路时向山海关铁道警护队长及山海关税关长或古北口铁道警护队长，在海路时向营口海上警察署长，安东水上警察署长及在关东州的大连水上警察署长，营口、安东、瓦房店铁道警护队长，在陆路时向山海关、冷口、喜峰口、古北口各国境警察署长等）、管辖就劳地的省警务厅长及治安部警务司长各发电报。右记以外，输送责任人须做成附录样式第四号之入满辅导工人名簿于通过国境之际，向国境管理机构（与前项同）及税关提出，以资检印及通关之事宜，并于到达就劳地之同时向所辖警察机关报告之。

第二十一，辅导工人返还之际，其输送责任人在出发三日前，将其人数、就劳地、出发日时、国境通过日时并返还地到达日时向国境管理机构（与第二十条同）、治安部警务司长及返还有关机关各发电报。右记以外，输送责任人须做成附录样式第二号之返还辅导工人名簿，于出发前向所辖警察机关报告之，同时于通过国境之际向国境管理机构（与第二十条同）及税关提出，以资检印及通关之事宜。

第四章 使用及保护管理

第二十二，辅导工人之宿舍与普通工人隔离，概于特定地域汇总收容，周围设栏栅（或铁丝网），应使其便于管理。

第二十三，事业人对辅导工人中有再行训练之必要者时，在可能范围内收容于别栋实施匡正训练。

第二十四，事业人在实施辅导工人之匡正训练时，关于其匡正方法及训练期间等与所辖警察机关协议决定，且受有关机关协力，适当实施之。

第二十五，辅导工人之日常生活之指导监督及与事业人之联络，使辅导工人中之干部担当之，事业人有关辅导工人干部之任用须特别注意，选优秀之日系指导员，在其把握上不断注意之。

第二十六，事业人以辅导工人之宿舍为单位编成班，必要时可设定连坐制，明确赏罚，以谋勤务成绩之向上与防止逃亡。

第二十七，辅导工人之作业组织务以前条之编成为基础，并在可能范围内使其与一般工人分别，置于日系作业指导员之监督下。

第二十八，辅导工人在上衣之左上膊部附以一定之标识，使其与一般工人易于识别。

第二十九，事业人对辅导工人，原则上须避免在电力设施、火药库等重要警护设施及其附近安排作业外，对于危险之物件勿使其使用之。

第三十，事业人对辅导工人在义务就劳期间其他保护必要之事项明示，并使其理解是使其安心就劳之措施。

第三十一，事业人在交给辅导工人之工资时，不发给全额，只发给生活必需费及杂费之金额，残余由事业人负责贮蓄保管之，在义务年限满了时向各人交付之。关于前项工资之支给，事业人每月作一回精算书，将其对辅导工人明示之。

第三十二，辅导工人对其家族有希望汇款者时，事业人不拘前条之规定，须进行汇款之斡旋。

第三十三，事业人对辅导工人向其家族之通信，须努力斡旋之。

第三十四，事业人依合于第六条之辅导工人之希望，在可能范围内斡旋其家族之招致。

第三十五，事业人在受领辅导工人之同时，须办理暂行劳动人员登录规则之登录之一切必要手续。登录机构须依据有关法规做成指纹原纸，并在该指纹原纸盖以"辅导"之朱印。

第三十六，事业人受领辅导工人时，须及时做成附录第五号样式之辅导工人名簿保管之。符合第六号者之名簿另行保管之。

第三十七，事业人关于辅导工人之纷争及重要之事故，须及时向有关机关通报外，并须向民生部及治安部报告之。

第五章 逃亡防止

第三十八，事业人在做好辅导工人逃亡防止之万全之同时，并须对所辖警察机关之施行之逃亡者之搜查、逃亡煽动者之揭发、不法盗窃者之发现或对工人聚集地点之统一搜查等协力之。

第三十九，事业人在辅导工人企图逃亡或有逃亡之意时，须行防止或备以搜查上适宜之措施之同时，向所辖警察机关及铁道警护队、宪兵队等急报，受其指示之。

第四十，事业人在辅导工人拟行逃亡之际，无暇向所辖警察机关通报之时，可自行采取必要之措施，将其"始末"速向所辖警察机关通报，受其指示。

第四十一，警察为制止辅导工人企图逃亡或欲逃亡者，在不得已时可将其杀伤之。

第四十二，事业人在辅导工人逃亡时，须及时依附录样式第七号做成辅导工人逃亡者名簿，向所辖警察机关及铁道警护队、宪兵队等报告之。

第六章 警备防谍

第四十三，事业人为管理辅导工人使用自身特设之警备机关自己担当警备。

第四十四，事业人使其特设之警备机关不断在辅导工人之宿舍或作业场所巡逻检查，担任出入物品、外来者之监视管理及重要设施之警护等。

第四十五，事业人在所辖警察机关之指导下，须不断查察辅导工人之思想动向。

其清查重点概要如下：

1. 嫌疑工人之常时监视；

2. 于外出等时之跟踪查察；

3. 与外来者或商民等接触状况；

4. 所持金品等之检查；

5. 金钱之消费状况；

6. 反满抗日之言论行动；

7. 谋略间谍之行为；

8. 其他思想之不稳言论行动。

第四十六，事业人对辅导工人之发受之邮件均须使其经由事务所，以资为防谍及辅导管理之参考；辅导工人之发受之邮件有使用暗号等可疑之点者，须急速向警察机关联络采取措施。

第四十七，事业人在辅导工人间发生流言蜚语之际，须急速将其出处及流传状况等探求之同时，向所辖警察机关速报之。

第四十八，事业人在辅导工人有显著不稳态度或示威反抗之言论行动时，须与所辖警察机关联络之后，受其指示，在匡正训练中可采取监禁捆绑等必要之措施。

附则

第四十九，已往入国就劳者中合于本要领第二条之规定者，由本要领实施之日起，受本要领之适用。但关于义务就劳期间将已往就劳期间通算之。

第五十，对于华北蒙疆地区之思想嫌疑者，因特别之事情入满就劳者，准同本要领；但关于返还之规定不在此限。

第五十一，本要领自康德九年九月一日起实施之。

附录（略）

关于保护工人的管理之件

所谓保护工人为指华北军因特别工作所将难民或工人强制使其入满者。虽视其为一般国外劳动者受诸法规之适用，然从其性质上有必要进行特别的保护辅导。除依诸法规外，对事业人督励其遵守下记事项，在使用上以期万全。

下记

一、保护工人原来虽系良民而非为不肖分子，因特别工作环境急激之变化，而致精神动摇。对其管理须特以温情，置重点于爱护善导。在可能范围内设定一定之训练期间，实施教化训练，使工人对于前途认为光明，同时逐渐使对满洲国认识深切，并使其作业熟练，以谋生活安定。

二、保护工人依其性质在输送上须格外注意，均须行团体输送。事业人须决定输送责任人，概依每六十名附以二名补助员，担当在输送途中之保护工人之保护管理及与警务机关联络。劳务兴国会关于前项之输送，须协力斡旋之。

三、保护工人入满之际，其输送责任人在出发三日前，须将其人数、通过国境日时及就劳地到达日时向预备通过之国境管理机构、管辖就劳地的省警务厅长及治安部警务司长各发电报。

四、保护工人返还之际，其输送责任人在出发三日前，须将其人数、出发日时、通过国境日时并到达返还地日时向所辖警察机关通报，同时向国境管理机构、治安部警务司长及返还目的地有关机关各发电报。

五、使用保护工人时，要可能范围内设定队或班之组织，选定优秀之人物为干部。对干部之教养彻底施行，对事业人之联络、工人日常生活之指导监督等使干部担当。日系指导员须确实将干部把握之。

六、保护工人在管理上与一般工人有区别之必要时，在上衣之右上膊部附带一定标识，使之易于与一般工人相识别。

七、在保护工人的警备等方面，即使没有与一般工人相区别的理由，因其入满动机并非自愿，心理性动摇有受人利用或自暴自弃之虞，在警备防谍须对其特别严密监视，以防患于未然。

八、使用保护工人除尽量避免在电机设施、火药库等重要之要警护设施及其附近作业外，对于危险之物件勿使其使用之。

九、关于保护工人之家族招致、通信、汇款等，事业人须努力斡旋，对其家族之安否之挂念努力扫清之。

十、对于保护工人在相当期间继续就劳思想坚实、身体强健，且生活之安定者，可解除其保护工人之管理，而归于一般工人。

十一、保护工人（包含曾为保护工人者）希望归还者中，认为其理由正当时，对其受供斡旋之现地军，须将受供出之年月日、姓名、就劳期间、就劳成绩、希望归还之理由等行具体之报告，基于现地军之指示使其归还。①

上述《辅导工人管理要领》总则的第5条至7条和第10条至11条规定，原则上"辅导工人"要从事两年的"义务劳动"，期满后"与华北当局协议返还之"。希望定居东北者，经市县伪政府批准，可按一般工人对待。"保护工人"无期限限制，对于希望"归还"者，如认为其理由正当，可与供出地的日本驻军联系，经当地日本驻军批准后"归还"。"保护工人"在经过一段时间后，如"继续就劳思想坚实、身体强健，且生活之安定者，可解除其保护工人之管理，而归于一般工人"。然而能够真正返回华北的战俘劳工非常少。伪满警务总局1943年6月对在伪满各矿山劳动的战俘劳工的一项调查显示，在40402名"辅导工人"中，返回华北的仅289人，编入普通工人的有3733人；在18306名"保护工人"中，返回华北的151人，编入普通工人的98人。② 第4章（第22条至37条）为使用及保护管理。规定在生活上"辅导工人之宿舍与普通工人隔离，概于特定地域汇总收容，周围设栏栅（或铁丝网），

---

① 伪民生部、伪治安部：《关于辅导及保护工人管理之件》［民生部训令第188号、治安部训令（警）第42号］，1942年9月9日。吉林省档案馆藏档案315-7-399。
② 李力：《伪满洲国的劳务管理机构与劳务政策研究》，吉林出版集团有限责任公司2009年版，第254页。

应使其便于管理"。（第 22 条）"辅导工人之日常生活之指导监督及与事业人之联络，使辅导工人中之干部担当之"。以"宿舍为单位编成班，必要时可设定连坐制"。（第 26 条）在生产中"辅导工人"以班为基础，"在可能范围内使其与一般工人分别，置于日系作业指导员之监督下"。并"在上衣之左上膊部附以一定之标识，使其与一般工人易于识别"。"原则上须避免在电力设施、火药库等重要之警护设施及其附近之作业使用外，对于危险之物件勿使其使用"。（第 27 条至 29 条）"保护工人"在管理上与"辅导工人"大体相同，只是没有规定要与普通工人相隔离。（《关于保护工人的管理之件》第 5 条至 8 条）要领第 3 条规定"在交给辅导工人之工资时，不发给全额，只发给生活必需费及杂费之金额，残余由事业人负责贮蓄保管"。第 6 章（第 43 条至 48 条）为警备防谍。规定由企业专门设立警备机构担任对"辅导工人"的巡逻、检查，要在警察机关的指导下，严密监视"辅导工人"的思想动向。

伪满洲国战俘劳工法令出台的同时，关东军也出台了管理"特殊工人"的法令。1942 年 7 月 30 日，延吉宪兵队长致关东宪兵队司令官报告中关于"特殊工人管理要领案"指出，"1. 劳动期间定为两年，期满送回原籍地，归乡旅费由会社负担，途中每日付给 2 元，另外还付给 30 元赏金。2. 采用后将必要事项记入名簿后，向所辖官宪报告。3. 收容所外构筑外栅。4. 从特殊工人中选择适任者作为班长，与煤矿人员联络，以期担当适当的劳务管理工作。5. 作成管理日记，每月 10 日前记载劳动状况、缺勤变动状况，然后依次向民生部、治安部、劳务兴国会提出。6. 实行信件检阅，禁止发信、打电报和电话。7. 为使人一看便知是特殊工人，在衣服上附加一定标记。8. 上下坑时实行点名。9. 禁止与其他一般工人掺杂作业。10. 勿使接近使用和保管爆炸物的地方。11. 将劳动工资的 2 成作为储蓄"[1]。为此，1943 年 9 月 8 日，日本殖民当局在西露天矿事务所、大山、老虎台、龙凤各采煤所的庶务系内增设了防卫班，加强了对"辅导工人"的监视。11 月 20 日，抚顺煤矿也制

<hr>

① 解学诗、李秉刚：《中国"特殊工人"——日军奴役战俘劳工实态》，社会科学文献出版社 2015 年版，第 474 页。

定了"辅导工人队长管理内规之制度",这是针对大批"北满"日军转迁来的"特殊工人"制定的,进一步具体应对"特殊工人"管理的各项事宜,具体内容如下:

此次关东军等借我们采用了辅导工人5600名,军方也有要求,因此拟定了附表(可否裁决)注,辅导工人不分配与把头,要维持原在军队就劳的队组织,因此将把头津贴支付给队长。

第一条:辅导工人的队长(简称队长)管理方法在未规定其他规则前按内规执行。(后附)

第二条:队长分为中队长、小队长、分队长。

第三条:中队长、小队长为第一种佣员(月薪),分队长或为第一种佣员或为第二种佣员(日薪)。

第四条:前条第一种佣员的职称定为劳务方,而第二种佣员则按其作业职务来定。

第五条:中队长、小队长的待遇为基本工资与奖励工资,并按下列规定执行。

一、基本工资:中队长工作一日给国币二元、队长工作一日给国币一元。

二、奖励工资:

1. 计算依据,以在籍总和就业总数为准。

2. 工资率,基本工资和奖励工资为合计额,中队长为国币二元,小队为国币一元为基准,按前条规定率比。

3. 对解佣:一名为罚则减国币三元,但减额须在按前条率比算出工资范围内。

第六条：前条工资的总额不得超过下列数额。中队长国币 500 元，小队长国币 200 元。

第七条：所属首长认为必要时有权在奖励工资总额范围内决定某人工资增减。

第八条：奖励工资算出基础的应在人员及总就业工数及解佣人员应从把头津贴项下扣除。

第九条：分队长的工资按下列规定。
一、成为第一种佣员时
1. 基本工资每工作一日为国币七角。
2. 奖励工资按第五条第一、二号及细则办理。但基本工资、奖励工资的总额以 70 元为限。
二、成为第二种佣员时实效工资以外，每工作一日给国币七角的负责工资。

第十条：对中队长、小队长及第一种佣员的分队长的各项津贴，各统计日工资的基本工资为月工资。

第十一条：中队长、小队长、分队长的任命按分表第二号上请劳务科长，解雇时也同。

第十二条：队长的工资标准及相关事宜按本规定执行。如遇问题，以及工资标准发生变更时，需根据具体情况上报劳务科长。

细则说明
一、中队长编制人员 200 人以上，分队长由各单位首先指定适任者。
二、跟随队长的负责工，按本人所属队长为准管理之，但奖励金不适用此办法。

三、基本工资的经费科目为采煤成本经费，采煤费把头津贴。

四、工资率按分表第一号请劳务科长决定。

五、关于工资率的决定就业率，退散率及基准人员如下办理就业率：采煤工70%，其他常佣夫75%。

六、退散率月10%，基准人员，中队长200名，小队长100名。

七、基本工资、奖励工资的经费科目与细则三、四同。

八、负责工资七角钱系该作业的经费项目。[①]

以上可以看出，抚顺煤矿对"特殊工人"采取了更为严格的管理方法，即保持军队式组织编制。每200人以上编为中队，50人以上编为小队，煤矿劳务系从中物色原为军官或在战俘中有影响的人，任命其为队长，利用他们原来的身份和威信，代行把头之职。煤矿给予选出的队长"优厚待遇"，对充任队长的"特殊工人"职称定为劳务方。劳务方的工作是警备、外勤、井上监视，或在工人宿舍照管工人。工资分为基本工资和奖励工资，实际上这是将一般工人方面支给把头的津贴支付给了这些队长，在会计科目上也是列入把头津贴项目之下的。队长充当劳务系员，代行把头职能，监督管理"特殊工人"。日本殖民当局严格管理工人，完全是为实现日本侵略者的"以战养战""以华制华""以俘治俘"的卑鄙目的。但是结果往往跟侵略者的期望相反，"特殊工人"充任队长，尤其是八路军被俘的军队干部，非但没有替日伪卖力，实际上反而往往成为"特殊工人"斗争的领导人。

此外，日本侵略者和汉奸把头们还对"特殊工人"进行精神奴役，特在抚顺煤矿各矿区修建老君庙。1942年，由日本满铁抚顺煤矿投资和佛教界赞助，在欢乐园中央修建了一座规模宏大的老君庙。这座老君庙占地2500多平方米，殿宇巍峨，禅房毗连，正殿的李聃像聘请北平的名匠雕塑，偏殿和后殿供奉着关公和孙娘娘塑像，一年四季香火繁盛。

---

① 参见伪警务总局《辅导工人实态调查表》，1943年6月。见北京中央档案馆藏119 - 1 - 406。

每年农历四月十八逢老君庙会，庙内香烟缭绕，人山人海，抚顺煤矿各矿区的矿工都来烧香磕头，叨念"老君爷大慈大悲，保佑我身家平安"。抚顺煤矿法西斯式的管制、残酷的精神奴役、恶劣的作业环境，加上伪满后期生活物资的极度匮乏，造成战俘劳工的大量死亡。现在虽然还没有发现全面的统计，但从1943年6月伪警务总局的调查统计也可以窥其全貌，这份资料显示，到1943年6月末为止，在各矿山劳动的"辅导工人"除去逃亡的还有21248人，其中死亡4603人，死亡率达21.6%；"保护工人"除去逃亡的还有3989人，死亡1536人，死亡率更高达39.5%。[1] 日本侵略者在其他作业场所对"特殊工人"采取的强制劳动、警戒防范和残酷盘剥压榨手段与抚顺煤矿如出一辙，抚顺煤矿工人的悲惨遭遇，是所有被日本侵略者奴役、残害"特殊工人"的共同遭遇。

---

① 参见伪警务总局《辅导工人实态调查表》《保护工人实态调查表》，1943年6月。见北京中央档案馆藏 119 - 1 - 406。

第七章

满铁抚顺煤矿系统中的中国工人状况

在满铁侵占抚顺煤矿后，尤其是在日本侵华期间，大量的中国劳工及战俘，在日本侵略者的奴役下，受尽迫害与摧残，过着人间炼狱般的悲惨生活，数百万人在被日军强迫服劳役期间致残甚至丧生。日伪霸占抚顺煤矿期间，以常人难以想象的丑恶形式剥削压迫中国工人。抚顺煤矿工人在恶劣的劳动环境下，长时间从事劳动强度惊人的工作。日本殖民当局对中日工人实行差别工资待遇，并运用黄、赌、毒、封建迷信等方式对中国工人进行精神毒害。在如此恶劣的生存状况下，抚顺煤矿矿难频发，造成中国工人大量死伤。日伪统治者的种种罪行，实在罄竹难书。在中华人民共和国成立前，煤矿工人作业环境之恶劣，劳动强度之大，均甚于其他行业，而抚顺煤矿工人遭受日本侵略者和汉奸把头的双重剥削和压迫。因此，抚顺煤矿工人受压迫之深重、生活之痛苦在中国工人队伍中是比较严重的。

第一节　劳动状况

在九一八事变爆发前，对于中国工人的悲惨劳动状况，《南华日报》对中国工人有着形象的报道：

> 现代政治经济学说之特点莫不认劳动之权利，贤明之政治家每采用之以为倡导，盖积极的可谋经济利益之普及，而消极的亦足防

他种不良引诱之危险也。惟抚顺煤矿则不独反是，甚且苛酷出人意表，工作时间在十四小时以上，坑内闷窒，长时间毫无休息，此其一。工资自每日八分起至二角五分止，充饥已难，衣被何来，事畜更何来，此其二。每日按工发资并非货币，只是饭卷一张，上面载明价值，只可通用于该特设之饭间，换粗糯以实腹，此其三。如嫌换饭不饱者，可多作夜工四小时，则多得小洋八分券一张，然其人之疲乏可知，此其四。工作繁时，往山东招工，简时可随时可裁，毫无保障，亦毫无补助，致一出矿门，便尔萧然一身，欲归不得，求饱不能，流落他乡，何等危险；抚顺夏县长以与地方治安有碍，三日前去一照会，要求裁工时随时通知，以便照料，并酌给路费，以免另生事故，现尚无复，此其五。工人疾病停止工资，送入工人病院，医药费作工扣还，此其六。工人因公丧命，有眷属来领者给恤费八十元，无则一葬了事，此其七。日员偶然下坑督工必有特别设备，如空气袋、气筒、特种衣服等等，可保绝无伤身之虞，而华工入坑出坑同此，工作紧张时间全身赤裸，一丝不挂，终日劳动，臭汗腾蒸，煤烟着身，比之非洲黑人尤厉，几于人鬼不分，以视日人相去远矣，此其八。洞中工作向甚危险，遇水不计上避必死，遇火必封口亦死，空气恶浊，煤毒充塞，幸而不死于水火，亦必死于此，不死必病，不病必夭，而无休息调剂保险优待之例，以视日员有年级加俸、退职金、养老金、上等住宅、修养娱乐者，有天渊之别矣，此其九。①

一　恶劣的生存状况

日本帝国主义在抚顺的统治和掠夺，给劳动人民带来了极其悲惨的苦难。日寇与封建把头勾结起来，到山东、河北等地招募"华工"，说什么"千金寨遍地是黄金，吃的是大米白面，穿的是绫罗绸缎"，把数以万计的劳苦同胞，成批地骗来，强迫他们入井生产。这些人被骗到抚

---

① 《抚顺煤矿之两大秘密》，《南华日报》1931 年 8 月 17 日通讯，见解学诗主编《满铁史资料·煤铁篇》（第一分册），中华书局 1987 年版，第 331 页。

顺以后，就是到了人间地狱。工人住在"大房子"里，没有行李，没有用具，晚上枕砖头睡觉。不论严冬酷暑还是入井升井，都穿着一套破烂的衣服。工人们在日本人和封建把头的皮鞭、刺刀的恐怖统治下，平均每天进行 12 小时的繁重劳动。而得到的一点点所谓"工资"，还受到层层剥削。煤矿把工作包给"大柜"，"大柜"再包给把头。矿工们的劳动所得，"票头"扒一层，把头扒一层，到工人那里就寥寥无几了。如当时的歌谣所说"鬼子吃咱肉，把头啃骨头，腿子横着走，工人难抬头"。矿工们少吃无穿，无止境的劳动，加上卫生条件恶劣，很多人病死累死。那些身体弱不能入井的工人，便被把头赶出矿外，流浪街头，其中很多人因生活无着，冻饿而死。露天矿老工人孔繁喜回忆说："我伪满时挣的钱，连自己吃穿都不够。有一年冬天竟弄张牛皮纸送个帽子戴，穿双露着脚后跟的破单胶鞋，吃的是豆腐渣、橡子面、冻土豆，饿得半死半活的。"当时有一首歌谣说："豆饼陈糠常断顿，破衣烂衫喝稀汤，干起活来像牛马，饿着肚子愁断肠。"[1] 在当时的抚顺煤矿还流传着另一首民谣："来到千金寨，就把铺盖卖，新的换旧的，旧的换麻袋。一条破麻袋，能铺不能盖，盖上前胸脯，露出两膝盖。北风冒烟雪，无米又无柴，天冷肚子饿，小鬼来逼债。没钱鬼不饶，去把儿女卖，卖掉儿和女，还不清阎王债。冻死路边倒，阎王脚下踩，一把尸骨扔关外，悔不该来到千金寨。"[2] 这首民谣既是被招骗矿工的痛苦自述，也是早期产业工人苦难生活的真实写照。采煤工人住的是被称作"大房子"的地方。一间房子小的几平方米，大的一百多平方米，矿工大多数是单身，都集中住在"大房子"里，一间房子要住进五六十名工人，多的住一百多人。"大房子"是对面的大炕，工人睡觉时枕着砖头、盖着席头。"大房子"都是用秫秸抹泥建成的，好一些的是用土坯盖的，十分简陋，由于建筑时根本不考虑采光通风、御寒等条件，整个屋内光线昏暗，阴暗潮湿，空气污浊，拥挤不堪，夏天闷热难忍，冬季寒冷难熬。土建矿工的住宿条件更为恶劣。由于工作流动性大，住所经常更换易地，封建把头

---

[1] "煤都抚顺"编写小组编：《煤都抚顺》，辽宁人民出版社 1959 年版，第 32—33 页。
[2] 肖竞、李联谊：《抚顺工人运动史（民主革命时期）》，抚顺市总工会干部学校，1995 年，第 29 页。

为了省钱，盖的临时住房能简就简，常常是在地上挖一个大坑，上面盖上草席子，席子外面用泥巴一抹了事，三四十人挤在一起，阴暗潮湿，如同住在坟墓里一般。

"采煤华工的伙食起初是由把头承包的，但因把头只顾私利，征收不合理的食费，又缺乏卫生观念，忽视华工健康，以及华工为去饭店而四散，严重影响就业率，乃逐步改为直营制，现在各井均实施直营伙食。但吃饭对矿工来说，是一个最大乐趣，他们不能满足一年到头几乎使用同一种材料做出来的饭菜，他们不顾直营伙食费从工资中被扣除的损失，经常去附近卖店或市内饭馆任意饮食，致使每餐均有三成缺食者，这不能不说是直营伙食制度中的一大缺陷"，"直营伙食单调的吃饱主义很难满足华工每个人的嗜好，为了弥补这一点，煤矿设有卖店，销售各种食品并廉价供应华工日用品。卖店多为各井矿工大把头兼营。直营制度逐步废止，现在只剩有龙凤、大山、古城子三个矿井，也将被把头经营所代替。卖货方法，对所属华工除现金交易外，大把头还按工人的产量发行'购买'券，发薪时由煤矿代理把头扣除'购买'券款额。直营卖店不进行现款交易，仅对就业华工每天发给日金一角八分饭票，工人用饭票交换商品。对煤矿不发给饭票的华工可由把头个人负责从煤矿借到二百元范围内的饭票，然后发给他们。饭票款作为贷款，以后从把头那里扣除"。[①] 采煤工人吃的是劣等杂粮，主要是用玉米面、糠面、橡子面等做成的窝窝头，在窝窝头的眼里放进几块萝卜咸菜，就着白开水就是一顿饭了。有时，就是豆腐渣、冻土豆等。就是逢年过节也难吃上一顿白面馒头，至于鱼肉蔬菜就更见不着了。日本侵略者和汉奸把头在粮食供应上能卡就卡、能压就压。工人的伙食供应量普遍不够，质差量少的伙食条件使工人们营养严重不足。由于吃不饱，只好去采野菜、树皮、树叶充饥。"大房子"周围的山坡，矸干堆上和臭水沟边的野菜和树叶都被工人采得一干二净，工人们经常是饿着肚子下井采煤。有些因病饿而起不来的工人，在遭到监工殴打后又被逼迫下井，直到死亡。

---

① 解学诗主编：《满铁史资料·煤铁篇》（第一分册），中华书局 1987 年版，第 333—334 页。

采煤工人穿的是破衣烂衫。按照规定矿里每年至少应发给工人一套干活的衣服。两个月给一双胶鞋，可是矿工连这点基本的待遇也难保障。不少矿工一年也领不上一双鞋，有的一年两个矿工合领一件衣服。矿工们挣的那点工钱糊口尚难，根本无钱用在穿衣方面。因此大部分矿工无论是上班还是下班都是一套补丁摞补丁的破衣裳和一双四处露眼的破胶鞋。为了节省衣服和鞋子，到了夏天他们干脆赤胸露背，光着脚板干活。而最苦的是冬季，不论是在"大房子"里，还是在采煤坑中，破旧的衣裳无法御寒，他们只好披上麻袋片或者将洋灰袋纸掏成洞套在身上保暖，个个缩背屈身，战战栗栗，凄惨至极。日本侵略者对工人的生老病死极为漠然。[1] 繁重的体力劳动，恶劣的生活环境，非人的待遇，使广大矿工生活在人间地狱之中，许许多多的矿工过早地离开了人世。

二　悲惨的抚顺煤矿童工

抚顺煤矿工人处境艰难，抚顺煤矿童工的生活更是悲惨。日本帝国主义为了掠夺煤炭，在劳动力日趋紧张的情况下，不惜采用童工来榨取中国人的血汗，在 40 年间，日本侵略者到底雇用了多少童工，又害死害惨多少童工已无法考证了。下面仅举 1944 年老虎台一处来揭露日本帝国主义的罪行，以见童工血泪一斑。

1944 年老虎台采炭所先后从河北、山东一带七次招骗 120 余名童工，他们的年龄最大的十七八岁，小的只有十二三岁，都是因生活所迫被骗来矿的穷苦孩子。这些童工到矿后，大多被把头分到井下，年龄大一点的采煤、推车、打眼、放炮，与成年人一样从事繁重危险的劳动。[2] 小一点的被派去做打点、保安、救火和给电气工人、铁道木匠背兜子搭下手、干杂活。矿上将童工编上工号，童工之间以工号相称。他们大多集中居住在阴暗潮湿、空气污浊的"大房子"里，12 个人挤在一铺炕

①　肖竞、李联谊：《抚顺工人运动史（民主革命时期）》，抚顺市总工会干部学校，1995 年，第 30 页。

②　肖竞、李联谊：《抚顺工人运动史（民主革命时期）》，抚顺市总工会干部学校，1995 年，第 157 页。

上，只盖一床破被，一个挨一个，拥挤得如果半夜解手，回来便无下脚之地了。他们的生活更是苦不堪言，整天吃苦涩难咽的橡子面窝窝头和高粱米稀粥，外加一些发霉的咸菜，每天两顿饭，早6点至晚6点，间隔12小时。就这样，每顿也吃不饱。正在长身体的孩子，由于劳累、缺食，瘦弱不堪，被迫到日人街去拣倒掉的东西充饥。如果被日本人看见，还要遭受其凌辱。他们卫生条件很差，一旦生病，更遭殃了。有一个童工辛福春，一次发高烧，浑身烫人，同屋的童工向催工的把头请假，把头不但不理，还指着病童叫："快给我起来，别装熊！上去打了一顿皮鞭，一时病童满口出血。"童工挨打是"家常便饭"。童工每年一套更生布衣服，即劳动保护。这种衣服不耐穿，也不防寒，时间不长就坏，没办法，他们只好用旧麻袋和洋灰袋挖三个洞，一个套脑袋，两个套胳膊，这就是防寒衣。夏季只有光着身子干活。有一个叫陈柱的保定小孩，因用炮线将破得不行的衣服连起来穿，竟在一次烤火中，因衣烧着而又无法脱下来被活活烧死。童工们干活穿的是既大又破的水袜子，为了防止脚冻伤，他们就往水袜子里放一些干草。冬天是童工们最难熬的季节。有一个童工从坑下往上背煤，正走着，见一日本监工拎着皮鞭走来，为了免得挨打，加快步伐，但鞋大不跟脚，在爬三十度"马机道"时滑倒，连人带煤一起滚落到坑下。日本监工见到摔成重伤的孩子不管，还逼迫童工往上背煤。有一次，两个年纪小的童工因走得慢了点，日本监工大骂"磨洋工"，随之一顿皮鞭，打得他们号叫不止，满地打滚。当年童工回忆说：那时童工的待遇就是镐把加皮鞭。[1]

　　童工干着牛马一样的活，挣的工资却微乎其微，很多孩子做了工，扣除各种费用后，反而还欠把头的钱。如果想干下去，过年过节还要给把头、监工送礼。非人的待遇，残酷的奴役，使这些童工身心受到极大摧残，不到半年时间，就死去一半以上。其余活下来的童工，在抗战胜利后，有的参加了八路军，有的回了老家，一部分留在矿上。他们的悲惨经历震撼着世人，是千万抚顺煤矿童工的一个缩影。

---

　　① 肖竞、李联谊：《抚顺工人运动史（民主革命时期）》，抚顺市总工会干部学校，1995年，第158页。

三　煤矿工人流动性大、工作不稳定

日本侵略者为加重对工人的剥削，在煤铁矿山作业中，大力推行临时工制度，以少付工资，加强劳动量，对工人进行残酷剥削。临时工的待遇无固定工薪，完全根据劳动成果给予报酬。日本人同把头勾结，采取当年招募、当年解雇的办法，大量招募山东、河北的失业农民，充实矿山作业。临时工的具体劳动和付资制度，是包工头管理下的个人包工制，即以每个工人在一定时间内完成劳动量的多少，给予一定报酬。因失业破产的外地流民数量大，包工头以极低的报酬招募临时工，并加强劳动强度，进行残酷剥削。临时工人无任何劳动保险，更无固定工资和基本人身保障。因矿工作业不需要技术，仅为简单、机械地凭力气干活，这使得在日本霸占的矿山中作业，其仅需要付出极少的报酬，便可得到很高的收益。例如抚顺煤矿，1917 年初工人 6162 人，当年招募临时工 34897 人，当年解雇 31301 人；1918 年初工人 9758 人，当年招募临时工 42087 人，当年解雇 39900 人；1919 年初工人 11945 人，当年招募临时工 49425 人，当年解雇 50021 人。这样，使抚顺煤矿历年解雇的工人皆为年初工人总数的 4 倍到 5 倍。[①] 当年雇佣的工人，当年即被解雇了绝大部分，身强力壮的年轻工人被留下来，淘汰了条件不好的上年和前年的工人。这样，使煤矿工人的年龄 70% 以上是 20 岁至 35 岁的青壮工人。全矿中，工人的工龄很短，不满 3 年工龄的工人占总矿工人数的 80% 以上，如表 7 - 1 所示。

表 7 - 1　　　　　　　　**抚顺煤矿当年解雇的矿工人数**　　　　　　（单位：人）

年份	年初工人数	当年新招	当年解雇
1917	6162	34897	31301
1918	9758	42087	39900
1919	11945	49425	50021

资料来源：虞和寅：《抚顺煤矿报告》，北京：农商部矿政司 1926 年版，第 214—215 页。

[①]　张福全：《辽宁近代经济史（1840—1949）》，中国财政经济出版社 1989 年版，第 336 页。

随着日本侵略战争的深入，抚顺煤矿在籍职工由 1932 年的 28002 人，增加到 1942 年的 91365 人。其后两年有所减少，1944 年为 82385 人，其中，采煤职工 58237 人，占 70.7%；加工工业职工 7987 人，占 9.7%；附属事业职工 12035 人，占 14.6%；矿本部及其他职工 4176 人，占 5%。抚顺煤矿工人主要由日本职员和中国工人构成，详见表 7-2。

表 7-2　　　　　　　　　伪满时期抚顺煤矿在籍人数　　　　　　（单位：人）

年份	合计	日本职员	中国人			
			小计	雇员	工人	把头
1932	28002	3056	24946	2212	22627	107
1933	33439	3536	29903	2480	27305	118
1934	34128	3531	30594	2444	28041	109
1935	37604	4252	33352	2368	30908	76
1936	43586	4569	39017	2308	36638	71
1937	49719	5299	44420	2684	41654	82
1938	64401	6678	57723	2995	54635	93
1939	79371	7934	71437	3095	68118	224
1940	76563	8383	68180	4811	62978	391
1941	78748	8710	70038	4708	64990	340
1942	91365	9682	81683	3715	77629	339
1943	81767		81767			
1944	82385		82385			

资料来源：居之芬：《日军侵华期间中国劳工伤亡调查 1933.9—1945.8》，中共党史出版社 2016 年版，第77—78 页。

日本侵略者为了加重剥削，大量从山东、河北等地招收破产农民充当矿工。如抚顺煤矿的工人，原籍属于关内的所占比重长期保持在 70% 以上，其中九一八事变后的 1932 年一度增加到 81.4%，如表 7-3 所示。

表 7 - 3　　　　　　　　　抚顺煤矿来自关内的矿工人数

年份	1932	1936	1940	1942
中国雇员、工人合计（人）	24055	37932	65388	76290
来自关内（人）	19572	27009	45148	61024
关内占比（％）	81.4	71.2	69.0	77.0

　　资料来源：张福全：《辽宁近代经济史（1840—1949）》，中国财政经济出版社 1989 年版，第 495 页。

　　从抚顺煤矿青壮工人占比来看，1931 年九一八事变前，他们当中身强力壮的年轻人已占 70% 以上。从抚顺煤矿工人年龄构成表来看，九一八事变后的 1932 年，工人年龄主要集中于 25 岁到 50 岁。1937 年七七事变爆发前，不满 25 岁的工人数显著上升。1941 年太平洋战争爆发前后，不满 25 岁甚至不满 20 岁的工人数急剧上升，甚至不满 15 岁的童工数量也已超过了千人。随着日本战争机器的加大马力，更多的年轻人被迫卷入抚顺煤矿的悲惨环境，如表 7 - 4、表 7 - 5 所示。

表 7 - 4　　　　　　抚顺煤矿工人年龄构成　　　　　　（单位：人）

年份	不满 15 岁	不满 20 岁	不满 25 岁	25—35 岁	36—50 岁	50 岁以上
1932	21	276	4325	11060	7759	114
1936	78	1314	7685	17826	10727	302
1940	1061	7347	13130	23356	19117	1377
1942	1659	10517	16861	25175	22541	2537

　　资料来源：张福全：《辽宁近代经济史（1840—1949）》，中国财政经济出版社 1989 年版，第 495 页。

表 7 - 5　　　　　　　　抚顺煤矿青壮工人占比

年份	20—35 岁（人）	36—50 岁（人）	占全部工人的百分比（％）	
			20—35 岁	36—50 岁
1928	22888	9141	67.7	27.0
1929	27047	7481	74.6	20.6
1930	20059	6993	70.7	24.6
1931	16575	5014	73.7	22.3

　　资料来源：张福全：《辽宁近代经济史（1840—1949）》，中国财政经济出版社 1989 年版，第 335 页。

为驱使工人多干活、少花钱，日本人伙同汉奸、小把头，每年都采取当年解雇、当年招收临时工的方式进行剥削。抚顺煤矿历年解雇的工人均为年初工人数的数倍。年年有大批工人被解雇，抚顺煤矿佣员、工人工龄短，不满三年工龄的约占全部佣员、工人的80%以上，不满一年即被解雇的工人占据的人数最多，如表7-6所示。

表7-6　　　　　　　　抚顺煤矿工人工龄结构情况　　　　　（单位：人）

年份	工龄		
	不满1年	1年至不满3年	3—5年
1926	23596	7873	1503
1928	19776	9690	2761
1929	23336	9243	2965
1930	13630	10256	3545
1931	7635	10008	3638
1932	15460	7102	5024
1936	14361	10859	7510
1940	29098	24246	7119
1942	38970	24923	10415

资料来源：满铁编：《抚顺煤矿统计年报》，第一篇；张福全：《辽宁近代经济史（1840—1949）》，中国财政经济出版社1989年版，第497页。

在满铁侵占抚顺煤矿期间，大量中国劳工受到日伪侵略者的野蛮奴役和残酷剥削，在极其恶劣的工作环境下，长期从事常人难以忍受的工作强度。日伪侵略者长期大力推行临时工制度，使中国劳工形成了长期流动大、工作不稳定的现象，其以最低的工资报酬、最繁重的劳动强度和劳动量，对中国工人实行最残酷的剥削，致使大量矿工因劳累、疾病、事故等原因而早早失去宝贵的生命。这种残酷的剥削制度，在九一八事变后尤其是太平洋战争后达到了顶峰，日伪侵略者以极低的代价驱使中国劳工长期从事非人的劳动，以维持其日益扩大及毫无止境的罪恶战争需求。

第二节　工作时间长及劳动强度大

日伪侵略者在抚顺的矿业之所以榨取的利润高，是用中国工人的血汗和生命换取的。当时全世界各资本主义国家早已实行 8 小时工作制，而日本人在辽宁的工矿企业却让中国工人每日劳动长达 12—18 小时。[①]日本侵略者占领抚顺煤矿初期，煤矿实行两班制，"第一班午前三点吃早饭，午前四点半下井，午后四点出井；第二班午后三点吃晚饭，午后四点半下井，午前四点出井"。1920 年前后又改为"分日夜两班，于午前及午后十时三十分，共为入坑出坑时间"。如果再加班 3—4 个小时，对矿工来说已是常事。他们通常要在阴暗潮湿的井下作业长达 12 小时左右，多则 15—16 个小时。作为矿工工作时间之长，不仅在中国，乃至世界工人中都是少见的。每天超长时间的繁重的体力劳动，工人"因疲劳之故，宁在宿舍以睡觉为天上之快乐"。[②]为了尽可能多地榨取工人血汗，日本殖民当局在工人中普遍实行计件工资，并规定矿工只有达到 30 个工日后才能领取工资。这样，就使得矿工只有在 12 个小时的劳动时间内拼命干才能完成定额；只有在保证出满勤的情况下，才能领取工资。尽管当时也有"每逢元旦、端午、中秋三大节，秋季矿山祭各休息一日"的规定，但实际上根本兑现不了。可见，抚顺矿工不仅每日、每月乃至全年的劳动时间都是长的。对此，日本殖民当局也不得不承认，在《日伪档案》中有如下记载："井下矿工下井劳动时间很长，劳动很是激烈，并且既不卫生，又存在很大危险。一反世界各国和日本国内的情况，而且待遇上都是处在最低水平。"[③]除了劳动时间长，劳动强度也越来越大。满铁所属煤矿每采 100 吨煤用工：由 1908 年的 95.72 工，降

---

① 朱诚如主编：《辽宁通史》第 4 卷，辽宁民族出版社 2009 年版，第 75 页。

② 傅波：《"九一八"前的抚顺矿工》，载中国人民政治协商会议抚顺市委员会文史委员会编：《抚顺文史资料选辑》第 3 辑。

③ 傅波：《"九一八"前的抚顺矿工》，载中国人民政治协商会议抚顺市委员会文史委员会编：《抚顺文史资料选辑》第 3 辑。

到 1927 年的 56.62 工，支付的工资也相应减少。也就是说劳动强度提高 69.1%，而工资下降了 27.4%。①

抚顺煤矿的劳动形态繁多而又复杂。工种："常佣方"（日工资）有 70 种；"常佣夫"（计件工）有 15 种。交班制，大致分为日勤、两班、三班、隔日换班四种。劳动时间因工种而多种多样，"即日勤为 8—10 小时；两班为：第一班 10—12 小时，第二班 10—16 小时；三班为 8 小时"。② 正如有的资料所指出的那样，"入井工人 70% 不带饭进行作业"③，即多数工人因粮食不足在井下不吃饭。尽管如此，矿业公司仍认为，因有 3 小时左右的间隙，便没有必要缩短劳动时间，理由是："对于熟练工人才谈得上缩短劳动时间，现在因流动激烈，不熟练工人占多数，缩短劳动时间，为时尚早""工人文化低，不愿短时间集中劳动，习惯于细水长流式的劳动，也就是时间性的低效率不是一朝一夕所能改变的，因而不能与文明人同样处理"。矿业公司明确主张："各家学者的依靠缩短劳动时间以增进效率的主张，自抚顺的井下采煤作业以至满洲煤炭业都是无望的。"④ "采煤工一日两班制，经七日一班与二班交换，这种做法占压倒多数。换班的时间，二班制是连续 24 小时，三班制是连续 16 小时劳动。战时劳动力不足严重化后，休息日也要劳动。"⑤ "战时经济下，增产煤炭成为燃眉之急的煤矿，其现状是，以强制劳动来对付它，1940 年度公休日几乎全部变成了公休作业日，勉强维持下去，因而每月并无超过二三天的真正休息日。"⑥ 日伪也认识到这是抚顺煤矿劳工工作的真实状态。

---

① 张福全：《辽宁近代经济史（1840—1949）》，中国财政经济出版社 1989 年版，第 340 页。

② 解学诗、[日] 松村高夫主编：《满铁与中国劳工》，社会科学文献出版社 2003 年版，第 345 页。

③ 抚顺煤矿总务局庶务科调查系：《抚顺炭矿坑内掘采炭事业对于满人劳动者相关调查》第二号第二编《劳动条件》，1941 年 5 月，第 27 页。

④ 抚顺煤矿总务局庶务科调查系：《抚顺炭矿坑内掘采炭事业对于满人劳动者相关调查》第二号第二编《劳动条件》，1941 年 5 月，第 36—37 页。

⑤ 解学诗、[日] 松村高夫主编：《满铁与中国劳工》，社会科学文献出版社 2003 年版，第347 页。

⑥ 抚顺煤矿总务局庶务科调查系：《抚顺炭矿坑内掘采炭事业对于满人劳动者相关调查》第二号第二编《劳动条件》，1941 年 5 月，第 42 页。

　　长期的高负荷劳作，造成抚顺煤矿工人的逃亡率极高。以 1941 年度平均出工率、逃亡率、效率表为例，抚顺煤矿各矿的一般工人与"特殊工人"及紧急募集工人相比，出工率相差不多。但由于日本殖民当局对"特殊工人"的严格监管，一般工人的逃亡率远远高于"特殊工人"及紧急募集工人，有时甚至达到了惊人的 96.8%，如表 7－7 所示。

表 7－7　　　　昭和十六年（1941）平均出工率、逃亡率、效率

采煤所	出工率		逃亡率		效率
	"特殊工人"及紧急募集工人	一般工人	"特殊工人"及紧急募集工人	一般工人	
西露天矿	96%	85.1%	79.3%	68.5%	一般工人与"特殊工人"无大差别
大山采煤所	78%	77.7%	36%	96.8%	
老虎台采煤所	76%	73.4%	30%	73.5%	
龙凤矿采煤所	71%	68.8%	36.5%	76.6%	
平均	80%	74.9%	50%	78.9%	

　　注：一般工人为昭和十六年（1941）4 月到 10 月的平均值；"特殊工人"、紧急募集工人系昭和十六年（1941）4 月至 12 月的平均值。

　　资料来源：解学诗、李秉刚：《中国"特殊工人"——日军奴役战俘劳工实态》，社会科学文献出版社 2015 年版，第 431 页。

　　抚顺煤矿的勤务类别有：日勤、二班制、三班制和隔日班制四种；劳动时间因作业场所或勤务种类不同，而有长短。[①] 日本殖民当局清楚地认识到，"满洲各种矿山劳动时间为 10 小时左右，劳役过剧，与其他文明国家相比，时间过长。但考虑到劳动力不足，生产力下降、生产成本提高等，目前现状不容许缩短"。"然而，为使满洲矿山健康发展，必须通过机械化和经营的合理化，逐步缩短劳动时间，提高劳动者的素质，预防事故和伤害，防止健康下降和流动率的增高。""满洲矿山一般的劳动时间是：日勤 9 小时或 10 小时（采金工夏季为 13 小时）；二班制，头班制，头班 12 小时，第二班 14 小时；三班制为 8 小时或 9 小时；隔日班为 24 小时。""这和先进国家的 7 小时制（煤矿工）相比，显然

---

　　① 解学诗主编：《满铁史资料·煤铁篇》（第二分册），中华书局 1987 年版，第 609 页。

是过劳的", 如表7－8所示。

表7－8 满铁煤矿勤务时间

员工	勤务种类	勤务时间	开始作业时间	作业终止时间	备注
井外一般现场人员	日班	9 小时	午前 8 时	午后 5 时	午饭 1 小时
井下常务日勤、监查系	日班	8 小时	午前 8 时	午后 4 时	午饭 1 小时
两班制作业者	头班	10 小时	午前 8 时	午后 6 时	
	二班	14 小时	午后 6 时	午前 8 时	
三班制作业者	头班	8 小时	午前 8 时	午后 4 时	
	二班	8 小时	午后 4 时	午后 12 时	
	三班	8 小时	午后 12 时	午前 8 时	
隔日交替作业者		24 小时	午前 8 时	午前 8 时	

资料来源：满铁調查部『満洲鉱山労働概况调查報告』、1939 年（昭和 14 年）、第 76—78 頁。

日本殖民当局在工人长期高负荷劳动的情况下，不得不适当规定其休息时间，以便更好地为其服务，如表7－9所示。

表7－9 矿山工人的劳动时间、休息时间与作业日数（各部门平均数）

行业	规定劳动时间（A）	规定休息时间（B）	A—B	作业日数
总数	11.0 时	1.0 时	10.0 时	28.0 日
金属矿业	10.0 时	0.8 时	9.2 时	29.5 日
金矿业	10.0 时	1.4 时	8.6 时	28.2 日
铁矿业	10.0 时	0.6 时	9.4 时	30.0 日
铜矿业	10.0 时	1.1 时	8.9 时	27.5 日
其他	10.0 时	1.0 时	9.0 时	27.8 日
非金属矿业	12.0 时	1.0 时	11.0 时	27.5 日
煤矿业	12.0 时	1.0 时	11.0 时	27.4 日
采石业	12.0 时	1.9 时	10.1 时	29.1 日
石灰矿业	11.0 时	1.3 时	9.7 时	27.5 日
其他	9.0 时	1.0 时	8.0 时	29.9 日

资料来源：满洲労働協会『満洲労働年間誌』、岩松堂、1940 年、第 13—14 頁。

在抚顺煤矿，长时间的高强度劳动致使工人伤残问题严重，残疾工人在煤矿过着非人的生活。对此，"特殊工人"李书林有着深刻的记忆，"看爬着走路用手捞锅台后面泔水缸里剩的烂东西吃的人，说那就是在井下刨煤砸断双腿的矿工，没人管，没家回，只好这么乞讨活着，像这样的人，矿上到处都有。经他这么一说，我特地注意起那个没腿的人，那么年轻、壮实，却没了双腿，靠双手爬着走路，一脸的苦相，吃泔水时简直就是一头饿急眼的猪，真可怜，真可怕"。[1] 日本殖民当局用中国工人长时间、大强度的非人的劳动，榨取了高额的利润，这完全是以牺牲中国劳工的血汗及生命为代价的，是无论如何也无法逃避的非人道罪行。在这样的劳动制度下，大量劳工逃亡及频发的矿难是无法避免的。

第三节　矿难频发

日本侵略者占领抚顺煤矿时期，实行不管工人死活的"人肉开采政策"，他们扬言"宁肯多出一吨煤，不怕多死几个人""中国苦力大大的有"。因此，他们宁肯拿工人的健康和生命去冒险，也不肯添置新式机器、设备。更谈不上为工人安装安全设备。在矿井，除排水、吊煤和鼓风不得不用机器外，采煤工具一直用最落后的镐、锤、钎、钯。"矿工操作，困苦莫如，首载一灯，手足并进，颈不能伸，臂不能直，佝偻而行。"[2] 由于井下通风差，巷道放炮后烟长时间排不出去，矿工只得在乌烟瘴气中采煤，劳动条件异常恶劣。正如矿工所说："吃阳间饭，干阴间活。"对因事故而死亡的矿工，有家属者，煤矿发几银圆钱，算是"抚恤金"；无家属者，一埋了事。当时，矿工中流传的"要想吃煤饭，就得拿命换"的歌谣，正是对当时抚顺煤矿恶劣作业环境的最真实写照。据载，"1907—1931 年，24 年中抚顺煤矿因各种事故而死伤者达10

---

① 李书林：《逃走路上的传奇》，见解学诗、李秉刚《中国"特殊工人"——日军奴役战俘劳工实态》，社会科学文献出版社 2015 年版，第 246 页。

② 天津直隶劝业公所实业杂志编辑处编：《直隶实业杂志》，天津：天津直隶劝业公所实业杂志编辑处出版，1915 年 3 月第 6 期。

万人左右，其中死亡五千余人，有的矿井一次事故就死亡千人"。① 如表
7-10 所示。

表 7-10 　　　　　1907—1931 年抚顺煤矿职工死伤人数 　　　（单位：人）

年份	死伤总计			死亡		
	计	日本人	中国人	计	日本人	中国人
1907	141			14		
1908	209					
1909	443	154	289	28	7	21
1910	600	123	477	1		1
1911	1247	163	1084	9		9
1912	1864	179	1685	9		9
1913	3184	205	2979	37	1	36
1914	3650	201	3449	42		42
1915	3879	231	3648	30	1	29
1916	5412	298	5114	1126	28	1098
1917	3982	189	3793	53	3	50
1918	4902	226	4676	83	1	82
1919	4800	211	4589	50		50
1920	5277	274	5003	30		30
1921	4081	144	3937	121	4	117
1922	11128	787	10341	128	3	125
1923	14927	807	14120	237		237
1924	16084	667	15417	259	1	258
1925	16407	749	15658	164	5	159
1926	20230	880	19350	216	4	212
1927	20443	727	19716	286	4	282
1928	15245	508	14737	873	8	865

---

① 傅波：《"九一八"前的抚顺矿工》，载中国人民政治协商会议抚顺市委员会文史委员
会编：《抚顺文史资料选辑》第 3 辑。

年份	死伤总计			死亡		
	计	日本人	中国人	计	日本人	中国人
1929	6758	356	6402	200	3	197
1930	6534	420	6114	178	3	175
1931	3833	259	3574	121	9	112

注：大正十年（1921）以前，只是矿山死伤者（即不包括其他方面的死伤者）；本表只是在籍者数据（直接采掘工大量是非在籍工人）。按此统计，到1931年共死亡4295名。1916年的1126名死亡者大部分系1917年1月大山坑事故的死亡者，因统计年度至3月末，故列入1916年。此统计与其他统计亦不一致。

资料来源：『撫順炭鉱統計年報（昭和十七年度）第1編』、満鉄撫順炭鉱出版、1943年、第276页。

　　日本占领的抚顺煤矿是一座座人间地狱，日本人的巨额利润建立于中国工人的斑斑血泪和累累白骨之上。生产中的伤亡事故不断发生，大批工人被夺去年轻的生命或造成终身残疾。据日本人自己的调查记录，抚顺、烟台两煤矿，伤亡人数占全部工人人数高达40%—60%。例如1922—1926年的统计，分别占在籍工人总数的45.5%、52.9%、55.2%、58.5%和66%。从1907年至1917年，仅抚顺煤矿就累计死伤在籍工人2.9万余人，死亡1349人。这些伤死人数没有包括临时工，临时工的伤死人数被日本人隐而不报。实际上在同一时期总伤亡人数为4.5万人，死亡7450人。被日本人隐而不报的伤亡人数1.5万余人，死亡人数6121人。隐瞒34.5%和81.9%，这些被隐瞒的伤亡人数全是临时工，可见临时工的死伤人数该有多么高。煤矿发生恶性事故，日本人不抢救受难工人，为保护矿井，强封井口，闭杀井内的工人。如抚顺煤矿1917年1月11日晚，大山井因变压器起火引发瓦斯爆炸，日本人用黄泥封住井口，使井下工人924人死亡；1919年11月，胜利矿西井瓦斯爆炸，井下工人死亡917人；1918年本溪煤矿采煤二井于3月11日发生火灾，日本人也立即封死井口，使井下工人219人死亡。[①] 日本帝国主义为榨取巨额利润，根本不顾工人死活，人身伤亡事故天天发生。

---

① 朱诚如主编：《辽宁通史》第4卷，辽宁民族出版社2009年版，第76页。

据抚顺煤矿已瞒报的统计，"从 1932 年到 1942 年在籍工人的伤亡人数达 78167 人，平均每年伤亡 7106 人，占工人中 12.1%。其中，死亡的 2416 人，重伤的 65027 人，轻伤的 10724 人"①。1940 年龙凤矿一次瓦斯爆炸死亡 159 人。日本帝国主义在抚顺霸占了煤铁资源、掠夺了巨大利润，同时也夺去了千百万中国工人的宝贵生命。

抚顺煤矿井下作业大多劳动时间长，环境恶劣。1941 年 3 月的抚顺煤矿井下采掘作业环境调查报告称："如果适宜温度为 20 摄氏度的话，大山、东乡两井均属不良""湿度普遍都高，即几乎都处于不良状态"。②矿井不仅湿度过高，还有煤尘甚至瓦斯。矿工患病多为皮肤病、疟疾、流行性感冒、支气管炎。疟疾是多发病，1938 年患疟疾者有 2505 人，1939 年患疟疾者有 8686 人，1940 年患疟疾者有 5696 人，达到了"因疟疾而煤炭减产"的程度。③抚顺煤矿历来矿难频发，特别是井下采掘过程中，"冒顶和塌方"造成大量伤亡。1936—1939 年 90% 以上的事故发生在井下。其中冒顶事故导致的工伤者每年达到 1500—2000 人。"常佣夫"的死亡者，1939 年为 1165 人（死亡率为 2.8%），1941 年为 2642 人（6.7%），1942 年超过 5000 人（11.1%），1943 年近 6000 人（12.2%）。④据日伪《昭和十三年度事故统计》，1938 年抚顺煤矿（含"外地煤"）死亡者为 213 人，其中井下采掘 158 人，露天采掘 30 人，外地煤矿 25 人。井下采掘死者 158 人中，日本人 1 人，其余均是中国人，其中采煤工 118 人。死亡原因，井下采掘方面，因冒顶死亡 119 人，占压倒多数；露天采掘方面，因列车或电车事故死亡 12 人，爆破死亡 4 人，岩石崩落死亡 4 人。其余负伤者，入院治疗 700 人，一边作业一边去医院治疗者 5555 人，休业去医院治疗的 580 人，计达 7053 人。按作

---

① 张福全：《辽宁近代经济史（1840—1949）》，中国财政经济出版社 1989 年版，第 758 页。

② 抚顺煤矿总务局庶务科调查系：《抚顺炭矿坑内掘采炭事业对于满人劳动者相关调查》第二号第二编《劳动条件》，1941 年 5 月，第 64 页。

③ 抚顺煤矿总务局庶务科调查系：《抚顺炭矿坑内掘采炭事业对于满人劳动者相关调查》第二号第二编《劳动条件》，1941 年 5 月，第 65、82—83 页。

④ 解学诗、［日］松村高夫主编：《满铁与中国劳工》，社会科学文献出版社 2003 年版，第350 页。

业者1万人计算，日本人事故率为3.1‰，而中国人为5.78‰，有明显差别。① 再看1943年抚顺煤矿（含外地煤矿）的工伤数，合计为8799人，其中死亡424人，入院831人，休业去医院治疗的6539人，一边坚持作业，一边上医院治疗的1005人。原因以"冒顶和塌方"占压倒多数，占3678人，其次是煤车事故，占1756人。每万人工伤率为4.52‰，井下采掘为5.12‰，依然是较高的工伤率。死者424人中，露天矿为42人（工伤率2.69‰），井下采掘312人（5.12‰），外地煤矿70人（3.02‰—6.87‰）。井下采掘，"冒顶和塌方"一年间发生2412起，2483人工伤，其中139人死亡。② 1944年老虎台发生瓦斯爆炸，日本殖民主义者为了抢救机器设备，硬是逼着14名工人下井，当这些工人刚走到溜子口，瓦斯燃烧继续扩大；日本人怕灾情影响扩大，毫无人性地下令把人和火一起封闭在作业区域。日伪统治抚顺煤矿期间，重大矿难频发，其中死难者众、影响较大的矿难有以下几起。

1917年抚顺大山坑矿难。1917年1月11日，22时40分，抚顺炭矿大山坑井下由变压器年久失修着火引起瓦斯爆炸，随后燃起大火，使970余人惨死井下。关于惨案的详细过程，虞和寅在《抚顺煤矿报告》中有详细记载，"民国六年（1917）一月十一日午后十时四十分，大山坑内复发大爆炸（煤尘爆发），抚顺市内电灯消灭，同时坑内轰炸声如雷震，风扇室之玻璃及屋顶均被震坏。扇风机失其效力。三十分钟后，由下风口喷吐黑烟，旋有火焰纷飞空际，高至七丈有余，气流方向全然颠倒，至十一时四十分火焰愈狂。上风口自爆炸之后变为入气口，首先从事堵塞，历五小时始行告竣；下风口之火焰遂逐渐降低，至翌日午前八时始将下风口完全闭塞。当爆发时，上风口无火气，本可用卷扬机援救矿工，无如吊笼发生障碍，上下不得自由。故只救出中国工人数名。此外，又由千金寨注沙坑之非常门复行闭锁。计救出一百七十余名，余尽惨死坑内。通计此次殉难者，计中国人九百名（内一名入医院后死亡），日本人十七人。灾害之巨，死人之多，不特亚东前时未有，亦世

---

① 抚顺煤矿总务局庶务课业务系：《昭和十三年事故统计》，1939年。
② 《昭和十八年度抚顺炭矿统计年报》第二编（特秘），第184—187页。

界所罕见也。其后，于是年二月十日午前八时顷，大山坑内西侧区域，道路修复作业进行中，复于局部起小爆发，在场作业者，日本佣员六名，职员三名，中国人三名，均即惨死。又前赴救护之日人一名，亦行殉难"①。

1931 年抚顺大山坑"二七"惨案。1931 年 2 月 7 日夜，抚顺大山坑西二条失火，由于坑内缺少安全设备，温度太高，致使煤中的硫黄燃烧起火，日本侵略者立即将坑口封闭，致使 3000 名工人死于坑内。当时"数千工人突遭异变，其挣扎呼号，欲生不得惨象，不忍诚令人闭目一思"②。事故发生后，日本殖民当局严守秘密，抚顺矿坑用严格的"军事戒备"封锁消息。尽管如此，这一特大事故的情况仍然为人所知。《奉天工商日报》等报纸纷纷报道，揭露事实真相，谴责日本帝国主义的滔天罪行。中共满洲省委得知消息后，立即派人来抚顺进行调查，并决定发动在业和失业工人，以及遇难工人家属进行斗争。同时，省互济总会也派人来抚调查，开展工作。2 月 20 日，中共满洲省委发出了《中共满洲省委关于抚顺煤矿惨案的紧急通知》。《通知》内容在"一、此次惨案经过"中，阐述了惨案发生的具体经过，揭露了日本帝国主义宣传舆论及资本家掩盖惨案真相的罪行，深刻指出，"此次惨案发生的原因是日本帝国主义积极侵略满洲的结果，是日本资本家更加惨无人道地压迫与残杀中国工人，同时也就是日本帝国主义和中国统治阶级压迫中国革命——进攻红军，进攻中国广大的工农劳苦群众的一部分事实"。《通知》发出了"领导广大群众，为援助抚顺惨案，发动反帝国主义，反中国统治阶级的斗争"号召。进而，《通知》提出十一条工作方针。为了加强中共抚顺临时特支领导力量，中共满洲省委还决定"仲榜去抚顺工作"。③大山坑"二七"惨案发生后，侵略者为逃避罪行，千方百计掩盖事实真相，镇压抚顺人民的声讨和反抗，制止了"哈尔滨煤矿登载抚

① 虞和寅：《抚顺煤矿报告·矿业报告》第 2 册，北京：农商部矿政司，1926 年，第 211—212 页。

② 《中共满洲省委关于抚顺煤矿惨案的紧急通知》（1931 年 2 月 20 日），见肖竞、李联谊《抚顺工人运动史（民主革命时期）》，抚顺总工会干部学校，1995 年，第 122 页。

③ 《满洲省委关于省委组织情形给中央报告》（1931 年 2 月 8 日），见肖竞、李联谊《抚顺工人运动史（民主革命时期)》，抚顺市总工会干部学校，1995 年，第 124 页。

顺失火事件，在日本帝国主义指使之下，中国官厅便将此报封闭了"。①
1931 年 2 月 17 日，中华全国总工会针对震惊全国的抚顺"二七"惨案
向全国发表了《中华全国总工会为抚顺事件宣言》。

　　1937 年 7 月下旬，日本侵略者为了强化"后方"治安，疯狂围剿东
北抗日武装，下令限抚顺周围 120 多名部落居民在 8 月 1 日到 15 日迁到
指定地点，归屯并户，大批日伪军烧杀抢掠。为了加紧对城市的统制，
日本侵略者强迫工人加班加点，每天劳动 10 个小时，乃至 15 个小时，
劳动强度大、条件恶劣，事故频繁发生。据统计，从抗日战争爆发后，
日本侵略者加紧对抚顺资源的掠夺和对工人的剥削，他们采取"人肉"
开采煤矿政策，恶性事故接连发生。仅 1937 年 10 月 12 日老虎台第 28
巷道第 8 斜巷内瓦斯爆炸，死伤 35 人，1938 年老虎台发生一次瓦斯爆
炸，死伤 58 人，1939 年 4 月 26 日，龙凤矿发生瓦斯爆炸，死伤 166
人，死伤人数年年增加。据不完全统计，从 1937 年到 1942 年，抚顺煤
矿因事故死伤矿工就达 5 万多人。一堆堆抚顺矿工的白骨，换成了日本
侵略者一车车煤炭。②

　　在满铁侵占抚顺煤矿期间，其事故率长期居高不下，与日本殖民当
局滥用矿工人力有着极大的关系。在九一八事变前，东北区内使用劳工
最多者，为抚顺煤矿，据该矿 1934 年统计，东北籍劳工占 24%，山东
省籍者达 48%，河北省籍者亦占 28%，由此可知，东北劳工以山东、河
北籍者居多。"彼等向于春初，前往东北，充农业或土木建筑工人，及
秋末则多数归乡，其不归者则于冬季与东北当地劳工咸赴煤矿工作，故
东北煤矿每于冬季因劳工增加，煤炭产量亦随之增加；此辈劳工性质淳
朴，刻苦耐劳，实为煤矿事业之优良条件也。然正唯因劳工易得，工资
低廉，以致东北各种企业工厂，不论工作巨细，全赖人力，不思利用机
械之力，遂使各方面机械设备落伍，工作效率不振，煤矿亦然；即如抚
顺煤矿除露天采煤场之各种设备，以及各煤矿之绞煤车、唧筒、扇风机

---

①　《中共满洲省委〈政治经济状况〉报告》（1931 年 4 月 24 日），见肖竞、李联谊《抚
顺工人运动史（民主革命时期）》，抚顺市总工会干部学校，1995 年，第 124 页。

②　肖竞、李联谊：《抚顺工人运动史（民主革命时期）》，抚顺市总工会干部学校，1995
年，第 146 页。

等，非人力所能代替者外，其可利用人力者，仍皆令劳工为之；例如水平坑道之煤车运行，世界各国煤矿无不利用小型机车或铁绳拖运机，而东北煤矿至今尚有大部分使用人力手推车。又如凿煤机系采煤时用以凿断煤层，其采煤能率颇大，为煤矿不可缺之机器，然东北煤矿中，有此机器之设备者，仅东宁煤矿一处，其他均尚未能采用，即抚顺煤矿，亦无此设备。"① 抚顺工人所受的苦难不只是生活上的饥寒交迫。日寇为了获得高额利润，"还迫使工人在极端恶劣的劳动条件下为他们劳动。矿井里，根本没有安全设备，瓦斯爆炸、冒顶、片帮等事故，经常不断地发生"。每次事故，都要造成大量的伤亡。无数人在这些灾祸中死亡，无数人的健康受到严重损害，甚至变成终身残疾。根据敌伪官方显然已经大大缩小了的统计，在 1916 年至 1944 年的 29 年间，抚顺矿区工人因事故伤亡的共达 251999 人次。每次事故发生后，都有许多老年人、妇女和孩子，从四面八方涌向井口，绝望地呼喊着他们亲人的名字，寻找亲人的尸体，甚至还遭到日本守备队用棍棒皮鞭殴打。

第四节　差别工资待遇

日本帝国主义在对中国的经济侵略中，重点是采用廉价劳动力，最大限度地榨取剩余价值。加工工业，1931 年日平均工资 0.60 日元；其中，中国工人的工资不足日本人的一半。"煤矿井上工人工资虽比加工工业工资高一些，但中国工人的工资大大低于日本工人工资。抚顺煤矿井上工人工资，中国工人仅及日本工人的百分比，由第一次大战开始的28.9%，降到大战结束时的 16.9%；1920 年一个日本普通工人的工资相当于中国 6 个工人的工资。"② 特别是物价上涨的幅度大大超过工资提高的幅度，中国工人不仅无力养活全家老小，而且连自己的温饱也难以维

---

① 东北物资调节委员会研究组：《东北经济小丛书》第 8 册《煤炭》，北京：京华印书局1948 年版，第 28—29 页。

② 张福全：《辽宁近代经济史（1840—1949）》，中国财政经济出版社 1989 年版，第336—337 页。

持。如表 7 – 11 所示。

表 7 – 11　　　　　　　　　抚顺煤矿中日工人工资比较

年份	中国工人的日工资（银圆）	日本工人的日工资（银圆）	中国工人的工资仅及日本工人的百分比（%）
1914	0.324	1.120	28.9
1915	0.301	1.123	26.8
1916	0.308	1.094	28.2
1917	0.372	1.137	32.7
1918	0.455	1.232	36.9
1919	0.569	1.768	32.2
1920	0.454	2.674	16.9

资料来源：满蒙文化协会『满蒙全书』第 4 卷、满蒙文化协会、1922 年、第 977 页。

中国工人工资每天 3 角到 5 角，连最低的生活也保证不了。日本人统计，当时一个单身汉每月最低生活费需 20 银圆，如有家属，最低也要 33 银圆。[①] 据统计，第一次世界大战期间，因战争急需煤铁原料，辽宁煤铁矿生产劳动量加大，产量上升，所以工人工资也相对增加一些。"在 1914—1920 年间，日本工人工资增加 1.4 倍，而中国工人工资只增加 40.1%。在此期间，奉天吃、穿的主要商品市价都上涨了 1—1.4 倍多"。从工资提高与物价上涨的幅度看，日本工人的实际工资增加 11% 以上。"但中国工人的实际工资不是提高，而是降低 22.2%—41.1%。""上述中国工人的工资是指在籍工的日平均数，而临时工的工资则更低，只及在籍工的 77.1%—78.4%。"[②] 就拿 1920 年在籍工这点微薄工资来说，还得扣除伙食费 0.12 银圆、工具费 0.03 银圆、医药费 0.01 银圆、鞋费 0.05 银圆、房租费 0.11 银圆，合计 0.32 银圆。收支相抵，每天只剩 0.134 银圆。当时，抚顺煤矿工人一般每日收入三四角钱，多不过五六角，少则二三角，甚至还有一角多钱的。总之，中国工人绝大多数是

---

① 满铁调查部：『满洲矿山劳动概况调查报告』、南满洲铁道株式会社、1940 年、第 105 页。

② 张福全：《辽宁近代经济史（1840—1949）》，中国财政经济出版社 1989 年版，第 338 页。

低工资者。日本殖民当局是按照工人的劳动量发工钱的，一般采用设红、白、绿三种小牌的方法定出工钱，红牌为一等工钱三角二分，白牌为二等工钱三角，绿牌为三等工钱二角五分。按表 7 - 12 中最高等级矿工五年中的最高日工资四角二分八厘计，加班到六小时才多得工资三角八分五厘。也就是说最高级的矿工每日 18 小时的劳动所获得的只是七角一分二厘的工资。① 尽管在抚顺煤矿中的日本工人的工资也比较低，但仍为中国工人工资的三倍左右。如表 7 - 12 所示。

表 7 - 12　　　　　　　1912—1916 年中日工人每日平均工资对比

年份	日本工人		中国工人				
	日本佣人	日本常役夫	采煤工	承包工	佣人	常役夫	临时工
1912	1128 厘	817 厘	354 厘		423 厘	343 厘	263 厘
1913	1140 厘	779 厘	350 厘		428 厘	344 厘	280 厘
1914	1145 厘	889 厘	338 厘		428 厘	332 厘	254 厘
1915	1146 厘	819 厘	330 厘	348 厘	409 厘	304 厘	232 厘
1916	1121 厘	789 厘	366 厘	423 厘	410 厘	413 厘	253 厘

注：厘是民国时期较小的货币单位。在中国传统银两制度中，1 两 = 10 钱 = 100 分 = 1000 厘 = 10000 毫。

资料来源：满铁鉱业部地质课『满洲鉱山劳働者』、南满洲铁道株式会社鉱业部、1918 年、第 126 页。

另据史料记载："1920 年，抚顺煤矿佣人（有资格和技能的工人）华人每日为日金六角七分，日人为二元八角二分；常役夫（常年雇用的工人）华人每日为日金四角六分，日人为一元六角六分。"② 而且当时每日从矿工工资中必须扣除的开支包括，"伙食费一角二分、工具费三分、医疗费一分、鞋费五分（每月交一元五角），房费一角一分，共为三角二分，这还不包括购买日用杂品在内"③。本已低得可怜的工资收入，在

① 傅波：《"九一八"前的抚顺矿工》，载中国人民政治协商会议抚顺市委员会文史委员会编《抚顺文史资料选辑》第 3 辑，1984 年，第 77—79 页。

② 陈达：《中国劳工问题》，上海：商务印书馆 1929 年版，第 263、389 页。

③ 傅波：《"九一八"前的抚顺矿工》，载中国人民政治协商会议抚顺市委员会文史委员会编《抚顺文史资料选辑》第 3 辑，1984 年，第 77—79 页。

扣除衣食和其他生活必需品的费用及把头的盘剥外，所剩无几。至于带眷属者，则绝大多数入不敷出，即使在 12 小时劳动之外加班挖煤，也很难维持家中老小的最低生活水平。如遇疾病，便只能坐以待毙。然而，日本殖民当局从每名矿工身上榨取剩余价值情况又是如何呢？"当时，矿山上，每名矿工每日平均采煤一吨左右，采煤成本每吨约一元一角五分、一元五角、一元七角不等。抚顺煤的销售价为每吨四元三角六分八厘。若按成本一元七角（最高额）计，一吨半煤矿的成本为二元五角五分，而销售价为六元五角五分，炭矿从每个矿工每班的劳动中就能获利润四元钱左右。"① 可见，日本侵略者对抚顺工人的剥削程度是极为严重的。

1931 年九一八事变后，抚顺煤矿中日职工的工资水平，《满铁统计年报》有详细的统计，中日工人间工资差距巨大，最高可达十几倍之多，如表 7 – 13 所示。

表 7 – 13　　　　　　1931 年抚顺煤矿中日职工工资水平

员工	职别	年末人数（人）	一人一月平均所得	
			去年	今年
日本人	职员	547	164.62 银圆	172.28 银圆
	雇员	509	109.24 银圆	112.41 银圆
	佣员	1738	80.99 银圆	85.31 银圆
	准佣员	134	38.51 银圆	41.62 银圆
中国人	佣员	2439	15.73 银圆	18.29 银圆
	常佣方	9197	9.13 银圆	10.32 银圆
	常佣夫	12410	0.44 日元	0.51 日元
	承包工	3000	0.36 日元	0.55 日元
	临时工	1380	0.24 日元	0.30 日元

资料来源：南満洲鉄道株式会社编『満鉄統計年報』、南満洲鉄道株式会社、1931 年、第738—741 頁。

---

① 傅波：《"九一八"前的抚顺矿工》，载中国人民政治协商会议抚顺市委员会文史委员会编《抚顺文史资料选辑》第 3 辑，1984 年，第 77—79 页。

　　1937 年的名义工资和生活费。"常佣方"（日工资者）月平均工资为 15.35 银圆，"常佣夫"（计件工）为 16.39 银圆，还是"常佣夫"较高。据同期间抚顺煤矿 11 个采煤所的生活费调查，恩格尔系数（伙食费在生活费中所占的百分数）各种职级均超过 60%，"雇员""常佣夫"，"特别是携眷者，工资与生活费之差，都近乎零，几乎都没有剩余和储蓄"。① 七七事变后，1938 年抚顺煤矿中日职工工资水平随着战事的扩大，较之前有了一些缩小，但仍然相差数倍。如表 7 - 14 所示。

表 7 - 14　　　　　　　1938 年抚顺煤矿中日职工工资水平

员工	职别	人数（人）	工薪（银圆）			出勤率（%）	一月一人平均所得（银圆）
			最高	最低	平均		
日本人	职员	881	495.00	51.00	104.00	86.0	163.94
	雇员	706	4.49	2.12	2.84	88.4	107.11
	佣员	4303	4.39	0.90	2.08	87.9	77.10
中国人	佣员	2827	1.63	0.46	0.79	91.4	31.77
	常佣方	18157	1.61	0.32	0.60	87.7	21.02
	常佣夫	30483	1.38	0.69	0.89	74.9	20.16

　　注："工薪"栏内，日本人职员为月薪，其余均为日薪；除工薪外，还有津贴等，故月收入额较多；本表不包括蛟河、老头沟矿区。

　　资料来源：南满洲铁道株式会社编『满铁统计年报』、南满洲铁道株式会社、1938 年、第 940—951 頁。

　　1940 年太平洋战争爆发前，中日双方普通雇员之间的工资差距有了缩小，但日方雇员工资仍然是中方雇员工资的两倍甚至更多，而日方正式职员的工资相当高，更是中国普通工人所望尘莫及的（见表 7 - 15）。

　　从 1931 年九一八事变爆发，到 1943 年日本战败投降前两年，抚顺中日职工的工资差异是长期存在的，整体一直保持在 2—5 倍。1937 年日本侵华战争扩大后，尤其是 1941 年太平洋战争爆发后，日本殖民当局为了保持生产能力，使中日职工的工资差有了一些缩小，但应看到这

――――――――――

　　① 解学诗、[日] 松村高夫主编：《满铁与中国劳工》，社会科学文献出版社 2003 年版，第 350 页。

种改变完全是为了维护日本战争机器的继续运转，绝不是日本侵略者的善意之举（见表 7-16）。

表 7-15　　　　　1940 年抚顺煤矿中日职工工资水平

| 员工 | 职别 | 人数（人） | 工薪（银圆） | | | 出勤率（%） | 一人一月平均所得（银圆） |
			最高	最低	平均		
日本人	职员	1335	450.00	53.00	96.00	88.5	173.36
	雇员	1535	4.55	1.89	2.72	90.0	122.81
	佣员	4495	4.00	1.00	1.99	87.7	87.09
中国人	佣员	4354	1.68	0.53	0.89	84.6	43.59
	常佣方	21435	2.00	0.20	0.79	76.3	29.61
	常佣夫	32715	2.09	0.89	1.25	67.2	31.37

注："工薪"栏内，日本人职员为月薪，其余均为日薪，一月平均所得中包括津贴；本表不包括蛟河、老头沟矿区。

资料来源：南满洲铁道株式会社编『满鉄統計年報』、南满洲铁道株式会社、1940 年、第868—881 頁。

表 7-16　　　1931—1943 年抚顺煤矿日本人和中国人职工月工资指数

| 年份 | 日本人 | | 中国人 | | | | | |
| | | | 雇员以上 | | 第一种佣员 | | 第二种佣员 | |
	金额（银圆）	指数	金额（银圆）	指数	金额（银圆）	指数	金额（银圆）	指数
1931	102.34	106	23.53	113	13.95	105		
1932	99.10	103	23.54	113	14.00	105		
1933	98.35	102	20.29	97	12.77	96		
1934	95.99	100	20.71	100	13.22	100	14.54	100
1935	99.94	104	20.58	99	13.76	104	15.88	109
1936	98.32	102	22.83	110	15.35	116	16.49	113
1937	97.89	101	26.26	126	17.13	129	17.58	121
1938	98.38	102	31.77	153	21.02	159	20.26	139
1939	105.02	109	40.87	197	24.73	187	24.88	171
1940	110.07	114	46.86	226	29.49	223	31.71	218
1941	118.79	123	57.50	277	34.43	260	35.73	246

续表

年份	日本人		中国人					
			雇员以上		第一种佣员		第二种佣员	
	金额（银圆）	指数	金额（银圆）	指数	金额（银圆）	指数	金额（银圆）	指数
1942	134.50	140	67.00	323	41.60	314	39.00	268
1943	151.69	159	75.91	366	44.72	338	45.48	313

资料来源：『撫順炭鉱統計年報』、南満洲鉄道株式会社撫順炭鉱、昭和十八年（1943）、第 2 编、第 18 頁。

在抚顺煤矿，即使是在籍工人，每天得到的工资也要扣除工具费、医药费、房租费、服装费等。所以，工人实际上都是靠支借生活。平均一个中国工人要向矿山借支两个月的生活费，多者支借十个月之多。由于日本侵略者如此残酷地剥削工人，付给工人极低的报酬，使矿山的劳动成本达到了最低限度，日本侵略者对剩余价值的榨取程度，成为资本主义世界中剥削劳动的最高恶性案例。第一次世界大战期间，美国资本主义企业中的剩余价值率为 84%—94%；外资企业在中国开办的企业平均剩余价值率是 300%—400%；日本在辽宁经营的煤铁矿中，煤矿井下的剩余价值率比一般工矿企业的剩余价值率又高出 3—8 倍。这实际上已远非剩余劳动，而是趁中国破产农民生活无出路时，榨取中国破产农民的血肉和生命，是极为野蛮、残酷的超经济剥削。这种榨取的剩余价值，越到后来越高。满铁调查部对抚顺、烟台煤矿井下工人所创造的剩余价值，历年都有详细调查统计和记载，因数据太多，下面仅摘取几年的数据说明，如表 7 - 17 所示。

表 7 - 17　　　　　　　　20 世纪初辽宁矿山剩余价值显示

年份	每吨煤（日元）成本	售价	利润	剩余价值率 = 利润/工人工资（%）
1907	2.593	7.920	5.327	521.8
1914	1.749	6.050	4.301	1238.5
1920	5.493	19.020	13.527	2120.2
1922	2.979	12.440	9.461	2363.9

续表

年份	每吨煤（日元） 成本	售价	利润	剩余价值率 = 利润/工人工资（%）
1923	2.993	11.990	8.997	2407.8
1929	2.297	10.710	8.413	2881.7
1931	1.692	7.440	5.748	3508.4

资料来源：朱诚如主编：《辽宁通史》第 4 卷，辽宁民族出版社 2009 年版，第 74 页。

从表 7-17 中可清楚地看到，日本侵略者剥削中国工人的剩余价值越来越高。日本侵略者根据原煤市场售价高低、利润多少，决定给中国劳工多少工资，保证榨取中国劳工的劳动价值不下降。例如 1920 年，这年的市价高，达到 19.020 日元/吨，利润也高，达到 13.527 日元/吨，而榨取中国工人的劳动价值率也高，达到 2120.2%；1931 年，这年的市场煤价很低，只有 7.440 日元/吨，利润也低，为 5.748 日元/吨，但是榨取的中国工人的剩余价值率却高达 3508.4%。再同美国国内企业相比较，美国仅为 84%—94%；同外资在中国创办的企业平均剩余价值率相比较，是 300%—400%，而日资在辽宁抚顺、烟台两矿最高竟达到 3508.4%，可见日本人对中国矿工的剥削是多么残酷。

自日本侵略者霸占抚顺煤矿以来，便长期实行中日职工差别工资待遇，工资相差几倍甚至十几倍都是寻常事情，这是其从事经济侵略的重要手段之一。日本侵略者在抚顺煤矿等地，长期实行中日工人工资差别待遇制度，付给中国劳工极低的报酬，使抚顺煤矿的劳动成本达到最低限度，这种残酷的剥削制度随着九一八事变、七七事变、太平洋战争等事件的爆发逐渐加深。

第五节　精神毒害

满铁侵占抚顺煤矿期间，由于中国工人长期从事极其繁重的劳动。日寇为了从精神上来麻醉和摧残抚顺的劳动人民，于 1925 年 4 月在杨柏河右岸修建所谓"欢乐园"，设立了大批妓院，数千名善良妇女被生活所迫，在这里出卖自己的肉体，过着人间地狱般的生活。和"欢乐园"相邻的是赌场——"麻雀俱乐部"，即从精神上毒害工人的场所。工人们一年用血汗换来的几个钱常常在这里一宿就输光了。许多人由于生活所迫，走投无路，就喝得酩酊大醉，在杨柏河旁自杀，结束自己悲惨的生命。同时这里也是集中贩卖毒品的地方，有很多鸦片馆和吗啡馆，积年累月地毒害着中国人民。日本帝国主义者一边用无形的屠刀杀害中国人民，一边还让中国人民相信：苦难的遭遇是命中注定的。说什么在活着的时候修好积德，服从命运，死后到阴间才能享福。因此，他们又在"欢乐园"及工人居住区修盖了很多老君庙，来麻醉劳动人民。当时的"欢乐园"，扒手到处都是。老君庙的大门旁，经常聚集着一些得不到饭吃的叫花子。在杨柏河旁和臭水沟里，到处是死婴的尸体、臭猫烂狗的尸体和成群的苍蝇。每到冬天，景象更为凄惨，在杨柏河的两座木桥底下，每天都有人在这里因冻饿而死。人们经常看到日本殖民者天天用汽车或马车，把"路倒"（街上因冻饿而死的人）拉到乱尸堆里，狗吃鹰啄，不可言状。有许多由各地来的贫苦人民，带的路费花光了，找不到工作，又没有钱住店，只得跑到这个遍地是死人堆的所谓"大官旅馆"里睡，有些人在这里常常因为冻饿结束了自己的一生。因此，当时人们把"欢乐园"说成"痛苦园""血泪园"，说它是在"欢乐"名词掩盖下的人间地狱。①

一　毒品残害

受压迫、受剥削的抚顺矿工，除了遭受日本工头和把头的敲骨榨髓、层层盘剥之外，日本人还利用杀人不用刀的毒品，毒害他们。鸦片、海洛因、吗啡等毒品，不知害死了多少中国同胞！日本殖民当局利用广大矿工为养家糊口的心理，让他们从事超负荷劳动，在矿工心灵痛苦绝望、体力难以支撑的情况下，对他们进行一种危害极大的刺激和麻醉。他们从 1905 年开始便有计划地通过种种渠道秘密地将鸦片等毒品贩运到抚顺，通过朝鲜浪人向中国人销售，在当时矿区到处开设烟馆，

---

① "煤都抚顺"编写小组编：《煤都抚顺》，辽宁人民出版社 1959 年版，第 35—36 页。

抚顺千金寨比较驰名的大烟馆有"别有天""雅聚轩""新桃园""登仙阁""小瀛洲"等。而在新站（今抚顺南站）"欢乐园"一带则有"广发成""永感楼"等址。在日本殖民当局的支持下，由朝鲜浪人在老千金寨市街开设的吗啡馆比比皆是，大多数开设于抚顺千金寨铁道南一带，同河沟沿西岸的"艳春院"，四十八间房的"花花世界"（妓女院），比邻相处。在铁道北邵家坟评书馆附近，也有九处吗啡馆，为朝鲜浪人所开设。这些吗啡馆大都兼营贩卖海洛因。

日本殖民当局大肆散布吸毒的好处。说什么矿工下井受了累，得了潮湿，吸点大烟（鸦片）可以"驱除寒气，恢复精神"，并能"消愁解闷"。把抽鸦片、扎吗啡说成一种"飘然欲仙的神奇疗法"，以此愚弄工人。于是，吸食毒品者日益增多。开始食用时，身上会感到一种暂时的舒服、轻松，可是一旦成瘾就再也离不开它了。当时吸上五个烟炮就得一块钱，有不少矿工吸食大烟后，就把所有的钱都投进了烟馆，宁可不吃不喝，也得花钱吸烟。为了吸食一点毒品，在无可典当之物时，便只好加班拼命干活，为日本人卖命，以挣点钱再去吸毒。采煤工人本来已经度日如年，入不敷出，加上染毒，更是凄惨。当时，抚顺有个"大桥旅馆"，所住之"特殊旅客"，不是扎吗啡的，便是抽白面的，日日夜夜冻死桥下者不计其数。当时有首民谣正是对此种情况的记述："桥面作屋顶，四壁搭人墙，冻死天天有，夜夜有人亡。"[1] 1931—1937 年，仅仅七年的时间里，日本殖民当局利用吗啡、海洛因毒品杀人，如每天按最低数死亡 5 人估计，七年之中抚顺至少有 1 万余人死于吸毒。抚顺臭水河的上游，称为杨柏河，下游称为大官河。在从西一条通向新抚顺走去的转弯处，在河上曾架起一座长约 50 米、宽不足 10 米的大官桥。在臭水河东岸，有长长的一排小平房。这里便是从千金寨迁过来的朝鲜浪人们出售海洛因的吗啡馆。从 1937 年至 1945 年日本投降为止，每年都有大批被毒品害死的瘾君子。特别是在冬季冻死在这一带，多数又死在大官桥下，成为"大桥旅馆"的"不速之客"。当年对于"大桥旅馆"

<hr>

① 肖竞、李联谊：《抚顺工人运动史（民主革命时期）》，抚顺市总工会干部学校，1995年，第32—33 页。

下冻死的死尸白骨的惨不忍睹之状，流传过这样的顺口溜："桥底为顶冰为地，两垛死尸当墙壁。大桥旅馆不要钱，能住进来出不去。"

垛垛尸体，新旧交替，统由警务部门指派抚顺监狱出犯人装殓。惨死在街头桥下的"路倒"，一个接一个地抛到车上运走，送到乱坟岗子草草掩埋了事。由于掩埋过浅，头一天埋掉，当夜就被豺狼野狗分食。1938—1945 年，在整整八年当中，日本侵略者以毒品杀人，如果把抚顺煤矿管辖内的大山坑、东乡坑、老虎台、栗子沟、新屯、万达屋、龙凤、搭连各矿井及街镇包括在内，每天被毒害致死的人数，仍按最低数 5 人计算，每年吸毒死者即 1800 人，8 年则为 14000 余人。

1940—1945 年，由于伪满洲国政府颁布了所谓的《禁烟法》，伪满抚顺市公署对全市鸦片瘾者进行了登记。经批准"允许"吸食鸦片者，则由伪抚顺市禁烟总署鸦片管理所发给"鸦片配给证"，按月按日定量配给鸦片烟。如发现无证吸食者，经保甲长向警察分驻所密报。立即予以抓捕。并送往禁烟总署设在新抚顺大马路六町目（六道街）之"康生院"，进行强行戒毒。这个名为"康生院"的禁烟馆，实质上是一个边推销毒品边折磨吸毒者的特殊烟馆。由此可见日本殖民当局对待毒品的真实态度和险恶用心。

二　开设赌场

日本殖民当局认为，"矿山工人经常进行纸牌、竹牌、牌九等赌博。他们的心理，与其说在于胜负，莫如说对赌博本身深感兴趣"。"对于赌博，日本人管理者因自己对它没有嗜好，多数主张全废或加以取缔。然而我们认为，不应当取消他们特有的侥幸心理。"当然，"乱赌应当管理取缔，因它易于滋生事端，但只要他们的赌博有个限度，并加以某种限制，允许其在娱乐游戏的范围内进行，从政策上考虑是有好处的"。① 抚顺煤矿的把头们看见哪个工人的钱还没被扣光，就拉着他们设赌耍钱，矿工赢了不让走，输了不许捞，直到把工人的钱赢光为止。有的还要工

---

① 满铁调查部：《满洲矿山劳动概况调查报告》，第 226 页。见解学诗主编《满铁史资料·煤铁篇》（第二分册），中华书局 1987 年版，第 584 页。

人借钱来赌，并以不赌就开除相要挟。还有的小把头以抓赌为名，让赌钱的工人交罚款，从中进行勒索。当时在矿区附近开店立铺、摆摊设点的赌场比比皆是，一些大的赌场都是由封建大把头开办或操纵的。赌博的方法有简有繁，花样翻新，比较常见的有推牌九、打骨牌、打扑克、打飞子，猜单双、抽签筒、猜铜钱等，[①] 由于方法比较简单易学，赌场开始又以小数额的赌资相诱惑，致使不少矿工误入歧途。有的矿工侥幸赢了一两次后，赌瘾大发，岂不知这是赌场故意设下的圈套，一再赌下去的结果只能是越赌越输，有的输光了衣裤和仅有的家当，有的把几年节衣缩食的积蓄丢进了赌场，因赌断送了性命的抚顺矿工难以计数。

三　开设妓院

1925 年 4 月，日本殖民当局在抚顺新市街划出矿用地 115700 平方米，建立所谓供矿工娱乐和消遣的"欢乐园"。既是日本帝国主义者榨取工人血汗的最集中的地方，也是日本帝国主义对抚顺早期产业工人从精神到肉体毒害与摧残的最有力的证明。当时的"欢乐园"内设老君庙、妓院、赌馆、戏园子、烟馆、酒馆等场所。矿工每月可以通过内部购买票证的方法，先付款后游玩。矿工们拼死拼活挣的血汗钱都在这里被搜刮殆尽。而"欢乐园"则成为日本侵略者抚顺炭矿附属事业中的盈利大户。[②] 抚顺、阜新等大规模煤矿，"在煤矿用地的一隅，设立妓馆，使之拥有大量妓女，提供特别方便"。[③] 抚顺煤矿的封建把头在矿区附近开办了许多妓院，逼迫一些缺乏生计来源的良家妇女卖淫，勾引矿工下水。封建大把头牟金义就是以开妓院而臭名千金寨的，他在新屯矿区买下了几十间房子，开办了颇具规模的妓院。牟金义每月收妓院的房租就净赚 350 银圆，18 个月收入 6300 余银圆。当时抚顺地区逛妓院的人80% 是矿工，由于这些淫乱场所大都是公开化的，无人制止和取缔，任

① 李荆山、齐纯良口述，任连生、王洪伟整理：《千金寨的"把头"们》。见何天义主编《日军枪刺下的中国劳工——伪满劳工血泪史》，新华出版社 1995 年版，第 138 页。

② 肖竞、李联谊：《抚顺工人运动史（民主革命时期）》，抚顺市总工会干部学校，1995年，第 34 页。

③ 满铁调查部：《满洲矿山劳动概况调查报告》，第 230 页。见解学诗主编《满铁史资料·煤铁篇》（第二分册），中华书局 1987 年版，第 584 页。

其泛滥，所以封建把头可以毫无顾忌地坐收这笔黑钱。①

四 宣扬封建迷信

由于煤矿经常发生火灾、水灾、瓦斯爆炸、冒顶等事故，造成大量惨不忍睹的伤亡，因而在矿工及其家属中产生极大恐惧心理。日本殖民当局便伙同汉奸把头，在矿山到处修建老君庙，印制老君神像，用封建迷信和宗教信仰来欺骗麻痹工人，使之安于命运，不思反抗，以达到其掠夺、盘剥和便于统治的目的。由于统治者的欺骗宣传，当时矿工中都供奉老君神像，工人在每天上工前下井后都要到像前做祈祷。每逢农历初一、十五、月末，都要作祭祀，尤其到所谓老君神生日时，还要举行大祭，认可自己不吃不喝，也要花更多的钱买更好、更多的东西供奉给老君神用，一些人把对"神"的敬仰作为生活的精神支柱，幻想在神佛的保佑中，使自己解脱苦难。② 满铁调查部对抚顺煤矿利用鬼神迷信麻痹工人的情况有详细的记载，"任何矿山都对建立庙宇给以补助，对举行祭典给以援助，以便有利于工人的信仰。其中被矿山工人崇敬为'矿山之神'的老君（道教），不论大小矿山都在供奉""抚顺煤矿的欢乐园内修有很大的庙宇，奉祀老君、关帝、娘娘、火神、财神、观音等神""老头沟的朝鲜族矿工有基督教徒""把僧侣招请到煤矿区内，临时祭祀老君，或者在信仰周内请僧侣进入作业场所祈祷当天安全。这种方法可以通过工人的信仰心来克服对灾害事故的恐怖心，据说非常有效，也能提高工作效率"，此外，"还有很多矿山在春秋两季举办老君庙会的日子发给工人酒肴费，以示犒劳平素的辛苦"。③ 以上种种，日本殖民当局麻痹、腐蚀、拉拢煤矿工人的情况便跃然纸上，一切都是为了提高生产效率，为日本的侵略战争助力。

---

① 李荆山、齐纯良口述，任连生、王洪伟整理：《千金寨的"把头"们》。见何天义主编《日军枪刺下的中国劳工——伪满劳工血泪史》，新华出版社 1995 年版，第 138 页。

② 肖竞、李联谊：《抚顺工人运动史（民主革命时期）》，抚顺市总工会干部学校，1995 年，第 33 页。

③ 满铁调查部：《满洲矿山劳动概况调查报告》，第 220—221 页，见解学诗主编《满铁史资料·煤铁篇》（第二分册），中华书局 1987 年版，第 582—583 页。

五　设立"相谈所"及所谓"精神训练"

日本殖民当局认为，"在作业现场劳动的工人，形成一种社会性的集体。日复一日地生活在其中，就是他们的人生。因此，从每天围绕着他们身心的琐事中，度过令人感到烦闷和失望的不幸日子"，"但他们大多不具备熟练地处理各种事情的力量"。在这种时候，日本侵略者认为就需要"相谈所"这种设施，以便有力地"援助"他们，"引导"他们的人生走上"正路"。"尤其在满洲这样的管理者和工人的民族不同，语言习惯互异，以致容易造成彼此隔阂的地方，更必须慎重从事"。[①] 设置的人事"相谈"设施如表 7-18 所示。

表 7-18　　　　　　　　抚顺煤矿人事"相谈"设施情况

矿山别	设施状况	人员	备注
抚顺煤矿	各现场均有设置	各处均配置有日本人和满人	与班长相谈，不认为是集体不满者，由福利系管理；痛感在人事相谈中需要汉语
老头沟煤矿			无人事"相谈"设施，由劳务系人员顺便负责
蛟河煤矿		劳务系员，日本人一，满人一	设工人问事处，承担相谈事务

资料来源：满铁调查部『满洲鉱山劳働概况调查报告』、南满洲铁道株式会社、1940 年、第 221—224 页。

1933 年，日本殖民当局制定了关于"指导"常佣工的方案，选出指导者，对新采用的常佣工进行二十天以内的训练，在"指导"期间内保证付工资。不需要训练的常佣工和常佣员应在执行业务当中接受日本人和满人前任者有关业务方面的训练。1935 年，日本殖民当局创设了抚顺煤矿日本语检定试验制度，"对考试合格者支给一定的奖励津贴。日本人与满人工人由于民族、风俗和语言不同，难以搞好工作，且从前仅是日本人学习满语（中国语），这种单方面的学习也得碍中日人员的进

[①]　解学诗主编：《满铁史资料·煤铁篇》（第二分册），中华书局 1987 年版，第 583 页。

一步接触。满人（中国人）学习日语以后，就能提高作业效率，更进而可以做到真正的'日满融和'"。此外，作为一般教育设施，各现场都设有文库，工人可自由阅读。1935 年，为了通过佛教教化"提高修养"并达到"日满融和"的目的，日伪各煤矿单位都举办了僧佛演讲。"关于劳动问题以至劳资纠纷，不知是因为劳动管理很好，还是因为工人无知无力，总之，是没有更多可以提出的。工人的知识程度一般较低，但不能把这一点说成抚顺煤矿不发生劳动斗争的理由。如果把满洲发生劳动斗争的原因加以区别的话，主要有三个方面，即共产党关系、工资关系和民族感情关系，三者有时单独构成原因，有时交错在一起。""共产党，一般认为是由于把头的右倾做法防止了劳动斗争，但应看到，特务方面的努力和福利设施的彻底贯彻使得共产党无机可乘，恐怕是一个很主要的原因。工资关系在满洲的劳资纷争中占据主要部分，起因主要是奉票暴跌和工资本位不当，由于调查了外部市场情况和采取了与之相适应的政策，也没有发生较为严重的事件。至于从业人员的一致友好合作，没有发生过民族感情上的纷扰，则主要应该看成是指导者——日本从业人员进行精神训练的结果。"[1]

由此可见，抚顺煤矿日本殖民当局相当看重所谓"精神训练"在驾驭中国工人方面的特殊作用。为防止中国劳工的反抗斗争，并使其走上符合矿业公司利益的奴隶道路，在日复一日的恶劣劳动环境中认命，死心塌地地成为日伪侵略者的劳动工具。日本侵略者的"相谈"设施与"精神训练"真可谓包藏祸心的毒计。

六　用现代娱乐设施麻痹煤矿工人

1925 年 4 月，矿业公司在抚顺新设市街西部划出煤矿用地约 115500 平方米修建了"欢乐园"，中央部分建立了规模宏伟的庙宇，祭祀老君及其他诸神，庙宇四周设有戏园、澡堂、妓馆和饭店，成为工人"娱乐"中心。随着煤矿作业的发展，"欢乐园"日趋繁荣，大有满人街中

---

[1]　解学诗主编：《满铁史资料·煤铁篇》（第二分册），中华书局 1987 年版，第 584—585 页。

心地之势。"欢乐园"由欢乐园维持会负责维持经营，资金大部分为煤矿出资，大小把头也参与在内。1931年，修订了欢乐园维持会会则，改从前的会员制度为组合组织，资金6万银圆，规定了业务内容，改选了职员，加强了监察制度。① 1941年，抚顺煤矿矿长大垣研在致伪满民生部劳务司长田村仙定的信函中，对抚顺煤矿的娱乐设施有详尽的描述：

> 1. 我矿为给工人提供最适宜的娱乐，在抚顺市西部选划广大地面（我矿所有土地），建设了名为欢乐园的热闹场所。该处设有我矿直营的大剧场，免费向工人开放，经常演出戏剧，让工人观看。欢乐园的中央，祀有工人最崇拜的矿山之神老君庙，该庙之壮大，在全满亦屈指可数。欢乐园的一部分，还有妓馆、大小商店、摊床、浴池，人群拥挤，像大都市那样，使该地成为工人的欢乐世界。2. 在老君庙境内，设有矿工俱乐部，以便满洲国人之联谊、修养与消遣。夜间还利用俱乐部的一部分向自愿学习者教授日语。3. 此外，在各处都设有工人俱乐部，备有收音机、留声机、象棋、报纸、杂志等，以资修养与消遣。4. 还让工人适当地观看野台戏、电影、魔术、拉洋片等。5. 东部地区在龙凤矿有小剧场，经常让工人观看评剧、魔术等。此外，该地还设有平康里。6. 各矿内均祀有工人最崇拜的矿上之神的老君庙，以设法使工人提高信仰心，同时并指导工人，使他们能终日安心从事劳动。②

日伪侵略者的麻痹措施带有相当程度的腐蚀性，"敌人为了拉拢工人，出卖毒品、设置妓院、开放赌场，制造恶劣环境，企图用无形的锁链套住工人。在这样环境的侵袭下，却有少数同志随波逐流，落网上钩，花掉仅有的一点生活费，惨死在矿。但大多数同志保持了革命气节和斗争精神。"③ 种种现代化的娱乐设备如抚顺煤矿俱乐部（见

---

① 解学诗主编：《满铁史资料·煤铁篇》（第一分册），中华书局1987年版，第335页。

② 抚顺矿务局日文档案。转引自解学诗主编《满铁史资料·煤铁篇》（第二分册），中华书局1987年版，第585—586页。

③ 贾奎来：《点燃希望，冲出活路》，见解学诗、李秉刚《中国"特殊工人"——日军奴役战俘劳工实态》，社会科学文献出版社2015年版，第223页。

图 7 - 1），对当时生活闭塞的煤矿工人是具有极大腐蚀作用的，日伪妄想将煤矿工人牢牢困在煤矿生产地，以供其驱使并为侵略战争出力。

图 7 - 1　抚顺煤矿俱乐部

资料来源：虞和寅：《抚顺炭矿报告》，北京：农商部矿政司，1926 年，第 267 页。

第八章

抚顺煤矿中国工人的反抗斗争

从 20 世纪初起，抚顺逐步发展为一座拥有几十万工人的综合性重工业城市，产业工人集中，工运历史悠久。在第二次世界大战中，日本帝国主义为弥补其劳动力资源的不足，从中国各地大批抓捕劳工，仅从华北地区强掳到东北的劳工就高达 800 多万（含眷属），强掳到日本的劳工约 4 万。劳工们在集中营和施工地过着非人的生活，干着繁重的劳役，受到了敲骨吸髓的压榨和令人发指的迫害，不少人死在异国他乡。劳工中不甘屈服的中华儿女，同侵略者进行了顽强的斗争，涌现出了无数可歌可泣的英雄人物。日本全面扩大侵华战争后，尤其是太平洋战争爆发后，为了解决劳动力严重缺乏的问题，开始大批使用战俘劳工，这些战俘劳工被日本侵略者称为"特殊工人"。在抚顺煤矿，包括"特殊工人"在内的广大中国工人同日伪侵略者展开了艰苦卓绝的斗争，直到取得抗日战争的伟大胜利。

第一节　早期抚顺煤矿工人的反抗斗争

抚顺工人阶级有着光荣的革命传统。抚顺工人阶级是 1901 年伴随着抚顺煤矿的正式开采而产生和发展起来的，至 20 世纪 20 年代中叶，已由最初的几百人发展到四万余人，占当时全国煤矿工人总数的近五分之一，形成了一支以煤矿工人为主体的产业工人队伍。在当时，抚顺工人生活在社会的最底层，劳动时间过长，工资收入低微，作业条件恶劣，遭受日本殖民者和封建把头的残酷剥削与压榨，苦苦挣扎在水深火热之中。[1] 压迫越深，反抗越重。抚顺工人遭受残酷的经济剥削和民族压迫，他们对日本统治者怀有不共戴天的深仇大恨，具有强烈的反抗精神和民族气节。对于日本统治者的剥削与压迫，抚顺早期产业工人除采取消极怠工、破坏工具和设备、逃走等斗争方式外，还自发地举行了多次罢工斗争。尽管抚顺工人阶级的早期斗争大多是由经济问题引发而自发组织起来的，但这些斗争却在一定程度上反映了抚顺工人阶级反对经济剥削和民族压迫的要求，打击了日本帝国主义和封建主义的反动统治。

一　20世纪初的抚顺煤矿工人斗争

抚顺炭矿东乡坑工人罢工发生于1916年1月11日，是见于记载的较早的一次抚顺工人罢工斗争。这次罢工斗争的起因是金票的贬值。当时，抚顺煤矿工人从矿上领取的工资叫"金票"。这种金票需要先换成小银子或者奉票，才能拿到市面上去"购买"货物。但是，第一次世界大战后，日本经济出现严重的危机，日本控制下的朝鲜银行发行的金票大幅度贬值，直接影响抚顺。原来4—5角金票可换1银圆小银子，但此时，1银圆金票却只能换8角小银子，工人的收入减少了50%以上，为转嫁经济危机，日本殖民当局又将劳动时间增加到每天14—15个小时，工人原来就难以生活，金票比价的暴跌，如雪上加霜，工人难堪重负。1916年1月11日，抚顺炭矿东乡坑500余名工人愤怒罢工。他们从1月11日至13日三天拒不下井，成群结队围住"大柜"（把头办公的地方）和日本监工说理，整个东乡坑井下空无一人，矿业公司派警察前来驱赶工人，并抓走两名工人代表。工人怒不可遏，手持铁锹和镐把，誓死抵抗。同时提出增加工人工资，释放被捕工友的要求。日本殖民当局眼看三天时间东乡坑少出煤炭3万吨，于是，调动日本警备队，荷枪实弹地围攻罢工工人，终于将这次罢工镇压下去，既没给工人涨工资，也未释放被捕工人代表。尽管东乡坑工人这次罢工斗争失败了，但它却点燃了抚顺工人英勇斗争的怒火，揭开了抚顺工人罢工斗争的序幕。以

---

① 肖竞、李联谊：《抚顺工人运动史（民主革命时期）》，抚顺市总工会干部学校，1995年，序第1—2页。

后，抚顺工人斗争不断，此起彼伏，少则百余人，多则上万人，据不完全统计，从 1916 年至 1927 年，抚顺地区发生的抚顺工人罢工斗争达 100 余起，每年平均 10 次之多，[①] 其中千人以上的就有十余起。有力地打击了日本帝国主义的残暴统治。

二 五四运动前后抚顺煤矿工人斗争

1917 年 6 月，在东乡坑工人斗争的影响下，西大井 1000 余名工人经过周密研究，掀起反日罢工浪潮。罢工中，他们派出 200 名工人骨干到各个道口去宣传，控诉日本帝国主义者的侵略罪行，叙述抚顺工人的苦难生活，提出"不涨工资，不改善工人生活，就不下井采煤"的口号。听到宣传的工人义愤填膺，纷纷要求参加罢工，罢工人数迅速增加到 2000 余人。在西大井工人罢工的同时，老虎台、万达屋、北大井、大揭盖、杨柏堡等矿的矿工也相继举行了反日大罢工。罢工工潮在六个矿井同时掀起。面对汹涌而来的工人罢工浪潮，日本殖民当局非常害怕，立即调来大批日本宪兵企图用镇压东乡坑工人罢工的办法来镇压工人的罢工。但是六个矿井工人接受东乡坑的教训，团结一致，共同对敌。反日罢工声势之大，使日本殖民者惊慌失措，生怕罢工继续下去会严重影响他们的掠夺。于是，炭矿长米仓清族带着翻译赶来，同工人谈判。工人们提出："不达目的，决不复工。"这次罢工持续了很长时间，矿业公司终于被迫答应了工人们提出的全部要求，六个矿井工人才开始复工，罢工斗争取得了胜利。[②]

1918 年春，古城子露天矿的工人受东部矿区工潮的影响，也酝酿着罢工。在坑下采煤的工人纷纷议论，东边的老虎台、万达屋、大井的工人都不上班了。"金票毛了，挣得少，我们也不干了""咱们也罢工，不下坑采煤，让鬼子给涨钱，越不斗，鬼子越欺负咱"。于是，在工人们的串联下，千余名工人都不下坑干活，在坑沿边坐着，使坑下、坑上的电车、机械镐全部瘫痪，矿山处于停产状态。日本殖民当局采取威胁手

---

① 王渤光：《抚顺人民抗日斗争四十年》，辽宁人民出版社 1992 年版，第 15 页。
② 肖竞、李联谊：《抚顺工人运动史（民主革命时期）》，抚顺市总工会干部学校，1995 年，第 43 页。

段，提出："凡不下坑作业者，一律开除。"工人们看透了日本帝国主义者的阴谋诡计，针锋相对地提出："不涨工资，宁可开除也不上班。"罢工到第三天时，日本人意识到，整个坑瘫痪影响掠夺煤炭，而工人人多势众，又无法开除，威胁手段已经不灵了，便迅速改变手法，同意给工人涨工资，答应了工人提出的要求。工人怕炭矿耍花招，要求坑长亲自到工人面前答复。日本炭矿坑长小沿只好按着工人的要求去做，工人才同意复工。同年4月，杨柏堡坑再次爆发工人罢工。罢工当天，大街小巷贴了许多标语，并有人在街上维持罢工秩序，号召工人都不要上班，要求日本殖民当局涨工资。罢工坚持了2天，日本殖民当局被迫同意按金票比价开小银子，工人才答应复工。9月，抚顺电气化学工业会社85名工人，为要求增加工资罢工一天，会社同意增加工资一成，工人复工。

1919年5月4日，北京爆发了反帝反封建的五四爱国民主运动。3000余名学生上街示威游行，在"外争国权，内惩国贼"等口号下，抗议帝国主义在"巴黎和会"上损害中国山东主权的强盗决议；反对军阀政府的卖国外交，掀起反帝爱国斗争的高潮。这一划时代的爱国运动，迅速轰动全国，也影响了抚顺矿山，尤其是"六三"中国工人阶级声援爱国学生登上政治舞台的壮举极大地鼓舞了正在同日本殖民统治斗争的抚顺工人阶级。广大工人以开展怠工、罢工等斗争来声援上海等南方工人的斗争。[①] 在五四运动影响下，抚顺工人的斗争呈现次数逐年增多、规模不断扩大，斗争愈加激烈的趋势。1919年7月3日，古城子采炭所发生日本人殴打中国工人的事件，消息传开，第二天该所中国工人举行罢工。21日，炭矿电铁保线系300余名工人为反对任意变更劳动制度，要求增加工资，罢工1天。8月21日，炭矿铁公司为了防疫强行给工人打针，致工人皮肤红肿、头晕，甚至卧床不起，2000余名工人举行2天大罢工。是年秋天，炭矿的运输工人因工资非常低微而激起强烈的反日情绪。在刘恩贵、王玉科等人的带领下，整个运输系100余名司机全体罢工。司机们站在火车头上不开车，坚决地向日本人提出：一要给涨工钱；二要在夜班时，增加双司机；三要实行三班制；四要发给作业

---

① 肖竞、李联谊：《抚顺工人运动史（民主革命时期）》，抚顺市总工会干部学校，1995年，第44页。

服。日本资本家拒绝了工人的要求，促使罢工事态越来越大，机器镐和矸子道的 200 余名工人也加入了罢工队伍。对此，日本殖民当局又采取老办法，一面派日本工人支撑生产局面，一面收买个别工人，让他们去串联工人上班。但这种可耻的"收买政策"早已被工人们识破，很多工人手持镐把，堵住下坑的道口高喊："鬼子不答应我们的要求，就决不下坑！"各道口均被堵死，无人下坑，罢工持续了三天三夜。由于抚顺工人的团结战斗，终于迫使日本殖民当局答应了工人的要求。司机工资由 5 角涨到 1 银圆 2 角；夜班增加双司机、双司机倒班干活；给打旗的工人和搬运工人发放旧棉衣，工人罢工斗争取得了胜利。

三　20 世纪 20 年代的抚顺工人斗争

20 世纪 20 年代初，日本帝国主义对抚顺煤矿的掠夺更加疯狂，金票贬值日益严重，各业工人生活苦不堪言，此时，加之中国共产党成立和南方工人运动的影响，从 20 年代初开始，抚顺出现了风起云涌的罢工浪潮，而且愈演愈烈。1920 年 10 月，古城子采炭所 100 余名工人为要求增加工资举行了持续 5 天的大罢工，后来日本人将罢工的领导人抓走，罢工失败。12 月，抚顺大山坑五帮道龙眼坑（腰载子）因延长开支日期，引起工人不满，1000 余名工人罢工三四天，日本人进行血腥镇压，工人仍坚持斗争，直至日本人答应开支为止，表现了抚顺工人阶级英勇不屈的斗争精神。五四运动，初步唤起了抚顺早期产业工人的政治觉悟，为马列主义在抚顺地区的传播奠定了基础。[①] 1921 年中国共产党成立后，即派党员到东北地区传播马列主义，建立党团组织，开展工人运动，领导东北人民进行反帝反封建的斗争。从此，马列主义也开始在抚顺传播。当时，经常能听到有人为工人读《盛京时报》和来自北京、上海的传单。使工人们知道苏联发生了革命，工人当家做主了。南方工人罢工斗争高潮迭起的消息也不时传入抚顺，使抚顺工人觉悟逐渐提高，思想日趋活跃起来。

在日寇殖民统治的年代，不屈的抚顺人民在中国共产党的带领下，

---

① 肖竞、李联谊：《抚顺工人运动史（民主革命时期）》，抚顺市总工会干部学校，1995 年，第 45 页。

对敌人进行了顽强的斗争。早在 1924 年抚顺即有共产党组织，杨靖宇将军在 1929 年便在抚顺领导党的工作，领导煤矿的工人运动。同年，杨靖宇将军在抚顺被捕后，党又派了优秀党员来抚顺领导人民的地下斗争。在 1936 年抚顺党的地下组织虽受到破坏，但已出狱的在抚顺附近进行抗日游击活动的义勇军领导人杨靖宇将军，又派人来抚顺建立了抚顺党的组织——"中共南满特委抚顺第三支部"，领导抚顺人民的抗日斗争。在整个日寇统治期间，党的组织虽然曾受到一些摧残，有些共产党员被逮捕被屠杀，但党的组织仍在积极地工作着、发展着。共产党人从日寇侵占抚顺第一天起，就和抚顺人民特别是抚顺工人阶级在一起，与敌人不断地进行英勇斗争。城市内的斗争与武装的抗日战争配合着，不断地给以敌人沉重打击。工人们也经常用罢工以及破坏、怠工等方式和日寇及其走狗们对抗。①

　　1922 年 6 月 1 日，抚顺煤矿 420 名工人为要求增加工资，发放死伤津贴而举行罢工，合理要求得到实现。9 月，老虎台采炭所 2000 余名工人因推煤车费降低，伙食费涨价，加上金票贬值，在孟继广、孟传利、史久荣等工人串联下举行声势浩大、持续一周时间的罢工。最后日本人不得不出面，宣布推煤车费涨价，伙食费维持原状，罢工期间饭票照发，开支时以小银子代替金票。工人要求得到满足复工。11 月，千金寨最大的"天合达"成衣铺的工人田福山等人酝酿举行成衣工人联合大罢工，要求增加工资。资方闻讯后，立即进行阻挠，逼他们还借的钱，并将田福山等几名工人的棉衣扒下来，不准外出串联。这一举动激起抚顺30 余家成衣铺工人的极大愤怒，一致要求罢工，进行反抗。田福山等向资方提出："第一，大老板给工人穿上扒掉的棉衣，二老板给扣上扣子，同时在街上燃放鞭炮；第二，给工人增加工资，如不答应立即罢工。"由于资方拒绝第一条要求，50 余名工人联合罢工 20 余天，资方被迫答应工人要求，并向工人赔礼道歉。成衣工人的斗争取得了胜利，这次罢工影响很大，1922 年 12 月 3 日的《盛京时报》以"成衣罢工"为题作了专门报道，文中称："据抚顺县来人云，该地成衣铺忽起罢工风

---

① "煤都抚顺"编写小组：《煤都抚顺》，辽宁人民出版社 1959 年版，第 37—38 页。

潮……当局正拟派员前往调查。"1923 年春,万达屋坑白班采煤工人因煤车降价,1000 余名矿工罢工,强烈要求增加工资,每周休息一天。日本殖民当局答应了工人的要求,煤车涨价 2—5 分,除每周休息一天外,给每个工人白面、猪肉各 2 斤,变累计 30 个班开支一次为一月一开支。是年 10 月 22 日,抚顺人力车组合(即合作社)的 235 名工人为反对车站"只允许新来的 40 人进入站内,而禁止原有的车夫进入站内"的新规定而罢工,要求恢复原规定,罢工坚持 4 天,最后迫使人力车合作社接受工人的要求,并多处设置了停车待客场所。是年 12 月 16 日,杨柏堡采炭所 1400 名工人罢工,反对降低工资,要求提高伙食标准。接着老虎台大井和腰截子坑的千余名工人罢工,反对把头降低工人工资,并砸了劳务系,罢工取得胜利。[①]

在上述罢工斗争的基础上,终于形成了新的罢工高潮。1924 年 10 月,抚顺煤矿八大矿井 20000 余人参加联合大罢工。1924 年,在工人反日情绪高涨,怠工、罢工和骚动遍及各矿区的情况下,大山坑工人张凤岐挺身而出,带领一些工人到各矿坑,秘密进行串联,号召大家联合起来进行斗争。张凤岐是一个钳工,技术娴熟,人称"大工匠",他有胆有识,在工人中威信很高。平时,他经常给工人读《盛京时报》,介绍国内外工人斗争情况,还谈论如何进行斗争,争取改善劳动条件和待遇,启发工人的觉悟。张凤岐提出的联合起来进行斗争的主张得到了各矿工人的拥护和支持,于是,大山坑、北大井、老虎台、龙凤矿、千金坑、古城子坑、搭连坑和新屯坑八大矿坑的上万名工人联合起来进行声势浩大的罢工斗争。罢工开始后,一千余名各矿工人代表举行集会,开展活动。与此同时,派出纠察队,深入各坑口和交通要道,防止敌人破坏,不准工人随意下矿井。罢工工人在全市张贴标语,进行宣传,提出"提高工资,要小银子,不要金票""缩短劳动时间,实行三八工作制,不涨钱不上工"等要求,整个矿区停电停产,完全瘫痪。最后,日本殖民当局不得不同工人代表谈判,被迫答应了工人的要求,这次罢工斗争

---

① 肖竞、李联谊:《抚顺工人运动史(民主革命时期)》,抚顺市总工会干部学校,1995 年,第 46—47 页。

持续了近半个月的时间，是抚顺地区在五四运动之后，规模最大、影响最大的一次工人罢工斗争。这次罢工斗争的胜利，反映了抚顺工人觉悟的提高，标志着抚顺工人斗争进入了一个新的历史发展阶段。

1925 年 5 月 30 日，英、日帝国主义在上海枪杀中国工人、学生制造了震惊中外的五卅惨案。当以李大钊名义印发的传单由北京传到抚顺后，抚顺工人积极行动起来，以罢工等形式声援上海工人的斗争。据《满蒙要览》一书记载，仅 1925 年下半年抚顺工人罢工斗争就发生近 10 起。6 月 1 日《盛京时报》报道，抚顺煤矿有五六万工人掀起罢工浪潮。五卅运动扩大了中国共产党在抚顺的影响，推动了抚顺工人运动向着经济斗争与政治斗争结合的方向发展。① 在联合大罢工胜利的鼓舞下，1927 年抚顺工人的罢工斗争更为激烈，罢工次数和参加人数"几乎超过 1926 年的一倍"。② 抚顺工人在开展罢工斗争的同时，还出现了夺过敌人武器，直接与其进行斗争的事情。1928 年 1 月 22 日，龙凤坑 400—500 名工人，手持棍棒等武器，砸了专门监督统治工人的劳务系，并追捉欺侮中国工人的派出所的日本人野口。野口蛮横无理，竟然当众开枪，击伤一名中国工人。愤怒的工人立即夺下劳务系日本人古市的手枪进行还击，连发五枪。野口被击倒在地。日本殖民当局闻讯后立即调 50 余名警察前来镇压，驱散了反抗的工人群众。③ 1916—1930 年抚顺煤矿所属各单位工人反抗斗争概况统计如表 8 - 1 所示。

抚顺工人运动的发展不仅给日本帝国主义和封建势力以有力的打击，同时工人群众在斗争中也提高了阶级觉悟，锻炼了队伍，这为抚顺地方党组织的建立创造了有利条件，并奠定了社会基础。中国共产党的成立，标志中国工人阶级完成了由"自在阶级"向"自为阶级"的根本转变。正是有了党的领导，抚顺工人斗争开始由自发转向自觉，实现了经济斗争与政治斗争的结合。为反抗日本侵略者长达 40 年的殖民压迫，

① 肖竞、李联谊：《抚顺工人运动史（民主革命时期）》，抚顺市总工会干部学校，1995年，第 48 页。

② 《满洲党目前政治任务决议案》，中共满洲省委，1929 年 10 月。

③ 肖竞、李联谊：《抚顺工人运动史（民主革命时期）》，抚顺市总工会干部学校，1995年，第 49 页。

表8-1　　1916—1930年抚顺煤矿所属各单位工人反抗斗争概况

时间	场所	原因	要求	结果	人员	日数
大正五年（1916）5月11日	抚顺东乡坑采炭所	逮捕动工人	释放被捕工人	拒绝要求迫使复工	500	3
大正六年（1917）8月22日	抚顺老虎台坑采炭所	银价暴涨	增加工资	承认要求	300	1
大正六年（1917）9月9日	抚顺千金寨竖井	银价暴涨	增加工资	拒绝要求	300	1
大正八年（1919）7月21日	抚顺煤矿电铁保线系	就职规定变更和物价暴涨	增加工资	经抚慰屈服	300	1
大正十二年（1923）12月6日	抚顺杨柏堡采炭所	减少工资与增加食费	反对改变制度要求恢复旧制度	原定减薪四钱改为减薪二钱，食费不增加	1400	1
大正十三年（1924）4月3日	抚顺万达屋采炭所	对因统一工资而减少收入及担负器具破损费制度不满	反对统一工资制度要求恢复旧制度	承认一部分要求	900	1
大正十四年（1925）4月2日至4月6日	抚顺永松组（煤矿财务课承包）	奉票跌价物价上涨	增加工资	拒绝要求，解雇40名，全部复职	80	3
大正十四年（1925）6月9日	抚顺承包业佐藤组	与日本监督人发生冲突	排斥监督人	安慰解决	100余	1
大正十四年（1925）6月9日	抚顺窑业组合造砖工厂	奉票跌价物价上涨	增加工资	未解决	约50	
大正十四年（1925）6月20日至6月23日	抚顺万达屋采炭所永松组承包作业	在要求增加工资过程中苦力头被日本监工打伤	增加工资	不准增加工资，晓喻复业	40	4
大正十四年（1925）12月1日	杨柏堡采炭所临时华工	房租上涨	维持原状	未得增加	58	1

续表

时间	场所	原因	要求	结果	人员	日数
大正十四年（1925）12月2日	杨柏堡采煤所临时苦力	不允增加工资	增加工资	解雇	8	1
大正十四年（1925）12月28日	烟台采炭所	对降低工资不满	照旧发给	全部解雇	45	1
昭和五年（1930）4月16日	杨柏堡露天堀电气系	日本人职工打打伤中国工人		打人者受训诫并接受其他条件乃得解决	29	1
昭和五年（1930）4月25日至26日	老虎台、万达屋采炭所	对修改使用华工制度不满	希按旧制度不变	答应要求	15	2

资料来源：满铁调查部《劳动时报》，第66号特辑；《满洲矿山劳动事情》，第365页；满铁庶务部调查课「大正十五年南满洲劳働争議録」，满铁庶务部调查课「大正十五年南满洲劳働争議録」第44—47页；满铁太平洋问题调查准备会「在满中国劳働者状况诸调查统计」，1943年，第50页。

· 260 ·

抚顺工人阶级掀起了一次次罢工浪潮，进行了一场场顽强的斗争，用生命和鲜血谱写了抚顺工人运动辉煌壮丽的篇章。

第二节　抚顺煤矿"特殊工人"的反日斗争

在中国工人运动的斗争中，"特殊工人"的斗争占有重要的地位。或者可以说是日本帝国主义者自己引火烧身。抗战进入相持阶段，日本帝国主义者为了加紧对中国资源的掠夺，公然违背国际法的一切准则，把在各抗日根据地及周围地区作战中被捕的根据地人民和俘虏的中国军人（其中部分为国民党军），大量运到东北，强迫他们做苦工，称为"特殊工人"。这些"特殊工人"，大都受过共产党关于抗日救国的教育和战火的洗礼，其中还有少数共产党员和军政干部，他们有着坚强的意志和斗争决心。日本侵略者把他们劫持到东北，置于几乎是必死的境地，也就等于引进了一批革命火种。这些"特殊工人"来到工矿区以后，立即组织隐蔽的抗日活动，有的则单独或集体逃跑。日本帝国主义者为此专门组织了"移动防止班"，加强对他们的控制。那些逃跑未遂的工人，更遭到严刑拷打，然后被送往正式的劳动集中营——"矫正辅导院"。① 但是，不管处境多么险恶、敌人的镇压多么凶残，"特殊工人"依然进行了英勇的战斗。他们的斗争，鼓舞了周围的工人和群众，搅乱了敌占区因人民长期受镇压而造成的近于凝固的政治空气，使日伪统治者感到震惊。

一　抚顺煤矿"特殊工人"的状况

所谓"特殊工人"或特殊人的定义，据伪华北新民会制定的《特殊

---

① "矫正辅导院"，是日本军国主义者设置的特种劳动营，以残酷虐待犯人著称。伪满洲国 1943 年 9 月 18 日公布的《保安矫正法》和《思想矫正法》规定，凡属日本侵略者认为有"嫌疑"或"有犯罪危险"的中国人，随时可以被逮捕送"矫正辅导院"，实行"预防拘禁"。中国工人是被"惩戒"的重要对象。工人如果被认为劳动态度不好，或失业流浪，就可以成为"矫正辅导院"的"被收容人"。"被收容人"要"从事被指定之作业"，但没有报酬；如果被认为"有违背纪律之行为"，便要受到"严重戒饬"，包括使用"捕绳、联锁、手铐、防声具、保护"等"械具"，以及施行包括"自备衣类、寝具之十五日以内使用停止""自备饮食之十五日内之停止"及"五日内之减食"等的"惩戒"。

人的劳动斡旋工作计划》（以下简称《计划》）中称："所谓'特殊人'，系指符合以下几项并将其当作工作对象者：（甲）在当地部队、宪兵队、县公署、警察分队等处收容中的犯罪可疑分子乃至嫌疑分子；（乙）由于开展清乡工作而捕获的通匪可疑者；（丙）讨伐作战所获得俘虏；（丁）干扰开展新民会工作者。"《计划》还明确指出上述 4 种人必须是"能劳动者"才可作为"特殊工人"或特殊人。"这里明显地提到了特殊工人包括被俘的抗日军人，被捕的抗日干部和平民百姓。其中被俘军人居多。他们在日军特设的'训练所'强制受训后，由日军分批押送东北交给伪满洲国，分派在日本关东军所属部队的军事工程和伪满民生部制定的主要为战争服务的工矿业或特殊工程，从事最繁重的苦役。"① 被日军从关内押往东北的战俘，更多的人是被送到矿山服苦役。有道是"人间地狱十八层，十八层底下是矿工"。这些被打入第十九层地狱的战俘，不但和矿工一样遭受奴役与折磨，而且被日军侵略者像敌人一样监控、戒备，并随时可能被投入监狱般的矫正辅导院，遭受各种酷刑的摧残。②

日本侵略者对"特殊工人"的需求主要源于殖民扩张过程中的劳动力枯竭，尤其以伪满洲国建立为标志，日本侵略者认为"满洲经济社会大致上从过去阻碍的诸条件中解放出来，取得飞跃的发展。伪满洲国成立后即开始的交通通信机构的整备扩充，铁、煤、电力等的开发，康德四年（1937）开始实行产业五年计划，康德六年（1939）开始北边振兴三年计划等经济建设，突然实施起来。这种激进的经济建设，使满洲经济社会固有的诸矛盾急剧表面化了，积累了许多障碍。其中，成为今日最大难点的是劳动问题，劳动力相对和绝对缺乏的结果是流动率高、效率下降、工资上涨等，阻止了经济建设，成为必须紧急解决的问题。昨天还被夸耀为丰富而又廉价的满洲劳动者即苦力，今天便被说成不足和高工资了"③。强制战俘服苦役，一来可以为加紧掠夺中国的矿产资源解

① 顾东向、任立盛：《抚顺煤矿特殊工人的反满抗日斗争》，1984 年 10 月 11 日。见何天义主编《日军枪刺下的中国劳工——伪满劳工血泪史》，新华出版社 1995 年版，第 68 页。
② 梅桑榆：《中国战俘劳工录》，解放军出版社 2015 年版，第 213 页。
③ 隅谷三喜男『満洲労働問題序説（下）』、『昭和製鋼所調査彙報』第 2 卷第 3 号、1942 年、第 2—3 页。

决劳动力严重不足的问题；二来可以化敌对力量为战争服务，间接地使其成为战争力量。日本侵略者自以为这一政策的实施，可以收到一石二鸟的效果。于是，"全满240个企业单位，根据《劳动统制法》，开始签订自治性统制协定。先后签订的协定有：招募和使用劳工的全国协定、关于劳动条件的地区性协定、工资协定，等等。但是，当实际履行时，却受到劳动力不足的浪潮所冲击，违反协定者不断出现，反而产生种种弊病"。当时总的形势是，正值"康德"七年（1940）这一五年计划后半期的跃进阶段，劳工供需关系变得最糟。由于供需不均衡，各方面都出现了拉拢工人的争夺，并出现了工资不合理上涨、劳工流动加剧、劳工分布不均等不良现象，导致劳动力质量下降、劳动力资源枯竭等极为堪忧的局面。这一切都同满洲劳动力状况的先天特性有联系，欲解决这些问题，极端困难。

伪满政权在1940年11月制定了防止劳工流动纲要，提出消除流动原因的具体措施。但几乎无效，依然苦于劳动力的严重不足和劳动力流动的激烈化，结果给紧要的建设事业带来极大妨碍。因此，于1941年2月，"又公布了劳动政策纲领，摆脱对国外劳动力的依赖，提出确保国内劳动力资源的各种办法，决心向劳动新体制前进"。对伪满政权来说，劳动力不足问题最严重的时期，是1940年，当时尽管华北劳工入"满"人数已有增加，但离"满"人数增加得更多，并且发生了做法上的疏漏，如重点分配劳动力的工作做得不彻底或错过了时间，等等。1941年虽仍与头一年一样，"苦于劳动力之不足，但总的来说已按既定计划向被视为最重点的煤炭部门调配。同时还发生了因资金、材料等原因，使土木建筑业所需劳动力受到抑制的情况，因而劳动力的供需关系似乎出现了缓和一些的倾向。但是，不能因此而感到乐观，认为供需关系已经好转"，因为"华北劳动入满人数，康德七年（1940）多达122万，康德八年（1941）骤然减为91万。满洲劳动力情况，就是以这样不稳定的条件为基础的，所以要转变到劳动力国内自给自足体制，必须有彻底的对策，或新的设想"。①

---

① 《满洲矿工年鉴》，1944年，第71—72页。见解学诗主编《满铁史资料·煤铁篇》（第二分册），中华书局1987年版，第481页。

日本殖民当局对"特殊工人"的情况进行深入分析，认为"特殊工人过去曾在训练所或军队中受过训练，或过过团体有纪律的生活，流动较少；反之国外紧急募集工人未受过任何团体训练，简直是乌合之众，因而逃亡率极大"，"逃亡原因一般是对井下采煤作业无知识和不习惯而来的恐怖心理，以及归乡心切或其他诱惑等，但原本不愿做矿工，或在输送途中受到严重监视和警备而产生不满情绪者，也不在少数"。此外，"特殊工人当中亦有因离家很久望乡心切而逃走的。国外紧急募集工人则多因不适合煤矿劳动以及过分厌恶和害怕井下作业而逃亡"。对于所谓"特殊工人"工作效率与一般工人之比较，日本侵略者认为"特殊工人从事劳务、采煤、掘进等项作业，考虑到他们每个人的经历，给以若干自由。来矿初期因身心疲劳和作业不习惯，未能充分发挥效率，但特殊工人多是经过训练的具有体力的人，作业逐步熟习后，工作效率有所提高。就业率为80%，作业效率与一般工人无大差别"。① 日本殖民当局对"特殊工人"的素质及经历有深刻的认识，"作为工人来看，特殊工人一般都是身体健康，有团结心的，并有集体纪律，多数性情质朴温顺，如善加教导会收到良好效果的。从经历来看，军官学校毕业、军医学校毕业、受过其他士官及军事教育的人，约占80%，其余都是强制征集的士兵。从普通教育方面来看，有复旦大学、中山大学毕业者，具有学历者占60%。其余多数是商人、农民、工人、瓦匠等"。再从原籍地看，"特殊工人"来源较为复杂。"由徐州、太原、济南方面来矿者，有蒋介石中央军、共产党八路军、八路游击队，或者是保安游击队员，主要属于共产系。由山东方面来矿者，有蒋介石系中央军、游击队、自卫团、于学忠系抗日军、通匪或通过肃清工作而被开除的士兵。"②

抚顺煤矿是日军拨给"特殊工人"数量最大的煤矿之一。他们开始使用"特殊工人"的时间和数量是："自昭和十五年（1940）12月开始以分配给龙凤采炭所168名特殊工人起，到去年即昭和十六年（1941）

---

① 《抚顺煤矿总务局长复奉天陆军特务机关长函》（1942年1月22日）。见解学诗主编《满铁史资料·煤铁篇》（第二分册），中华书局1987年版，第595—596页。
② 《抚顺煤矿总务局长复奉天陆军特务机关长函》（1942年1月22日）。见解学诗主编《满铁史资料·煤铁篇》（第二分册），中华书局1987年版，第598页。

12 月止，来矿劳动的特殊工人总数为 6322 名。"这是说抚顺炭矿使用"特殊工人"是在 1940 年 12 月。其实，在这之前的 1938 年 11 月，抚顺炭矿就曾使用过战俘。当年，"日军把在北满被俘的 100 名抗日武装人员，按着日本帝国主义统治思想，训导两个月后发配到抚顺炭矿充作苦力。到 1940 年 7 月底就仅剩 22 人，其中，逃走 67 人，死亡 1 人，被退回训练所的 10 人"①。虽然当时使用战俘的现象尚不多见，而且也未出现过"特殊工人"的名称，但是，1938 年抚顺炭矿使用过战俘确是事实，而且应当说这是日军使用"特殊工人"的一种尝试。"1940 年劳动力的不足在抚顺煤矿明显化后，从 1940 年 11 月起，开始把大量特殊工人配置在矿内。"② 1941 年 4 月 5 日，关东军与华北军就入满劳动者问题达成协议，明确商定确保劳动者。同年 4 月 28 日至 5 月 30 日，供给抚顺煤矿送来 12 次，211 人，但途中逃走 61 人，到矿后逃走 77 人。据同年 6 月抚顺煤矿庶务课防卫系拟定的报告书载："因时局关系使十余万名满华工人就劳的本矿，必然须加强防谍对策。正值此时，为确保劳动资源，特别从去年（1940）11 月以来，到矿的特殊工人达 564 名（现有 400 余名），将来估计将达数千名，而此等工人是在中国事变中活跃在抗日战线的八路军及其他共产党系统的归顺和惨败者，他们在徐州、保定日军训练所受了宣抚训练"③；并且"士官学校毕业、军医学校毕业以及其他受过士官及相当的兵事教育者约占 80%，其余都是强制征发的杂兵"④。可见，来自共产党八路军和国民党中央军者很多，受过军事训练，有着较高政治意识（其中含有复旦大学和中山大学出身者）。

日本殖民当局认为："特殊工人"由于过去一般受过训练所的训练或正在军队经过有规律的集体生活的影响，因此流动较少。认为只要其习惯了煤矿，"劳动成绩"就会"不断上升"。对于掠夺成性的日本帝国

---

① 顾东向、任立盛：《抚顺煤矿特殊工人的反满抗日斗争》，1984 年 10 月 11 日。见何天义主编《日军枪刺下的中国劳工——伪满劳工血泪史》，新华出版社 1995 年版，第 69 页。
② 解学诗、[日] 松村高夫主编：《满铁与中国劳工》，社会科学文献出版社 2003 年版，第 340 页。
③ 庶务课防卫系致煤矿长：《特殊工人对策觉书作成交换有关文件》，1941 年 6 月 7 日。
④ 抚顺煤矿总务局长太田雅夫致奉天陆军特务机关长滨田函：《特殊工人并国外紧急募集工人有关之件》，所附《特殊人劳动斡旋工作计划》，1941 年 9 月 30 日。

主义来说，这种对其有利的廉价劳动力，它又何乐而不用呢！在抚顺炭矿，"特殊工人"绝大多数被分派在劳动强度最大、条件最艰苦、环境最恶劣的井下采掘工作面工作，被分在地面的绝大多数也是劳动强度最大、最艰苦的岗位。据统计，"1941年6月至12月到矿的6000余名特殊工人，具体分配到各现场单位的情况是：露天矿事务所753人，大山采矿所2155人，老虎台采炭所1365人，龙凤采炭所1252人，制铁机械工作所176人，烟台采炭所428人，蛟河采炭所183人。分配到矿井的5383人，占这半年到矿特殊工人总数的85.3%。而1943年10月以后，实际到矿的5218名特殊工人，被分配从事井下采煤作业的达4485人，占85.95%，分在露天现场的只有733人，约占14.05%""抚顺炭矿1943年的常用工人为45000人，而从事最繁重劳动的井下采掘一线和地面线路工作的就达19916人。而是年抚顺炭矿接收的5265名辅导工人中的绝大多数被派遣在这种最繁重的劳动岗位上，约占这类工人的25%左右"。[①]"特殊工人"对于抚顺炭矿采掘一线作业的重要作用，是可想而知的。从1940年底开始，日本关东军将大批战俘送到抚顺煤矿，到1945年，抚顺煤矿先后接收战俘4万多人。这些"特殊工人"在恶劣的生活环境里，从事超强度的劳动，由于饥饿、寒冷、疾病的折磨和日本侵略者的摧残、屠杀，大量死亡，仅有一小部分人侥幸逃出虎口。到1945年8月日本投降后，仅剩下七八千人。

二　日本殖民当局对"特殊工人"的严格监管

日本殖民当局对"特殊工人"的管理既严格又系统，在监管机构及管理办法上颇下了一番功夫。在炭矿总务局内设有劳务课，劳务课下设劳务、管理、厚生（所谓福利保健）三个系，负责管理工人的各种事项。至各采炭所及工人，又分设劳务系或劳务班，直接管理所属工人。"特殊工人"不但被置于这一套管理机构之下，而且要受劳务系员或现场系员的监督管理。同时，炭矿还经常借助日本军队的淫威，动不动就

---

① 顾东向、任立盛：《抚顺煤矿特殊工人的反满抗日斗争》，1984年10月11日。见何天义主编《日军枪刺下的中国劳工——伪满劳工血泪史》，新华出版社1995年版，第70页。

对"特殊工人"实行"武装强制监视等措施"。由于"特殊工人"在被俘前大多是军人，受过军事训练，有组织纪律，斗争性强，敢于反抗，并且经常有人伺机逃跑，因此，从输送方的日本华北方面军和伪新民会，到接收方的日本关东军和矿山、企业，均从欺骗和监控、戒备方面制定了一系列方案。①

（一）监管机构

为了监管抚顺煤矿的"特殊工人"，抚顺煤矿劳务课内设有工人辅导班，负责统制和指导现场各个单位，并总管有关辅导工人事务。为了防止辅导工人逃亡，并兼防止一般工人逃亡，在抚顺周围主要通路十六处派有流动防止员（满人五名），在现地警务机关协助下，以求做好防止工作。此外，在奉吉沿线的章党站、前甸子站和抚顺城站以及奉抚沿线的抚顺、大官屯、瓢儿屯、李石寨、奉抚公共汽车停留各站，均派有流动防止员，在铁路警护队协助下防止工人流动。同时鉴于沿奉抚街道逃往奉天的工人很多，每天使用载重汽车进行搜查和逮捕。现场各单位由劳务系管理辅导工人，另由警备员监视辅导工人动态，同时和现地警察官吏派出所保持密切联系，采取昼夜交替制，以防止辅导工人及一般工人逃亡。当辅导工人逃亡时，饬令立即通知劳务课工人辅导班，辅导班再通报有关警务机关取得指示。必要事项应向现场传达，在领导和现场配合之下，调查逃亡原因和进行搜查、逮捕。② 抚顺煤矿各现场辅导工人管理机构如表8-2所示。

表8-2　抚顺煤矿各现场辅导工人管理机构（收容辅导工人各单位）

（单位：人）

各现场劳务系别	劳务班别	日本人数	"满"人数	警备岗哨数	摘要
西露天矿事务所劳务系	东部劳务班	4	45	11	
	西部劳务班	6	42	10	
	北部劳务班	4	50	12	

---

① 梅桑榆：《中国战俘劳工录》，解放军出版社2015年版，第208页。
② 《抚顺煤矿长大垣研致中地区防卫队长大石千里函》（1943年5月16日）。见解学诗主编《满铁史资料·煤铁篇》（第二分册），中华书局1987年版，第605页。

各现场劳务系别	劳务班别	日本人数	"满"人数	警备岗哨数	摘要
东露天矿建设事务所	东露天矿劳务班	6	31	7	
大山采煤所劳务系	大山劳务班	4	24	6	
	东乡劳务班	6	35	10	
老虎台采煤所劳务系	老虎台劳务班	4	45	8	南山劳务班的警备与老虎台劳务班协同
	南山劳务班				
	万达屋劳务班	6	51	8	
龙凤采煤所劳务系	龙凤劳务班	5	69	13	
	搭连劳务班	6	60	11	
机械工厂	劳务班	3	12	3	
机械制作所	劳务班	8	34	6	
南昌洋行			12	3	

资料来源：《抚顺煤矿矿长大垣研致中地区防卫队长大石千里函》（1943.5.6 抚总劳管03 第4 号之1）。见解学诗、李秉刚《中国"特殊工人"——日军奴役战俘劳工实态》，社会科学文献出版社 2015 年版，第 482 页。

1943 年春，作为伪满洲国的"太上皇"直接操纵和控制整个东北政治、经济、军事和文化大权的日本关东军司令官梅津美治郎，指示伪满洲国总务厅长武部六藏、次长古海忠之和伪司法部部长次长太田耐造，共同策划与制定了《保安矫正法》《思想矫正法》。与此同时，还强化了法西斯机构，将伪司法部行事司改为司法矫正总局，任命伪司法部原行事司长中井久二为司法矫正总局局长。《保安矫正法》于 1943 年 4月，经伪满洲国国务院次长会议通过，经由伪满洲帝国傀儡皇帝溥仪裁可。所谓《保安矫正法》就是把日伪"认为有犯罪危险的人"以莫须有的罪名强行捕捉，投入特设的"矫正辅导院"。以"矫正"和"辅导"为名，在进行非人道的所谓"精神训练"的同时，"强迫从事超负荷的沉重劳役"。而《思想矫正法》"则是对一切认可可能犯有政治罪者"，如"反满抗日犯""颠覆帝室犯""内乱犯""背叛犯""危害当局犯""对于建国神社及天照大神不敬犯""违反军纪保获法犯""违反治安维持法犯""违反国防保安法犯""违反国家保获法犯"以及"违反暂行惩治叛徒法犯","甚至从监狱刑满释放人员，认其出狱后仍有犯罪可能者，亦可押送矫正辅导院等",[①] 均可以立即给予"预防拘禁"，使其长期服苦役。司法矫正总局是一个特殊的法西斯机关，它不受任何司法机关的约束，通过在伪满洲国全境内下属的11所矫正辅导院，可以直接捕人、关押、行刑乃至于以各种手段置受"矫正"和"辅导"者于死地。这一切法西斯暴行均不须呈报任何机关，办理任何手续。1943年4月，司法矫正总局，先后在抚顺、鞍山、本溪湖、哈尔滨、阜新、鹤岗、奉天（沈阳）、大石桥、齐齐哈尔、和龙县三和煤矿及长春等地，共建立了11所矫正辅导院。根据《保安矫正法》（1943年9月18日实行），1943年12月2日，将此前抚顺监狱内的抚顺矫正辅导院（称作新屯总院）正式设立，为扩充其反动势力，各地又陆续增建了一些矫正辅导分院。如于1944年增设了搭连分院和东制油分院。中井久二供称：1941年7月至1943年4月间，抚顺监狱向抚顺煤矿送800人，抚顺矫正辅导院向抚顺煤矿送500—1000人，进行所谓"外役"。抚顺"矫正辅导院"建立之后，为了确保收容者的拘禁，使其能"贡献"于日本帝国主义的侵略战争，以预防犯罪为名，到处肆意抓人。[②]

自1944年8月至1945年8月抗战胜利，日伪抚顺市警察局特高课特务股长森川孝平（中华人民共和国成立后，曾关押于抚顺战犯管理所）曾以取缔有关日本帝国主义侵略中国之"流言蜚语"为借口，在抚顺市内共逮捕了87名所谓"造谣犯"，逮捕了125名所谓"思想嫌疑犯"。据有关资料记载，"仅一年多的时间，共逮捕所谓各种'案犯'2265人"，其中"特殊工人"、供出工人为绝大多数，有900余人被押送抚顺新屯矫正辅导院。抚顺矫正辅导院"筹建阶段亦即建院伊始，司法矫正总局委托抚顺监狱代管，并任命该监狱副典狱长曾我宗次兼任矫

---

① 方觉、姚云鹏：《敲骨吸髓的阎王殿——日伪抚顺新屯矫正辅导院历史考》，《抚顺文史资料》第9辑，见何天义主编《日军枪刺下的中国劳工——伪满劳工血泪史》，新华出版社1995年版，第115页。

② 方觉、姚云鹏：《敲骨吸髓的阎王殿——日伪抚顺新屯矫正辅导院历史考》，《抚顺文史资料》第9辑，见何天义主编《日军枪刺下的中国劳工——伪满劳工血泪史》，新华出版社1995年版，第116页。

正辅导院院长。地点先设在浑河北岸抚顺监狱，后迁往新屯南山北面山坡上，正式建立抚顺市矫正辅导总院，亦称新屯矫正辅导院"。司法矫正总局重新任命了矫正辅导院的正、副院长及各职能科长，多由"日系（即日本人）担任。院长古川英一、横田武极，副院长曾我宗次、小川文，职衔均为辅导官"①。"日系"和"满系"（日本人和中国人）所占比例为日本人占56.5%，中国人占43.5%。辅导官佐以上均为日本人。新屯矫正辅导院下设的辅导科为主管职能科，权限极大，管理辅导工人，负责"教训"、出劳役以及行使奖罚大权。外役股下设的3个中队均从事出劳役。抚顺新屯矫正辅导院，"无论是'日系'的辅导官佐，还是'满系'的主任辅导士和辅导士，都是阎罗殿上的杀人魔鬼，身穿日伪辅导警察制服，佩戴警衔，右挎短枪，左挎长短战刀"。关押辅导工人的监舍及"外役"场所，不是高墙壁垒，就是里三层外三层的铁刺线网、电网。监舍的铁窗、铁门晚间上锁，就是上厕所也不准出门。门外有固定岗哨及流动岗哨，警戒森严，日夜看守，使辅导工人插翅难飞。

被关押在抚顺新屯矫正辅导院的辅导工人的劳役十分繁重，生活非常艰苦而残酷。辅导院纵然美其名曰设有保健科，实际并非保健辅导工人，而是保健辅导警察自身，辅导工人穿的是紫色或黄色号衣，形同囚犯一般；吃的是又脏又酸的高粱米饭团、发霉的玉米面窝窝头、一碗充满泥沙的淡菜汤；有时两三个人盖一床小薄被；所住监号，夏季里蚊蝇扑面，冬季雪花飘飘，冻得辅导工人夜夜不能安睡。对所谓"思想不良"不愿出劳役者，"还要加戴刑具服苦役。谁敢不服稍有反抗，则要立即给以'精神训练'和所谓'矫正辅导'"。采取的手段是"举板凳""夹手指""抽皮鞭""灌凉水""吊大挂"等。在辅导警察的刺刀、马靴、皮鞭的督促下，辅导工人的劳役要工作10个小时至12个小时，还有不少人带病也得去服苦役。应辅导警察的话说："只要你脑瓜壳还硬，就得给我出工！"辅导院的一切，真是残暴无情、敲骨榨髓，辅导工人

---

① 方觉、姚云鹏：《敲骨吸髓的阎王殿——日伪抚顺新屯矫正辅导院历史考》，《抚顺文史资料》第9辑，见何天义主编《日军枪刺下的中国劳工——伪满劳工血泪史》，新华出版社1995年版，第119页。

每天挣扎在死亡线上。几乎天天死人，"有时最多一天就折磨死60多人"，如平均按最低每天折磨死者以10人计，从抚顺新屯矫正辅导院建院之始到最终解体止，仅以500天计算，则死亡人数将近5000余人。死者尸体大都埋于新屯南山山后。① 许多辅导工人吃不饱、睡不好、缺医少药，在得不到及时治疗（根本不给治疗）的恶劣条件下，被折磨得悲惨死去。当时在抚顺曾流传着这样几句民谣："矫正辅导院，活赛阎王殿，活着抓进去，死后算出院。"这足以看出辅导工人要想活着走出矫正辅导院之难。备受折磨而惨死者天天有，至于死亡人数的确切统计数字，敌伪档案早已荡然无存。然而日本殖民当局在当时也不得不承认这一客观存在的现实情况。在他们自己写过的一份报告里记载："因卫生设备之不完善及防疫措施不够，以致罹恶疫而死亡之不幸事件甚多。"日伪司法矫正总局对通化矫正辅导院曾作过一次认真统计，仅在监押到500辅导工人时，即先后死亡近200人，死亡率高达40%。

抚顺矫正辅导院监舍卫生条件之差、饮食营养之坏、疾病率之高，曾引起日本殖民当局的"关注"。根据抚顺保健院文件记载"该辅导院是收容满、朝、俄族的流浪者，以矫正辅导为主要目的，在抚顺炭矿东露天矿掘和东制油劳动生产，按昭和二十年（1945）2月1日的收容总数为1498人，其中'自报'有病休息的127人，占总人数的8.5%，被认定为有明显疾病的241人，占总人数的16.1%，今年1月份死亡39人，占总人数的2.6%……"② 据统计，抚顺矫正辅导院1945年2月1日的收容总数为1498名，其中自称有病而休养者127名（总数的8.5%），确认有病者为241名（总数的16.1%），本年1月中死亡者39名（总数的2.6%）。241名患病者的病因患病率如下所示：呼吸器官患者最多，103名（占42.7%），表皮患者75名（占31.2%），其次是浮肿25名（占10.3%），风湿病19名（占7.9%），结膜炎10名（占

---

① 方觉、姚云鹏：《敲骨吸髓的阎王殿——日伪抚顺新屯矫正辅导院历史考》，《抚顺文史资料》第9辑，见何天义主编《日军枪刺下的中国劳工——伪满劳工血泪史》，新华出版社1995年版，第120页。

② 方觉、姚云鹏：《敲骨吸髓的阎王殿——日伪抚顺新屯矫正辅导院历史考》，《抚顺文史资料》第9辑，见何天义主编《日军枪刺下的中国劳工——伪满劳工血泪史》，新华出版社1995年版，第121页。

4.2%），痢疾及肠炎 8 名（占 3.3%）。①

被矫正辅导院监禁的人，在精神上和肉体上遭受着各种非人的待遇和折磨。他们穿的是矫正辅导院发的特制的质量十分低劣的囚服，往往几天就穿坏，夏天赤脚赤背在外干活，冬天披麻袋片、破布防寒。吃的是发了霉的粮食和橡子面做的东西和咸菜条，即使这样的食品也限量，根本吃不饱，住的是阴暗潮湿条件极其恶劣的大筒子房；干的是既繁重又危险的活；受的是毫无人性的暴力摧残以及各种酷刑。所以，等待他们的是挨饿、受冻、生病、死亡。矫正辅导院的死亡率相当高，不仅有饿死的、冻死的、被打死的，还有病死的，甚至有的病人没死，也被拉出去，扔进死人坑。抚顺的各矫正辅导院，几乎天天死人。死的人用破席子、草袋盖上，抬出去埋在乱葬岗，因死人太多，都无处埋葬，就挖大坑埋死人。有的大坑像房子那么大，坑坑装满了无辜辅导工的尸体。白骨累累的万人坑凡是有"矫正辅导院"的地方皆有之。这些万人坑是日本帝国主义血腥镇压无辜的中国人民的铁证。②

（二）监管办法

1942 年以前，抚顺炭矿虽然在总务局庶务课设有防卫系以执行有关防谍警备的管理任务，而为了使所谓防谍工作严密完备，对"特殊工人"的管理措施大致分为如下几项："一、1941 年 6 月 9 日，在抚顺宪兵分遣队、抚顺警务处以及炭矿之间交换了建立合议机关的备忘录。日本殖民当局又制定了《特殊工人防谍措施内部规定（草案）》和《特殊工人防谍措施纲要》，并运用合议机关以及在特殊工人所属单位设立防谍网，监视特殊工人的活动。二、从满铁到炭矿都设立特务委员会，并在该会内设立特殊工人对策分科会，用以担当防谍管理、联络等任务。这个分科会以庶务课长为会长、庶务课防卫系主任、庶务课管理系及劳务系主任为委员，伪抚顺宪兵分遣队长及伪抚顺市警务处长亦参与其中，专门从事以特殊工人为对象的宣传、监视及与各单位保持密切联系

---

① 《抚顺煤保健院现业指导系野濑善胜等抚顺煤矿矫正辅导院宿舍卫生调查报告》，见解学诗主编《满铁史资料·煤铁篇》（第二分册），中华书局 1987 年版，第 616 页。
② 孙玉玲主编：《日军暴行录：辽宁分卷》，中国大百科全书出版社 1995 年版，第 306 页。

的活动。三、在伪抚顺市宪兵队和警察局的指导下，分别由采炭所和工人特务系担当该地区的负责人，负责对特殊工人的监督管理，并由劳务班长、班员选出防谍负责人，充当平时内部调查的联络工作。四、为了在特殊工人内部进行监视和内查，组成密探网，对工人中有影响人物进行内查。并制定了《各个所特殊工人有力者调查》表。五、为了防止特殊工人逃跑，在抚顺主要交通路口及车站设置检查网，派有警卫人员，采取昼夜轮班制，以期万无一失。"①

此外，抚顺煤矿在总务局庶务课内设防卫股，作为一般防谍、警备联络管理机构，但对"特殊工人"采取如下对策：（1）"本矿"适应所辖"特殊工人"和以他们为对象的谍报、谋略、宣传等秘密工作的需要，以力求有机地圆满地运用各项工作，使防谍工作完善为目的，于昭和十六年（1941）6月9日经抚顺宪兵分遣队、抚顺警务处和本矿换文决定，设立联合机构，以期万全。本矿制定了"特殊工人"防谍对策内规和"特殊工人"防谍对策要点，通过运用联合机构，并在拥有"特殊工人"的部门中建立防谍网等措施，力求在运用和监视方面不出任何漏洞。（2）随着时局的紧迫，本矿于去年还设置了特务委员会，并在该委员会内特设"特殊工人"对策分科会，直接担任防谍管理任务。（3）为在工人中进行秘密监视，特于防卫股主任下组织了密侦网，秘密调查工人中有影响人物及其他人言论行动。特别重视工人通信问题，由防卫股人员和现场劳务人员负责秘密进行监视和调查。（4）关于工人的事务处理，在工人到矿时，劳务股（包括现场）及防卫股人员，互相联系，共同负责，在警务处特务科员及宪兵队员列席下进行必要的历史调查，需要时要照相（目前实行），制定工人名簿，便于今后考察。"发生事故时，每次都迅速与防卫股联系，防卫股人员向军、警、宪当局联系。每月末制成本月安家就业状况及经历调查表，和有影响人物名簿，便于今后考察。"② 同

---

①　顾东向、任立盛：《抚顺煤矿特殊工人的反满抗日斗争》，1984年10月11日，见何天义主编《日军枪刺下的中国劳工——伪满劳工血泪史》，新华出版社1995年版，第72页。

②　《抚顺煤矿总务局长人见雄三郎致满铁中地区防卫队长大石千里函》（1942年5月7日庶文02第22号1之13），见解学诗主编《满铁史资料·煤铁篇》（第二分册），中华书局1987年版，第601页。

时，面对日益增多的"特殊工人"的反抗与逃亡，日本殖民当局认识到"特殊工人"的管理难度，"近来屡经军、宪、警当局不断给以注意和指导，痛感有必要更形加强，现已决定实施下列加强办法"："一、工人集中管理，以便于戒备和视察。加强外出许可制和日人社员检查宿舍工作。二、力求做到在发现逃亡者时，联系方面迅速而又正确。三、与来矿的宣抚工作相呼应，做好现场的宣抚工作。四、加强密侦网。五、彻底搞好工人班组内的怀柔利用工作。六、授给逮捕逃亡工人者以奖金（一般为五角，特殊为一元）。七、考虑建设到矿工人休养场所。八、考虑设立以本矿为中心的爱护村。"①

此外，日本殖民当局明确界定了辅导工人及保护工人的界定及管理规定。"由于从前对华北入满的特殊工人之管理无特定之准绳，并无规定之称呼，致使事业者之间及政府和事业者间对其名称混乱，造成诸多不便。鉴于此种情况，这次将其名称分为'辅导工人'及'保护工人'二种，作为全面的统一的称呼。根据附件训令《辅导工人管理要领》及《关于保护工人管理之件》的精神，隶下警察机关须全面指导事业者并对工人的保护。"其区分及名称如下：所谓"辅导工人"，是指在华北蒙疆地区之俘虏投降兵和归顺匪，原则上在华北军方另设之训练机关完成所定之训练，由华北方面移交给"满洲国"就劳者而言（辅导工人管理要领第二条）。对于华北蒙疆地区之思想嫌疑者，因特别之事情入满就劳者（参照辅导工人管理要领第五十条），准同本要领。所谓"保护工人"，是指华北军因特别工作所将难民或工人强制使其入"满"者（参照关于保护工人管理之件正文第一段）。②

1942年9月1日，《辅导工人管理要领》颁行，其中第四章涉及辅导工人的使用、管理及严格的防范措施，其具体内容如下：

---

① 《抚顺煤矿总务局长人见雄三郎致满铁中地区防卫队长大石千里函》（1942年5月7日庶文02第22号1之13），见解学诗主编《满铁史资料·煤铁篇》（第二分册），中华书局1987年版，第602页。

② 《伪满治安部文件》（1942.9.9），见解学诗、李秉刚《中国"特殊工人"——日军奴役战俘劳工实态》，社会科学文献出版社2015年版，第390页。

一、辅导工人之宿舍与普通工人隔离，概于特定地域汇总收容，周围设栏栅（或铁丝网），应使其便于管理。

二、事业人对辅导工人有再行训练之必要时，在可能范围内收容于别栋实施匡正训练。

三、事业人在实施辅导工人之匡正训练时，关于其匡正方法及训练期间等与所辖警察机关协议决定，且受有关机关协力，适当实施之。

四、辅导工人之日常生活之指导监督及与事业人之联络，使辅导工人中之干部担当之。事业人有关辅导工人干部之任用须特别注意，选优秀之日系指导员，在其把握上不断注意之。

五、事业人以辅导工人之宿舍为单位编成班，必要时可设定连坐制，明确赏罚，以谋勤务成绩之向上与防止逃亡。

六、辅导工人之作业组织务以前条之编成为基础，并在可能范围内使其与一般工人分别，置于日系作业指导员之监督下。

七、辅导工人在上衣之左上膊部附以一定之标识，使其与一般工人易于识别。

八、事业人对辅导工人原则上须避免在电力设施、火药库等重要之要警护设施及其附近之作业使用外，对于危险之物件勿使其使用之。

九、事业人在辅导工人在义务就劳期间其他保护必要之事项明示，并使其理解是使其安心就劳之措施。

十、事业人在交给辅导工人之工资时，不发给全额，只发给生活必需费及杂费之金额，残余由事业人负责储蓄保管之，在义务年限满了时向各人交付之。关于前项工资之支给，事业人每月作一回精算书，将其对辅导工人明示之。

十一、辅导工人对其家族有希望汇款者时，事业人不拘前条之规定，须行汇款之斡旋。

十二、事业人对辅导工人向其家族之通信，须努力斡旋之。

十三、事业人依合于第六条之辅导工人之希望，在可能范围内斡旋其家族之招致。

十四、事业人在受领辅导工人之同时，须依照《暂行劳动人民登记规则》办理登录所需的一切必要手续。登录机构须依据有关法规做成指纹原纸，并在该指纹原纸盖以"辅导"之朱印。

十五、事业人受领辅导工人时，须及时做成附录第五号样式之辅导工人名簿保管之。符合第六号者之名簿另行保管之。

十六、事业人关于辅导工人之纷争议及重要之事故，须及时向有关机关通报外，并须向民生部及治安部报告之。[①]

由《辅导工人管理要领》来看，明确规定将辅导工人与普通工人隔离，并在其上衣与左上膊部附特殊标识，以与一般工人相区分。并以宿舍为单位单独编成班，为防止逃亡又实行连坐法。同时，不发给其全额工资，以限制其活动能力。此外，严格禁止辅导工人接近电力、火药库等要害设施。与此同时，日本殖民当局尤其重视辅导工人的思想动向。其清查重点概要如下："1. 嫌疑工人之常时监视；2. 于外出等时之跟踪查察；3. 与外来者或商民等接触状况；4. 所持金品等之检查；5. 金钱之消费状况；6. 反满抗日之言论行动；7. 谋略间谍之行动；8. 其他思想之不稳言论行动。"

关东军作为日伪统治伪满及抚顺煤矿的重要强力机关与防护基石，历来为日本殖民当局所看重。抚顺煤矿总务局局长太田雅夫，在大批接收战俘之前，就致信奉天陆军特务机关长滨田平函，向他报告了以往"特殊工人"的使用情况，并向滨田提出："一旦发生紧急情况，不得不采取强制监视等时，我们认为没有军方的大力支援是难以完成。"太田的意思很明白，如果特殊工人举行暴动，就要请军方派兵协助镇压。矿务局又和抚顺日本宪兵队、警备队紧密勾结，建议了所谓"合议机关"，联合设立"防谍网"，监视特殊工人的行动。并且特此成立炭矿警备队，组成预备队，武装原来的警护团，又设置了工人辅导班、警备员、防卫班等机构，在矿区遍布密探，对"特殊工人"严密监控和镇压。特殊工

---

① 《辅导工人管理要领》（1942.9.1），见解学诗、李秉刚《中国"特殊工人"——日军奴役战俘劳工实态》，社会科学文献出版社2015年版，第392页。

人被日军押送到抚顺煤矿后，煤矿劳务系要先对他们进行身份调查，取指纹、照相、登记注册，然后发给一张"身份证"，证件上有两条红线，注明为"特殊工人"。"特殊工人"仍保持军队组织形式，每200人以上编为中队，50人以上编为小队，煤矿劳务系从中物色原为军官或在战俘中有影响的人，任命其为队长，利用他们原来的身份和威信，代行把头之职，监督管理"特殊工人"，以防逃跑。[1]

1943年7月，关东军总司令部又颁行了《关东军特殊工人处理规定》，其中第四章对"特殊工人"的管理明确了许多具体措施："一、对特种工人的管理，严格按军纪绝不宽恕，并特别谋求思想之善导。直接的管理，依据第十条的部队组织，使其自行管理。部队长派驻所需官长，使之担任指导、管理和监督。二、被配属部队长在就劳地设特种工人收容所，担任其管理。收容设施（含照明取暖）与一般工人隔离，并在外围设外栅（必要时设铁丝网）等，以便保护、管理和监视。三、特种工人收容所编造和保管特种工人名簿，该名簿记载工人姓名、年龄、原籍、原属部队、有无党派、身份阶级，以及使用日期和其他必要事项，并采取其指纹。四、部队长接管特种工人后，立即实施防疫及身体检查，努力预防传染病。"[2] 与1942年9月颁布的《辅导工人管理要领》相比，1943年7月的《关东军特殊工人处理规定》又进一步加强了对"特殊工人"的管理措施。如"特种工人收容所编造和保管特种工人名簿，该名簿记载工人姓名、年龄、原籍、原属部队、有无党派、身份阶级，以及使用日期和其他必要事项，并采取其指纹"，此外第五章管理办法中，还有对"特殊工人""收发的电报、邮件均预先进行检阅"的特殊规定。

三 "特殊工人"的反抗斗争

日寇统治时期，抚顺有一批"特殊工人"。他们都是英勇抗战的

---

① 梅桑榆：《中国战俘劳工录》，解放军出版社2015年版，第214页。
② 关东军总司令部：《关东军特种工人处理规定》（1943.7，关总参发第9222号），见解学诗、李秉刚《中国"特殊工人"——日军奴役战俘劳工实态》，社会科学文献出版社2015年版，第397页。

被俘人员，其中大多是八路军的被俘人员。他们在被俘后英勇不屈，仍然继续进行斗争。日寇对"特殊工人"极端残酷，"特殊工人"居住场所周围，布满了层层的刺网和电网，日寇强迫他们进行奴隶式的劳动。在劳动时，两旁有持枪的警察看守，哪里工作最危险就把他们派到哪里去。以种种恶毒手段企图摧残他们的斗志。但是，"特殊工人"们团结得很紧，不断地向敌人进行斗争，有时组织集体罢工，有时乘机把监工的日本人打死，埋在煤里。他们和共产党的地下组织取得联系，有计划地逃跑。[①] 由于绝大多数"特殊工人"是来源于八路军、国民党军队及其他抗日武装的干部或战士，这决定了"特殊工人"天生具有高昂的斗志和坚贞不屈的斗争精神，他们经常"低声歌唱革命歌曲"，书写抗日标语传单，秘密串联抗日活动，积极展开各种对日反抗斗争。

（一）磨洋工式斗争

由于日本侵略者的残酷压榨，导致1937年后年度解雇数超过采用数。解雇者多数是逃亡，特别是对于"特殊工人"的逃亡，军警进行严厉监视。即便动用权力机关向煤矿强行掳掠并配属劳工，也未能将煤炭产量稳定下来。不管是露天矿还是井下采掘，人均出煤量都在下降，对战时经济推行至关重要的煤炭增产，实际上都已空洞化了。[②] 工人的消极怠工、故意破坏与物资缺乏、熟练工人不足等共同构成了伪满末期生产力严重下降的主要因素，到伪满末期抚顺煤矿的劳动生产率仅相当于伪满初期的三分之一到四分之一。[③] 见表8-3。

在劳动力供应日趋紧张、工人流动性愈益加剧的情况下，日本帝国主义在驱使和奴役工人方面力不从心。因此，随着战时掠夺的无限扩大，互相对立的两种趋势同时发展，即劳动统制步步加紧，大把头包工制明显扩大。1941年1月，已在采、掘等主要作业中取消把头包工制的

---

① "煤都抚顺"编写小组编：《煤都抚顺》，辽宁人民出版社1959年版，第39页。

② 解学诗、〔日〕松村高夫主编：《满铁与中国劳工》，社会科学文献出版社2003年版，第362页。

③ 解学诗、〔日〕松村高夫主编：《满铁与中国劳工》，社会科学文献出版社2003年版，第498页。

抚顺煤矿，重又实行把头包工，即"外包工"制度。这自然是出于无奈，正像当时的《抚顺煤矿包工把头使用内规》中所哀叹："由于多方面原因，满洲劳动力情况，日益不容乐观，仅靠现行制度，恐将不能圆满地应付局面"，只好"从只有中国人才能最深刻理解中国人这一点出发，拟发动大小把头进一步积极致力于招募、管理和保有工人"。①

表 8 - 3　　　　　　　　　　抚顺煤矿各年人均产煤量比较

年份	工人总数（名）	产煤总数（千吨）	人均年产煤量（吨）	劳动效率（％）
1932	28012	7032	251.04	100.0
1939	79371	9919	124.97	49.7
1943	91369	7498	82.06	32.6
1944	105100	6343	60.35	24.0

　　资料来源：解学诗主编：《满铁史资料·煤铁篇》（第二分册），中华书局1987年版，第392、469—472页。

　　工人大量流动的原因是异族的欺凌压迫，苛酷的劳动条件，劳动力的普遍缺少，以及战时生活愈益难以维持，这是日本帝国主义侵略体制的胎内病，不论帝国主义与封建主义如何结合，也不能解决。例如抚顺煤矿，第一种佣员年流动率，1940年为44.6％，1941年略微减少，1942年上升至49.6％；第二种佣员年流动率，1940年为88.9％，1941年为106.7％，1942年达到115％，年流动人数超过该年在业人数。② 法西斯高压统治的乌云沉重地压迫在工人和广大人民群众的头上，"思想犯""经济犯"的罪名随时会使人们失去自由和生命，残酷的统治限制了工人阶级的广泛斗争，但是，民族仇恨的怒火燃烧在工人的心中，他们化整为零，灵活机动，采取怠工和破坏等多种多样的办法对抗敌人。

---

　　① 抚顺矿务局藏档：8—8，第208号，见解学诗主编《满铁史资料·煤铁篇》（第一分册），中华书局1987年版，第16页。

　　② 1942年、1943年《抚顺炭矿统计年报》，见解学诗主编《满铁史资料·煤铁篇》（第一分册），中华书局1987年版，第16页。

"磨洋工,磨洋工,拉屎撒尿半点钟""糊弄鬼,糊弄鬼,糊弄一会儿是一会儿",等等。"英勇机智的工人阶级,在确有把握的条件下,还时常出其不意地打击侵略者。"① 特别是在煤铁矿山中遭受法西斯压迫最深、苦难最大的"特殊工人",对敌斗争最为坚决。在日本帝国主义投降前夕,他们用暴动、越狱,沉重地打击敌人,冲破敌人网罗,迎接解放的到来,宣示了中国工人阶级不屈的斗争意志。

"特殊工人"被迫从事最繁重、最艰苦和最危险的劳作。他们的宿舍与普通工人相隔离,周围设外墙或铁丝网,并由武装监管。他们没有人身自由,被编成班组,实行军事管制和"连坐",随时都有可能遭到迫害以至被屠杀。② "特殊工人"因遭受苛重的苦役和各种非人的折磨,死亡率极高。但他们中存留下来的成员,在日军宣告投降后,都能抓紧机会,组织武装,维持矿区和城市的社会秩序,迎接解放和协助人民军队的接收。他们成为该地区最早组织起来的革命力量,对于迎接解放和该地区工人运动的开展,发挥了先锋作用。在中国共产党地下工作者的影响下,在"特殊工人"顽强斗争的鼓舞下,抗战胜利以前,东北有些矿区已有部分工人开始恢复对日伪的斗争。日本帝国主义者长期占领的东北,同样是一座随时会爆发的火山。"特殊工人"的斗争表明,在日本侵略者必须利用中国的劳动者维持它在占领区的工矿企业的生产时,一支有正确的政治领导而组织严密的工人队伍,可以给予日伪统治多么严重的威胁与打击。③

(二) 集体逃跑

组织集体逃跑是抚顺煤矿"特殊工人"最常用的斗争方式。"特殊工人"的逃走方式主要分为两三人结伙逃走和数十人至上百人有组织的集体逃走。凡是大规模的有组织的逃走,往往都是以共产党员、抗日军官为核心,经过充分准备后进行的。自1941年以后,东北矿区主要的工人斗争,多半与"特殊工人"有关。如抚顺煤矿,自1941年到1945

---

① 解学诗主编:《满铁史资料·煤铁篇》(第一分册),中华书局1987年版,前言第18页。

② 齐武:《抗日战争时期中国工人运动史稿》,人民出版社1986年版,第305—306页。

③ 齐武:《抗日战争时期中国工人运动史稿》,人民出版社1986年版,第307—308页。

年 8 月，"特殊工人"的斗争共有八次。1941 年，抚顺煤矿 6312 名"特殊工人"中，有 1697 人逃跑，占全体人数的 27%。例如，抚顺煤矿较有影响力的南品领导的"特殊工人"逃跑事件。1941 年 12 月 21 日，抚顺煤矿万达屋采煤所 49 名"特殊工人"的逃走，就是以共产党员原晋绥军第 212 旅中校参谋南品、军医大尉李凤鸣、中尉排长高明义为中心。其具体经过如下："1941 年 11 月，我们几个人与一、二房子里住的同志 90 多人，其中党员 30 余名（主要互相认识）组织了临时支部。当时支部领导人主要是我和马苏义同志（原政治部秘书）、熊言顺同志（56 团副团长，长征干部）等 3 人，分工是熊言顺同志任书记，马苏义同志任组织委员，我任军事委员。后高光鉴同志来抚顺即参加了支部，任宣传委员。不久在 12 月上旬李新民同志（原太岳军区卫生部部长）来抚顺参加了支部任委员，负责内勤卫生工作。当时支部任务是：'团结我们同志，继续与敌人斗争。'不久，我们的同志因病而牺牲的越来越多，而日本人竟把我们牺牲的同志垛起来，激起大家的愤慨，同志们指出：'宁可砸死，也不愿等死''争取英勇的死，反对屈辱的生'，情绪激动高涨。支部根据大家的情绪研究暴动逃跑的文，指出：先派人出外摸摸底找好路线，侦查侦察敌情，即派了旅警卫连的一个排长（名字记不清了）外出侦查了路线——由万达屋过浑河奔北山。之后支部根据这一情况做了一些组织准备工作，并研究了行动方向。当时作了以下准备：一、思想上的准备。提出'宁可砸死，也不愿等死''争取英勇的死，反对屈辱的生'的口号，结果有 70 余名同志先后报名参加暴动。每个人情绪特别高涨，准备了武器，即将铁棍用火打成一头尖的扎枪。二、行动上的准备。由我和白兆顺同志（原 212 旅卫生员）负责外出"购买"了"满洲"地图、笔记本、墨水、铅笔等物品，并为有病的同志买来了药品。其次根据地图研究了方向，提出：（1）向热河方面靠近（因热河有我部队），争取尽快地和我们部队取得联系；（2）因情况不熟悉，应先进山再摸底，跑不成也便于同敌人周旋；（3）开始不作大的惊动敌人的活动，以期能迅速摆脱敌人，隐蔽入山，有利活动。

"在 12 月 20 日夜里，我们就开始行动了，在支部领导下，破坏电网逃出，参加暴动有七十多名。首先过浑河入北山，但由于浑河中间未冻实，蹚水而过，都湿了衣服，增加了行动的困难，但大家都坚强如钢，没有怨言。我们打算在天亮前赶出 70 里，可在天亮前却只走了 30 余里，到了三家子村。由于我们行动严密，第二天敌人也未发觉我们的去向，但是，我们暴动后，抚顺市轰动了。老百姓讲：'八路军真行，敢暴动，有骨头。'敌人的火车从山海关至东北都停开了，对敌人打击很大，对群众影响很深。我们为了防止暴露目标，在三家子封闭一个大院，但我们放松对向导的警惕，结果向导从厕所逃走，到离三家子 5 里地的派出所告密。之后各县市的敌人立即出动，抚顺宪兵队警察全副武装，很快乘汽车四面向我们围来。我们发觉后立即进山，但因山系孤山，敌人从早 7 点至午后 3 点连续射击，结果牺牲 3 人，跑出去十几人，四十多人被捕。

"被捕后，被敌人押到抚顺警察局地下室，开始进行非人道的刑讯（如过电、灌冷水、大吊）。这时期我们几个人计谋对敌政策，秘密串通各个同志，均说领导人是死者王振（临时起的），将责任都推到死的同志身上，同志们表现得都很坚强，终未暴露组织和领导人身份。仅有群众（士兵）因受不住严刑的审讯，暴露了领导暴动的几个同志。敌人又从三家子找来老百姓对证，均说是我指挥的。在这种情况下，就很难隐蔽领导人的身份了。敌人进行严刑逼供，其目的是让我们承认有党的领导组织，承认反满抗日。我和高光鉴、李新民同志知道，在这种情况下，不承认是困难的，而且牵连很多同志反复受刑，不如以自己的死换取更多的同志的活。我们就统一了语言：'他们参加暴动完全是我们命令的，我们是指挥暴动的，与他们无关。'就这样，进行两个多月严刑审讯，其他四十余名同志被押回矿劳动去了。

"我们 3 个人（高、李和我）被押送到沈阳高等法院，在一个夜晚我们 3 个人又计谋翻供的语言，将原来的供词改成：'暴动是因为我们受苦受不了，才领导工人逃跑的。'经 3 个月反供，直至 1942 年五六月正式宣判我是无期徒刑，高、李被判为有期徒刑 7 年，这时期就由高光鉴同志主持支部工作，未确定谁是书记。这次暴动失败，主要是我们对东北情况不了解，过于天真地看东北与关内一样，实际是敌人的公路发达，电话方便，我们都未了解到，所以造成失败。"①

南品逃跑事件失败后，马苏义等同志总结经验，决定"恢复支部，分批归队"的办法。"1942 年 2 月，我们回到原煤矿做特殊工人。为了继续与敌人展开斗争，我们在原支部的基础上，恢复了支部，我任支部书记。我们采取分期分批的归队办法。当时找到一个关系，送出一人要 20 元钱，于是我们决定让一些较主要的领导同志先后分批回队。我于 1942 年冬天回到了部队。"② 抚顺煤矿对"特殊工人"逃跑事件极其头疼，疲于应对。1940 年底，在奉天省内从事劳动的所谓"特殊工人"，"总计为 13926 名，其中逃走人数，去年年底已达 3534 名。但这些逃走者，似乎大部分都已先潜伏于奉天，以窥伺逃走的机会"。因此，"在当前的时局下，目前的奉天市已成为扰乱治安的温床，一旦有事，很可能发生令人担忧的情况。为此，在省警察厅指导下，奉天市警察局请求抚顺、鞍山、本溪、辽阳各警察署及各企业予以支援，拟自 3 月 18 日至该月 22 日的五天内，在市内一齐进行搜查，以维持治安，并试图建立将来防止一般劳工被拉和流动的根本对策"。③ 1941 年 9 月，抚顺煤矿老虎台采煤所"特殊工人"一次逃走 250 名。④ 1942 年 5 月 2 日，抚顺煤矿西露天矿 42 名"特殊工人"逃走。⑤ 1942 年 6 月 2 日，抚顺煤矿龙凤采煤所 33 名"特殊工人"逃走。1942 年 6 月 3 日，抚顺煤矿古城子采煤所 123 名"特殊工人"逃走。⑥ 1942 年 6 月 17 日，抚顺煤矿 62 名"辅导工人"逃走。1942 年 8 月 2 日，抚顺煤矿 181 名"辅导工人"分

---

① 南品：《抚顺暴动受挫前后》，见解学诗、李秉刚《中国"特殊工人"——日军奴役战俘劳工实态》，社会科学文献出版社 2015 年版，第 201—203 页。

② 马苏义：《恢复支部，分批归队》，见解学诗、李秉刚《中国"特殊工人"——日军奴役战俘劳工实态》，社会科学文献出版社 2015 年版，第 212 页。

③ 《抚顺煤矿总务局劳务课呈矿长文》（1942 年 3 月 31 日），见解学诗主编《满铁史资料·煤铁篇》（第二分册），中华书局 1987 年版，第 599 页。

④ 满洲劳工协会吉林工人管理所长福田定四郎致满洲劳动协会理事长函，"康德"六年（1939）10 月 25 日，满劳吉工地 181 号。

⑤ 奉天宪兵队：《抚顺炭矿就劳特种工人结党与逃走相关文件报告》，昭和十七年（1942）5 月 4 日，奉宪高第 386 号，吉档，315 - 7 - 170。

⑥ 关东宪兵队：《炭矿就劳特殊工人逃走相关文件》，昭和十七年（1942）6 月 19 日，关宪高第 398 号，中档，119 - 1 - 406。

数次逃走。① 据统计，抚顺煤矿"1941 年共有 1697 名特殊工人逃走，几乎占当年到矿'特殊工人'总数的 1/4。据统计，1944 年 4 月、5 月、6 月三个月，有 8344 人逃跑，其中 5545 人逃跑成功。7 月、8 月、9 月三个月，又有 6308 人成功地逃出敌人的牢笼。6 个月总计逃跑人数达 10000 余人"。当然，这些逃跑的不都是"特殊工人"。据抚顺炭矿庶务课防卫系"特殊工人"调查表的统计，"1941 年下半年原拟接收的 6322 名特殊工人，实际到矿只有 6253 人，途中就逃走了 59 人，加上到矿后逃跑、死亡和退回训练所的，实际落户居住的只有 4341 名"。由于不堪忍受日军的野蛮摧残，煤矿工人逃亡率是相当高的，特殊工人虽然管理和统治极严，但逃亡率仍然很高。敌人坐卧不安，深感头痛，惊呼："一想到这些工人逃走在治安方面将引起的影响，实在令人不寒而栗。"② 1943 年抚顺煤矿"特殊工人"的一次逃跑事件，曾使得敌人一度中断了平沈路的交通。"特殊工人"主要集中于阜新、北票、抚顺、鞍山、本溪及辽阳等矿区。

当然，抚顺煤矿"特殊工人"斗争失败的情况也是很多的。1941 年 6 月 9 日，抚顺煤矿为对"特殊工人"进行所谓秘密战，与抚顺市警务处、抚顺宪兵分遣队三方签署所谓《特殊工人对策备忘录》，规定在配有"特殊工人"的地方，都要设立"侦谍工作网"。曾发生过"特殊工人"被"假八路"诱骗被捕的情况。"记得在抚顺附近有一个洋铁铺，同我在一起的曲可昌经常到洋铁铺去。一天他从洋铁铺回来，很神秘地把我、黄铁贵、赵树生叫到一起，说抚顺炭矿来了一个八路军的密探，他想联络'特殊工人'发动暴动。于是我们几个人一起在纸上写了自己的名字，我用的是曲可昌给我改的名字。以后这件事主要由黄铁贵和曲可昌与那个密探联络。过了几天，黄铁贵和曲可昌来叫我去市里同春饭店吃饭，于是我们便来到同春饭店，见到了那个'八路军'密探。他告诉我们，等暴动时到沈阳北陵领取武器。见到了'八路军'，我心里特

---

① 奉天宪兵队：《抚顺炭矿辅导工人逃走文件》，昭和十七年（1942）8 月 3 日，中档，119 - 1 - 406。

② 顾东向、任立盛：《抚顺煤矿特殊工人的反满抗日斗争》，1984 年 10 月 11 日，见何天义主编《日军枪刺下的中国劳工——伪满劳工血泪史》，新华出版社 1995 年版，第 70 页。

别高兴，就多喝了几杯，醉了之后我就睡着了。睡着睡着，感觉有人使劲地踢我，睁开眼睛一看，我大吃一惊，原来踢我的竟是日本宪兵。我们几个人都被戴上了手铐。使我们奇怪的是那个'八路军'密探却安然无恙，悠闲地坐在那里，嘴角露出一丝奸笑，冷冷地盯着我们。一个宪兵队长向他敬了个礼后，便把我们押到了小白楼。"① 由此可见，在日伪统治下的抚顺煤矿"特殊工人"斗争的复杂性与残酷性。

（三）"特殊工人"争取正当权益的斗争

"特殊工人"的斗争，不只是采用逃跑或破坏敌人设备的手段，他们还经常通过组织队伍，痛打敌人，甚至采取暴动的激烈方法进行斗争。"特殊工人"许彪为争取看病权利与日伪侵略者展开过针锋相对的斗争。"特殊工人有病去医院看病，受歧视，叫我们为'土匪'，嫌我们埋汰，不许坐椅子，不给看病。1944 年初，我们组织四五十个人去医院讲理，要求医院为'特殊工人'治病，医院组织一伙人打我们，并打电话通知宪兵队。我们当时被抓四五名工人，被他们捆在医院门口毒打。为了拯救这四五名阶级弟兄，我们又组织一百多人去医院要人，结果把人要回来了。"

除了这些斗争之外，"特殊工人"还贴过标语，在大山坑大房子东侧墙上，用铁条砸成尖刻上两句标语，大意是工人必须团结起来向日本侵略者进行斗争。在大山坑厕所还写过标语，意思是日本侵略者对待工人太不好。有时还用纸条写成"日本鬼子待不长了""中国一定胜利"，压在日本人办公桌的玻璃下，为此日本人还对过手印。②"特殊工人"张相斋，因矿业公司不给工人开工资及不发放劳动保护品与敌斗争。"特殊工人"到煤矿后，向煤矿劳务系、把头开展了多次斗争。较大的斗争是在 1944 年二三月间，因劳务系不给工人开工资，不发劳动保护品——衣服、靴子等，使工人生活极端困难。于是，张相斋、鲁福祥与孟兆林等做了研究，采取"不开资、不发衣服，不上班"的对策，并将

---

① 张金章：《用假八路诱害战俘劳工》，见解学诗、李秉刚《中国"特殊工人"——日军奴役战俘劳工实态》，社会科学文献出版社 2015 年版，第 192—193 页。

② 许彪：《对敌斗争活动小组与东北民主联军》，见解学诗、李秉刚《中国"特殊工人"——日军奴役战俘劳工实态》，社会科学文献出版社 2015 年版，第 262 页。

此精神向全体"特殊工人"讲了。结果在张相斋领导下，举行了400多人的罢工斗争。在罢工期间，公开向劳务系提出"不给工人开支，不发衣服靴子，不上班"等口号。斗争开始，把头王国庆发现工人没有上班，当即报告劳务系日本人冈村，冈村和把头霎时来到工人"大房子"，一看工人人多心齐，就和工人说好话，让工人上班，并说给工人开支等。工人们已识破日本人和把头的花招，因而，始终没有答应上班。这时日本人冈村抽出洋刀跳到桌子上威胁工人说："我死不要紧，你们中国人不知要死多少！"这样一来，"特殊工人"对日本人更加愤恨，一直没屈服，坚持罢工一天。劳务系日本人看势不好，答应了工人们的要求，发了工资和衣服，罢工取得了最后胜利。但日本人并未甘心，事后将罢工领导人之一张相斋暗地里抓送新屯辅导院，光复时才出来。①

在整个抗日战争中，尤其是抗战进入相持阶段后，抚顺煤矿日本殖民当局面临日益严重的劳动力短缺问题，为了加紧对中国资源的掠夺，以支持其不断扩大的侵略战争，日本侵略者从中国各抗日战场及抗日根据地掳掠大量战俘，并运送到日伪控制下的东北各工矿企业，强迫其做苦力。这些"特殊工人"历来有着坚强的意志和强烈的斗争决心。为此，抚顺煤矿日本殖民当局设立劳务课、矫正辅导院等一系列监管机构对"特殊工人"进行严格监管，并进行残酷的经济剥削和野蛮的身心奴役。"特殊工人"则不断与日伪敌人进行艰苦卓绝的斗争。从日本侵略者在抚顺煤矿试用战俘开始到日军垮台为止，"特殊工人"自发的、有领导的罢工、逃跑或暴动等各种形式的斗争，一直没有停止。虽然他们的很多斗争活动遭到日本殖民当局的残酷镇压，但不屈不挠的反抗斗争给了日本侵略者极大的震动和心理打击。同时，也激励了广大抚顺煤矿工人的斗志。

---

① 王元宝、杨春和：《人多心齐，罢工获胜》，见解学诗、李秉刚《中国"特殊工人"——日军奴役战俘劳工实态》，社会科学文献出版社2015年版，第265—266页。

第九章

满铁"开发"抚顺煤矿的
影响及后果

　　抚顺在中华人民共和国成立前的漫长岁月里，特别是在日本帝国主义统治时期，历经了艰难和困苦，遭受残酷的屠杀和掠夺。日本侵略者在抚顺进行疯狂的掠夺，持续整整四十年的时间，是抚顺人民不能遗忘的血泪史。满铁围绕抚顺煤矿的掠夺和利用，进行了一系列的城市功能完善及城市附属设施的建设，客观上推动了抚顺的"近代化"进程，并带动了抚顺一些相关产业的产生与发展，但应看到这种变化是一种畸形的发展。随着城市的发展，千金寨逐渐成为抚顺的政治、经济、文化中心，又随着日本的野蛮开采而逐渐破坏荒芜。满铁因抚顺煤矿获得了丰厚的利润，日本掠夺的抚顺煤矿大量运往日本国内，供日本海陆军使用，为日本侵略中国及世界提供了战争保障。日本侵略者对抚顺煤矿资源进行疯狂的掠夺，使抚顺煤矿的宝贵资源损失殆尽，给抚顺煤矿及抚顺人民带来了深重的灾难，也对抚顺的生态环境及地质构造造成了严重破坏。日本侵略者疯狂地掠夺抚顺煤矿，完全是为了日本侵略者的殖民统治和战争发展，绝不是单纯的经济行为，而是有计划、有目的侵略中国和世界的政治考量。

第一节　对抚顺城市发展的影响

　　1911 年清王朝覆灭后，奉系军阀统治了全东北，封建军阀政府统治着抚顺城乡。与此同时，日本帝国主义侵占了抚顺煤矿，他们在抚顺市中心霸占了一大块土地作为满铁的附属地，建立了一整套庞大的统治机构，在抚顺驻有守备队、宪兵队，并拥有大批警察。这样，抚顺人民内受封建军阀的独裁统治，外受日本帝国主义的残酷压迫，处于典型的半封建半殖民地社会形态之中。① 抚顺煤矿的发展与日本对华的侵略史息息相关，并且是由具有"国策"性质的南满洲铁道株式会社所经营。在九一八事变以前，其发展过程除了内在的因素外，和当时东北的经济演变情况有关，更与日本经济及其政策相关，当时世界情势的变化亦对此矿业发生影响。20世纪初期，原本只是日本粮食和肥料供给地的东北，随着时间的流转，逐渐扮演日本本土资源（煤）和重工业原料（生铁）的补给站的角色。为了达成此任务，日本殖民当局曾花费心血，引进新技术和设备，使此中国传统的矿业，能在不断的尝试错误中蜕变。② 应该看到，日本对抚顺煤矿及抚顺城市的投资发展，既有经济层面掠夺资源和利益的目的，更有通过经济扩张加强对抚顺煤矿及东北甚至中国侵略控制的战略考量。事实证明，满铁在抚顺建造的所有近代化矿山、铁路及其他工业企业，绝不是为了抚顺及东北的近代化发展，是彻彻底底为其侵略战争机器服务的。

一　满铁与抚顺铁路附属地的扩张

抚顺人民在中华人民共和国成立前的漫长岁月里，特别是在日本帝国主义统治时期，历尽了艰难和困苦，遭受残酷的屠杀和掠夺。日寇在抚顺血腥掠夺、统治四十年的历史，是抚顺人民的血泪史。远在九一八事变以前的很长时间内，日本帝国主义就在抚顺进行疯狂的掠夺和统治，这是和日寇垂涎于抚顺丰富的煤炭资源直接相关的。抚顺煤田，靠近浑河河谷，沿浑河向东西方向延伸，长达20千米，面积34平方千米。这个大煤田的开采，已有悠久历史。根据1924年在抚顺发掘出土的汉

---

① 肖竞、李联谊：《抚顺工人运动史（民主革命时期）》，抚顺市总工会干部学校，1995年，第19页。

② 陈慈玉：《抚顺煤矿的发展1907—1931》，见"中研院"近代史研究所编《中央研究院近代史研究所集刊》第26期，"中研院"近代史研究所1996年版，第133页。

代城址有煤渣及炉灰等遗物断定，在两千年前的西汉时，抚顺已有人用煤作燃料。[①] 日俄战争后，日本侵略者侵占抚顺煤矿，进而满铁成立。1907 年，抚顺铁路附属地的面积还很小，只有千金寨、杨柏堡、老虎台三井开采。1908 年末，满铁实现了抚顺铁路附属地第一次土地收购目标。以后逐年扩大，从 1917 年开始，抚顺煤矿用地急剧扩张，每年都超过 3 平方千米以上，到了 1931 年抚顺矿区铁路附属地总面积达到 60.16 平方千米，成为满铁附属地中面积最大的铁路附属地。[②]

　　1904 年，日、俄两帝国主义为争夺远东霸权和中国东北，爆发了日俄战争。1905 年俄国败北，日寇的魔爪伸入了东北，强占抚顺矿山，设立抚顺采炭所，直属日军"大本营"，仍利用旧坑采掘，专供军用。嗣后移交"铁道提理部"统辖。1907 年 4 月日本帝国主义设"南满洲铁道株式会社"，此后遂由满铁经营。1905 年 3 月日本占领抚顺不久，就开始大兴土木，截至 1937 年 11 月末，日本在抚顺用于市街经营的投资事业费合计 1012.52 万日元。至 1908 年 5 月，作为煤矿附属事业和市街用地，满铁在抚顺收买了铁路及煤矿用地 398.6 公顷，其中准备作为市街地的 79.34 公顷。次年 9 月，清朝与日本缔结的《东三省交涉五案条款》第 3 条规定日本有开抚顺、烟台两个煤矿之权，满铁强占了西起古城子河、东至龙凤坎的大片土地。1912 年收买了千金寨以外的土地 330 公顷，其后又收买小官屯线区用地，万达屋、古城子两矿用地，千金寨市街扩建用地等。1916 年底，抚顺煤矿用地收买总面积 1001.5 公顷，1920 年已经扩展到 1216 公顷。1923 年以后继续扩展，1931 年抚顺矿区面积 6016 公顷，合 97188 亩。至 1936 年，"满铁在抚顺的附属地沿沈抚铁路抚安（今榆树台）以东（不包括抚安）至抚顺，长 52.9 公里，其中包括铁路、市街和矿区等占地，总面积 68.397 平方公里"。[③] 日方经常对所要收买的地区进行测量，绘制地图，然后一并向中国官员收买。随着满铁抚顺煤矿的发展，抚顺煤矿和附属地的扩大，日本人大量迁

---

① "煤都抚顺"编写小组编：《煤都抚顺》，辽宁人民出版社 1959 年版，第 25 页。

② 《1908—1931 年满铁抚顺煤矿收买土地面积表》，见解学诗主编《满铁史资料·煤铁篇》（第一分册），中华书局 1987 年版，第 157 页。

③ 程维荣：《近代东北铁路附属地》，上海社会科学院出版社 2008 年版，第 114—115 页。

入，附属地人口不断增加。1907 年有 825 户，5069 人。1915 年抚顺铁道"附属地"居住的日本人口数，计 2129 户，男 4452 人，女 3439 人，合计 7891 人。[①] 1931 年有日本人 19697 人。1937 年 11 月末抚顺铁路附属地总人口为 111169 人，为 1907 年的 22 倍。[②]

　　满铁最先在千金寨建设的抚顺新市街，是在其影响下最先"发展"起来的抚顺城区。抚顺千金寨，南迄千山台麓，北接大官屯，东临杨柏河，西靠露天矿，东西长 5 里，南北宽 4 里。千金寨原是城市西南郊的一个小村落，随着抚顺西部煤田的开发而发展成市镇。日方又于 1906 年在千金寨西 5 里地方，收买大量土地，开辟建设成一个专供日本人居住的市街，被称为新市街；而另一批日本人仍同华人居于一地。这样就出现了两个千金寨，人们通常把日本人专住区称为新市街，在其东面原来的城镇则称旧市街。由于日本侵略者在抚顺大肆掠夺煤炭资源，浑河南岸的千金寨日益发展成工商业繁盛之地，居民在煤矿做苦工的有 5000人之多，小商小贩等达 400 余户，成为当时抚顺县的"内政外交的要冲"。1919 年时占地 1298 亩。其中房屋占地 722 亩，道路占地 446 亩，水沟占地 36 亩，公园占地 91 亩，堤防占地 3 亩。新市街为矩形结构，以火车站为中心，东西 7 条街，由东起命名为富士见町、朝日町、敷岛町、大和町、高沙町、明不町、弥生町等；南北 12 条街，组成以南北向道路为主的道路网系统，行车路均为碎石路面，总长 21.174 千米；两旁为红砖镶嵌的人行横道，道路栽种成行的树木，行车路与人行道之间还有暗渠式雨水沟。火车站前的本町，路面宽 36 米，其他道路宽度在 14.4 米到 21.6 米。人行道与车行道之间，设有排水明沟。市街内电灯、煤气、暖气、自来水等齐全，供日本人享用。后在南站、永安台建造的新市街比千金寨新市街的规模更大，设施更为完善。时人谓"在南满路占用地中为最大之一埠，故日侨人口亦居全东北人数百分之十五，为第一位焉。市内有繁华之市面，广阔之街道，巨大的建筑物及相当规

　　① 张福全：《辽宁近代经济史（1840—1949）》，中国财政经济出版社 1989 年版，第 89 页。
　　② 程维荣：《近代东北铁路附属地》，上海社会科学院出版社 2008 年版，第 118 页。

模之大商店，以上海日侨区域之虹口比之，殆有小巫之别焉"。① 后由于
抚顺民众抵制，日方又改变手法，于 1920 年"责成二三名日华有力人
士组成购地合作社，按照当地习惯"进行购地，同时日本殖民当局仍按
以前那样收购，也就是采取齐头并进的方针。该买地计划又遭抚顺各村
农民自发抵制。日方见势不妙，被迫解散购地合作社。抚顺知事富恩霖
因参与购地合作社活动遭全县人民反对，被免职。抚顺煤矿鉴于购地交
涉困难，只得单纯与土地所有者交涉，要收买大瓢屯附近约 165291 万
平方米土地，作为抚顺调车场迁移用地。后经反复交涉，于 1927 年勉
强占用。对能强占的土地，日方多凭借武力强占。1926 年，几个日本人
到北龙凤坎村测量土地，因随意划矿界，圈占土地，被当地农民赶走。
日方即派警察前往镇压，迫使农民把土地卖给煤矿。有的地方无法动
武，日方即进行破坏，使居民就范。大瓢屯附近土地几经交涉，最后抚
顺煤矿于 1935 年以土地所有者同该片土地的名义占有者公开签订土地
租用合同的形式加以占有。

在满铁 20 世纪初的草创期中，"日本殖民当局致力于设备的改善和
技术的革新，并逐步使生产作业电气化，亦从事新市街、宿舍和医院等
的建设，以期奠定永续经营的基础"。在满铁"一战"前后的成长则
"主要归因于蓬勃的东北内销市场，这是由于第一次世界大战对东北工
业带来的划时代变革，亦即俄国资本工业的没落和日本资本以及华商资
本工厂的勃兴，于是当地铁路、油坊、炼瓦、烧锅、纺织、柞蚕丝、火
柴和制糖等工业对煤炭的需求增加"。日本殖民当局因而挖凿新坑，以
求满足消费市场。到"一战"后，"随着日本工业发展和煤炭需求增加，
成长中的抚顺煤矿成为日本进口煤的主要来源，但日本为了保护本国业
者，只得限制抚顺煤的进口量"。于是抚顺煤转而开拓中国本部和东南
亚市场。而满铁所经营的鞍山铁矿，由抚顺供给燃料和原料焦炭，其所
产生铁和铁矿石是当时日本钢铁业不可或缺之物。

基于以上种种原因，满铁进一步积极扩充其煤矿用地及煤矿附属事
业用地。1919 年，日本确立大露天计划，全面扩大开采抚顺西露天矿。

---

① 何西亚：《东北视察记》，重庆：现代书局 1932 年版，第 11 页。

"1921 年抚顺车站新址建筑完工，1922 年把千金寨火车站搬入新址，1924 年露天矿扩展到一条通和弥生町以西地区，1926 年扩展到三条通，1931 年扩展到现在市区南端，露天矿的东街到达杨柏堡一带。"① 在实施该计划期间，满铁决定搬迁千金寨，并于 1920 年 4 月开始在小官屯、山咀子一带建设新的市街。新市街基本建成后，千金寨新市街的日本人于 1924 年 4 月开始搬迁，1931 年搬迁完毕。

九一八事变后，栗家沟、千金寨都是抗日义勇军、大刀队经常出没打击日本侵略者的地方。1932 年 9 月 15 日，抗日自卫军大刀队路经这两个地区对抚顺进行袭击，为此，日军对平顶山大屠杀之后，又血洗栗家沟和东西千金堡。这些地区的居民，接受了平顶山惨案的教训，思想有了警惕，听说日军要来，就纷纷逃跑。但日军也改变了对平顶山居民屠杀的做法，他们进村逢人便开枪，就这样栗家沟群众被枪杀达一百三十多人，千金寨被杀四十余人，大部分居民已逃走，可是千金堡的前、中、后三条街三百多户，一千多栋房屋，全部被烧光，"日出千金"繁华的千金寨，同平顶山一样，经过这次烧杀，剩下的只是一片瓦砾。1933 年以后，逃跑的人陆续回来，这里逐渐恢复起来。但日本人已测出千金寨地下藏有很厚的煤层，为扩大露天采煤，掠夺大量的煤炭，千方百计地逼迫居民迁移他处，尽管遭到群众的抵制，但最后还是日本侵略者的阴谋得逞，1935 年 5 月，日方以伪抚顺县公署的名义召开县街搬迁大会，会上决定县街千金寨居民一律搬迁，会后居民被迫陆续搬迁。到 1937 年以后千金寨实际上变成了露天矿，千金寨已不复存在了，仅是历史上的一个地名而已。②

满铁用中国人的廉价劳动力，在抚顺铁路附属地及相关新市街盖了许多高大的楼房和漂亮的住宅。但这些不是给中国工人住的，而是日本人和他们的"高等"奴才居住的。在西二街以东，特别是永安台一带的日本人的住宅区，是不准中国人随便去的。在千金大街以西的中国人住宅区都是小草房、小破房。中国工人们的住宅区大多数是矮小的臭油

---

① 程维荣：《近代东北铁路附属地》，上海社会科学院出版社 2008 年版，第 113 页。
② 孙秉忠：《对栗家沟和东西千金堡（寨）居民的屠杀》，见孙玉玲主编《日军暴行录：辽宁分卷》，中国大百科全书出版社 1995 年版，第 36 页。

房，冬冷夏闷，破烂不堪。工人把它编了歌谣："我们住的臭油房，房场只剩四堵墙，夏天酷热冬天冷，妻儿老小泪汪汪。"[①] 有家眷的工人要比单身工人的生活更艰难。他们即使累断筋骨，也无法让自己亲人吃饱穿暖。有些工人的孩子，生下来没有衣穿，光着身子，活活饿死后，又光着身子被埋入地下。

此外，凡是满铁铁路附属地内公共事业经费，均是由抚顺地方公费收入项下开支，其不足部分由满铁补助。1907 年 9 月，满铁以社则第 12 号公布《附属地居住者规约》，"宣布附属地内的居住者、长期停留者、土地建筑物使用者和所有者必须遵守满铁制定的各种规则并负担公费，否则就要由警察迫其退出附属地"[②]。公费就是课税，不称税捐，是为避开课税权的交涉。日本不理会中国政府的抗议，坚持向居民征税。先是不许中国在铁路附属地设立税局，并强迫已设税局退出，后来又不许中国税务人员进入附属地收税，满铁进而把征税对象扩大到附属地外。而且满铁除地方部及其地方机构，日方还设立了许多民间组织。后来随着铁路附属地的扩张，各街分别组织了街会，最后形成联合街会。又如满铁在铁路附属地内各地区设保护团，特别是在与中国地界邻接地区，组建防护团、特种防护团。在地方办事处内设置联合保护团本部，帮助官方管理铁路附属地。

满铁在抚顺的铁路附属地及其影响下的新市街等势力范围，其行政管理实际上是完全由满铁具体实施的。满铁在抚顺等地行使其所谓铁路附属地行政权，实际上是在铁路附属地的名义下，在东北广大地区建立起完全独立于中国行政系统和法律制度的具有殖民地性质的行政制度。满铁地方部及各地方事务所是满铁对铁路附属地实施行政管理的机构，在抚顺还有 1931 年成立的抚顺炭矿庶务科。但是，本来应该由中国政府行使的行政职能，却由作为日本企业的满铁去完成，这便从根本上动摇了中国政府在附属地行使行政权的主权，这完全暴露了满铁铁路附属地"国中之国"的真正性质。

---

① "煤都抚顺"编写小组：《煤都抚顺》，辽宁人民出版社 1959 年版，第 32—33 页。
② 程维荣：《近代东北铁路附属地》，上海社会科学院出版社 2008 年版，第 113 页。

二　满铁与抚顺近代工业的出现

1905 年日本帝国主义侵占抚顺煤矿以来，尤其是 1931 年九一八事变后，抚顺及整个东北的经济结构及工业发展，并非独立发展的近代化工业进程，而是作为日本侵略者及满铁经济体系的附属物而存在的半殖民地到殖民地的发展进程。自 20 世纪 20 年代以来，随着九一八事变、七七事变及太平洋战争的全面爆发，整个日本经济迅速向战时经济体制过渡，同时被日本强占的抚顺也被完全纳入日本的殖民地经济体系。抚顺及东北的一系列近代工业企业，被迫向以军需工业及重工业为重点的畸形产业和战略资源供应体系倾斜，并通过配给制度使相关工业产品转向对日出口。抚顺及东北相关近代工业的出现，恰好证明了日本侵略者对抚顺及东北的掠夺本质，并不能证明抚顺及东北近代化发展及社会进步。

早在奉系军阀统治东北期间，以官办、官商合办的名义在辽宁所办的工矿企业，其建设速度与企业规模均为全国所罕见。他们所办的企业，既借助于日本资本，又与日资有矛盾。因此，奉系军阀在主政辽宁与吉黑两省时，在对待东北的经济利益方面，形成了与日本帝国主义既勾结又抗衡的局面。其表现在电力工业方面较为明显。截至 1920 年，日本殖民机构在奉天的发电装机为 4 台，共计 800 千瓦，仅供给其管辖的满铁附属地等区域用电。但由于抚顺电力需求持续扩张，日方为利用抚顺煤矿蒙德煤气发电的低廉成本，提出与中方合办抚奉送电所，于抚顺、奉天间架设 44000 伏特的高压送电线。当这个要求被东北地方当局拒绝后，日本单方面在 1922 年 2 月由抚顺开始向奉天送电，继而又分别向南北延长到烟台、辽阳、铁岭、开原。1926 年又开始向鞍山送电。[①]九一八事变前，东三省军阀设置东北矿务局，经营西安、复州、八道壕及尾明山等各煤矿，"因有排日情绪，采取了控制满铁矿山事业的对策"。九一八事变爆发，"关东军立即对东北矿务局属下各煤矿实行军

---

① 张福全：《辽宁近代经济史（1840—1949）》，中国财政经济出版社 1989 年版，第140 页。

管，在处理事变的同时，开始着手产业复兴工作"。伪满洲国成立后，"根据煤炭统制政策，除满铁抚顺及烟台煤矿、日华合办本溪湖煤铁公司的本溪湖煤矿外，以逆产的西安、复州、八道壕、鹤岗等煤矿作为企业主体，1934 年 5 月 7 日，设立满洲国特殊法人满洲煤矿株式会社"，完成了对奉系官办煤矿的掠夺。[①]

　　九一八事变前后，满铁完成了其对东北及抚顺一系列民族资本主义工矿企业的侵占。满铁经营抚顺煤矿榨取了巨额利润。九一八事变前的 24 年间（1907—1931 年）共盈利 11900 万银圆，[②] 是同时间形成的固定资产 12371 万元（伪满币）[③] 的 96.2%。1931 年比 1907 年，固定资产增加 1.6 倍，而原量煤产增加 24 倍。万吨煤产量占用的固定资产越来越少。24 年间，日本帝国主义在抚顺煤矿共掠夺原煤 8823 万吨，每吨煤只用投资 1.3 银圆。

　　由表 9 - 1 可以看出，日本帝国主义仅用 24 年，就在抚顺建成了以年产原煤 700 万吨为基础，包括电力、煤气、石油和化工的大型能源联合企业。除矿井投产外，其他主要工厂投产时间能力情况列于表 9 - 1、表 9 - 2。

表 9 - 1　　　　　　**抚顺煤矿主要矿井历年原煤产量**　　　　（单位：万吨）

年份	古城子露天	大山南井	大山矿井	东乡矿井	老虎台矿井	新屯矿井
1907		10.5			6.6	
1908		24.3			12.7	
1909		32.9			19.5	
1910		37.6	11.5	1.8	28.3	
1911		41.1	13.8	15.0	28.3	
1912		39.1	36.6	25.6	26.5	

① ［日］满洲国史编纂刊行会编，东北沦陷十四年史吉林编写组译：《满洲国史》（分论）上，吉林省内部资料准印证第 90098 号，1990 年，第 916 页。

② 张福全：《辽宁近代经济史（1840—1949）》，中国财政经济出版社 1989 年版，第 194 页。

③ 满铁调查部编『撫順炭鉱統計年報 1923』第 1 篇、南满洲铁道株式会社、1924 年、第 18 頁。

年份	古城子露天	大山南井	大山矿井	东乡矿井	老虎台矿井	新屯矿井
1913		58. 8	42. 8	42. 1	48. 1	
1914	0. 2	64. 9	23. 8	47. 9	42. 6	
1915	10. 5	63. 3	30. 7	43. 7	18. 2	
1916	17. 6	58. 1	30. 9	17. 4	26. 2	
1917	27. 6	61. 3	13. 8	29. 6	29. 9	
1918	33. 2	42. 6	33. 3	32. 5	40. 0	
1919	54. 1	31. 3	41. 2	32. 4	41. 0	1. 8
1920	61. 7	34. 7	52. 3	28. 3	47. 7	5. 9
1921	48. 4	34. 2	42. 2	25. 7	40. 1	8. 0
1922	109. 3	35. 8	53. 6	29. 1	46. 2	15. 8
1923	168. 0	33. 7	66. 2	36. 3	51. 0	27. 1
1924	184. 0	35. 7	72. 9	29. 7	52. 1	44. 6
1925	204. 8	53. 3	55. 2	36. 9	53. 3	44. 8
1926	256. 0	57. 8	59. 8	40. 9	53. 1	45. 3
1927	259. 0	56. 2	68. 1	43. 8	53. 8	49. 5
1928	254. 1	34. 8	41. 1	46. 3	55. 6	56. 1
1929	270. 7	43. 1	64. 6	25. 3	45. 1	53. 0
1930	276. 0	36. 4	54. 4	33. 4	34. 8	52. 6
1931	243. 3	82. 6	35. 7	32. 4	50. 2	

资料来源：张福全：《辽宁近代经济史（1840—1949）》，中国财政经济出版社 1989 年版，第 193 页。

表 9 - 2　　　　　**日本在抚顺建成的能源联合企业表**

企业	投产时间	能力
大山坑发电所	1908 年、1913 年、1919 年	除大山坑、门德两发电所先后拆除发电设备 20500 千瓦外，到 1931 年发电设备能力达 26 万千瓦，为全国当时最大火力发电基地
门德煤气发电所	1914 年、1919 年	
大官屯第一发电所	1922 年、1923 年、1928 年	
大官屯第二发电所	1930 年、1931 年	
化学工业所	1913 年	煤化工试验与研究
电气铁路	1914 年	蒸汽机车改电气机车

企业	投产时间	能力	
第一煤气厂	1915 年	发生炉 1 套	1930 年装煤产量 28.7 万吨，生产煤气为 82305.1 万立方米
第二煤气厂	1918 年	发生炉 1 套 11 座	
第三煤气厂	1919 年	发生炉 14 座	
第一硫氨厂	1915 年	1931 年产量 21725 吨	
第二硫氨厂	1918 年		
炼焦厂	1916 年	焦炉 40 座	
炸药厂	1918 年	生产黑色炸药	
硫酸厂	1919 年	1931 年生产硫酸 21088 吨	
硝酸铵炸药厂	1929 年	生产硝酸炸药	
西制油工场	1929 年	日处理页岩 400 吨，年产粗油 7 万吨	

资料来源：根据《"满洲"年鉴》《抚顺炭矿统计年报》《东北经济小丛书》煤炭、电力、化工篇和《满洲产业统计》等资料整理。

　　抚顺煤矿 1927 年仿造使用的美制 60 吨空气倾侧货车，性能良好，继续生产，逐步代替抚顺煤矿进口车辆的一半。[①] 满铁于 1937 年决定，在"中央试验所"对海绵铁试验成功的基础上，移交给抚顺炭矿，设立抚顺试验工厂，同年 9 月将其建设业务交给抚顺炭矿。该矿于 1938 年 10 月第一期工程完工后，将临时建设事务所改称抚顺炭矿制铁试验工厂，以富铁矿为主要原料，抚顺煤和重油为主要燃料，用日下（即大连沙河口研究所冶金研究室主任日下和治）式海绵制铁法生产特殊钢。实际使用资本由成立时的 46 万银圆，增加到 1941 年的 779 万银圆，1944 年又增加到 903 万银圆。从 1941 年陆续完成 300 公斤高周波炉 1 座，1 吨电炉 1 座，3 吨的 2 座，6 吨的 1 座，15 吨的 2 座，共有电炉 7 座。另装有 300 千瓦高频炉 2 座，专门生产高级钢种。15 吨电炉在当时日本国内也是最大级的。因此，1945 年的年产能力：炼钢 38200 吨，锻钢

---

　　① 张福全：《辽宁近代经济史（1840—1949）》，中国财政经济出版社 1989 年版，第 245 页。

960 吨，轧钢 11400 吨。[1]

满洲炭矿株式会社（满炭）依据 1940 年伪满政权颁布的《特殊会社指导纲要》（又称"特殊会社刷新纲要"），对经营结构进行重组。经研究后，将其下属的阜新、鹤岗、北票、西安（今吉林辽源）各煤矿分别设立为独立子会社，其综合经营由满洲重工业担任。因此，为联络统制全国的煤矿，便产生了煤炭协议会，最初由抚顺煤矿矿长久保孚就任首任会长。[2]

抚顺煤炭液化工厂 1942 年累计投资 1602 万银圆，比 1936 年增加 12 倍。固定资产，1944 年为 2036 万银圆，比建厂时的 123 万银圆增加 15.8 倍。该厂 1944 年综合生产能力 5110 吨，其中航空汽油、汽车汽油和酚类生产能力如表 9-3 所示。[3]

表 9-3 　　　　　　　1944 年抚顺煤炭液化工厂生产能力 　　　　　（单位：吨）

类型	航空汽油	汽车汽油	酚类
以煤为原料	684	2052	400
以煤油为原料加氢	6536	12692	
以中油为原料加氢	7516	2120	1150

资料来源：张福全：《辽宁近代经济史（1840—1949）》，中国财政经济出版社 1989 年版，第 516 页。

满铁"中央试验所"投资 140 万日元，在 1933 年 3 月建成了抚顺炼铝试验厂，开始了半工业化试验。经过 3 年的试验，确定了以矾土页岩为原料采用干湿并用法，以硬质黏土为原料，则采用硫氨法进行炼铝。随即在 1936 年 11 月 10 日成立了伪满洲轻金属制造株式会社。这是一个特殊会社。当时确定公称资本 2500 万银圆。其中，伪满政府 1000 万银圆，满铁 1400 万银圆，日本国内炼铝业 100 万银圆。实缴资本 625

① 张福全：《辽宁近代经济史（1840—1949）》，中国财政经济出版社 1989 年版，第 537 页。

② ［日］满洲国史编纂刊行会编，东北沦陷十四年史吉林编写组译：《满洲国史》（分论）上，吉林省内部资料准印证第 90098 号，1990 年，第 900 页。

③ 东北财经委员会调查统计处编：《伪满时期东北经济统计》，1949 年，第 71 页。

万银圆。最初确定年产铝 4000 吨。1937 年 6 月着手建厂，同年从"满洲矿山"租了小市 28 个矿区、牛心台 20 个矿区，开始了对这两个地区的矾土、黏土进行大规模开采。在 1943 年 11 月 19 日，以实缴资本 1000 万银圆又成立了伪满洲矾土矿业株式会社，更加强化了对这两个地区矿山的掠夺。"满业"① 成立后吞并了伪满轻金属株式会社，占全股的 98%，日本住友财阀占 2%，其后又三次增资，1944 年最后一次增资公称资本达 2 亿银圆，实缴资本 2 亿银圆，实际使用资金为 31550 万银圆。伪满轻金属株式会社抚顺铝厂，除生产铝外，还生产电石，并利用生产电石之电炉生产矽钢（即硅钢）。该厂规模大，下属电气弧光炉工厂、精制工厂、电解工厂、电极工厂和助剂工厂。铝产量，1944 年达 7168 吨，比建成投产当时增加 11 倍。1938 年至 1944 年抚顺铝厂产品产量如表 9－4 所示。

表 9－4　　　　　　　　　抚顺铝厂产品产量　　　　　　　　（单位：吨）

年份	铝	矽钢	电石	矾土酸石灰
1938	600			4003
1939	3000	3000		15073
1940	4500	4000		32281
1941	7664	7517		49460
1942	7438	8000	7088	53458
1943	8557		2785	57410
1944	7168		410	64742

资料来源：张福全：《辽宁近代经济史 1840—1949》，中国财政经济出版社 1989 年版，第 564 页。

抚顺窑业株式会社（抚顺市西十街十条通 7 号），是日本人大山庄一、平川路喜建于九一八事变前。伪满时期又四次增资，实缴资本 1937 年 9 月增到 45 万银圆，1938 年 10 月增到 60 万银圆，1939 年 5 月增到 130 万银圆，1941 年最后一次增资到 200 万银圆，1943 年实际使用资金

---

① "满业"是"满洲重工业开发株式会社"的简称，是日本帝国主义在侵华战争期间，为掠夺中国东北资源、控制伪满洲国重工业而设立的重要殖民机构。

438 万银圆。这个工厂下属东岗、瓢儿屯、河北 3 个分厂。这个工厂 1944 年末有职工 1791 人，比 1941 年 916 人增加 95.5%。1945 年 7 月生产能力：黏土耐火砖 6.3 万吨，硅石耐火砖 1000 吨。①

抚顺精机工业株式会社（抚顺市山南町 5 号），是由伪满洲原田株式会社创办于 1939 年 4 月 27 日。公称资本 100 万银圆，实缴资本 25 万银圆，1942 年全股交齐；实际使用资金 129 万银圆。该厂生产钻头、铰刀、车刀、切削工具和螺丝锥。1944 年共生产 28770 个，是开工以来产量最多的一年。该厂职工人数，1942 年 99 人，1943 年 147 人。形成了年产各种切削工具能力 53700 个。②

日用药品，伪满当局指定生产药品的企业，东北共有 29 家。其中，在辽宁地区就有 26 家。在抚顺的有伪满洲三共制药株式会社，株式会社满洲卫生实验所。抚顺市生产瓶类的有山濑硝子制作所。③

抚顺市有二等、三等造纸厂 4 家，1945 年 8 月实缴资本 205 万银圆，年产能力 4740 吨。抚顺制纸株式会社（抚顺市粮栈街 7 号）划为二等厂。是于 1930 年 11 月 23 日由太阳烟草株式会社、今村荣松和中国人孙兴远、陈孟元投资创办。1934 年公称资本、实缴资本各 12 万银圆，1945 年 8 月第二次增资，分别增加到 50 万银圆，实际使用资金 200 万银圆。这个工厂主要生产印刷纸、牛皮纸、满天纸、手纸、包装纸等品种。1945 年 8 月年产能力 3160 吨。1937—1944 年抚顺制纸株式会社发展情况详见表 9 – 5。

表 9 – 5 　　　　　　　　抚顺制纸株式会社产品产量　　　　　　　（单位：吨）

年份	各种纸	其中：满天纸
1937	1575	1397
1938	1503	1476

---

① 张福全：《辽宁近代经济史（1840—1949）》，中国财政经济出版社 1989 年版，第 607 页。

② 张福全：《辽宁近代经济史（1840—1949）》，中国财政经济出版社 1989 年版，第 654 页。

③ 张福全：《辽宁近代经济史（1840—1949）》，中国财政经济出版社 1989 年版，第 666、708 页。

年份	各种纸	其中：满天纸
1939	1701	1589
1940	1779	1619
1941	1443	1252
1942	1935	1144
1943	1203	794
1944	368	30

　　资料来源：张福全：《辽宁近代经济史（1840—1949）》，中国财政经济出版社 1989 年版，第 723 页。

　　协和制纸株式会社（抚顺市中和马路 9—1 号）划为二等厂。1945年 8 月实际使用资金 56 万银圆。产品主要是海纸、手纸。其产量：1940年 40 吨，1941 年 78 吨，1942 年 350 吨，1943 年 482 吨，1944 年 101吨，1945 年 8 月年产能力 920 吨。

　　日满制纸株式会社（抚顺市亲仁马路 8 号）划为二等厂。是由日本三浦商工株式会社和日本人小松忠则、前四嘉郎、三浦勇吉等创办的。1943 年公称资本、实缴资本各 10 万银圆，1944 年 8 月分别增加到 19 万银圆，实际使用资金 38 万银圆。主要生产日本纸、手纸、牛皮纸、书法纸等，其产量：1940 年 111 吨，1941 年 161 吨，1942 年 305 吨，1943年 207 吨，1944 年 98 吨，1945 年 8 月生产能力 130 吨。

　　伪满洲滤纸工业株式会社（抚顺市大马路 7—22 号）划为三等厂。该厂创办于 1942 年 2 月 12 日。1945 年 8 月公称资本、实缴资本各 80 万银圆，实际使用资金 100 万银圆。利用旧棉花和纸浆生产各种滤纸，其产量：1942 年 26 吨，1943 年 38 吨，1944 年 74 吨。1944 年有工人 65人，1945 年 8 月年产电绝缘用纸能力 230 吨。

　　此外，日本帝国主义于 1934 年在抚顺修建"满田野洋灰株式会社"，以后改为"满铁抚顺炭矿"所属的"抚顺洋灰工厂"。1936 年修建"满洲松风株式会社"生产电瓷。日寇为了准备发动大规模的侵华战争，液体燃料更感不足，遂于 1936 年开始筹建"石炭液化工厂"，准备生产高压加氢汽油，1941 年又由日本海军部投资修建"东制油工厂"。

日寇做了长期侵略战争准备，利用中国的资源和中国的人力、物力，进行罪恶的侵华战争，屠杀中国人民。南满洲铁道株式会社作为日本帝国主义对华侵略的"国策会社"，而抚顺煤矿又是其在东北最大的一个直属机构，"它不仅垄断抚顺矿区的所有煤炭资源和油页岩业，而且经营着一大批几乎无所不包的附属业，诸如发电、机械、火药、焦炭、冶炼以及日用品等。抚顺炭矿在满铁这部侵略机器上确系一个十分关键的部件"，[①] 它对满铁无论是在军事上还是在经济上的地位都是很突出的。正是这种重要的地位，决定了满铁必然要千方百计地确保其相关上下游一系列近代工业企业的发展。进而不断为日本日益倾斜的军需工业及战时经济体系发展服务，抚顺及整个东北也就完全纳入了日本的殖民地经济体系，抚顺一系列近代工业的出现，绝不是为了其社会经济发展进步而服务，而是完全为日本侵略战争机器运行而产生的殖民地附属工业体系。

三　抚顺近代城市功能的完善

1906 年满铁设立时，日本政府下令应在铁路附属地建设有关的土木、教育、卫生等必要设施。日本让满铁负担起除"关东州"租借地以外的经营南满的全部任务。为支付经费，授权满铁经政府批准可以对附属地的居民征收手续费及其他必要费用。因此，满铁的地方事业，不仅限于附属地的公共事业，还有出租满铁所有的土地房屋、市街建设计划、建设铁路等的业务。这样，日方感到不如由满铁本身直接经营合适。因此，满铁在大连本社设立了地方部，在设立地方部的同时，满铁废除居留民会，而于 1907 年在东北各城市设立地方部办事事务所，开始了所管土地房屋的出租事务。地方部办事事务所之下，复分地方区，掌各地行政。1925 年以后地方事务所管辖区域内的电、瓦斯及煤炭销售等事务移交兴业部，各地地方事务所只担任地方行政。同时，设立咨询委员制度，委员由会社指名。1931 年，在抚顺则由抚顺煤矿庶务课掌管

---

① 顾东向、任立盛：《抚顺煤矿特殊工人的反满抗日斗争》，1984 年 10 月 11 日，见何天义主编《日军枪刺下的中国劳工——伪满劳工血泪史》，新华出版社 1995 年版，第 70 页。

以上事务。

1906 年，日本在抚顺非法设立警察机构，称"奉天警察署抚顺出张所"，后升格为"抚顺警务（支）署"。1926 年又升格为"抚顺警察署"。1906 年在抚顺成立关东军抚顺宪兵分遣队，直属奉天宪兵队。日本还在附属地内设立地方法院、地方监察厅。1936 年以后，日本在形式上调整和转让了抚顺附属地行政权。满铁在抚顺附属地除炭矿系统、铁路总局系统外，还辖有地方部系统和其他一些单位。1937 年前后，"属地方部系统的有地方事务所，以及抚顺中学校、抚顺工业学校、抚顺高等女子学校、抚顺医院、4 所小学、2 所幼儿园，还有医院、保健所，以及税务局办事处、抚顺邮政局、千金寨邮政局、防备队、在乡军人分会联合会及其 4 个分会、所谓国防妇女会分会、红十字会办事处、帝国军人后援会委员部、防空协会分会、结核病预防协会分会、抚顺体育协会、金融合作社、输入合作社、圣德救事会"等。①

1906 年 9 月开始设立关东都督府邮电局千金寨邮局，当时的业务只有邮政和电报。次年 11 月改称千金寨邮电局，后又更名为抚顺邮电局，业务范围扩大。1921 年 5 月又开办抚顺邮电局东乡出张所，1924 年 12 月迁到抚顺车站前，改为抚顺站前出张所。1927 年 10 月，抚顺邮电局由千金寨搬迁到现在的站前邮局位置，原站前出张所迁到千金寨邮局旧址，更名为抚顺千金寨邮便所。抚顺市区电话局 1909 年 11 月开始设立，矿区和市区分设装置。1929 年 2 月，接线方式由手动改为自动。1930 年 1 月矿区电话 961 门，加入邮电局电话交换台。1933 年 9 月成立抚顺电报电话局，到 1936 年末，全市有电话 2263 台，其中矿区方面 1224 台。铁路沿线的主要车站，也先后造有日本式旅馆。抚顺千金寨旅店业也很发达，有煤矿俱乐部、筑紫馆本部及其分店，以及寿旅馆、近江峰旅馆以及其他中小旅馆。抚顺煤矿直接经营的炭矿俱乐部为纯西式，其他旅馆基本是日本式的。②

俄国与日本在铁路附属地内，兴办教育、新闻等事业，从目的上

---

① 程维荣：《近代东北铁路附属地》，上海社会科学院出版社 2008 年版，第 120 页。

② 程维荣：《近代东北铁路附属地》，上海社会科学院出版社 2008 年版，第 242、243、245 页。

说，这是一种服务于巩固其铁路权益、对中国进行殖民统治的文化侵略。满铁附属地内中国人接受教育的水平，也不能与俄国人、日本人相提并论。"南满铁路附属地教育，一类以日本人为对象。满铁开始营业时，专收日本人的学校只有辽阳基督教青年会设立的辽阳小学及日本佛教大谷派本愿寺设立的抚顺千金寨小学"。"中等教育，包括普通教育与职业教育。中日教员均拥有本国教员资格者。"其中专收日本人的，根据日本教育部令设立，校中均设有学生宿舍。1919 年 4 月开设的奉天中学，是满铁设立的第一所中学。以后，又于 1923 年设鞍山中学与抚顺中学、高等女学校。"1922 年于抚顺、长春与安东均设高等女学校，1932 年有学生 1500 人。"从 1909 年起，"满铁积极筹划在沿线开办所谓示范的日语学堂，普及日语，灌输日本文化"。抚顺亦有日语学堂，1915 年办，1923 年改抚顺简易矿山学校。抚顺矿山学校，创于 1921 年 3 月，修业年限为本科两年，后延长为两年半。1929 年有 3 个班级，以授简易矿业知识为目的。[1]

在抚顺，1932 年创办《抚顺新报》（日文）。日俄战争以后，关东都督府所拥有的医疗机构，有大连病院，奉天、公主岭民立病院及辽阳、铁岭等处陆军病院。共有 6 所。1907 年以后，满铁接收以上机构加以经营。以大连为本院，于抚顺、千金寨设分院，于其他地方设办事处，共有 8 所。[2]

1931 年，九一八事变的炮声打响了，日寇强占东北，东北军张学良集团错误判断形势，在蒋介石"不准抵抗，避免冲突"的命令下，不战而退，全东北大好山河沦于敌手。从此抚顺人民和全东北人民一样过着亡国奴的生活。九一八事变后，成立了伪满洲国，抚顺地方成立了"抚顺县公署"，安设傀儡"县长"，实际上由日寇"参事官"执掌大权。从此，抚顺煤矿成为日寇"合法"经营的"炭矿"，"租借权"也随之"废除"，更加便利了日寇掠夺中国宝藏。日本帝国主义为加强对抚顺人民的统治，遂于 1937 年将抚顺县的市镇部分，改划为"抚顺市"，设

---

① 程维荣：《近代东北铁路附属地》，上海社会科学院出版社 2008 年版，第 249—252 页。
② 程维荣：《近代东北铁路附属地》，上海社会科学院出版社 2008 年版，第 257—258 页。

"抚顺市公署"和"抚顺警察局",统治抚顺人民。抚顺市的历任"市长"都是日本人。警察局局长是日本人,重要的科股长也都是日本人。并设立"满洲宪兵团"和"日本宪兵队"以及监狱、法院和"矫正辅导院"等统治机构,专门从事迫害活动。在经济上施行极端恶毒的"经济统制法",吃大米白面者为"经济犯"。大批人被抓劳工强迫送到"国防线上"修筑工事,强迫青年"勤劳奉仕",从事奴役劳动。在文化上用奴化教育毒害青年,并实行反动的军事训练,灌输所谓"武士道精神",不从者以"思想犯"问罪。宪兵、警察、特务到处横行,人们都处在随时被毒打和逮捕的恐怖中,抚顺人民在水深火热之中,苦难深重地过了40年。

第二节　助推日本侵华战争

对于满铁经营的性质是什么,其经营的宗旨又是什么,第一任总裁后藤新平一上任便宣布了。他说:"日本要操胜算,宜先发制人,否者,则应自重以待时机。即或再战而不胜,我犹留有善后之余地。总之,我在满洲,应占以主制客,以逸待劳的地位。……为此,第一,经营铁路;第二,开发煤矿;第三,移民;第四,发展畜牧农工业。其中,尤应以移民为其要务……借现在的铁路经营,如在不出十年之间向满洲移入50万国民,则俄国虽以强大自恃,亦不敢擅自挑起战端。……我在满洲,如拥有50万移民和数百万牲畜,战如对我有利,则可进而做侵略敌国之准备,如对我不利,则可俨然不动,持之以和,等待时机。此及经营满韩之主张也。"[①] 其后,还是这个后藤新平又一次坦率地讲了满铁的实质。他说:"当初设立'南满铁道株式会社'推举鄙人为总裁,盖出于不把'满铁'看成一个营利的铁路事业,而拟使之成为帝国殖民政策或我帝国发展的先锋队,其本旨确实如此。""经营南满……非以

　　① ［日］鹤见祐辅:《后藤新平》第2册,第814页,见张福全《辽宁近代经济史(1840—1949)》,中国财政经济出版社1989年版,第62页。

'满铁'为主体不可的原因，首先在于不论当时的总理大臣以及其他人士，都采纳了我的意见：'文装的武备'。所谓'文装武备'，简言之，就是以文事设施，以备外来的侵略，以便在突发事变时，兼可有武断的行动。"满铁的一个理事冈松参太郎也说了"'满铁'其实质是政府欲借公司之名而行机关之实，欲使南满铁道株式会社代替政府经营南满洲"①的殖民侵略机关。同时，对于满铁的性质，日本首相田中义一于1927年7月25日在他的《田中奏折》中做了清楚的说明："我国因欲开拓其富源，以培养帝国恒久之荣华，特设南满铁道会社，借日、支共存共荣之美名，而投资于其他之铁道、海运、矿山、森林、钢铁、农业、畜产等业，达4.4亿银圆。诚为我国企业中最雄大的组织也。且名虽为半官半民，其实权无不操诸政府。若夫付满铁公司以外交、警察及一般之政权，使其发挥帝国主义，形成特殊会社，无异朝鲜统监第二。即可知我对满蒙之权力和利益巨而大矣。"②

日俄战争中日本的胜利，使其取得东北的特权。日本于是组织南满洲铁道株式会社来侵占东北的丰富资源，并进一步树立"满蒙经营"的根基。满铁创业期的资金主要来自日本政府和在外国发行的公司债，二者合计约占85.6%的比重。所经营的事业有铁路、海运、港湾、矿山、电气、瓦斯、旅馆、地方建设（包括市街经营、卫生设施、教育设施、警备设施等），同时也从事调查事业。铁路和矿山是两大投资部门，矿业的重心即为抚顺煤矿。从上述可知，日本政府的政策，就是满铁的政策，满铁是日本政府的侵略工具。日本侵略者对满铁经营下的煤炭事业的重要作用有着明确的认识，"满铁以满蒙开发为重要使命，为经营铁道、产业开发与发展变化，在日俄战争后，直到满洲国建立的大约40年期间，尤其太平洋战争结束前的14年间……特别是矿山企业方面，使满洲矿业资源一跃而为世界宝库，令人刮目相看"。③ 抚顺煤矿在日本

---

① ［日］冈松参太郎：《南满铁道株式会社的性质》，见张福全《辽宁近代经济史（1840—1949）》，中国财政经济出版社1989年版，第62页。

② 《日本田中内阁侵略满蒙之积极政策》，上海：民新书店1931年版，见张福全《辽宁近代经济史（1840—1949）》，中国财政经济出版社1989年版，第62页。

③ ［日］满洲国史编纂刊行会编：《满洲国史》（分论）上，东北沦陷十四年史吉林编写组译，1990年，第901页。

侵华时期起到了至关重要的作用，"当初，例如抚顺煤矿，日产煤炭只不过 300 吨左右。另外，因尚未探明煤田全貌，而把主力投入烟台煤矿。满铁设立地质研究所后，首先着手抚顺煤田的调查工作，锐意采矿，最后终于发现厚达 100 米，世界屈指可数的大煤层，立即制订露天开采和竖坑开采的大规模采掘计划。其间，于 1909 年冬，探明其煤层上部蕴藏巨大油页岩，故在从事煤矿事业的同时，并设从油页岩中提取原油的页岩油事业，逐渐扩大其设备，形成日产煤炭，万吨以上世界少有的抚顺煤矿"。[①]

　　日本侵略者清楚认识到抚顺煤矿的巨大潜力，"煤的蕴藏量达 30 亿吨，还不断有新煤田发现，真有无穷无尽之感。现在年产量 930 万吨（'九一八'事变前），以抚顺、本溪湖、新邱、扎赉诺尔等为主，其中，单是抚顺，蕴藏量有 9 亿吨，年产量达 770 万吨"[②]。九一八事变前，满铁便积极谋划掠夺抚顺煤炭资源，为日后的侵华战争做原始积累。日本是个资源极端贫乏的国家。自攫取辽宁煤炭资源后，就开始了疯狂的开采。在抚顺日本一方面强占民地民房，建设了千金寨的日本街；另一方面肆无忌惮地扩大掠夺规模。满铁首先制订了三期长远计划。[③] 日本帝国主义为了加速掠夺抚顺地下资源，围绕煤矿还建立了许多附属性工厂。1909 年在大山坑成立了"大山发电所"。1914 年开始修建"机械制造所"（重机厂）。1921 年开始修建发电所（发电厂）。1928 年在煤气工场的基础上建立"抚顺化学工业所"（化工厂），这个化学工业所除制造防毒面具用的活性炭以外，还制造军火原料，如甲苯、甲醛、甲酚等。日寇为了储备陆海空军燃料，于 1928 年 1 月成立"制油工场"，利用抚顺油页岩，提炼人造石油，以准备大规模的侵华战争。九一八事变后，日本帝国主义变东北为它独占的殖民地，垄断了东北的经济命脉，疯狂地掠夺经济资源。特别是七七事变以后，日本帝国主义为了扩大侵

---

　　① ［日］满洲国史编纂刊行会编：《满洲国史》（分论）上，东北沦陷十四年史吉林编写组译，1990 年，第 913 页。

　　② 《满洲事变》，《现代史资料》7，东京：三铃书房 1964 年版，第 139—144 页。

　　③ 《满蒙全书》第 4 卷，南满洲铁道株式会社调查课出版，1918 年，第 935—941 页。千金寨矿井 1925 年改称大山南井，1931 年报废；杨柏堡矿井 1928 年改称东乡南井。

略战争和维护殖民统治的需要，对我国沦陷区经济资源的掠夺越发肆无忌惮，并制订了掠夺我国资源的各项计划。[①] 伪满时期，垄断东北煤炭工业基本是满铁和伪满洲炭矿株式会社两大家。

伪满洲国成立，日本加强对东北的经济统制和开发，抚顺煤矿只是盲目追求增产；到抗日战争全面爆发后，华中与华北亦相继沦为日本经济统制区，日本对华投资进入蜕变期。[②] 20 世纪初期，东北原本只是日本粮食和肥料的供应地，随着时间的流转，逐渐扮演资源（煤）和重工业原料（生铁）的补给站的角色。当时东北虽非名义上的殖民地，但抚顺煤和鞍山铁在日本经济中的地位，象征着在其与日本的关系上却与真正的殖民地毫无差异，甚至比中国台湾地区更类似"输出原料和资源给母国，自母国进口工业产品和资本"的殖民地典型，这种关系在九一八事变、伪满洲国成立后更被强化和复杂化了。当时满铁在东北所经营的事业包括铁路、矿业、港湾、电气、瓦斯、船舶、旅馆和地方建设等部门，其中船舶、旅馆和地方建设等大多呈现亏损的现象，以抚顺煤矿为主的矿业部门，却一直是仅次于铁路部门的盈利事业，成为满铁收益的两大支柱之一。因此抚顺煤矿不但是日本帝国的重要资源补给站，也是作为"殖民地国策公司"的满铁能在东北顺利经营的所谓"一大功臣"，极大地助推了日本的发展及侵略战争。[③]

满铁的煤矿，此期间又有新的扩张。抚顺煤矿的龙凤大竖井 1936 年 6 月投产；其后老万斜井、大山斜井相继投产。1937 年七七事变以后，满铁下属的抚顺煤矿加大产量，助推日本侵华战争。"近日，日满产业界以军需工业为中心呈现出空前的繁荣，特别是以中国事变的爆发为转机，终于进入了纯战时体制，计划经济的内容遂日益加强。满洲国也从日满经济一体的观点出发，根据时局的要求，制定了产业开发五年计划，特别对完成本计划上所不可缺少的煤矿业，提出了最大限度的增

---

① 孙玉玲主编：《日军暴行录：辽宁分卷》，中国大百科全书出版社 1995 年版，第 289 页。

② 陈慈玉：《抚顺煤矿的发展 1907—1931》，见"中研院"近代史研究所编《中央研究院近代史研究所集刊》第 26 期，"中研院"近代史研究所 1996 年版，第 137 页。

③ 陈慈玉：《抚顺煤矿的发展 1907—1931》，见"中研院"近代史研究所编《中央研究院近代史研究所集刊》第 26 期，"中研院"近代史研究所 1996 年版，第 166 页。

产要求。因此，抚顺煤矿也适应当前的时局要求，以采煤报国为宗旨，确定了最大的产煤计划，尽量努力增加开采，同上年度的实际成绩相比，以抚顺煤矿为首，在产量上都创造了新纪录。不过，露天开采比上年度减少 5.2%，其原因是上年 5 月崩坏的杨柏堡露天矿南侧下侧的修复整顿工作，因时局关系，新设的卷扬机有所拖延，未能按计划完成，并且随着深度的增加，旧井逐渐增多，开采效率意外之低。现将 1937 年的抚顺煤矿产煤量略述如下：露天采煤 295.3 万吨，井下采煤 499.7 万吨，南昌采煤 63.8 万吨，合计 822.8 万吨。1936 年采煤合计 797.8 万吨，增产数量为 250 万吨，增长率为 3.1%。"①

关于抚顺煤矿输出在日本煤炭市场和军需工业中的重要特殊地位，有加以说明的必要。日本国内煤产量为 4200 万吨左右，因此进口 200 多万吨看来好像没有什么了不起的，但事实绝非如此。"当国内自身的生产处在能否满足需要的青黄不接时期，这一为数不多的进口煤乃是左右市价的关键。"在日本国内，无论是煤矿业者还是需煤者，较之三池煤和夕张煤都更加重视抚顺煤，就是由于这个经济上的原因。由于抚顺煤起着一定的调节日本国内煤炭价格的作用，它已经成为最近几年日本商品惊人地向海外发展的原因之一，这是没有疑问的。

抚顺煤成了日本的标准煤，到了不管什么煤都必须同抚顺煤比较的时代。当时日本国内认为，抚顺煤如果发生自燃，其责任不在煤炭本身质量问题，一定有其他人为因素。据说当时日本有这样一条海军规定：抚顺煤只准许旅顺港的舰船权宜使用。据称，"制炮于军舰钢板用钢，除使用抚顺煤外，无其他煤炭可用"。"八幡制铁所所有炼钢用煤气发生炉二十余座，假如使用抚顺中块煤，则开动十二座就足以够用，煤气性质稳定，可节省经费，因此趋向专用抚顺煤。"抚顺煤还具备可供现代化电站使用的良好条件，关西共同火力发电厂等一再要求供应抚顺煤，但目前不能充分供应。大型锅炉一座有几万马力，越是要提高蒸汽发生率，越是需要将火室内的温度升高到 1500 摄氏度以上，此时，灰分熔

---

① 满铁：《统计年报》，昭和十二年（1937），第 1047—1048 页，见解学诗主编《满铁史资料·煤铁篇》（第二分册），中华书局 1987 年版，第 398 页。

融度低的煤炭，灰分在向烟道飞散中即行融解而附着于锅炉的要害，以至于妨碍它的效率。而抚顺煤炭是一种灰分熔融度极高的稀有种类，使用它，即无此虞。总之，抚顺煤虽不适用于铁匠炉和煤炉用，但作为工业用煤，被认为是绝好的标本。[1] 伪满洲国建立后，日本军需品消耗急剧上升。抚顺煤矿火药制造所一直在生产黑色炸药、硝酸铵炸药和点火药。因此，在伪满时期辽宁的炸药产量，由 1932 年的 2597 吨，1936 年的 4103 吨，1941 年增加到 7815 吨，1944 年又增加到 10706 吨。抚顺煤矿火药制造所 1944 年有职工 349 人。[2] 表 9 - 6 是伪满时期抚顺煤矿火药制造厂制造的火药情况。

表 9 - 6　　　　　　　　　伪满时期抚顺煤矿炸药产量

年份	炸药合计（吨）	其中：抚顺炭矿火药制造厂	
		黑色炸药	硝酸铵炸药
1932	2597	742	880
1933	3445	1120	1268
1934	3794	961	1494
1935	3603	824	1746
1936	4103	1054	1797
1937	3837	967	1799
1938	4130	883	1923
1939	4727	615	2230
1940	5211	318	2241
1941	7815	242	2355
1942	8642	205	2238
1943	9744	4	2165
1944	10706		

　　资料来源：根据《东北经济小丛书》化学篇（下）、《东北厂矿基本资料》化学篇和《抚顺炭矿统计年报》等资料整理统计。

----

[1]　满铁抚顺炭矿：《炭矿读本》，昭和十四年（1939），第 10—13 页，见解学诗主编《满铁史资料·煤铁篇》（第二分册），中华书局 1987 年版，第 442—443 页。

[2]　张福全：《辽宁近代经济史（1840—1949）》，中国财政经济出版社 1989 年版，第 488、582 页。

从 1905 年开始至 1945 年抗日战争全面胜利，日本侵略者霸占抚顺煤矿长达 40 年之久，共从抚顺煤矿掠夺了 2 亿吨煤炭，攫取利润 26.08 亿银圆。由此可见，日本侵略者给中国造成了多么惨重的损失。这些掠夺的煤矿和惊人的利润支撑了日本 40 年间的几乎所有战争侵略行为，给中国及世界人民带来深重的灾难。尤其是 1931 年九一八事变后，日本海陆军大量使用抚顺煤炭，为日本全面侵华和发动太平洋战争提供了能源保障。日本侵略者最大限度地榨取抚顺煤矿资源，是完全为了日本的殖民统治和扩张侵略服务的。

第三节　给抚顺民众带来深重灾难

日本帝国主义者统治煤城抚顺 40 年间，最猖獗的时期是从 1931 年九一八事变后的 14 年。这 14 年间，日本帝国主义屠杀抚顺人民的血腥罪恶史，实属罄竹难书。日本为了侵略中国作了长期侵略战争准备，利用中国的资源和中国的人力、物力，进行罪恶的侵华战争，屠杀中国人民。日本帝国主义通过设立"满洲宪兵团"等统治机构、施行"经济统制法"、掠夺奴役及奴化教育，使抚顺人民在恐怖统治下度过长达约 40 年非人生活。

一　所谓"勤劳奉公"及强制劳动

七七事变后，日本帝国主义加紧侵略中国，妄图把整个中国变成它的殖民地。由于战争的需要，经济上采取了"以战养战"的政策。在东北大肆修筑公路、桥梁和其他军事工程，开垦荒地，种植粮油作物。因此，需要大批劳动力，为了强迫中国人民充当苦力，日本侵略者有计划、有组织地成立了所谓"勤劳奉公队"，对中国人民实行残酷的压榨和屠杀。

1941 年 9 月 10 日，"伪满洲国国务院会议通过《劳务新体制确立纲要》"，10 月 22 日修改的《劳动统制法》公布后，伪满洲国的劳务政策发生重大转换："减少对华北劳动力的依赖，确立所谓国内自给体制；实行全面奴役的国民皆劳"；充分运用强权厉行"国家性"劳务统制。1941 年 12 月 13 日公布《劳动人募集统制规则》。1942 年 4 月 1 日伪满民生部公布了《关于重要煤矿业铁矿业劳动人募集地盘设定之件》①，对满铁抚顺煤矿等重要煤铁矿业企业实行劳动者募集地盘制度。每个企业被指定的劳动力募集县旗少者两个，多者十个以上。被指定的县旗多在各该厂矿企业附近，还有的县旗被指定为数家企业的劳动者募集地盘。

满铁抚顺煤矿与满铁铁道总局附业局还达成协议，抚顺煤矿与铁路"爱护村"相结合，首先计划在奉吉（沈阳至吉林）沿线铁路"爱护团"于农闲期间（11 月至翌年 3 月）提供劳动力（1942 年为 3000 名），以 30—40 人为一集团交由把头统筹就劳，原"爱护团"班长及分班长从旁监督。② 除此之外，1942 年 2 月 9 日，伪满民生部公布《劳动者紧急就劳规则》，日伪在抚顺城乡大抓劳工，有人出人，无人出钱；少则 30 元，多则 260 多元（注：指伪满元）。被抓劳工如同犯人，无人身自由，从事繁重体力劳动，不是累死、饿死，就是冻死，很少有人逃生。人们哀叹"劳工吃的阳间饭，干的阴间活，天天遭毒打，生命难逃脱"。③ 随着太平洋战争爆发，特别是自 1943 年下半年日本战败征兆明显，美军飞机开始大规模轰炸日本本土，日本战时经济急转直下，开始转入所谓"决战"阶段之际，这种政策的推行变本加厉。当然，核心问题是尽可能多地获取劳动力，即实行所谓"募集重点主义"④，而根本办法也只是征集的强制性不断加强。

1943—1945 年，伪满青年学生几乎是常年被迫担负劳役。刘寒松先生于 1943 年春，在抚顺市中和国民优级学校读书时，由副校长久住修三（日本人）带领 200 多人，被强迫征集到抚顺市瓢屯（今望花区高湾农场附近）去开垦荒地，种植蓖麻（用蓖麻籽生产空军用的润滑油）。

---

① 《政府公报》1942 年 4 月 1 日，第 2364 号。
② 满铁劳务对策委员会『満洲労働問題と満鉄労働事情』、1942 年、第 5 頁。
③ 肖竞、李联谊：《抚顺工人运动史（民主革命时期）》，抚顺市总工会干部学校，1995 年，第 148 页。
④ 解学诗、［日］松村高夫主编：《满铁与中国劳工》，社会科学文献出版社 2003 年版，第 75 页。

又于 1944 年在奉天省立第四国民高等学校读书时，由日本老师朝香带领 100 多名学生到沈阳铁西机场去"勤劳奉仕"[1]，强迫学生从事繁重的体力劳动。在日伪时期，青年学生常常被迫听课数月，送到"边境"服苦役。日本在抚顺东洲建东制油（中国石油抚顺石化分公司石油二厂）时，强制征集抚顺"勤劳奉仕"队队员和青年学生去挖土方，翻干子石（油页岩），抬大筐、挑土篮。

抚顺的"勤劳奉公"[2] 队在日伪时期与东北各地的情况大体相同。伪满抚顺市公署市长俊滕英男兼任抚顺市"勤劳奉公"队大队长（内部也叫司令），1945 年泽田市长兼任，抚顺市民宫风斌的哥哥宫××曾任中队长，下设若干小队，小队下设班。在伪满抚顺市公署设立动员科专管"勤劳奉公"队的行政事宜。伪满抚顺市协和会也设立了"勤劳奉公"班，协助伪满政府做思想动员工作，从思想上奴役迫害"勤劳奉公"队员。据曾任伪满抚顺市协和会青少年训练所教官的王有（现名王泽清，今抚顺市二十中学退休教师）回忆："我曾在伪满抚顺市协和会青年训练所任过职，协和会确有勤劳奉仕班这个组织，协助抚顺市公署动员科动员（强制征集之意）'国兵漏'和青年去充当勤劳奉仕队员，谈什么当队员光荣，是日满协和的友好行动等诱骗的花言巧语。"[3]

抚顺的"勤劳奉公"队除在抚顺东制油厂（今石油二厂）、西制油厂（今石油一厂）、抚顺轻金属厂（今铝厂）、抚顺液化厂（今抚顺石油三厂）、日本九一八部队仓库（今三二五库）、抚顺火药厂（今抚矿十一厂）、瓢屯开拓团（今高湾农场）以及抚顺洋灰窑（今抚顺水泥厂）等地进行繁重劳动外，还有被强迫征集到"北满边境"修筑所谓"国防"线的，也有的被送到距哈尔滨市 20 千米的平房一带，给日本七三一部队（细菌试验部队）和距长春 10 千米的孟家屯第一〇〇部队（细菌试验部队）充当劳工的。人们在日本关东军刺刀下负担着沉重的劳

---

① "勤劳奉仕"是日本军国主义殖民统治时期，对中国人民进行奴化教育的反动口号，带有强烈的殖民压迫和思想奴役色彩。

② "勤劳奉公"与"勤劳奉仕"本质相近，是日本军国主义在侵华时期推行的殖民奴化政策的重要组成部分，主要在伪满洲国等占领区实施。

③ 刘寒松：《日伪残害抚顺人民的"勤劳奉公"》，《抚顺文史资料》第 9 辑，见何天义主编《日军枪刺下的中国劳工——伪满劳工血泪史》，新华出版社 1995 年版，第 129 页。

役，去者多，归者少。

二 万人坑

从 1905 年到 1945 年日本国昭和天皇向全世界宣布无条件投降为止，抚顺煤田被日本帝国主义强行霸占长达 40 年之久。在这 40 年的漫长岁月中，日伪抚顺军警宪特机关，其中也包括满铁抚顺炭矿劳务课和"劳务兴国会"，对煤城人民残酷统治，血腥镇压，先后不知有多少爱国抗日的仁人志士和人民群众惨死在日本法西斯的皮鞭和屠刀之下。由于日本帝国主义只顾疯狂掠夺，狂开乱采，不顾生产安全，置矿工的生死于不顾，无数矿工惨死在地层深处的矿井之中。九一八事变后，1931 年 9 月 19 日，日本侵略者占领抚顺，侵略者占领抚顺后"施行极无理的检查、凡形似学生或军人者，即施以侮辱打骂，或枪毙"[①]。"日军公开强占一切机关、工厂、矿山、银行和铁路等，对工农贫民群众施行残酷地任意屠杀，大街小巷之死尸触目皆是……工农兵劳苦群众的生活，完全在失业流离、恐怖、死亡、饥饿、贫困的状态中。加之物价突然高涨数倍，一般商人拒用奉票之，结果，自动抢粮、抢煤者到处皆是。因工人停工，而失业工人生活贫困已达空前的境地。"[②] 矿工一旦得了重病，日本人和把头们不但不予照顾、医治，还借口病人会传染病菌，将生病的矿工撵出"大房子"，给两张破席子自己在外面睡，结果矿工因病情加重而死亡。在每排"大房子"的后边，都有一个抛扔尸体的大坑，当时，抚顺竟有 60 多个"死尸坑"[③]。

仅据胜利矿一位年逾八旬的退休工人刘永财回忆说："日本侵略者根本不把中国人当人看待，不管工人死活，人死了往万人坑一扔了事。"煤城劳动人民被日本帝国主义，整整统治了 40 个年头。日本强盗把中

---

① 团满洲省委小贺：《巡视南满（团的工作）报告——政治经济状况及革命情势。团和群众的组织、工作检查。对今后工作的意见及具体办法。巡视工作的检查》（第一节），1931 年 11 月 17 日。

② 中共满洲省委：《日本帝国主义武装占领满洲与目前党的紧急任务的决议》，1931 年 9 月 21 日。

③ 肖竞、李联谊：《抚顺工人运动史（民主革命时期）》，抚顺市总工会干部学校，1995 年，第 30 页。

国人当成任意宰割的羔羊，进行过难以计数的血腥屠杀。之后又把上万具尸体赤裸裸地扔进了万人坑内。据一位当年居住在抚顺日本宪兵队（西十条通西三番町）附近的齐春良老人回忆说："日本宪兵队院里院外，戒备森严。每日不分白天黑夜，从院里传出来的喊叫声，惨绝人寰，不绝于耳。那种悲惨情景，实叫人难以目睹。真是活着进去，躺着出来。日本宪兵把人从前门活着抓进来，百般折磨，惨死之后，再从后门拽进去。一个一个的，都像是扔东西一样，扔到百万人坑里边去。差不多都是血肉模糊的具具尸体，真叫人目不忍睹。"①

根据方觉、姚云鹏20世纪90年代初的现地查访，以及对抚顺万人坑曾进行过长期调查的赵立静（曾在抚顺市社会科学研究所工作）讲述："抚顺最大的万人坑即当年千金寨市区东郊刘山乱坟岗子以南，曾被称为丘楼子的地方。现在的详细地址为露天区西刘山，刘山第一小学校的空旷田野处，这个地方，原来共有2个万人大深坑。这两个深坑，相距并不太远。几十年的时间过去了，这两处'万人坑'虽然早已经被填平，可是每到雨季，在这一带的地面上，还常有地下水往上返。当时，仍有当年死难者腐烂尸骨油脂的油花往上溢。人们不时仍可呼吸到尸骨的腥臭气味。"②

另外，当年的龙凤矿和老虎台矿亦均有万人坑。龙凤矿俱乐部正南方向也有一处。这些地方，如今都已经建造了职工住宅。由于高楼大厦，鳞次栉比，"沧海变桑田"，再也无法寻觅到当年万人坑的踪迹了。老虎台矿办公大楼对面的正南方向，有一个被称为青草沟的地方，也有一处万人坑。当年日本法西斯欺世盗名，粉饰自己，曾在万人坑处，竖墓碑一座，以所谓的纪念，来歌颂日本帝国主义刽子手们，在此处所表现的"丰功伟绩"。另赵立静、关文艳、赵秀芝、邹凤荣等人，于20世纪70年代在抚顺市博物馆工作期间，曾对抚顺全市究竟有多少处万人坑的问题，进行了为期半年的调查了解。曾在整个抚顺地区，从东到西

---

① 方觉、姚云鹏：《血肉模糊万人坑》，见何天义主编《日军枪刺下的中国劳工——伪满劳工血泪史》，新华出版社1995年版，第140—141页。
② 方觉、姚云鹏：《血肉模糊万人坑》，见何天义主编《日军枪刺下的中国劳工——伪满劳工血泪史》，新华出版社1995年版，第141页。

几十里的范围内，共查出万人坑七十多处。实际上是，每个矿区（当年称为采炭所）、每栋工人"大房子"的附近，都有一座万人坑。而且有的地方还在工人住的"大房子"房山头不远处，设有一间死人库房。工人死了之后，死一个时在库房里单摆，死两个时，摆起来。等死人积攒多了，再一起扔进万人坑里。①

当年的抚顺究竟有多少个万人坑？这些万人坑现在又都在哪里？这个问题，在如今的抚顺市区地图上早已无法找到了。2015 年，是中国人民抗日战争胜利 70 周年，抚顺市社会科学院副院长王鲁平根据最新结果认定，自 20 世纪 70 年代调查后，抚顺市相关部门认定的万人坑遗址"共有 36 处，在此基础上对相关遗址的重新调查考证显示，确定其中较大有 8 处"。其中，龙凤矿附近有 3 处，分别为龙凤矿东侧南北走向的山冈老君庙"万人坑"遗址（原有日伪时期老君庙，目前为一所中学）；龙凤矿南 800 米处的"龙凤南山万人坑"遗址；龙凤矿俱乐部以南"夜海沟南山万人坑"遗址。老虎台矿附近 2 处，分别为今老虎台矿南 1300 米外的"青草沟万人坑"遗址；老虎台矿南 900 米高岗上的"万人塔万人坑"遗址。此外，西露天矿和胜利矿南面的"刘山邱楼子万人坑"遗址是抚顺最大的"万人坑"遗址，"在胜利矿西南 1300 米、西露天矿办公楼东南 3500 米处西南岗下 100 米的山沟之中。当地群众至今仍称此地为'万人坑'。这里原有两个大深沟，靠里面的坑稍小，长 50 多米、宽30 多米；外面的坑较大，长 100 多米、宽 80 米左右，两个坑都有十几米深"。另，在"刘山邱楼子万人坑"遗址西侧山谷中也有一座面积较大的"万人坑"遗址。除了上列 7 处较大的"万人坑"外，在抚顺新屯附近还有一处原"抚顺矫正辅导院"的"万人坑"遗址。②

日本帝国主义者就是这样把资源丰富的抚顺，变成阴森恐怖的地狱！无数人在这里断送了生命。当时的煤矿，天天都要死人。日本人就把尸首往山沟里一扔，后来把山沟都扔满了。南花园北面的"万人坑"就是由此而得名的。根据当时人们的估计，"在日寇统治的四十年

---

① 方觉、姚云鹏：《血肉模糊万人坑》，见何天义主编《日军枪刺下的中国劳工——伪满劳工血泪史》，新华出版社 1995 年版，第 140—142 页。

② 《抚顺较大的"万人坑"有 8 处死者近 30 万》，《辽宁日报》2015 年 3 月 3 日。

内，由于日寇集团和个别的屠杀，由于在监狱、辅导院、特殊工人集中营等处折磨致死的，有 25 万到 30 万人之多"[1]。日本强盗是用中国人的生命和鲜血换取煤炭和石油，中华人民共和国成立前抚顺的矿山、工厂，是在中国人尸体上建立起来的。抚顺大大小小的万人坑均是日本侵略者侵略罪行的最好例证，其屠杀中国人民和奴役中国劳工的罪行是无法销毁的，更不容抹杀。在日伪统治时期，被日本军警宪特及抚顺煤矿日本殖民当局迫害致死的中国抗日爱国人士和中国劳工大量埋葬在抚顺众多的万人坑中，他们的名字无人知晓，他们的功绩永垂不朽。

三　抓"浮浪"

日本侵略者为了支撑侵略战争，强化对东北人民的法西斯统治，实行高压政策，颁布了一系列反动的法令。1943 年 9 月 18 日颁布了《保安矫正法》和《思想矫正法》两个反动法令。《保安矫正法》的所谓"预防犯罪"和《思想矫正法》实行的"预防拘禁"，都是日本侵略者在法律上的"创新"，为它们残酷镇压东北人民制造法律根据。日伪统治政权依据这些反动法令，随意抓人捕人。它们认为某人有罪或"有犯罪可能"，都一律抓捕，投入"矫正辅导院"或监狱。广大无辜的群众惨遭迫害，东北大地笼罩在恐怖之下。日伪军警依据"矫正法"，开始在东北实施大规模的搜捕，他们称为"索出"。有两种"索出"，一是所谓"个别索出"，即个别逮捕，这种办法主要用于"思想矫正"的人。日伪军警按照自己的意愿和判断，认为谁有犯罪可能，不管被捕对象处于任何行为（包括外出上街或旅行）都进行抓捕。二是所谓"一齐索出"，即所谓"抓浮浪"，就是出动大批军警，一次抓一大批人。许多人往往在街上一走，就被当作"浮浪"抓去关进监狱或"矫正辅导院"。[2]1944 年 5 月抚顺市警察局在局长柏叶勇一指挥下，佯装警备演习，动员警察警备队等 300 名武装警察，选择抚顺地方法院前、露天市场、欢迎街等人群最多的几个地方，突然加以包围，在挨户检索的同时，对行人

---

[1]　"煤都抚顺"编写小组编：《煤都抚顺》，辽宁人民出版社 1959 年版，第 35 页。

[2]　孙玉玲主编：《日军暴行录：辽宁分卷》，中国大百科全书出版社 1995 年版，第 305—306 页。

逐一盘问，将持有官吏身份证和劳动票以外的 800 人逮捕，经过极简单的审问后，将大约 600 人援引《保安矫正法》送至区检察厅，拘留于抚顺"矫正辅导院"，使其在煤矿劳动。尤其残酷至极的是，抚顺警察局在年末进行的抓"浮浪"中，将逮捕的无劳动能力又无栖身之处的老人和鸦片瘾者装上卡车，扔到严寒 12 月的抚顺、兴京县境大山之中，充作饿狼的饵食。仅 1943 年、1944 年的两次，其数量即达 120 名。①

四　横征暴敛

1938 年 12 月出版的《抚顺商工名录》记载，日本侵略者仅在市区就开办商业网点 462 户，达到侵占抚顺的最高点。1939 年 12 月，日本侵略者依据《满洲开拓政策基本纲要》，在抚顺大肆进行移民和"开拓"活动。以每垧地 10 元或 20 元不等低价（当时公价每垧 250—300 元，民间 700—8000 元）（注：指伪满元），强行"收买"良田、山村，然后又以高价转租失去土地的农民。全国抗战开始后，日本侵略者在农村采取"粮谷出荷"强行征收，在市区实行严格的"配给制"。到 1943 年间，市民中成年人每月只能配给 6 公斤粮食，小孩只配给 1 公斤，市民只好用豆饼、豆渣、米糠、野菜等充饥，因饿而死者急剧增加。②

五　以防疫为名屠杀煤矿工人

劳工们长时间生活在卫生条件极其恶劣的环境中，忍饥受寒，从事高强度的体力劳动，身体被折磨得很虚弱，平时吃的又是些发霉的高粱玉米面、橡子面以及麸糠野菜之类，很容易生病，甚至导致传染病流行。劳工们生了病，日本侵略者不但不给医治，而且采取种种手段使其速死。如发生传染病流行，他们不是对患者积极治疗以遏制疫情，而是以"防疫"为名进行集体屠杀，以消灭肉体的方式切断传染源。

1943 年 7 月，抚顺煤矿出现霍乱，有些劳工染病死去，而龙凤矿的

①　战犯古海忠之等：《日本帝国主义侵略中国史》，手稿，第 1194—1196 页，见解学诗、[日] 松村高夫主编《满铁与中国劳工》，社会科学文献出版社 2003 年版，第 101 页。
②　肖竞、李联谊：《抚顺工人运动史（民主革命时期）》，抚顺市总工会干部学校，1995 年，第 147 页。

劳工患病者较多。日本矿业主怕霍乱流行，影响生产，十分惊慌，把龙凤矿整个矿区的劳工宿舍分片用铁丝网、电网圈起来，进行隔离，又调来日伪军警把守，隔离区内的人不准出来，外面的人不准进入。隔离区内的劳工和家属，每人每天只能吃一个橡子面窝头，人们饿极了，就想法翻过铁丝网、电网到隔离区外挖野菜，找吃的，有的人不小心被电网电死，有的被军警发现，抓回来打得半死。整个龙凤矿，变成了恐怖世界。

光是隔离还不算，矿上的日本管理人员又在搭连坑东面搭起一栋席棚子，把矿上的男女老少都赶到那里验大便，验便时，女人们也和男人一样，要被医生当众扒下裤子。许多青年妇女一听说要去验便，就失声哭泣。有的妇女为了逃避这种侮辱，竟跳井、上吊自杀。除了集体验便，日本管理人员每天都要带着医生和军警，挨家挨户地检查，发现哪家有病人，就将这家的门窗封死，禁止全家人外出，使其活活饿死在屋里。这样一来，劳工家中有人得了病，更加恐惧，都设法掩盖隐瞒。日本管理人员令劳工在南山临时搭起了 6 座席棚子，作为"隔离所"，四周拉起铁丝网，并有军警昼夜巡逻。凡是查出患病或疑似霍乱者，都被送进隔离所，按病情轻重，分为一、二、三等隔离起来。被抓进隔离所的劳工达 1000 多人。这些人每天只给半勺能照见人影的稀粥，不少病人被饿死。[①]

从隔离所逃出去的劳工，一旦被发现抓回，便要受到严惩，以警示众人。有的被关进隔离所的劳工本来只是拉肚子，不是霍乱，有的拉了两天肚子就好了，有的病情不重的劳工受不了饥饿的折磨，这些人向日本医生要求离开隔离所，日本医生便拿他们寻开心，令所有人排成队，发令一齐往山上爬，谁第一个爬到山顶，谁就算已经恢复健康，放他出隔离所，跑不动的继续隔离。结果很少有人能离开那个死亡之地。

许多被关进隔离所的劳工，被病魔和饥饿折磨得奄奄一息，每天都有一批人死去。炼人场、万人坑就在隔离所附近，人死了就往那里送，运尸车每天都要往炼人场或万人坑运尸体。南山坡上的炼人炉，天天烧

---

① 梅桑榆：《中国战俘劳工录》，解放军出版社 2015 年版，第 194—195 页。

尸不止，大烟囱黑烟腾腾，直冲九霄，焚尸的气味，数里之外可闻。后来，日本矿业主觉得如此"防疫"太麻烦，又怕疫情扩散，竟下令前来协助"防疫"的日本军警在隔离所周围架起机枪，给隔离所的席棚子泼上成桶的汽油，放火焚烧。6栋席棚子烈焰腾腾，爬不起来的人哀号惨叫，在地上翻滚，还能爬起来的人挣扎着往外跑，皆被军警用机枪射杀。1000多名被隔离的劳工，全被烧死。[①]

日本侵略者侵占抚顺煤矿达40年之久，给抚顺煤矿造成了无法挽回的破坏，更给抚顺人民带来了深重的灾难。特别是九一八事变后，抚顺及整个东北沦为日本侵略者的殖民地达14年之久，这是日本帝国主义侵华过程中极为残暴的篇章。在此期间，日本侵略者在政治上实行惨无人道的军事法西斯统治，在经济上进行敲骨吸髓地掠夺。进行所谓"勤劳奉公"并结合强制劳动制度，横征暴敛，残害平民，进而制造了骇人听闻的"万人坑"，将抚顺乃至整个东北变成了其压榨中国人民的牢笼和扩大侵略战争的基地。

第四节　对抚顺生态环境造成严重破坏

日本侵略霸占抚顺煤矿后，随着城市的发展，千金寨逐渐成为抚顺的中心城区，承载了政治、经济、文化等城市功能。然而随着日本对抚顺煤矿的强盗式掠夺逐渐加剧，其破坏性日益显现，不仅大量消耗了抚顺煤矿的宝贵矿产资源，而且给抚顺地质结构和生态环境造成了难以弥补的严重破坏。

一　千金寨的消亡

抚顺千金寨，南迄千山台麓，北接大官屯，东临杨柏河，西靠露天矿，东西长2.5千米，南北宽2千米。千金寨原是城市西南郊的一个小村落，随着抚顺西部煤田的开发而发展成市镇。日方又于1906年在千

---

① 梅桑榆：《中国战俘劳工录》，解放军出版社2015年版，第196页。

金寨西 5 里地方，"收买"大量土地，开辟建设成一个专供日本人居住的市街，被称为新市街；而另一批日本人仍同华人居于一地。这样就出现了两个千金寨，人们通常把日本人专住区称为新市街，在其东南原来的城镇则称旧市街。据《奉天抚顺煤矿报告》（1921 年 2 月调查）记载，抚顺煤矿，"距南满洲铁路苏家屯站五十余里，自此筑一支线，直达千金寨，至千金寨与杨柏堡、老虎台、龙凤坎等处，均筑有电气铁路，以资运搬。且苏家屯南通营口、大连、旅顺，北达奉天、长春、哈尔滨，东经安东而至高丽。交通颇为利便。抚顺煤矿区之境界，据日人所说，西至古城子河岸，东至龙凤坎村东端，南以千金台、虎山、台灯一带连嶂为界，北至于浑河，东西延长约二十八里，南北宽约六里有余，面积约计为一百八十一平方里零一百七十六亩。矿区西隔古城子河，与瓢尔屯煤矿、天宝煤矿、华胜煤矿相近。东与搭连煤矿邻接。搭连煤矿，于民国五年（1916）六月，归中日合办，由东洋煤矿有限公司抚顺支店经营之，惟坑内时遇灾害，出煤不多"。"抚顺自千金寨煤坑开凿以来。至今十余年间，其附近一带，矿工聚集，中外商贾，纷至沓来。市街日辟，交通亦日以便，故千金寨附近，俨然为抚顺之巨镇，而抚顺城则远在浑河之北，萧条异常，近已将县署迁至千金寨市街北部，盖为时势推移，出于不得已者也。今将日本人管辖所谓抚顺区附属地内之居民户数及人口列表如后，以备参考焉。"在抚顺千金寨，1918 年，中国人 2061 户，21105 人；日本人 3409 户，男 5299 人，女 4148 人。1919 年，中国人 1666 户，25283 人；日本人 3801 户，男 6037 人，女 4606 人。1920 年，中国人 2752 户，27785 人；日本人 4873 户，男 7419 人，女 6176 人。[①] 当时千金寨工商业已经很发达。1930 年抚顺地区有商户 983 家，千金寨就有 885 家。1931 年，千金寨有油房 17 家，全年生产豆油 124 万斤，豆饼 22 万片。1933 年千金寨居民有 5852 户，其中工商户占 95.1%。以千金寨为中心的工业，包括地方性的小煤窑（如由中国人佟树森开办的阿金沟煤矿，是地方小煤矿中较大的一个，后改称金沟煤矿公司），已经初步形成体系。

---

① 虞和寅：《抚顺煤矿报告》，北京：农商部矿政司，1926 年，第 1—3 页。

抚顺的千金寨是随着抚顺采煤的事业发展而发展起来的，并且是和富饶的煤矿区的名声不可分割的。当时关内流传着这样一首歌谣："都说关外好，千里没荒草；头上另有天，金银挖不了"，就是指的这个地方。关于千金寨这个名称据说就是因为大量开采被称为"乌金"的煤炭，易获巨利，日进千金，而得来的。在明朝，这里是"千金所"，至清光绪三十四年（1908），改抚顺千金所为千金寨，当时千金寨已经是抚顺最繁华的地方，成为一座南至千山台山麓、北达大官屯的东西长五里、南北宽四里的小市镇。至 1930 年，千金寨已有六所公立和私立小学校与一所女子师范学校，一处面积为三万五千多平方米的公园，还有一处三层楼房的商场和剧院。然而，对于人民来说，特别是对于抚顺的矿工来说，提起千金寨却只有血泪的回忆。千金寨是帝国主义榨取高额利润的地方，也是工人们啼饥号寒，流离失所，大批工人死于非命的地方。正如当时的歌谣所云："一到千金寨，就把铺盖卖，新的换旧的，旧的换麻袋。"还有这样一句双关歇后语："千金寨的火车——倒煤（霉）。"然而，日伪统治者对抚顺煤矿的疯狂采掘，造成了抚顺地质结构及生态环境的严重破坏，千金寨在日本侵略者逐渐蚕食破坏下，逐渐消失在历史的苦难记忆中。延续了几百年的抚顺千金寨，现在已不存在了，原千金寨的所在地，变成了露天矿的大坑。这也是经过了一段极为痛苦的过程的。原来，千金寨正处于抚顺地下煤层之上，而且紧靠当时日本人开采的"古城子露天矿"的北面。日本帝国主义为了扩大采煤区，疯狂地掠夺中国资源，便不择手段地对千金寨的居民施加压力，利用各种办法逼迫和引诱他们迁居。此愿不遂，日本帝国主义又利用大山坑井下采煤不充填的办法，使地壳逐渐下沉，于是每逢雨季，市街就变成泽国；同时由于日常井下放炮崩煤，地壳震动剧烈，因此造成市街房屋四分五裂，东倒西歪，危险万分，居民不堪其苦。日本人用这种毒辣手段，终于把当时的居民赶往指定的所谓"安全地区"，即浑河南岸一个废弃矸子堆上居住，现在这个地方叫作"新抚顺"。原来千金寨大部分地方便逐渐变成了露天大矿坑。

二　对抚顺地质结构的破坏

日俄战争爆发后，日本强指抚顺煤矿为俄国人产业予以没收。1905

年日本又强占该地其他三处中国人煤矿，合为一起经营，改名"抚顺炭矿"。1907 年 4 月，日本政府将抚顺炭矿移交满铁。满铁接收后，为扩大经营又先后建成大东乡两个竖井（1910 年、1911 年）、古城子露天矿、龙凤矿斜井（1918 年）、新屯斜井和古城子第二露天矿（1919 年）。1929 年 5 月，满铁还用 225 万日元的价格"收买"了搭连煤矿，将其作为抚顺煤矿的一个矿区。到九一八事变前，满铁在抚顺共建成采煤所 7 个，矿井 12 个详细如表 9 - 7 所示。[①]

表 9 - 7　　　　　　　九一八事变前满铁在抚顺建立的采煤所一览

采煤所名	矿井	营业开始年月	1930 年度产煤量
古城子	古城子露天矿（包括大山南矿）	1915 年 4 月	1716800 吨
杨柏堡	杨柏堡露天矿	1928 年 11 月	245200 吨
东冈	东冈露天矿	1928 年 12 月	221000 吨
大山	大山本井	1911 年 4 月	588000 吨
	大山南井	1907 年 4 月	358000 吨
东乡	东乡本井	1911 年 6 月	323600 吨
	东乡南井	1907 年 4 月	349400 吨
老虎台	老虎台井	1907 年 4 月	342600 吨
	万达屋井	1915 年 4 月	521400 吨
龙凤	新屯井	1920 年 4 月	517600 吨
	龙凤井	1918 年 10 月	277400 吨
	搭连井	1920 年 12 月	47940 吨
计			6598100 吨
烟台	（支矿）	1908 年 10 月	142500 吨

资料来源：苏崇民：《满铁史》，中华书局 1990 年版，第 200—201 页。

1925 年 5 月 19 日，据抚顺县农会会长邵保琮、商会会长王佩琛等呈称，"窃查千金寨市街毗连日本矿区，街面虽未曾售卖，地内已被其采掘，至刨煤遗留之空隙，是否随时填固，不得而知。惟每逢在地内施放炸炮，必致地动山摇，居住人民咸有戒心。讵近日前后，新市街福顺

增、天和顺、增益泉、裕聚久、福合楼、会济信、广生堂、荣春楼等商号之地基，忽裂地缝甚多，深不可测，宽三四寸，五六寸不等，以致火坑陷落有深至尺余者，墙垣倾倒，屋宇歪斜，终日震动，危险已达极点。全埠人民咸抱陆沉之惧，行住不稳，寝食难安。现各商号之柜伙，辞账躲避者已达数十人之多，人心惶恐，已可概见"。况且1920年8月18日，"已有埠东老虎台居民陈青山之住房九间被该矿将地内挖空一并陷落，并压死陈青山、杨全幅二名，受伤妇女及小孩四人，事实俱在，可为殷鉴，若再听其自然，终不免被其陷害"。① 1928年7月4日，在奉天交涉员高清和致满铁奉天公所长镰田弥助的信函中，也反映了千金寨地质灾害的情况，"千金寨全市均因之下陷，少则三四尺，多则丈余，所有县街各机关及商民房屋均被塌陷，万难再用。现在水势仍未少减，虽经设法排泄，然亦无济于事"。②

　　1929年5月7日，日本殖民当局与抚顺当地居民就地面塌陷问题，爆发了一次严重的暴力冲突。据日方《情报》记载，"抚顺搭连采煤所随着事业的发展，感到过去的坑道极不方便，自本年3月中旬起，在搭连车站西面约350米的地点，开凿新的斜井，在工程进行当中，遭到附近居民的反对。自4月22日起，村民曾数次大举闯进作业现场，施加暴行，妨碍作业，致使工程不得不暂时停止。经日本殖民当局与中国方面抚顺县县长交涉，才逐步解决"。抚顺煤矿附近居民因日方地下采煤工程影响，使其生活用水受到极大影响，同时伴有因煤炭开采而导致的住宅坍塌问题，所以对日方开凿新井的工程激烈反对。4月22日约90名村民持棍棒闯进施工现场，阻止作业。于是矿业公司特派劳务系人员十数名到现场取缔，然而抚顺居民反抗更甚，作业苦力因恐居民阻挠，不能作业，工程暂时停止。于是请抚顺警察署予以保护，该署即派巡查数名到搭连警察派出所采取相应措施。施工现场附近有中国居民300余户，因采煤工程，使水量减少，土地陷落，威胁他们的居住，这些均为

<hr>

　　① 《奉天交涉署给抚顺县知事的训令》，1926年5月19日，抚顺县档案，1—12860号。见解学诗主编《满铁史资料·煤铁篇》（第一分册），中华书局1987年版，第221—222页。
　　② 《奉天交涉员高清和致满铁奉天公所长镰田弥助函》（1928年7月4日，第842号），满铁档案：乙种，总体，庶务，奉天公所，第24册，第4号。

事实。矿业公司在着手工程当时，拟在该村设置水道，但未实施。当地居民提出要求如下："1. 在已'收买'地域与未'收买'地的境界中，若开凿斜井会导致道路通行受阻，则应保留该道路。2. 因采煤而使水量减少，应敷设水道。3. 因施工现场接近民家，宅地有塌陷的可能，应高价'收买'土地，否则应赔偿损害。"①

此事件爆发后，中国方面的抚顺县县长等人前往现场实地调查。矿业公司虽就村民的行为向抚顺县县长提出严辞交涉，但中国方面未应允煤矿的要求，事件因而未能得到解决。矿业公司认为这属于其"收买"地范围内的事务，遂坚决排除万难，于26日8增派十余名管理人员，同时设置铁丝网以防抚顺居民前来干预，下令工程照常进行。但工程重新开始时，村民们各自"携带长枪、枪和棍棒等闯进作业现场，阻碍工程，虽经管理人员制止亦不肯退出，反而对管理人员施加暴行，形势愈加严重。矿业公司立即请警察署派警察保护。署长大林警视率警部补等巡查、巡捕二十二名，急驰现场，当时恰好日本管理人员同数十名村民格斗。我方警察应援队到达现场，暴徒企图逃走，但我警察应援队认出主谋者陈兰亭（当年53岁）、陈子心（当年33岁）、王殿喜（当年31岁），予以逮捕，押送本署。其他村民均逃入附近村庄，形势更加险恶，为恐其再次大举来袭，工程已不能进行。大林署长从现场径去会见日本殖民当局，协商善后对策，结果决定工程即日停止，待与中国官方交涉研究出合理的办法后，再进行施工"。另外，当天矿业公司从事管理工作的劳务系坂本米吉、满重隼人、小田清吉等十人负轻伤，但仍能执行勤务。据相关信息，抚顺居民中存在较多重伤人员。日方在工程现场恐村民再度来袭，为进行防卫，矿业公司配备系员和警部补等巡查十名，担任警戒。中国方面的公安局为了阻止村民也派来数名警戒员，事件乃逐渐平息。日本殖民当局派庶务课长与抚顺县张县长进行交涉，最后矿业公司让步，承认下列条件。自4月28日起，工程继续进行，事件获得解决。"1. 新修道路；2. 设置水道，免费向居民供水，但不得浪费；

① 《情报》（1929 年 5 月 7 日，旅驻秘第 34 号），见解学诗主编《满铁史资料·煤铁篇》（第一分册），中华书局 1987 年版，第 223—224 页。

3. 煤矿对事件中中国方面负重伤者发给医疗费。"① 此外，抚顺煤矿每年需要坑木 6000 万才，② 起初从抚顺、安东以及安奉线一带商人手中购买。1914 年抚顺设立了苗圃，到 1919 年 2 月，抚顺煤矿造林 99.2 万株。同年 12 月，抚顺煤矿设立由其控制的满鲜坑木株式会社，接办发起人已有的山林，新辟林地，同时与抚顺煤矿签订 8 年内包销该矿所需坑木的合同，主要以安奉铁路沿线为采伐坑木的区域，平均每年提供大约 2500 万才（3000 车至 3600 车）坑木。1927 年以后抚顺煤矿从"北满"也获得坑木，满鲜坑木株式会社于是减少生产，加上安奉铁路沿线资源枯竭，勉强维持。③

在日寇统治抚顺煤矿时期，进行着惊人的掠夺式的生产，造成了抚顺煤田部署和开采的严重不合理。日本帝国主义根本没有全面和科学地进行地质勘探，便错误确定抚顺煤田的边界和埋藏量，并依此盲目地进行采掘。在煤田西部错误地将胜利矿东西竖井布置在露天开采的煤层上，严重地妨碍了西露天矿的发展，使东部采掘边界不能扩展。在煤层上，又盲目地建设了很多工厂和高层建筑物，几乎致使抚顺半个市区压在煤田上面，其直接导致煤炭损失达 1 亿多吨。在矿井巷道的开辟上，也是不合理的，在老虎台不按采掘程序进行开采，破坏了相邻的安全煤柱。洗选能力与生产极不相称。整个抚顺矿区电气化铁道，竟布置在煤层上，以致形成塌陷，威胁列车行车安全。电力系统布置也很紊乱，电压周波不一致，使设备调配和购置造成困难。这些不合理的现象，严重地影响了生产的安全和以后煤炭的开采，这充分说明了日本帝国主义经营抚顺煤矿生产的盲目性和掠夺性。日本侵略者霸占抚顺煤矿期间，对抚顺煤矿及抚顺地区发展造成了消极影响及严重危害，不仅给抚顺人民带来了深重的灾难，更对抚顺地质结构及生态环境造成了无法挽回的损失，时至今日这种历史上的破坏依然对抚顺发展带来了无法磨灭的伤痛。

---

① 《情报》（1929 年 5 月 7 日，旅驻秘第 34 号），日本陆海军省档案胶卷，Reel22，第 30151—30156 页。见解学诗主编《满铁史资料·煤铁篇》（第一分册），中华书局 1987 年版，第 221—222 页。

② "才"是日本传统的木材体积单位。1 才约等于 0.0278 立方米。抚顺煤矿在日伪统治时期采用这个单位来计量坑木用量。6000 万才约等于 166.8 万立方米。

③ 程维荣：《近代东北铁路附属地》，上海社会科学院出版社 2008 年版，第 194 页。

参考文献

林同济：《日本对东三省之铁路侵略》，上海：华通书局 1921 年版。

虞和寅：《抚顺煤矿报告》，北京：农商部矿政司 1926 年版。

吴承洛：《今世中国实业通志》上册，上海：商务印书馆 1929 年版。

支恒贵：《日本侵略满蒙史》，上海：世界书局 1929 年版。

东北文化社年鉴编印处：《东北年鉴 1931》，沈阳：东北文化社 1931
年版。

张连科：《国防与石油》，南京：军政部兵工署 1931 年版。

魏承先：《满铁事业的暴露》，上海：中华书局 1932 年版。

袁文彰编：《东北铁路问题》，上海：中华书局 1932 年版。

林史光：《世界煤油竞争与中国》，上海：史端著作学社 1933 年版。

杨大金：《近代中国实来通志》，上海：开明书店 1933 年版。

中国经济情报社：《中国经济论文集第 2 集》，上海：生活书店 1936
年版。

詹自佑：《东北的资源》，昆明：东方书店 1946 年版。

东北物资调节委员会研究组：《东北经济小丛书》第八册《煤炭》，北
京：京华印书局 1948 年版。

汪敬虞：《中国近代经济史参考资料汇刊》第 2 辑《中国近代工业史资
料第二辑（1895—1914）》，科学出版社 1957 年版。

陈真、逄先和：《帝国主义对中国工矿事业的侵略和垄断》，《中国近代
工业史资料》第 2 辑，生活·读书·新知三联书店 1958 年版。

"煤都抚顺" 编写小组：《煤都抚顺》，辽宁人民出版社 1959 年版。

王芸生编著：《六十年来中国与日本》第 5 卷，生活·读书·新知三联
　　书店 1980 年版。

中国人民政治协商会议辽宁省抚顺市委员会文史委员会编：《抚顺文史
　　资料选辑》第 2 辑，1982 年。

中国人民政治协商会议辽宁省抚顺市委员会文史委员会编：《抚顺文史
　　资料选辑》第 3 辑，1984 年。

东北三省中国经济史学会编：《中国经济史论文集》（下册），吉林大学
　　印刷厂 1984 年印刷。

中国人民政治协商会议辽宁省抚顺市委员会文史委员会编：《抚顺文史
　　资料选辑》第 4 辑，1985 年。

中国人民政治协商会议辽宁省抚顺市委员会文史委员会编：《抚顺文史
　　资料选辑》第 6 辑，1985 年。

辽宁省档案馆：《中华民国史资料丛稿·奉系军阀密电》第 4 册，中华
　　书局 1986 年版。

齐武：《抗日战争时期中国工人运动史稿》，人民出版社 1986 年版。

中国人民政治协商会议辽宁省抚顺市委员会文史委员会编：《抚顺文史
　　资料选辑》第 98 辑，1987 年。

傅波：《中日抚顺煤矿案交涉始末》，黑龙江人民出版社 1987 年版。

解学诗主编：《满铁史资料·煤铁篇》（第一、二、三分册），中华书局
　　1987 年版。

孔经纬：《东北地区资本主义发展史研究》，黑龙江人民出版社 1987
　　年版。

祁仍奚：《满铁问题》，台北：文海出版社 1987 年版。

王彦威、王亮：《清宣统朝外交史料》，书目文献出版社 1987 年版。

申力生：《中国石油工业发展史　第 2 卷》，石油工业出版社 1988 年版。

曹德全、赵广庆：《抚顺史研究》，辽沈书社 1989 年版。

陈本善：《日本侵略中国东北史》，吉林大学出版社 1989 年版。

东北三省中国经济史学会、东北沦陷十四年史总编室、吉林省民族研究
　　所等编：《中国东北地区经济史专题国际学术会议文集》，学苑出版社
　　1989 年版。

抚顺石油工业志编委会：《抚顺石油工业志（1907—1987）》，辽宁人民出版社 1989 年版。

吉林省龙井县地方志编撰委员会编：《龙井县志》，东北朝鲜民族教育出版社 1989 年版。

吉林省龙井县地方志编撰委员会编：《龙井县志》，东北朝鲜民族教育出版社 1989 年版。

张福全：《辽宁近代经济史（1840—1949）》，中国财政经济出版社 1989 年版。

苏崇民：《满铁史》，中华书局 1990 年版。

《中国近代煤矿史》编写组：《中国近代煤矿史》，煤炭工业出版社 1990 年版。

顾明义等编：《日本侵占旅大四十年史》，辽宁人民出版社 1991 年版。

辽宁省档案馆：《"九一八"事变档案史料精编》，辽宁人民出版社 1991 年版。

中央档案馆、中国第二历史档案馆、吉林省社会科学院合编：《东北经济掠夺》，中华书局 1991 年版。

陈鼎：《抚顺矿区胜利矿志 1901—1985》，辽宁人民出版社 1992 年版。

抚顺市委党史研究室：《抚顺人民抗日斗争四十年》，辽宁人民出版社 1992 年版。

邵新平：《老虎台矿志（1901—1990）》，辽宁教育出版社 1992 年版。

滕利贵：《伪满经济统治》，吉林教育出版社 1992 年版。

王渤光：《抚顺人民抗日斗争四十年》，辽宁人民出版社 1992 年版。

孙邦：《经济掠夺》，吉林人民出版社 1993 年版。

抚顺市社会科学院编著：《日本帝国主义统治抚顺罪行录（1905—1945）》，辽宁人民出版社 1995 年版。

高峰：《历史永远铭记创业的辉煌："一五"时期辽宁重点工程建设始末》，辽宁人民出版社 1995 年版。

何天义：《日军枪刺下的中国劳工——伪满劳工血泪史》，新华出版社 1995 年版。

吉林省地方志编纂委员会：《吉林省志 卷三十三 对外经贸志》，吉林人民出版社 1995 年版。

罗桂环等：《中国环境保护史稿》，中国环境科学出版社 1995 年版。

苏崇民、李作权、姜璧洁：《劳工的血与泪》，中国大百科全书出版社 1995 年版。

孙玉玲主编：《日军暴行录：辽宁分卷》，中国大百科全书出版社 1995 年版。

王继洲、张荣华：《简明中国石油发展史》，石油大学出版社 1997 年版。

《中国煤炭志》编纂委员会、《中国煤炭志·吉林卷》编纂委员会：《中国煤炭志·吉林卷》，煤炭工业出版社 1997 年版。

中国人民政治协商会议吉林市委员会、文史和学习委员会：《吉林市文史资料 第十五辑 吉林市老字号》，1997 年版。

梁志忠点校摘编：《清实录东北史料全辑》4，吉林文史出版社 1998 年版。

抚顺市社会科学院：《中共抚顺地方史（1928—1949）》，辽宁民族出版社 1999 年版。

顾明义等主编：《大连近百年史（下）》，辽宁人民出版社 1999 年版。

刘海燕：《中国企业史 典型企业卷 上》，企业管理出版社 2002 年版。

解学诗、〔日〕松村高夫主编：《满铁与中国劳工》，社会科学文献出版社 2003 年版。

居之芬、庄建平：《日本掠夺华北强制劳工档案史料集》，社会科学文献出版社 2003 年版。

傅波、曹德全：《抚顺编年史》，辽宁人民出版社 2004 年版。

李秉刚：《历史的疤痕：辽宁境内万人坑》，东北大学出版社 2004 年版。

抚顺市社会科学院、抚顺市人民政府地方志办公室：《抚顺市志·市情要览卷》，辽宁民族出版社 2005 年版。

大连近代史研究所、旅顺日俄监狱旧址博物馆：《大连近代史研究》第3卷，辽宁人民出版社 2006 年版。

周启乾：《日本近现代经济简史》，昆仑出版社 2006 年版。

汪敬虞主编：《中国近代经济史 1895—1927（上册）》，经济管理出版社 2007 年版。

陈国达：《陈国达全集 第 9 卷 科学思想与方法科普作品与诗词（1933—2005）》，中南大学出版社 2008 年版。

程维荣：《近代东北铁路附属地》，上海社会科学院出版社 2008 年版。

当代中国编辑委员会编著：《当代中国的石油化学工业》，当代中国出版社、香港祖国出版社 2009 年版。

李力：《伪满洲国的劳务管理机构与劳务政策研究》，吉林出版集团有限责任公司 2009 年版。

张家强：《中国发展油页岩产业的可行性》，地质出版社 2010 年版。

苏崇民、解学诗主编：《满铁档案资料汇编》第 2 卷《巨型殖民侵略机构：满铁》，社会科学文献出版社 2011 年版。

苏崇民、解学诗主编：《满铁档案资料汇编》第 7 卷《掠夺东北煤炭石油资源》，社会科学文献出版社 2011 年版。

辽宁省档案局（馆）编：《辽宁风物》（壹），辽宁人民出版社 2012 年版。

鲍振东、李向平：《辽宁工业经济史》，社会科学文献出版社 2014 年版。

抚顺市政协文化和文史资料委员会：《抚顺民国往事》，辽宁人民出版社 2014 年版。

抚顺市社会科学院：《东北地区中日关系史研究》，吉林文史出版社 2015 年版。

解学诗、李秉刚：《中国"特殊工人"——日军奴役战俘劳工实态》，社会科学文献出版社 2015 年版。

梅桑榆：《中国战俘劳工录 1931—1945》，解放军出版社 2015 年版。

庞名立：《非常规油气辞典》，中国石化出版社 2015 年版。

王林楠：《近代东北煤炭资源开发研究》，人民日报出版社 2016 年版。

［日］藤冈启：《东省刮目论》，汤尔和译，上海：商务印书馆 1930 年版。

［日］大岛义清、［日］香坂要三郎：《燃料》，黄开绳译，上海：商务印书馆 1940 年版。

［日］田中芳雄：《石油及页岩油工业》，张资平译，上海：商务印书馆

1951 年版。

［日］草柳大藏：《满铁调查部内幕》，刘耀武、凌云、舟徒、关益译，黑龙江人民出版社 1982 年版。

［日］服部卓四郎：《大东亚战争全史》第 1 册，张玉祥、赵宝库译，商务印书馆 1984 年版。

［日］井上清：《日本帝国主义的形成》，宿久高、林少华、刘小冷译，人民出版社 1984 年版。

［日］井上清：《日本军国主义》第 2 册，宿久高等译，商务印书馆 1985 年版。

［日］满史会编著：《满洲开发四十年史》，东北沦陷十四年史辽宁编写组译，辽宁省营口县商标印刷厂 1988 年印刷。

［日］满洲国史编纂刊行会编：《满洲国史》（分论）上，东北沦陷十四年史吉林编写组译，吉林省内部资料准印证第 90098 号，1990 年版。

［日］石田雄：《日本的政治文化》，章秀楣译，吉林人民出版社 1991 年版。

［日］依田家：《日本帝国主义的本质及其对中国的侵略》，卞立强等译，中国国际广播出版社 1993 年版。

［日］安冈昭男：《日本近代史》，林和生、李心纯译，中国社会科学出版社 1996 年版。

［日］铃木隆史：《日本帝国主义对中国东北的侵略》，吉林省伪皇宫陈列馆译，吉林教育出版社 1996 年版。

［苏］鲍·亚·罗曼诺夫：《日俄战争外交史纲 1895—1907》（上册），上海人民出版社编译室译，上海人民出版社 1976 年版。

［美］本尼迪克特：《菊花与刀——日本文化的诸模式》，孙志民等译，浙江人民出版社 1987 年版。

［美］保罗·肯尼迪：《大国的兴衰》，王保存等译，求实出版社 1988 年版。

南満洲鉄道株式会社総務部調査部『南満洲鉄道株式会社関係条約集』、南満洲鉄道株式会社、1918 年。

満鉄『南満洲鉄道株式会社十年史』、大正八年（1919）。

満鉄調査部編『撫順炭鉱統計年報 1923』第 1 篇、南満洲鉄道株式会社、1924 年。

虞和寅『撫順炭鉱報告』、農商部鉱政司発行、民国十五年（1926）。

満鉄『南満洲鉄道株式会社第二次十年史』、昭和三年（1928）。

満鉄経済調査会『満洲鉱山労働事情』、1935 年。

松本豊三『満鉄調査機関要覧』、南満洲鉄道株式会社、昭和十一年（1936）。

鶴見祐輔『後藤新平』（第 2 巻）、東京太平洋協会出版部、昭和十二年（1937）。

蜷川新『帝国の満洲における権利』、清水書店、昭和十二年（1937）。

松木豊三『満鉄第三次十年史』、昭和十三年（1938）。

満鉄撫順炭鉱『炭鉱読本』、昭和十四年（1939）。

満鉄調査部『満洲鉱山労働概況調査報告』、南満洲鉄道株式会社、1940 年。

満洲労働協会『満洲労働年間誌』、岩松堂、1940 年。

武居郷一『満洲の労働と労働政策』、岩松堂書店、1941 年。

『撫順炭鉱統計年報（昭和十七年度）第 1 編』、満鉄撫順炭鉱出版、1943 年。

『満洲管理概論』、満洲図書株式会社、1944 年。

中村哲編『后藤新平「日本植民政策一斑和日本膨脹論」』、日本評論社、昭和十九年（1944）。

外務省編『日本外交文書』第 39 巻第 1、2 冊、日本国際協会、1959 年。

外務省編『日本外交文書』第 40 巻第 2 冊、日本国際協会、1960 年。

外務省編『日本外交文書』第 41 巻第 1 冊、日本国際協会、1960 年。

外務省編『日本外交文書』第 42 巻第 1 冊、日本国際協会、1960 年。

外務省編『日本外交文書』第 43 巻第 1 冊、日本国際協会、1961 年。

外務省編『日本外交文書』第 44 巻第 2 冊、日本国際協会、1962 年。

満史会『満洲開発四十年史』補巻、東京満洲開発四十年史刊行会、1964 年。

安藤岩太郎『満鉄——日本帝国主義と中国』、御茶の水書房、1965 年。

竹森一男『満鉄興亡史』、秋田書店、1970 年。

江上照彦『満鉄王国：興亡の四十年』、サンケイ出版、1980 年。

原田勝正『満鉄』、岩波書店、1981 年。

浅田喬二、小林英夫『日本帝国主義の満洲支配——十五年戦争を中心に』、東京時潮社、1986 年。

石堂清倫『十五年戦争と満鉄調査部』、原書房、1986 年。

江口圭一『日本帝国主義史研究』、青木书店、1998 年。

小林英夫『近代日本と満鉄』、吉川弘文館、2000 年。

大江志乃夫等『近代日本と植民地』、岩波書店、2001 年。

満鉄会『満鉄四十年史』、吉川弘文館、2007 年。

松村高夫『満鉄の調査と研究』、青木書店発行、2008 年。

天野博之『満鉄を知るための十二章』、吉川弘文館、2009 年。

山本裕『満鉄オイルシェール事業：1909—1931 年』、『三田学会雑誌』第 95 巻第 4 号、2003 年。

松村高夫『15 年戦争期における撫順炭鉱の労働史』、『三田学会雑誌』93 巻 2 号、2007 年。

高野麻子『「満洲国」における移動する労働者の管理と指紋法』、『年報社会学論集』25 号、2012 年。

后　　记

　　2017 年 5 月，我很荣幸参加邵汉明院长承担的国家社科基金抗日战争研究专项"满铁资料整理与研究"。作为子课题负责人之一，当时的我还只是一名副研究员，因此倍感机会得之不易，唯以努力勤奋高质量完成项目报领导之厚爱。

　　日本右翼史学家伊东六十次郎的《满洲问题的历史》一书，不仅全面否认对中国的侵略，而且大肆宣扬日本帝国主义的"功绩"，并以满铁为例，来证明日本"对满洲的近代化作出了很大的贡献"。因此我萌生出想写一本批驳日本右翼分子和反动学者鼓吹日本侵华期间在中国"投资"是为了"建设开发东北"，实现东北"近代化"等侵略有功谬论的书籍。

　　满铁侵占抚顺煤矿长达 40 年，煤矿收入成为仅次于铁路收入的第二大财源，极大地支持了满铁对中国的侵略，因此我将选题确定为"满铁抚顺煤矿研究"。本书在对满铁对抚顺煤矿"经营"详细梳理的同时，重点关注前人研究较少的领域，如日本对抚顺煤矿的调查、满铁对抚顺煤矿油页岩的掠夺和抚顺煤矿"开发"对抚顺城市的影响等。

　　本书由前言和九章构成，具体分工如下。王玉芹负责前言、第六章、参考文献和后记的撰写，王晖负责第一章和第二章的撰写，孙文慧负责第三章的撰写，崔小西负责第四章和第五章的撰写，刘毅负责第七、八、九章的撰写。全书由王玉芹拟定编写提纲，由王玉芹、刘毅统稿、定稿和校对。

　　本书即将付梓之际，衷心感谢专家对本书提出的宝贵意见，感谢责编为本书付出的辛勤劳动，同时感谢本书所涉及的所有学者。受资料和作者写作能力的限制，本书定有很多不足甚至错误之处，恳请各位专家和读者给予批评指正。

王玉芹

2022 年 7 月于长春